法　　理

法哲学、法学方法论与人工智能

（2022年第2辑·总第12辑）

舒国滢　主编

图书在版编目(CIP)数据

法理. 第12辑,法哲学、法学方法论与人工智能/舒国滢主编. —北京:商务印书馆,2022
ISBN 978-7-100-21916-7

Ⅰ. ①法… Ⅱ. ①舒… Ⅲ. ①法理学—研究 Ⅳ. ①D90

中国版本图书馆 CIP 数据核字(2022)第 246349 号

权利保留,侵权必究。

法　理

法哲学、法学方法论与人工智能
(2022 年第 2 辑·总第 12 辑)
舒国滢　主编

商　务　印　书　馆　出　版
(北京王府井大街36号　邮政编码100710)
商　务　印　书　馆　发　行
北京虎彩文化传播有限公司印刷
ISBN 978-7-100-21916-7

2022 年 10 月第 1 版　　开本 787×1092　1/16
2022 年 10 月北京第 1 次印刷　印张 24½
定价:98.00 元

主办单位：
中国政法大学法学院法学方法论研究中心
北京市天同律师事务所

主　编： 舒国滢（中国政法大学法学院）
副主编： 王夏昊（中国政法大学法学院）
　　　　　辛正郁（北京市天同律师事务所）

编辑委员会（以姓氏笔画为序）
王　进（西北政法大学法治学院）
冯　威（中国政法大学法学院）
华小鹏（平顶山学院／河南财经政法大学）
李红勃（中国政法大学法治政府研究院）
朱明哲（中国政法大学比较法学研究院）
刘　毅（北京理工大学法学院）
杨　贝（对外经济贸易大学法学院）
宋旭光（深圳大学法学院）
汪　雄（中国政法大学法学院）
柯　岚（华中科技大学法学院）
郭　晔（北京师范大学法学院）
梁迎修（北京师范大学法学院）
雷　磊（中国政法大学法学院）

编辑部： 陶　旭　韩亚峰　吴国邦

目录

特稿

欧洲行政法的共同核心
——分析体系
.... 毛罗·布萨尼 贾钦托·德拉·卡纳内亚（3）

专题研讨1·现代高科技对法教义学的挑战

"现代高科技对法教义学的挑战"专题导引
.... 雷 磊（43）

法教义学如何应对新兴科技挑战？
——以自动驾驶汽车为例
.... 郑玉双（45）

时代变化、科技革命与法教义学的境遇
.... 宋旭光（65）

专题研讨2·概念分析与法哲学方法论

"概念分析与法哲学方法论"专题导引
.... 刘叶深（95）

告别概念分析
··安德瑞·马默（100）

概念分析、还原论与法哲学的做法
··范立波（122）

特色栏目·人工智能与计算法学

强人工智能自动驾驶汽车的刑事责任认定
——伦理原则、理论可能与解释方案
··达朝玉（149）

人工智能参与司法鉴定的实践困境与制度完善
··陶逸君　杜志淳（169）

论文

论"统权"的概念
··杨海舟（187）

法理学的概念
··罗伯特·阿列克西　拉尔夫·德莱尔（208）

正当权威
··约瑟夫·拉兹（220）

理解司法裁量
··巴里·霍福玛斯特（240）

何为公司？
——自由主义、儒家主义和社会主义理论下的企业（国家、家庭及人格）
··络德睦（268）

书评·纪念格雷伯

"纪念格雷伯"专题导引
··朱明哲（295）

通往奴役的资本之路
——评大卫·格雷伯《债：5000年债务史》
··葛嘉伟（297）

文明、理性与进步的迷思
　　——评《万物的黎明》
　　　　.. 陈　欢（313）

案评

论股权回购型对赌中投资方回购决定权的规范模型
　　——以两则相异案例切入
　　　　.. 姚一纯（327）

论确定判决执行力与既判力在客观范围的关系
　　——基于两岸拆屋还地案件之比较
　　　　.. 林　洧（348）

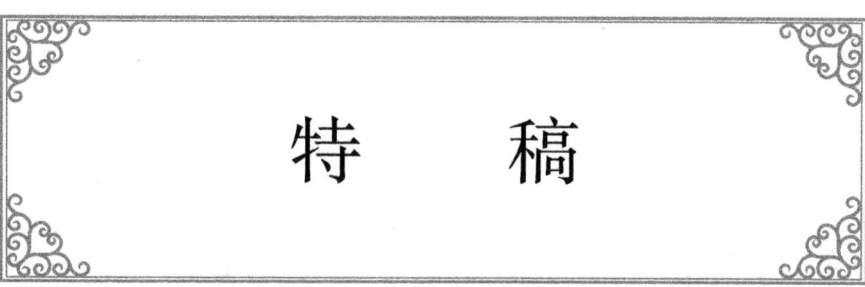

欧洲行政法的共同核心[*]

——分析体系

毛罗·布萨尼 贾钦托·德拉·卡纳内亚[**] 著

王伟伟[***] 译

陶旭[****] 校

摘 要 本文展示了行政法领域中新的比较法研究，该研究主要关注欧洲地区的法律。本文分为两个部分，第一部分论证那些困扰比较法方法论的传统运用的难题在行政法领域更为明显。因此需要在不止一种意义上进行方法论的转变：第一，要同时关注不同国家法律体系的相似性与差异性，而非仅仅关注它们之间的相似性或差异性；第二，准确地讲，法律比较并非不同国家的行政法的简单并列；第三，在行政法领域，过分重视立法会更不合理，因为该领域需要认真关注司法和制度实

---

[*] 本文原文为英文，原载于《马斯特里赫特欧洲法和比较法法律评论》2019年第26卷第2期，第217—250页。Giacinto della Cananea and Mauro Bussani, "The 'Common Core' of administrative laws in Europe: A framework for analysis", *Maastricht Journal of European and Comparative Law*, 2019, Vol. 26(2): 217-250.

[**] 毛罗·布萨尼（Mauro Bussani），意大利的里雅斯特大学法学院比较法教授，澳门大学法学院兼职教授。贾钦托·德拉·卡纳内亚（Giacinto della Cananea），意大利米兰博科尼大学行政法与欧盟行政法教授，欧洲研究理事会——"欧洲行政法核心"研究课题——前沿资助之首席调查员。

[***] 王伟伟，意大利的里雅思特大学法学院博士后，法学博士。

[****] 陶旭，北京工商大学法学院讲师，法学博士。

践。从这个角度出发,简单说明过去几十年已在比较私法领域发展起来的、基于事实的方法论,以及如何以程序的视角将其运用到行政法研究中。本文第二部分讨论行政法研究的核心:第一,它的目标,即知识的进步;第二,选择聚焦于行政程序而非对行政行为的司法审查;第三,将现代法律体系的共时比较与历时比较相结合,回顾法律制度历史的某些具有明确相关性的方面;第四,被用来进行比较的法律体系包括了不同的国家和非国家的欧盟。

关键词 共同核心 比较法 行政法 欧洲法 欧盟法 宪法传统

一、导 论

1989 年以来,行政法的比较法研究受到大量关注[①]。首要的表现是有越来越多的、由多个学者共同完成的学术著作开始试图描述和理解那些影响世界各个地区的政府作用的法律的发展;而另一个方向则主要关注欧盟行政法,质疑行政法与国家之间一对一的关系[②]。此外,还有一种观点认为,规制国际监管制度的多数法律可以被视为"行政性的",而且它们的发展触发了国家行政法之间的趋同过程[③]。

本文的目标既不是对这些主题作出一般性概述,也不是探讨普遍意义下的比较法方法论。在这些问题上,本文著者们的观点已在较早场合中阐述过[④]。相反,本文意图阐释欧洲行政法领域中新的比较法方法论,该方法论主要有两个主题。第一个主题是如何对行政法进行更好的比较性的理解,这需要方法论上的转变。第二个主题是如何推动行政法中日益重要的部分——行政程序——知识的进步。其基本思

---

① 参见 S. Rose-Akermann and P. Lindseth, *Comparative Administrative Law* (2nd Edition, Elgar, 2017); J. S. Bell, "Comparative Administrative Law", in M. Reimann and F. Zimmermann (eds.), *The Oxford Handbook of Comparative Law* (Oxford University Press, 2006), p. 1259。也可参见以欧洲为焦点的文献:M. Fromont, *Droit administratif des Etats européens* (PUF, 2006)。

② 首份体系性工作的代表是 J. 施瓦兹(J. Schwarze)的著作:*Europaisches Verwaltungsrecht* (Nomos, 1986),后来被翻译成法文和英文。其他还包括 P. Craig, *EU Administrative Law* (2nd Edition, Oxford University Press, 2012);C. Harlow, P. Leino and G. della Cananea, *Research Handbook on EU Administrative Law* (Elgar, 2017)(关注受欧盟规章规制的新领域)。

③ B. Kingsbury, N. Krisch and R. B. Stewart, "The Emergence of Global Administrative Law", 68 *Law & Contemporary Problems* (2005); S. Cassese, "Administrative Law Without the State: the Challenge of Global Regulation", 37 New York University Journal of International Law and Politics (2005).

④ G. della Cananea, "Globalisation et grands systèmes du droit", in P. Gonod, F. Melleray and P. Yolcka (eds.), *Traité de droit administratif* (Volume I, Dalloz, 2011), p. 773; M. Bussani, "Comparative Law Beyond the Trap of Western Positivism", in T. I. Cheng and S. Mancuso (eds.), *New Frontiers of Comparative Law* (LexisNexis, 2013), p. 1.

想是通过比较可以更好地理解行政法的性质和目的[①]，但是这需要方法论上的转变，因为困扰比较法方法论的传统运用的难题在行政法领域更加明显。

第一部分将讨论上述所有内容，这将为我们进行行政法的比较研究奠定基础。第二部分将解释选择该主题的原因并澄清与我们研究目的相关的三项基本选择：知识的增进；以同时进行共时与历时的比较为特征的方法论；以及用于研究的法律体系除各国国内法外还包括欧盟法。

二、第一部分　比较行政法：关于方法论的议题

（一）比较行政法研究的传统进路及其缺陷

不同国家和时代的许多著者们都曾指出相邻国家之间法律和习惯的差异，且往往对这些差异持否定态度。一些著者认为差异是需要被克服的不便或者阻碍[②]。另外一些著者则为了保护不同国家的传统而指出这些差异的重要性。继美国比较法学者鲁道夫·施莱辛格（Rudolf Schlesinger）之后[③]，欧洲法的历史可以被区分为两条进路：对照性和融合性。无论这些进路的内在合理性如何，它们提供的行政法视野是有限的。这些进路的另外一个问题是倾向于将两个或多个法律体系采用的解决方案并列，而并非真正地对其进行比较。此外，仍然存在另外一个问题，即对立法的过分重视。

1. 对相似性和差异性的考察

研究行政法的相关文献以不同的方式考察了其他法律体系。许多学者并不认为他们的行政法教科书和专著需要比较法的方法论，从他们著作的目录中可以很明显看出这一观点。另外一些学者的观点则不仅仅基于对其他法律体系的简单了解[④]。

[①] 就此论点参见 J. Rivero, *Cours de droit administratif comparé* (Les cours de droit, 1956-57), p. 5; E. Schmidt-Aßmann and S. Dagron, "Les fondements comparés des systèmes de droit administratif français et allemand", 127 *Rev. Fr. Adm. Publ.* (2008), p. 525。

[②] J. H. Merryman, "On the Convergence (and Divergence) of the Civil Law and the Common Law", 17 *Stanford Journal of International Law* (1983).

[③] R. Schlesinger, "The Past and Future of Comparative Law", 43 *American Journal of International Law* (1995), p. 747.

[④] 可参见如 R. Gneist, *Self-government, Communalverfassung und Verwaltungsgerichte in England* (Julius Springer, 1871)（侧重于地方政府）; F. Goodnow, *Comparative Administrative Law. An analysis of the administrative systems, national and local, of the United States, England, France and Germany* (Burt Franklin, 1903); E. Laferrière, *Traité de la juridiction administrative et des recours contentieux* (2nd Edition, Berger-Levrault, 1896).

其中最引人注目的是，施莱辛格在对照性和融合性进路之间作出的明确区分。继阿历克西·德·托克维尔认为行政法是世界新状态的突出的特征之一之后[①]，行政法功能主义的一个学派认为所有的发达国家的问题和解决方案或多或少都是类似的[②]。另外一个学派，其主要代表是维多利亚时期的宪政主义者戴雪（Alberta Venn Dicey），则认为英国和法国公法之间的差异如此惊人，以至于英国不可能存在所谓的"行政法"[③]。因此，其否定的不是行政法的形态，而是行政法的存在本身。

我们的目的不是去争论行政法比较法研究的哪一个进路更可取，恰恰相反，我们主张这两个进路都是不完整的。从学术的角度看，描述和规范之间存在必要的区别，尽管这种区别是传统的而且其准确性经常受到质疑。从实证的角度看，每一个进路都只考虑到硬币的一面。一个强调国家法律体系之间的差异，另一个却仅指出它们之间的相似性。从规范的角度看，鉴于欧洲存在的超国家法律体系承认国家和共同宪法传统的相关性和重要性，所以前述观点更强有力。

两种传统进路的描述性效力依赖于一些不同但却相互关联的主张的"正确性"。首先，一种主张认为，无论是只关注被选择用来分析法律体系之间的相似性还是只关注它们之间的差异性都能使我们对期望研究的法律实体有充分的理解。这个主张的正确性远非不言而喻。恰恰相反，大多数从事该领域工作的学者们很可能会赞同这一观点，即精确的比较分析应当同时注意到比较对象之间的差异性以及相似性，还包括此二者产生的原因[④]。其次，有一种进行法律比较的方法很少关注或根本不关注情境。最后却同样重要的是，仅仅选择与用于比较的观点相一致的法律实体存在很大的风险。尤其在考虑对行政行为进行司法审查时，很快就会发现，英

---

① A. de Tocqueville, *Rapport sur le livre de M. Macarel intitulé Cours de Droit Administratif* (1855), in *Œuvres. Etudes économiques, politiques et littéraires* (Lévy, 1866) IX, 60.

② 可参见如 F. H. Lawson, "Review of C. J. Hamson, Executive Discretion and Judicial Control and B. Schwartz, French Administrative Law in the Common-Law World", 7 *Stanford Law Review* (1955), p. 159（主张"在行政法领域，所有的文明国家拥有同样的问题并同样渴望着相应的解决方法"）。

③ A. V. Dicey, *Introduction to the Study of the Law of the Constitution* (10th Edition, MacMillan, 1959). 但是戴雪的著作的初版发表于 1886 年。在他同时代的学者中，加斯顿·杰兹（Gaston Jèze）批评他在理解法国和英国的行政法演化上的失败：G. Jèze, *Principes généraux du droit administratif* (3rd Edition, Giard, 1925), pp. 1-2。

④ 参见 M. Adams and J. Griffiths, "Against 'comparative method': explaining similarities and differences", in M. Adams and J. Bomhoff (eds.), *Practice and Theory in Comparative Law* (Cambridge University Press, 2012), p. 279；P. Craig, "Comparative Administrative Law and Political Structure", 37 *Oxford Journal of Legal Studies* (2017)（就论述"比较行政法揭示了体系性研究的共同和差异。这是不言自明、十分明显的"）。

国选择"普通"法院与法国为牵涉公权力机构的纠纷而选择设立一套独特的法院这两种机制之间存在巨大差异。然而,这并不必然排除法院详尽制定的标准之间可能存在一些相似性[1]。

从规范意义上讲,只强调相似性或者差异性的进路在欧洲的背景下也特别薄弱。一方面,欧洲既有各自国家的宪法传统,也有共同的宪法传统。超国家法院的判例法越来越多地适用一般法律原则[2]反映了这样一种见解,即存在先于并能够整合政治权威赞同的规则的东西;更确切地讲,是共同基础或者共同本源。另一方面,区域性组织影响了国家法律秩序的进化,例如《欧洲人权公约》第6条的程序正义的标准。同时,在"融合"[3]之下,也存在一些因历史、文化及政治偏好而产生的差异。为此,相似性和差异性混合在一起使得这个主题特别具有挑战性。于是,产生的问题是,除了不可计数的差异之外,是否存在一些共同并互相联系的结构性元素?也就是说,一个"共同核心",其不仅由理想构成,而且可以被具体表达。

2. 从国家法的并列到比较

运用比较法方法论还存在另一个困难。正如施莱辛格50年前就私法所观察到的,比较法学者经常只关注可在他们自己的法律体系中找到的各种解决方式的汇编和并列,而没有进行更进一步的比较[4]。这种论证路线是由那些认为把比较法分析的任务仅仅视为是对外国法律的描述的观点过于简化的学者们发展出来的[5]。需要在一开始就表明,我们的批评丝毫不影响那些由最为杰出的行政法和宪法专家所开展的研究的质量。相反,真正的问题是这些研究作品所遵循的方法论。

20世纪最后20年内关于行政正义最广泛的工作或许是关于"行政法:正义

---

[1] R. Bonnard, *Le contrôle juridictionnel de l'administration. Etude de droit administratif comparé* (Dalloz, 2015), p. 125.

[2] J. A. Usher, *General Principles of EC Law* (Longman, 1998); T. Tridimas, *The General Principles of EU Law* (3rd Edition, Oxford University Press, 2017).

[3] 参见 S. Cassese, "Le problème de la convergence des droits administratifs nationaux. Vers un modèle administratif européen?", in R. Abraham (ed.), *L'Etat de droit. Mélanges en l'honneur de Guy Braibant* (Dalloz, 1996), p. 49(观察到融合的趋向),也可参见 P. Birkinshaw, *European Public Law* (Cambridge University Press, 2003), p.4(指出几年前"辩论支持融合曾非常流行")。

[4] R. B. Schlesinger, "Introduction", in R. B. Schlesinger (ed.), *Formation of Contracts: A Study of the Common Core of Legal Systems* (Oceana, 1968), p. 2(对他来说,"并列和真正的比较之间的差异是至关重要的");M. Shapiro, *Courts. A Comparative and Political Analysis* (University of Chicago Press, 1981), p. vii(指出一般来说,"比较包括对一些法律体系一个挨一个地作出描述……但没有看得见的特定的目标")。

[5] R. Sacco, "Legal Formants. A Dynamic Approach to Comparative Law", 30 *American Journal of Comparative Law* (1991); O. Pfersmann, "Le droit comparé comme interprétation et comme théorie du droit", 53 *Revue internationale de droit comparé* (2001).

的问题"的集体性作品①。这些集体性的计划受惠于一些各国最出色的专家的参与,包括爱德华多·加西亚·德·恩特里亚(Eduardo Garcia de Enterria)、彼得·施特劳斯(Peter Strauss)、乔治·维德尔(George Vedel)和威廉·韦德(William Wade),而且研究不限于欧洲主要的行政法体系,还考察了美国的体系。每个单独的研究都如此准确而且有趣,以至于它们至今仍然能构成比较法项目初始阶段的一个好的开始,即理解行政法制度的性质和功能。此外,这些研究都基于被分成四个区域的相同的"网格":宪法背景、行政法的范围、司法审查的原则、执行和责任。笔者认为,有问题的不是选择将注意力集中在这些区别于行政程序的议题,而是这种集体性研究的另一个特征。收集对一系列法律体系的描述可能是有用的,但其本身并不是一项比较法的工作。重要的是去理解这些体系是如何与特定议题相关的,并且找出它们之间共同和独有的特征以及对两者的解释。

相反,可参考让-玛丽·奥比(Jean-Marie Auby)和米歇尔·弗洛蒙(Michel Fromont)写的关于欧洲共同体六个创始成员国司法体系的著作②。即使是快速浏览也可看出它与其他作品的双重差异:此二人分析的范围更窄,因为他们侧重对行政行为的司法审查。此外,他们不仅在最后一章审查了所选择的六种法律秩序的共同和独有的特征,而且在前几章审查国家的制度时,指出了这些制度的独特性(如德国在关于对抗规章的诉讼上的解决方式)或其共同点(特别是司法审查的基本原则)。正如他们在前言里所提到的,他们作出比较法尝试的原因之一是要让在六个创始成员国内营业的企业和个人知道其可能面临的挑战。因此,尽管他们的研究拥有巨大的理论旨趣,但这仍是一个实践性的问题③。

3. 超越立法的比较:事实的进路

除了将不同国家的行政法体系并列的流行趋势外,传统著作中使用的比较法的方法论还存在另外一个困难,即对立法的过分强调。公平地说,这既不是最近的趋势,也不是仅仅或者主要涉及行政法的趋势。19世纪,在法律实证主义的影响下,出现了研究"外国"立法的兴趣。比较立法研究所(*Institue de legislation compare*)

---

① G. Motzo and A. Piras, *Administrative Law: The Problem of Justice* (Giuffrè, 1990-1991).

② J. M. Auby and M. Fromont, *Les recours contre les actes administratifs dans les pays de la Communauté économique européenne* (Dalloz, 1971).

③ D. B. Mitchell, "Review of J. M. Auby & M. Fromont, Les recours contre les actes administratifs dans les pays de la Communauté économique européenne", 21 *International and Comparative Law Quarterly* (1972).

的影响曾是显著的，比如，拉费里埃（Laferrière）对国家行政正义体系进行了丰富的描述①。问题是就行政法而言，这种对立法的侧重本身是否合理。

就私法而言，传统进路和施莱辛格在1960年代阐述和进行的比较研究的主要差异在于：不是试图描述一组国家的法律制度，而是试图理解在所选择的法律体系中，特定的问题将如何得到解决。这些问题"必须以事实的语言表达出来"②。具体而言，这意味着要构想一些假定的案件，以了解它们在被选择的法律体系中是如何被解决的。事实证明，这些设想的案例在所有的法律体系中都是可以理解的。

在行政法领域对立法的过分重视更值得怀疑，因为在英国和欧洲大陆，行政法的出现和发展没有提供任何可以与民法典提供的坚固且内容广泛的架构相媲美的立法框架。尤其是在奥地利、法国、德国和意大利，关于行政法的一般规则很少，而且它们将核心舞台授予行政部门和专门机构的法院控制（例外如《1889年的西班牙法案》）。也没有几个国家在1945年之后颁布具体法案以实现"从摇篮到墓地"的社会保障体系。因此，行政法的形成时期和巩固时期很大程度上都是法哲学性的③。这一突出的方面曾被受他们所处时代法律文化影响的著者们忽略，这一法律文化强调立法的作用和意义。但是任何试图理解行政法的独特性以及法院外部控制的重要性的尝试都非常重要。笔者将在后面的第二部分回到这个方面并讨论大多数

---

① 参见 E. Laferrière, *Traité de la juridiction administrative*, p. 25。以及参见弗兰克·古德诺（Frank Goodnow）撰写的评论，他指出拉费里埃（Laferrière）曾依赖比较立法学会 (*Société de Législation Comparée*) 的工作：F. Goodnow, "Review of E. Laferrière, Traité de la juridiction administrative et du recours contentieux (1896)", 11 *Pol. Sc. Quart,* pp. 352, 353 (1896)。

② M. Rheinstein, "Review of R. Schlesinger, Formation of Contracts: A Study of the Common Core of Legal Systems", 36 *University of Chicago Law Review* (1969), pp. 448–449.

③ 参见《国际法和比较法季刊》于1950年代初期推进的比较法调查背景下的作品：O. Bachof, "German Administrative Law with Special Reference to the Latest Developments in the System of Legal Protection", 2 *International and Comparative Law Quarterly* (1953), pp. 366, 370（认为行政法未曾被法典化）；G. Miele, "Italian Administrative Law", 3 *International and Comparative Law Quarterly* (1954), pp. 421, 427（相同的评述）；N. Herlitz, "Swedish Administrative Law", 2 *International and Comparative Law Quarterly* (1953), pp. 224, 231（相同的评述）。尽管相同的作者在若干年后指出《1967年挪威行政程序法法案》(the Norwegian Administrative Procedure Act of 1967)日益重要：N. Herlitz, "Legal Remedies in Nordic Administrative Law", 15 *American Journal of Comparative Law* (1968), pp. 687, 694。就行政法特殊性最为强劲的断言，即认为其特殊性即使在所有的法案被突然废除的情况下也会持续存在，参见 G. Vedel and P. Delvolvé, *Droit administratif* (9th Edition, Presses Universitaires de France, 1984), p. 107 ("如果，笔一划，《民法典》被废除，那么将不再有民法……如果所有的行政法法案都被废除，行政法的核心仍旧会存在，因为法院已经发展了行政法的基本规则而不需要参考行政法法案")。最近的趋势参见 Y. Gaudemet, *Droit administratif* (21st Edition, LGDJ, 2016), p. 33；E. Gamero Casado and S. Fernandez, *Manual basico de derecho administrativo* (14th Edition, Tecnos, 2017), p. 48。

国家法律秩序在编纂行政程序的规则时所采取的步骤是否改变了总体情况。

（二）欧洲私法共同核心项目的经验

"欧洲私法共同核心"项目由乌戈·马太（Ugo Mattei）和本文著者之一于1993年启动①，随后该项目在比较法学术领域受到了相当大的实质性关注②。

这个项目持续期间，吸引了超过300名学者参与，其中绝大部分学者来自欧洲和美国。在共同核心的旗帜下进行的研究在英国剑桥大学出版社的专门系列中以卷的形式出版③。至今，该系列共有17卷④，而且还有许多卷正在准备出版。

---

① 就欧洲私法共同核心项目的扩展性和全面性介绍，参见 M. Bussani, "'The Common Core of European Private Law' Project Two Decades After: A New Beginning", 15 *The European Lawyer Journal* (2015), p. 9; M. Bussani and U. Mattei, "The Common Core Approach to European Private Law", 3 *Columbia Journal of European Law* (1998), p. 339。

② 有许多讨论共同核心方法论和结果的学术著作。O. Lando, "The Common Core of European Private Law and the Principles of European Contract Law", 21 *Hastings International and Comparative Law Review* (1998), p. 809; J. M. Smits, "Convergence of Private Law in Europe: Towards a New Ius Commune?", in E. Örücü and D. Nelken (eds.), *Comparative Law: A Handbook* (Oxford-Portland, 2007), pp. 219, 231; G. Frankenberg, "How to Do Projects with Comparative Law: Notes of an Expedition to the Common Core", in P. G. Monateri (ed.), *Methods of Comparative Law* (Elgar, 2012), p. 120; J. Basedow, "Comparative Law and Its Clients", 62 American Journal of Comparative Law (2014), pp. 821, 829; M. Bussani and U. Mattei, *Opening Up European Private Law* (N. C. Academic Publishers, 2007); M. Bussani and U. Matteri, *Making European Law. Essays on the 'Common Core' Project* (Università di Trento, 2000).

③ 若干书籍由瑞士斯坦普弗里（Stämpfli）和美国卡罗来纳学术出版社（Carolina Academic Press）出版。B. Pozzo (ed.), *Property and Environment* (Stämpfli-Carolina Academic Press, 2007); F. Werro and V. V. Palmer (eds.), *The Boundaries of Strict Liability in European Tort Law* (Stämpfli-Carolina Academic Press, 2004).

④ M. Infantino and E. Zervogianni (eds.), *Causation in European Tort Law* (Cambridge University Press, 2017); S. Martin Santisteban and P. Sparkes (eds.), *Protection of Immovables in European Legal Systems* (Cambridge University Press, 2015); V. V. Palmer (ed.), *The Recovery of Non-Pecuniary Loss in European Contract Law* (Cambridge University Press, 2015); C. van der Merwe (ed.), *European Condominium Law* (Cambridge University Press, 2015); E. Hondius and H. C. Grigoleit (eds.), *Unexpected Circumstances in Contract Law* (Cambridge University Press, 2014); C. van der Merwe and A-L. Verbeke (eds.), *Time-Limited Interests in Land* (Cambridge University Press, 2012); G. Brüggemeier, A. Colombi Ciacchi and P. O'Callaghan (eds.), *Personality Rights in European Tort Law* (Cambridge University Press, 2010); M. Hinteregger (ed.), *Environmental Liability and Ecological Damage in European Law* (Cambridge University Press, 2008); J. Cartwright (ed.), *Precontractual Liability in European Private Law* (Cambridge University Press, 2008); T. M. J. Möllers and A. B. Heinemann (eds.), The *Enforcement of Competition Law in Europe* (Cambridge University Press, 2008); M. Graziadei, U. Mattei and L. Smith (eds.), *Commercial Trusts in European Private Law* (Cambridge University Press, 2005); R. Sefton-Green (ed.), *Mistake, Fraud and Duties to Inform in European Contract Law* (Cambridge University Press, 2005); E-M. Kieninger (ed.), *Security Interests in Movable Property* (Cambridge University Press, 2004); M. Bussani and V. V. Palmer (eds.), *Pure Economic Loss in Europe* (Cambridge University Press, 2003); J. Gordley (ed.), *The Enforceability of Promises in European Contract Law* (Cambridge University Press, 2001); R. Zimmerman and S. Whittaker (eds.), *Good Faith in European Contract Law* (Cambridge University Press, 2000).

1. 地图绘制 vs. 城市规划

简单地说,共同核心项目试图在合同、侵权和物权的一般类别中发掘欧洲私法庞大体系的共同核心[1]。这是针对欧盟成员国各自不同私法间的共性和分歧的探索,众所周知,这些共性,根据所使用的分类,起源于民法法系和普通法法系,以及许多其他西方法律文化传统或其分支传统[2]。

该项目的短期目标是绘制一份可靠的欧洲私法地图的轮廓,绘制者不关心这份地图未来的用途。但是,如果可靠的话,对于被委任起草法律或者在欧洲层面追求法律协调的人们来说,它也许是不可或缺的资料。确实,对跨国法律人来说,现有的欧洲情况就如同一个旅行者被迫使用若干不同的当地地图,而每份地图都包含误导性信息。该项目期望纠正这一点。它并不希望将法律的事实上的多样化现实强加在一份单一的地图中以达到统一;它也并不涉及制作一份城市规划,以便影响或者预测未来的发展。相反,它仅寻求以一种可靠的方式来分析当前复杂的情形。尽管共同核心项目的一个基本假设是,法律中的文化多样性是一种资产,但该项目既没有采取保护主义的进路,也没有将这份多样性推入统一化的路径上。这可能是共同核心项目与过去30年来在欧洲开展的其他显著的私法"融合"项目之间最大的文化差异,这些项目是在进行城市规划而非"单纯"以地图绘制为目的[3]。

2. 共同核心项目的父辈

要掌握共同核心项目的工作方法,重要的是从学术根基开始,即由施莱辛格教授在1960年代启动的康奈尔项目和由鲁道夫·萨科在过去40年来主创的动态的比较法方法论开始[4]。

施莱辛格教授于1957年在康奈尔大学启动了针对"合同订立"的团体性比较

---

[1] 针对这些分类的讨论,参见 A. Rosett, "Unification, Harmonization, Restatement, Codification, and Reform in International Commercial Law", 40 *American Journal of Comparative Law* (1992), p. 683。

[2] 例如茨威格特和克茨教授在其著作《比较法导论》中认为斯堪的纳维亚体系是一种独立的法律传统,参见 K. Zweigert and H. Kötz, *Introduction to Comparative Law* (3rd Edition, Oxford University Press, 1998)。而苏格兰、马耳他和塞浦路斯则通常被认为是混合型的法律体系。E. Reid, "Scotland", in V. V. Palmer (ed.), *Mixed Jurisdictions Worldwide. The Third Legal Family* (2nd Edition, Elgar, 2014), p. 216; B. Andò, K. Aquilina, J. Scerri-Diacono, D. Zammit, "Malta", in V. V. Palmer (ed.), *Mixed Jurisdictions Worldwide. The Third Legal Family* (2nd Edition, Elgar, 2014), p. 528; N. Hatzimihail, "Cyprus as a Mixed Legal System", 6 *Journal of Civil Legal Studies* (2013), p. 38。

[3] M. Bussani, "'The Common Core of European Private Law' Project Two Decades After: A New Beginning", 15 *The European Lawyer Journal* (2015), pp. 24, 9。

[4] R. B. Schlesinger, in R. B. Schlesinger (ed.), *Formation of Contracts: A Study of the Common Core of Legal Systems*, p. 16。

法研究项目并担任总编,该项目于 1968 年出版了两卷不朽之作①。

施莱辛格在他的全球比较法研究中,必须解决的基本问题是如何就他对不同法律体系提出的问题获得可比较的答案。这些答案须是由所有回答者在尽可能对同样问题取得相似理解的基础上得出的。另外,答案必须自身逻辑充分,不需要额外的解释,因此相当于最细致的规则。而这会面临的问题包括:如何以统一的方式向不同专家设计每个问题,以及如何获取一致性。

这些关切发展出这项研究最关键和最重要的方法论特征之一。每个问题都提出一个案例,询问受访者在那些情况下会得到的结果。在每个问题的制定过程中都要求考虑到在每个要被调查的法律体系里任何可能影响问题答案的因素,以保证这些因素都会被考虑进来,因此能够同所有其他的法律体系的分析相比较,从而实现另外一个重要目标。通常,在一个法律体系中明确和正式运作的因素会被忽略,并被认为在另外一个法律体系中无关紧要。但这些因素在其他法律体系中可能仍旧在隐秘地运行,在规则的制定和法院的使用之间无声息地滑动。例如,比较私法学者们通常认为在要约不可撤回与要约可撤回的法律体系们之间存在广泛的分歧。然而,如果同时考虑撤回规则以及承诺生效时间的相关规则,就很容易发现在要约可撤回的法律体系中的法院通常和那些要约不可撤回的司法管辖区会受到相同的政策因素影响②。

康奈尔大学所做的工作清晰地表明,要想获得对一个法律体系可靠的认识,人们就不能完全相信法学家通常说的内容,因为实际运行的规则与通常被陈述和描述的规则之间可能存在很大的鸿沟。这就是为什么康奈尔方法论通过要求法学家们回答同样的问题,促使他们明确地考虑所有重要的因素,无论这些因素是在明确地或者潜在地运行着。结果,与在他们自己法律体系中流通的专著、教材或者案例相比,受访者提供了非常不同的法律图景。

鲁道夫·萨科继受和发展了康奈尔项目的经验。他的比较法方法论的核心为人所熟知并已被翻译成多种语言③。萨科的理论可总结为,一个详尽无遗的、囊括法院作出判决时给出的所有理由的清单,并不是全部的法律④。制定法以及学者们提

---

① R. B. Schlesinger, in R. B. Schlesinger (ed.), *Formation of Contracts: A Study of the Common Core of Legal Systems*, p. 16. 就施莱辛格(以及萨科)对比较法研究主要贡献的讨论,参见 U. Mattei, 'The Comparative Jurisprudence of Schlesinger and Sacco: A Study in Legal Influence', in A. Riles (ed.), *Rethinking the Masters of Comparative Law* (Oxford University Press, 2001), pp. 238-256。

② R. B. Schlesinger, "Formation of Contracts—A Study of the Common Core of Legal Systems: Introduction", 2 *Cornell International Law Journal* (1996), pp. 49-50.

③ R. Sacco, *La comparaison juridique au service de la connaissance du droit* (Economica, 1991), p. 33.

④ 随后的评述参见 R. Sacco, "Legal Formants: A Dynamic Approach to Comparative Law (Installment I of II)", 39 *American Journal of Comparative Law* (1991), pp. 1, 17, 21-27。

出的法教义学定义也不是全部的法律。要了解法律是什么，需要分析萨科教授所称的一个法律体系内的"法律构成要素"（legal formants）之间全部的复杂关系，即构成任何特定法律规则的形成要素。法律的构成要素包括制定法、一般命题、特定定义、理由及判决等。这些形成要素在每个法律体系中并不一定一致——只有国内法学家们才假定这种连贯性。相反，法律构成要素经常相互冲突，而且可能相互之间存在竞争关系。

从这个角度来看，我们不仅必须知道法院如何行动，还必须考虑法官受到的影响。这类影响可能有多种来源。它们的产生可能是因为学者们广泛支持一项理论创新，或者因为法官的个人背景。一个曾有学术职位的法官会比曾作为实务者的法官更重视学术意见。考虑不同的法律构成要素的作用可以让人理解为什么不同法律体系中的相似规则会受到不同的运用和解释[①]，或者为什么两个法律体系中不同的法律规则却产生大致相似的结果[②]。通过深入探索法律构成要素是什么以及它们如何相互关联，我们可以确定影响操作结果的因素，继而清晰地说明解释性活动和修辞（基于学术著作、先前司法判决引起的法律争论等）在塑造那些解决方案中的重要性。这就是区分法院宣布的规则和实际运用的规则的重要性，或者如一个普通法下的法律人所说，要区分法院对规则的说明与案件的判决和法院裁判结果所依赖的事实。

由于所有这些原因，在一个既定的法律体系中，法律规则并不统一；一部分原因在于不同法律规则可能分别来自判例法、学者以及制定法。在所有这些来源中，法律构成要素之间相互竞争。这种复杂动态在从一个法律体系到另外一个法律体系以及从一个法律领域到另外一个法律领域时可能会发生很大变化。尤其是，每个法律体系都存在特定的、明显指向不同方向的法律构成要素。对那些差异和它们如何工作的认识，解释了为什么在共同核心项目中利用成熟的实际的方法论意味着对法律学说和理论的准确分析。

3. 如何不失细节地做研究项目

与康奈尔大学项目相同，共同核心项目的关键工具也是调查问卷。财产、侵权和合同这三个主要领域分为若干主题。每个参与者在负责编辑特定主题卷目时，首

[①] 举个例子，就父母对其子女侵权的替代责任的执行而言，法国要比意大利严格，尽管两国的民法典都有相似的法律条款（比较《法国民法典》第 1242 条第 4 项——前《法国民法典》第 1384 条第 4 项——与《意大利民法典》第 2048 条）。F. Werro and V. V. Palmer, *The Boundaries of Strict Liability*, pp. 25, 399-400; M. Bussani, *La colpa soggettiva* (CEDAM, 1991), pp. 16, 180.

[②] 德国和奥地利的纯粹经济损失赔偿是一个好的例子。M. Bussani and V. V. Palmer, *Pure Economic Loss in Europe*, pp. 26, 148-154.

先需要起草一份基于事实的调查问卷,并在年度常会的主题会议上进行讨论。每个项目的编辑都必须遵循起草调查问卷的一般准则,以达到足够具体的程度,以便要求报告人在回答问卷时,应对影响其所在体系中的法律的所有情形,包括可能没有任何正式作用但对规则运作产生实际影响的情形[①]。这种方法也确保制定方式相同(比如使用相同的法典条文)但适用不同的规则,不会被视为是相同的。

在回答问卷时,每个报告人会被要求在三个级别上设置他们的答案,分别标记为"操作规则"、"描述性法律构成要素"和"元法律构成要素"。"操作规则"旨在简要总结适用于案件的基本规则以及根据相关法律体系中的法律可能产生的结果。报告人也被要求说明该结果被认为是清晰且无争议的,还是存疑且有问题的。"描述性法律构成要素"有双重目标。一方面,其目的是揭示法律人认为有义务支持前一标题下的操作规则的原因,以及各种解决方案在多大程度上符合具体和一般立法性条款,或者符合一般原则(传统的及新兴的),以及从历时角度关注多数主义和少数主义的学说(包括主要案例中的不同意见,学术著作中的相反观点等)。另一方面,这一级别的目标是要了解解决方案是否依赖于私法领域外的法律规则和/或者法律制度,例如程序规则(包括证据规则)、行政法或者宪法条款。最后,"元法律构成要素"要求清楚了解可能影响操作和描述模式的其他因素,譬如政策考虑、经济因素、社会背景和价值,以及法律程序结构(比如法院的组织和职能)。从"共同核心"的角度来看,这些都是研究者在旨在了解"法律是什么"时永远不能遗漏的数据。

对报告人有必要进一步作出说明。就比较法的学术研究而言,一个本国的法律人不一定是其法律体系中最好的报告人。对法律的比较认识与对法律的内部认识具有不同性质。前者本质上是理论性的,而后者是实践性的(在法律体系内活动的法学学者们自身可以被视为是法律构成要素,因为他们"制定"了法律,尽管是间接的)。因此,与受过比较法培养的(或外国的)法律人相比,受过国家培训的法律人可能掌握更多有关其法律体系的信息。但是,没有接触过其他法律文化的法律人可能不太善于发现隐藏的数据和其体系中的修辞态度,因为他们会被自动的假设误导。这是为什么共同核心项目的参与人通常都是比较法法律人,而且作为比较法法律人,他们被要求必须如同他们描述自己的法律那样来处理问卷。

[①] 举个最简单的例子,细想一个覆盖广泛的医疗保险系统的存在与否对人身损害赔偿案例的影响。D. Jutras, "Alternative compensation schemes from a comparative perspective", in M. Bussani and A. J. Sebok (eds.), *Comparative Tort Law. Global Perspectives* (Elgar, 2015), p. 151, particularly pp. 154-164.

4. 注意事项

迄今为止，欧洲私法的共同核心项目已经取得显著的成功，这不仅体现在其一长串的科研成果和在学术争论中获得的认可，还体现在它是当今对欧洲私法研究最久、最大的学术网络①。无须多言，随着时间的推移，该项目会受到一系列批判的挑战；在此，为了阐明这个项目的内容并消除可能的误解，回应这些批判是会有帮助的。

首先，这个项目的名称可能很容易误导肤浅的观察者，并且曾的确误导过他们中的一些人②：欧洲私法"共同核心"的指称仅仅意味着，或者最重要的是对共同性的寻找。但是，这完全违背了这个项目的精神，该项目的名称强调共性多于差异（这并非为了言简意赅）是对施莱辛格开创性工作的一种致敬。其他的误解则引起了更实质性的批评。例如，一些评论者强调，由于共同核心项目依赖施莱辛格和萨科的理论，而且由项目的编者们进行改进和完善，这会导致方法论上的一元论，从而为比较法研究提供过分苛刻的框架体系③。另外一些评论者则质疑该项目对事实问卷的依赖，或者是因为聚焦于事实的问题会过分注重法官造的法④，又或者因为项目的特定编者在起草问卷的事实案例时自行设置的选项会潜在且不可避免地将不同国家的报告人的回答引向预先确定的、大致趋同的方向⑤。还有一些评论者对共同核心项目主张进行"中立"和"纯描述性"研究的天真提出疑问，

---

① 这点比如在 L. 米勒（L. Miller）的论文中被提到。L. Miller, "The Notion of a European Private Law and a Softer Side to Harmonisation", in J. Bell and D. Ibbetson (eds.), *Development of the Law of Tort in Europe: Impact of Ideas on Legal Development* (Cambridge University Press, 2011), p. 274.

② 就此项论述，参见 F. Fiorentini, "Un progetto scientifico che stimola e affascina l'Europa", 5 *Annuario di diritto comparato* (2014), pp. 277-278。即使并不肤浅的观察者也可能跌入同样的陷阱：G. Frankenberg, "How to Do Projects with Comparative Law", in M. Bussani and U. Mattei (eds.), *Opening Up European Law*, pp. 24, 35（"最终他们想获得的简直不亚于是寻求统一……和建设一个共同的欧洲法律文化"）；M. Reimann, "Of Products and Process. The First Six Trento Volumes and Their Makings", in M. Bussani and U. Mattei (eds.), *Opening Up European Law*, pp. 25, 83, 85-88；O. Lando, 21 *Hastings International and Comparative Law Review* (1998), pp. 25, 809。

③ F. Fiorentini, "Un progetto scientifico che stimola e affascina l'Europa", pp. 41, 34-36.

④ P. Legrand, "Paradoxically Derrida: For a Comparative Legal Studies", 27 *Cardozo Law Review* (2005), p. 631, footnote 159（称共同核心项目的著作卷册是"片段汇编"，积累了"主要从立法文书和上诉法院判决中取出的精选花絮"）。

⑤ G. Frankenberg, "How to Do Projects with Comparative Law: Notes of an Expedition to the Common Core", pp. 40-47. 相同进路的论述，也可参见 D. Cabrelli and M. Siems, *A Case-Based Approach to Comparative Company Law*, in D. Cabrelli and M. Siems (eds.), *Comparative Company Law: A Case-Based Approach* (Hart, 2013), pp. 17-18。关于体制而非方法论上，考虑到这个项目最终的绘图目的，一些学者提出共同核心的问卷关注的主题的选择可以变得不那么零碎：M. Reimann, "Of Products and Process. The First Six Trento Volumes and Their Makings", pp. 83, 92-93。

并指出这一主张似乎不仅基于过于简单化的假设，即"中立"观察者可以客观地描述法律现象的"真"①，而且它旨在或多或少有意识地对项目及其可能的结果"去政治化"②。

就他们提到任何集体的和比较法领域的计划不可避免的局限性这点——压缩个体创造性、偏见以及意识形态，以使得它们服务于保证结果的可理解性以及比较性——这些批评是完全可以被接受的。至于其余的，前述的批评并不成功。确实，该项目的方法论指导原则、调查问卷的构成方式以及（尽可能）中立和描述性方法的说明限制了各国的报告人使用他们自己的法律语言。然而同样，这些限制不能压制报告人对事实案件的主观和文化上的理解，也不能压制他们对自己的法律体系如何处理这些案例的看法。各国的报告人在撰写他们的回答时，所传达的并非仅仅是他们所代表的法律体系的图景，还有他们对特定思想学派、方法论风格、根深蒂固的信念、希望和自我叙述的承诺。尽管这可能在一定程度上限制了他们的回答中的实质内容的启发性价值③，但它也通过比较法研究活动通常无法获得的元法律信息丰富了该项目的科学成果。换句话说，共同核心项目在方法论一元论和多元论、中立性和政治透明性之间取得的平衡尽管可能存在问题，但始终服务于项目的最终目标：获取更多、更深入的知识。

三、第二部分　欧洲行政法的共同核心：基本选择

到目前为止，我们已经说明了这篇文章的第一个主题。简言之，我们的论点是，传统的行政法研究方法未能为当前时代的比较法律分析提供适当的方法论，因为它们在描述性和规范性方面都遇到了难题。因此，挑战的本质是寻求制定一种适合我们打算进行比较研究的领域——行政法——的方法论。对此，关于比较行政法

---

① G. Frankenberg, "How to Do Projects with Comparative Law: Notes of an Expedition to the Common Core", pp. 27, 36.
② 案例参见 D. Kennedy, "The Politics and Methods of Comparative Law", in M. Bussani and U. Mattei (eds.), *The Common Core of European Private Law. Essays on the Project* (Kluwer, 2003), pp. 131 et seq., 175 et seq.; V. Grosswald Curran, "On the Shoulders of Schlesinger", in M. Bussani and U. Mattei (eds.), *Opening Up European Law*, pp. 1, 10; G. Frankenberg, "How to Do Projects with Comparative Law: Notes of an Expedition to the Common Core", p. 35（"特兰托人［共同核心项目倡导者当时在意大利特兰托市］展示了他们渴望从考古、绘图工作转移到对法律科学和教育富有政治意味的殖民化项目"）。
③ 这点比如在詹森（N. Jansen）的著作中得到强调：N. Jansen, "Dogmatik, Erkenntnis und Theorie in Europaischen Privatrecht", 13 *ZeuP* (2005), pp. 750–773。

的范围和特点存在相当多的观点。而接受行政法是"关于控制政府权力的法律"这一传统观点的学者愈发减少[1]。但是，如果我们要去理解21世纪的行政法的特征，就必须向前推进。一个核心议题是我们如何能既考虑行政法传统的消极层面的功能，即防止公共机构非法或者任意行使强制权力，又考虑行政法积极层面的职能和权力，即为个人和社会群体提供福利[2]。另一重要的议题是，适用于私人机构的公平及合法性标准与规范公共权威机关行为的标准之间存在的差异到底是程度上的差异[3]，还是由于公共利益必得到保护和促进因而是性质上的差异[4]。在这个部分，我们将论证，如果将注意力集中在行政程序而非司法审查，将可以更好地从比较法角度理解前述议题[5]。此外，我们的分析体系将在四个基础方面得到澄清：首先且最为重要的是，比较法研究的目的；其次，研究客体，即行政程序；再次，研究的方法论；最后，被用于研究的法律体系的选择。

（一）研究目的

1. 以增进知识为目的的研究

我们不仅可以参考比较法研究的理论目的和实践目的的传统区分，尤其是那些强调要满足"对知识的需求"的目的[6]与那些对外国法和比较法保有持续兴趣、以便进行国家法律制度改革的目的[7]，还可以参考欧洲法律领域最近的一些研究项目，来解释我们的研究目的。为此，了解我们研究的最新前情是重要的，这使得我们能够理解可以从中学到的知识，也可以澄清我们的事业的独特特征。

经济合作与发展组织（OECD）等国际机构推动的比较性调查越来越多，这些

---

[1] 更进一步的分析，参见 P. Craig, *Administrative Law* (5th Edition, Sweet & Maxwell, 2005), p. 3；Y. Gaudemet, *Droit administratif*, p. 23。也可参见 G. Vedel and P. Delvolvé, *Droit administrative*, p. 98；D. Sorace, *Diritto delle pubbliche amministrazioni* (Il Mulino, 2009)（他们都建议将行政法构想为涉及公共行政机构的法律）。

[2] See J. Mashaw, *Bureaucratic Justice: Managing Social Security Disability Claims* (Yale University Press, 2003); R. B. Stewart, "Administrative Law in the Twenty-First Century", 78 *New York University Law Review* (2003), p. 439.

[3] D. Oliver, *Common Values and the Public-Private Divide* (Cambridge University Press, 1999), p. 7.

[4] 就这种描述公共利益特征的方式，参见 A. H. Feller, "Administrative Procedure and the Public Interest – the Results of Due Process", 25 *Washington University Law Review* (1940), p. 308；G. Vedel, *Essai sur la notion de cause en droit administratif français* (Sirey, 1934)。

[5] 参见 M. Ruffert, *The Transformation of Administrative Law in Europe* (European Law Publishers, 2008)（讨论从跨国界的角度构想行政法的可能性）。

[6] R. Sacco, *Legal Formants: A Dynamic Approach to Comparative Law*, p. 17.

[7] A. Watson, *Legal Transplants: An Approach to Comparative Law* (2nd Edition, University Press of Virginia, 1974).

机构通过审查国家法律制度来评估其有效性和透明度，其目的通常是为了使国家法律制度对贸易和外国投资更具有吸引力①。这些描述可能会有所帮助，因为较高的行政行为标准比较低的标准更为可取，除非后者因政治紧急状况或权宜之计而被认为是适当的。但事实并非如此，可以承认的是，对标准进行定义的过程可以通过多种方式改进。然而，这种进路存在两项困难。首先，应该指出，描述和规范存在必要的区别。以选择"最优"的规则的集合为目的的比较研究，其描述有效性本身依赖于若干主张的"正确性"②。相同的法律规则能够在不同的国家或者超国家背景下以相同的方式运作，这一观点是值得怀疑的。而对多个国家有效的规则的制定可以如同国家法典的规则一样详细，这同样值得怀疑。其次，在这些调查的基础上存在一项隐含的假设，即对公共行政治理的规则的比较法分析能够揭示针对每个行政体系——无论其特点如何——"最优"的法律，这也是值得怀疑的，因为它忽略了两个重要的因素：约束公共权威行为的标准在很大程度上受环境的影响；而且此类标准可能是"技术性"的，但很难说是"中立的"。因本文篇幅所限，无法彻底深入讨论这一问题。可以这么说，在当前项目中，我们有不同的目标。

尽管是在欧盟建立的共同框架内的特定领域，描述和规范之间的差别仍然在大量旨在协调或取代各国法律的学术工作中更加明显。私法领域里的一个项目，便明确以为各国国家法制定可以共同参考的框架为目标③。这类方法有两个主要特征。首先，它不可避免地以法律规则为中心，因此区别于法律体系的其他要素，譬如在行政法领域尤其重要的制度、程序和法律文化。其次，其目的是建设性的或者规范性的。这个项目同时受到赞同和批评。尤其是在学术文献中存在一个警告性的说明，以试图阻止此类立法文件的制定。

---

① 经济合作发展组织（OECD）的重要性由 J. 萨尔兹曼（J. Salzman）指出：J. Salzman, "Decentralized Administrative Law in the Organization for Economic Cooperation and Development", 68 *Law and Constitutional Politics* (2005), p. 189。

② 就更进一步的论述，参见 Pfersmann, *Le droit comparé comme interprétation et comme théorie du droit*, p. 17, 279（批判收集"最优方式"的观点）；约翰·梅里曼（J. H. Merryman）, "On the Convergence (and Divergence) of the Civil Law and the Common Law", pp. 6, 376（批判从一个欠发达的法律体系到更加发达的法律体系进化的观点）。

③ 参见 C. van Bar et al., *Principles, Definitions and Model Rules of European Private Law. Draft Common Frame of Reference* (European Law Publishers, 2009)。也可参见 P. Legrand, "Against a European Civil Code", 60 *Modern Law Review* (1997), p. 44（就其论述，自相矛盾的是，19 世纪的民法典打破了在前几个世纪里已经出现的统一，而 20 世纪末一些人却认为法律统一性可以通过法典的方式来实现）；J. M. Smits, "European Private Law and the Comparative Method", in C. Twigg-Flessner (ed.), *The Cambridge Companion to European Union Private Law* (Cambridge University Press, 2010)（观察到比较法方法论与创造欧洲的共同私法的关系并不是经常被以为的那样直接）。

我们著者之一参与的另外一个项目涉及欧洲行政法学术网络（ReNEUAL）框架内的欧盟行政程序的法典化①。与私法领域的前身不同，这个项目的目的不是统一各国的规则，而是规范欧盟机构和专门机构的行政程序。该项目通过被称为"示范规则"的综合性条款，制定了一份建议。示范规则最终被包含在一个文本中，该文本被塑造成一份规章草案，由欧盟机构根据《欧洲联盟运作条约》（TFEU）第298条制定。

从前述分析可以明显看出，最近的比较法项目不同程度地综合了描述性和规范性要素。显然，如果一个项目或多或少直接支持新规则的制定，它就会较少关注法律程序和学说。然而，我们并不假设必须完全排除实务的考虑以支持"纯粹的"研究。它们可以被视为一种连续体。一种极端的观点是，比较法研究有助于定义或者重新定义法律规则。另一个极端的观点是，与其他社会科学类似，比较有助于收集和检查数据，以确保法律分析的有效性。根据每个或者每组研究人员的主要目的，还有一些合法且有用的中间地带。描述连续体而非使用清晰的界限，会帮助我们澄清我们研究的目标是拥有——比现在可用的——更多、更好的知识，尽管这类研究容易受到一些实用结果的影响。

2. 关于行政法共同性和独特性的研究

鉴于一些学者对其他研究项目的批判，考虑两个可能的异议会是有益的。首先，如果新的项目以考虑共同性和独特性为目的，那么产生的问题是，为什么这个项目重视前者②。另外一个问题是，尽管出于善意，但当本应是纯粹的科学研究的法律比较被用于规范的目的后，是否最终可能变成不一样的东西③。

我们之前提到，需要同时考虑到共同的和独有的特征，当解释为什么在越来越多地采用行政程序行为的情况下，仍比表面上存在更多的差异的时候，我们将回来讨论这一点。与此同时，历史和比较两者都有助于解释为什么可以通过一个分析框架更好地理解这些差异，该分析框架旨在从描述性和规范性的角度理解各国行政法之间的共同和连接性要素。从描述性角度出发，行政法的立法基础非常有限，这与在罗马法影响下编纂的私法的成文法不同，这一事实产生了一系列的后果。重要

---

① P. Craig et al., *ReNEAUL Model Rules on EU Administrative Procedure* (Oxford University Press, 2017). 同样的文字已经被翻译成其他的语言出版，包括法语、德语、意大利语、波兰语、罗马尼亚语和西班牙语。

② 我们感谢布鲁诺·德·维特（Bruno De Witte）的这一评述。

③ 就此表述，参见 M. Shapiro, in M. Bussani and U. Mattei (eds.), *The Common Core of European Private Law*, p. 221。也可参见 J. H. Merryman, "On the Convergence (and Divergence) of the Civil Law and the Common Law", p. 379（指出对共同原则的寻找可能有促进和睦的效果）。

的是要了解首要途径是自然正义,还是关于公法的一套理念;如果是后者,它是否在不同的法律体系中部分共有,以及法院是否承认相似的程序权利并证明它们是正当的,即使在法规没有授予此类权利的情况下。还有一个理由可以说明为什么要注意共同的和连接性的要素是合理的。我们已经看到,在欧洲,不仅存在来自于区域性组织的"更高位阶的法律",还存在对"共同宪法传统"既存事实的认可,根据《欧洲联盟条约》(TEU)第6条,该传统具有一般法律原则的地位[1]。此处无法对这一认可的全部衍生结果进行仔细审查。无需多言的是,如果可以确定共同的宪法传统,它至少应该意味着法院和其他公共机构应该在对国家规则的许多解释的可能性中选择与共同宪法传统更一致的解释,譬如,在决定是否必须为对某方利益产生不利影响的决定提供理由的时候。

现在必须考虑另外一个批判。在这方面可以提出两点意见。首先,重要的是要重申我们的研究重点是创造有关欧洲行政法的知识。我们的目的不仅仅是关注针对公共权威面临的问题时展露出的不同或相似的解决办法,还要努力弄清决定这些解决办法的因素。研究的任务是阐明塑造我们对特定主题的观点的法律结构和理论。其次,不能排除的是,如果在本研究的框架内收集到足够的知识,那么它也能够有益于实践的目的,包括更好地认识行政法一般原则的性质和含义,改进国家立法及监管程序规则[2],以及使法院更好地运用比较法方法。但是,按照在自然科学内比较普遍的说法,这些只是"基础"研究的可能且间接的用途。

(二)主题的选择:行政程序

在解释了我们比较法研究的目的后,接下来的讨论是关于它的主题;也就是说,要分析的研究问题以及我们的调查在多大程度上增加了已经存在的关于公共行政单位及相关法律适用的知识。

1. 包容性和议题的发展

对一门学科来说,反思其对象并评估最近或多或少的发展以及判断未来的方向总是有用的。但这并非易事,下面将从法律发展的角度来看它的包容性和意义(significance)。

---

[1] 更进一步的论述,参见 S. Cassese, "The "Constitutional Traditions Common to the Member States of the European Union", 65 *Rivista trimestrale di diritto pubblico* (2017), p. 939(讨论此概念,现在是欧洲法研究所 [*European Law Institute*] 所推动的一项研究的对象)。

[2] 各国规则的起草人经常在承认此点的重要性上犹豫,意大利行政程序法案却是个例外: G. Pastori, "The Origins of the Law n. 241/1990 and Foreign Models", 2 *Italian Journal of Public Law* (2010), p. 260。

就包容性而言，必须考虑两个截然相反的风险。首先是豪尔赫·路易斯·博尔赫斯（Jorge Luis Borges）在他关于中国皇帝的制图师的小说中巧妙地指出的过分包容的风险：绘制一张准确、完整、真实的地图的良好意图，以及其所有的复杂性和微妙性，可能导致工作变得太宽泛而不能对知识的增进产生意义。另外一个相反的风险则是包容性不足。施莱辛格巧妙地指出了这种风险。他观察到，不仅考虑的法律体系数量非常少，通常仅限于两个，而且选择进行比较法探索的主题还有另一个不便之处，即"过于狭窄，无法在所选的每个法律体系中发现大量准则和概念之间的功能性及系统性的相互关系"①。而他选择的主题，即有关要约和承诺的法律框架，也曾是相对狭窄的。

法律制度的演变同等重要。这点可以以不止一种方式考虑。一种选择是专注于选择"经典"或"永恒"的概念。随着时间的推移，这些相当普遍的分类可能会很好地服务于研究，但它们与法律现实脱节的风险很大。另一种选择是关注过去和现在相关且必要的法律制度，譬如对行政行为的司法审查。通过这种方式，人们可以了解从19世纪末至今关于公共权威的诉讼的增加情况。但是，我们必须问自己，这种分析是否真的重要，因为"公法并非仅关注司法审查"②，更一般地说，我们应该考虑行政法的动态维度而不是它的静态维度③。因此，还存在另外一种选择：关注公法中更具创新性的部分，譬如，通过各种程序履行行政职能和权力。有三个理由可以为此辩护：前两个原因涉及包容性和主题的发展，最后一个则关于异同之间的相互作用，为此需要在下一段单独处理。

从包容性的角度来说，越来越多的文献关注行政机构作出决定的各种程序，以及越来越多地设立规则或者发布计划。这表明，行政程序并非过分狭窄而使得我们无法在选定的法律体系内确定行政法的一些核心结构之间的各种"功能性及系统性的相互关系"，包括由法律秩序保护及认可的范围和类型、国家行政部门各单位之间的互动以及公民的参与。此外，尽管立法和司法权力是通过一系列有限的程序来行使的，但行政行为必须"通过其多样且广泛的渠道，需求的洪流冲击着国家的堤

---

① R. B. Schlesinger, in R. B. Schlesinger (ed.), *Formation of Contracts: A Study of the Common Core of Legal Systems*, p. 3, 11.

② P. Craig, "Theory and Value in Public Law", in P. Craig and R. Rawlings (eds.), *Law and Administration in Europe. Essays in Honour of Carol Harlow* (Oxford University Press, 2003), p. 27. 也可参见 E. Gellhorn and G. O. Robinson, "Perspectives on Administrative Law", 75 *Columbia Law Review* (1973), p. 773（论证"行政机构的司法审查这一主题……与行政程序相比，某种程度上已经失去了它的重要性"）; S. Cassese, *Le basi del diritto amministrativo* (3rd Edition, Einaudi, 2003), p. 295（相同的论点）。

③ W. Wade, "Administrative Justice in Britain", in G. Motzo and A. Piras (eds.), *Administrative Law: The Problem of Justice*, p. 29; S. Cassese, *Le basi del diritto amministrativo*, p. 3, 64（相同的言辞）。

坝"①。基于这个原因，针对行政程序的研究变得日益重要。

此外，自20世纪初以来，行政程序已成为越来越重要的研究主题②。尽管在前几十年里有关注行政程序的学术著作，但由于一些原因，程序的重要性此时变得更加明显。国家机构与各种其他领土性或者功能性的公共机构互动的制度格局的出现，有助于行政活动越来越程序化。另外一个原因是政府职能对日益壮大的个人和集体利益范围造成的影响必须也要加以考虑和权衡。还有一个原因是一般程序法典的运用，该法典规范了各种主体领域的程序权利。由于所有这些原因，人们越来越认可行政程序是"行政法核心的概念"③。

因此，我们的选择偏离了该领域传统上比较法研究的主题，即行政行为的司法审查。此观点可能面临两个观点的挑战：行政法的主要目标仍然是对政府进行法律控制；以及在此目标之下，行政法的原则由法院制定。尽管我们部分同意后一主张，但将中心舞台交给法院控制的行政法愿景在我们这个时代存有几个缺点。首先，它受到一种视角扭曲的影响，因为它意味着对公共权威机构的组织和运作采用了一种间接视角。间接视角不考虑它们应当做什么、它们做什么（或者不做什么）以及它们如何做，而只考虑它们的行为如何被法院审查④。

第二，行政行为的司法审查只是行政法有限的一部分。根据政府行为（acte de gouvernment）等原则，有些行政措施不受司法审查。由于诉讼资格的限制，有些问题不太容易被法院审查。因此，法律命令所认可和保护的利益范围，比司法干预的范围更为广泛，更不用说当事人提起诉讼的意愿和法官审理针对政府的案件的倾向。

随着政府机器的扩张，第三个困难变得更加明显。传统的方式倾向于过分强调

---

① L. J. Jaffe, "Administrative Procedure Re-Examined: the Benjamin Report", 5 *Harvard Law Review* (1943), p. 707; R. B Stewart, "The Reformation of American Administrative Law", 88 *Harvard Law Review* (1975), pp. 1667, 1669. 以及比较法上的分析，参见 J. B. Auby, *Droit comparé de la procédure administrative* (Bruylant, 2015).

② M. Shapiro, "Administrative Discretion: The Next Stage", 92 *Yale Law Journal* (1983), p. 1487（指出"美国行政法的历史在很大程度上是由程序追赶游戏构成"）。若干年前 E. 盖尔霍恩 (E. Gellhorn) 和 G. O. 罗宾逊 (G. O. Robinson) 也观察到美国行政法教材的变化 (75 *Columbia Law Review* [1973], pp. 68, 770)。在大西洋的另一岸，基础教材变化较慢，尽管一些学者自1930年代末就开始分析研究程序，譬如 A. M. Sandulli, *Il procedimento amministrativo* (Giuffrè, 1940).

③ Neil Walker, "Review of Dennis J. Galligan, Due Process and Fair Procedures: A Study of Administrative Procedures", 62 *Modern Law Review* (1992), p. 962.

④ 参见 J. B. Auby, "General Report", in J. B. Auby, *Codification of Administrative Procedure* (Bruylant, 2014), p. 3; G. Berman, "Foreword", in J. B. Auby, *Codification of Administrative Procedure*（其论点是"行政程序而非行政行为的司法审查，处于行政法的核心地位"）。

国家在征用个人或者实施制裁方面的消极作用①，反过来，低估了积极国家的重要性，特别是在管理个体和团体利益的领域。只有关注这些积极国家的表现，我们才能明白正当程序的管理方面②。作为这个论点的一种变体，可以观察到，传统的行政法视野忽略了监管型国家的出现，即公共权威机构与自然人或法人之间的关系与其说是辩证关系，不如说是一种更加复杂的关系。例如，细想欧盟指令对成员国的电子通信监管机构施加的通知和评论义务③。监管者为此在三方关系中与提供者和使用者互动。

这些论述支持这样一种观点，即司法审查不是当前议题必须考虑的"唯一"角度。但是，它们不排除必须密切关注司法审查。例如，程序不当和不公平或者"程序性损害"④的概念有益于理解行政机构在向申请人签发或拒绝授权之前，必须遵循的原则和规则的相关性及重要性，以及为公共事业设立新的关税时应当使用的技术。

2. 相似性和差异性的混合物

在上述我们所选择的主题的包容性和重要性的原因之外，有必要更细致地考虑之前就行政法领域许多比较研究特有的困难而作出的批判所引起的影响。我们注意到，根据所遵循的对照性或融合性方法，之前的研究分别将重点放在差异性或者相似性上。可能有益的是超越这个论述，而且更细致地从接下来的角度来描述行政程序所独有的特征，即行政程序的各种目的、决定行政程序的立法规则的不同外延、行政程序的不同概念。

正如我们著者之一在其他场合观察到的，行政程序能够而且确实拥有各种各样的功能，包括保护公民抵御权力和公共政策的滥用⑤。关于行政程序的法典化，也存在不同的态度。如乔治·伯曼（George Berman）所观察到的，"近年来，这一

---

① M. Shapiro, "Predicting the Future of Administrative Law", 6 *Regulation* (1982), p. 18（指出 19 世纪末的标准自由理论完全否定了行政法）。

② J. Mashaw, "The Managerial Side of Due Process: Some Theoretical and Litigation Notes on the Assurance of Accuracy, Fairness, and Timeliness in the Adjudication of Social Welfare Claims", 50 *Cornell Law Review* (1973), p. 772.

③ Article 24 of Directive 2002/21/EC of the European Parliament and of the Council of 7 March 2002 on a common regulatory framework for electronic communications networks and services, [2002] OJ L108/33（"体系指令"）。更进一步的讨论，参见 R. Caranta, "Pleading for European Comparative Administrative Law", 2 *Review of European Administrative Law* (2009), pp. 155, 158（指出同样的欧盟规则在成员国内引发了不同的法律问题）。

④ 就此概念，参见 R. J. Pierce, "Making Sense of Procedural Injury", 62 *Administrative Law Review* (2010), p. 1.

⑤ G. della Cananea, *Due Process of Law Beyond the State. Requirements of Administrative Procedure* (Oxford University Press, 2016), p. 27.

领域对法典化的兴趣快速增加",因为"目前只有一小部分国家……而对一类或它类(议题)时缺乏行政程序法典"①,而且即便是法国也不再停留于这一边(即缺乏行政程序法典),因为法国发布了一项法案,将若干由行政法法官(在判例中)定义和完善的标准编入法典。这些论述支持了这样一种信念,即在欧盟存在共同趋势(common trend)②。但在英格兰和爱尔兰,以及欧洲大陆的部分国家,包括比利时也都不存在所谓的行政程序法典化。此外,即便有一种或多种法典,若细致观察也会发现不同种类法典化的重要差异。早期尝试识别变量的学者试图根据时间(有些可追溯到20世纪初,而另一些则是最近的)和范围(一般和特定部门的行政程序法案)来对它们进行排序。然而,变量的数量实际更多,而且它们的性质也比早期建议的更加复杂。一个重要的变量是关于法典化的宪法基础,另一变量则涉及它的性质。一些法案包括数百条详细规定,而其他法案则倾向于包含一般原则。其他重要的变量涉及限制(税法经常被排除在外),还有裁判、规则制定以及其他形式的行政行为——譬如合同或者纠纷解决——之间的区别③。多元化根源的存在,特别是在联邦和邦联的体系中,仍旧是另一明显的特征。最后同样重要的是,一般法律原则的相关性和重要性在不同的法律体系中是不同的。

最后,毫不奇怪,存在不同的将程序概念化的方式。尽管德国和意大利在此领域的研究表现出非常强烈的抽象化倾向④,但是法国行政法的进路基本上是经验主义的⑤,大多数英国法律人更是如此。行政程序和程序的区别,仅在最近才开始浮现⑥。

3. 程序和实体

到目前为止,我们已经考虑了支持侧重行政程序的选择的理由。超越上述讨论

---

① G. Berman, "Foreword", in J. B. Auby, *Codification of Administrative Procedures*, p. 69.

② 参见 S. Cassese, "Legislative Regulation of Adjudicative Procedures: An Introduction", 5 *European Review of Public Law* (1993), p. 15; A. Brewer-Carias, *Principes de la procédure administrative non contentieuse* (Economica, 1992)(法国、西班牙和拉美国家之间的比较)。

③ J. B. Auby, *Codification of Administrative Procedures,* p. 69.

④ 参见 E. Schmidt-Aßmann, "Due Process und Grundrechtschutz durch Verfahren, Eine vergleichende Untersuchung zum amerikanischen und deutschen Verwaltungsverfahrensrecht", 142 *Archiv des öffentlichen Rechts* (2017), p. 325(就美国和德国的比较)。

⑤ M. Fromont, "Les types de procédure administrative", in M. Fromont (ed.) *La procédure administrative non contentieuse en droit français* (Esperia, 2005), p. 16. 类似的评论,参见 J. F. Garner, "Review of E. Forsthoff, Traité de droit administratif allemand (1969)", 19 *International and Comparative Law Quarterly* (1970), pp. 720, 726。

⑥ D. Galligan, *Due Process and Fair Procedures. A Study of Administrative Procedures* (Clarendon, 1999). 早期的作者们谈及行政程序时,视其为行政职能的履行:W. Wade, "Recent Trends in the Administrative Process in England", 13 *Administrative Law Review* (1960), p. 27(考虑"公平决定和正当程序"的各类议题)。

的一般命题并更详细地考虑方法论中的一些议题是有帮助的。然而,有一个必须考虑的初步议题。它涉及程序与实体的区别。

许多有关行政法的学术著作都将程序公平日益增加的重要性作为一种主旨(letimotiv)。对于一些学者来说,这是必要的,因为政府的权力范围更广,"只有在政府权力被公平和公正地实施时,公民才会忍受它",而对另外一些学者来说,公平对于确保政府机构的顺利运行也很重要。正是因为程序公平有助于实现不同目标,程序工具更应当具有灵活性[①]。

然而,一些学者曾观察到将程序与实体分开的尝试不可能成功,因为程序常常决定结果。此外,对一个既定结果的不满经常会引发对决定结果的程序的公平性的质疑。另外一些学者则认为,法治或者健全的治理能够主要或者仅从程序的视角来解释的观点完全站不住脚,因为赋予这类观点的含义取决于更广泛的关于"正义"的概念观。这些评论包含许多真理[②]。然而,我们认为上述观点没有一个是决定性的,原因有二。

第一,两种类型的"公平"能够而且一般是被区别开来的。一方面,从程序正义——相信为作出选择而开展的活动本身是合理和公平的——的角度来看,公平是有价值的。另一方面,在实体正义的背景下公平是有意义的;因为实体正义关注的是某些特定途径或者结果是否"正当"或可以被接受。相应地,在所有法律领域内,重要的是不仅要评估一个程序的结果,而且还要评估程序本身,以防止出现错误或确保决策者的公正[③],这是大多数(如果不是全部的)法律体系认可的基本原理之一。

第二,程序与实体的区别在行政法领域尤其重要,因为源于权力分立的一些学说认为,法院和其他的公共专门机构可以质疑公共权威作出的决定的合法性,而非关于决定的是非曲直。例如,当移民官员拒绝让一个外国人进入其国家

---

① 这个引用来自 W. Wade, in G. Motzo and A. Piras (eds.), *Administrative Law: The Problem of Justice*, p. 169. 其他学者也指出了程序工具的灵活性: C. Harlow and R. Rawlings, *Law and Administration*, pp. 89, 616; M. Loughlin, "Procedural Fairness: A Study of the Crisis in Administrative Law Theory", 28 *University of Toronto Law Journal* (1978), pp. 215, 219。

② 参见 L. H. Tribe, "The Puzzling Persistence of Process-Based Constitutional Theories", 89 *Yale Law Journal* (1979), p. 1065(指出"程序性规范的实体根源"); J. Mashaw, *Due Process in the Administrative State* (Yale University Press, 1985), p. 9(断言区别是常规的)。

③ 就这些评论,参见 R. S. Summers, "Evaluating and Improving Legal Processes – A Plea for 'process values'", 60 *Cornell Law Review* (1974), p. 1; J. Lever, "Why Procedure is More Important than Substantive Law", 48 *International and Comparative Law Quarterly* (1989), p. 285. 就哲学意义上的讨论,参见 J. Roland Pennock and J. W. Chapman, *Due Process* (Nomos, New York University Press, 1977)。

时，只要受影响的人被给予某种申辩机会，就意味着该决定并非不合理。正是因为这个，公共权威才必须承担尤其严格的公平和透明的义务，以及要受制于司法审查。

话说回来，本次辩论中的大量论点之所以要被注意到，是因为它们具有普遍的重要性而且它们会对我们的研究的根本特征——既具有实证性又具有理论性——产生影响。我们的研究应当是实证的，因为它植根于对行政法被期待运作的功能的理解，这关于被视为在行政法领域内出现的个体与集体利益之间的互动，一个经典的例子是在国家剥夺某个人的财产权利或者在发布行政制裁时对程序保护的认可和普遍化。用路格林（Loughlin）的隐喻来说，我们需要的是"一张可以使得我们在法律环境四处走动的地图"①，以及随着时间的推移对社会不断变化的需求的领悟。与此同时，重要的是斟酌理论问题②。在这个意义上，接下来的研究关乎行政程序的应当更少，而关乎程序的更多③。

4. 科研问题的概述

我们选择了五个分支议题——这些议题有助于测试我们在项目中计划运用的方法论的可行性，并有助于充分描绘与行政程序有关的各类议题④——而且我们邀请了许多行政法和公法专家来对这些议题进行讨论。这些分支议题包括：第一，正当法律程序下的征收和授权；第二，福利国家建立的福利或赔偿项目的行政管理，例如医疗和公共适用房；第三，行政法规则的制定和规划；第四，关于行政程序的合理性和公平性的司法审查；第五，公共行政机构的法律责任。因此，我们试图结合更传统的议题，比如那些涉及程序控制的议题；以及结合与行政法传统模式——基于个人行为或措施——相距甚远的行政诉讼形式议题。

这些分支议题的实用意义使得比较法研究异乎寻常地有趣。但是，一些具体的说明会有益于解释这些选择。第一个分支议题是一个传统的话题，因为它涉及影响

---

① M. Loughlin, *Public Law and Political Theory* (Clarendon, 1992), p. 37.

② 就进一步的评论，参见 J. Chevallier and D. Lochak, *La science administrative* (PUF, 1980), p. 43（指出实验主义的缺陷）；T. Prosser, "Towards Critical Public Law", 9 *Journal of Law and Society* (1982), p. 1（呼吁对理论加强关注）。

③ 参见 F. Moderne, "Préface", in A. Brewer-Carias, *Principes de la procédure administrative non contentieuse*, pp. 9, 81（论证一项行政程序并不必然是"非司法性的"）。就进一步的评述，参见 J. Chevallier and D. Lochak, *La science administrative*, p. 43（指出"实验主义"的缺陷）。

④ 参见 O. Kahn-Freund, "Review of Schlesinger, Formation of Contracts. A Study of the Common Core of Legal Systems", 18 *American Journal and Comparative Law* (1970), pp. 429, 430（肯定地说，施莱辛格领导的小组所处理的议题"在伦理，社会和政治意义上都到了近乎漠不关心的地步"）。

财产和贸易的公权力的行使①。但是这个研究将包括传统的"征收"和所谓的"规制性征收"②，以及鉴于投资协定产生的"规制性征收"。为此，它将考虑影响公职人员行使其自由裁量权的所有因素和变量。第二个分支议题与我们之前对积极国家研究的必要性的论述相关。因此，人们将试图理解行政法的传统原则是否以及在何种程度上，会因为"群体行政正义"（mass administrative justice）的到来而受到怀疑③。类似地，第三个分支议题——行政规则制定和规划——抛弃了基于个案判决的传统行政行为模式，并专注于在个案判决背景下较少考虑的正当程序的基本原理，即公民的协商（consultation）和参与④。第四，以司法审查为中心的传统行政法理论虽然不尽如人意，但这并不意味着行政法的比较法研究应当忽略司法审查。相反，它意味着选择进行比较的话题甚至无法囊括司法审查的所有显著特征，更不用说司法审查的每一个一般特征；而选择进行比较的话题必须反映研究的主要焦点，即行政程序⑤。相似的论述也适用于最后的分支议题，即对公共权威的责任进行分析。再次，有必要更加重视程序问题。例如，考虑一下地方权威在不顾先前建立的程序的情况下而决定撤回许可时可能产生的损失。

本文将在我们称为"历时"比较的框架内研究另外两个分支议题，即研究欧洲行政法转型的某些阶段。在对我们比较法研究所使用的方法论进行解释之后，我们会在下文更详细地解释这些分支议题。

（三）研究方法论

行文至此，是时候去澄清一个至关重要的问题：我们希望开展哪种类型的比较？因此，随后的讨论与将要进行的比较性调查的性质有关。针对这个调查，将使用两种类型的比较：共时的比较和历时的比较。这些术语虽属常规，但它们却传达了某些关于要完成的工作的性质的信息，从某种意义上说，共时比较侧重我们时代的行政体系，而历时比较则提供了一种回顾。

---

① 行政权力的独特性不仅体现在法律文献中，也体现在涉及公共政府的文献中：J. Chevallier and D. Lochak, *La science administrative*, pp. 78, 31。

② 针对这个概念，参见 W. M. Reisman and Robert D. Sloane, "Indirect Expropriation and its Valuation in the bit Generation", 74 *British Yearbook of International Law* (2004), p. 115。

③ 国家这两个角色的区别仍然存在问题，参见 J. Rivero, *L'Etat moderne peut-il être encore un Etat de droit?* (Faculté de droit, 1957), p. 76. 也可参见 J. Mashaw, *Cornell Law Review* (1973), pp. 75, 780。

④ 对若干法律体系中参与性的分析，参见 T. Ziamou, *Rulemaking, Participation and the Limits of Public Law in the USA and Europe* (Ashgate, 2001)。

⑤ 关于类似法律救济的评述，参见 M. Galabert, "The Influence of the Conseil d'Etat outside France", 49 *International and Comparative Law Quarterly* (2000), p. 701。

1. 共时的比较

我们研究的核心是欧洲行政法之间存在的共同和独特特征这一议题。但我们的主要任务并非发现存在于欧洲的法律体系的"共同点"或者"共同核心"。可以确定地说，目前并不缺乏这类研究，譬如对欧盟各成员国法律体系所共有的公法一般原则的研究[①]。我们试图研究的是这种共同核心的性质和范围，这意味着要进行一系列的尝试，去预测在比较法分析中形成的相似性和差异性的深度，并为两者提供充分的解释[②]。这是我们所谓的"共时比较"，它侧重法律是什么样子的，而非法律应该是什么样子的。

更细致地考虑我们"共时的比较"的运作是会有帮助的。首先而且最重要的是，要清楚我们的共时比较是怎样被构建的：一方面，它是一项集体工作，因为我们进行比较工作的核心问卷不是简单地由两三个学者决定，而是在研讨会期间经过了仔细讨论，以确定问卷是否适用于所有选择进行比较的法律体系。另一方面，它是基于事实的方法。我们试图遵循的这一方法很大程度上归功于施莱辛格于1960年代阐述和进行的比较调查，我们运用这一方法来试图确定一组国家的法律制度的共同和独特的要素，即并非努力描述这些法律制度，而是试图了解在所选择的这些法律制度中，一些特定的问题将如何被解决。因此，这些问题"必须用事实性的语言来表述"[③]。具体而言，这意味着施莱辛格利用其所选定的法律体系的资料构想了假设案例，以了解在所选的每个法律体系中如何解决这些案例。事实证明，这些案件的表述方式在所有的法律体系中都是可以被理解的。

例如，考虑以下情况：公共权威机构决定撤回销售某种产品（如期刊或药品）的许可证，理由是许可要求的特定条件没有被遵循。被许可人主张，在没有对公共权威机构指控的事实进行"听证"的情况下撤回许可构成了与程序正义相悖的利益剥夺。令人感兴趣的不仅仅是被许可人的请求是否可能在法院胜诉。对我们的目的而言，重要的是哪些论点将是相关的，包括宪法条款以及一般和特殊法案

[①] J. A. Usher, *General Principles of EC Law*; T. Tridimas, *The General Principles of EU Law*. 也可参见里维罗 (J. Rivero) 具有开拓性的作品："Le problème de l'influence des droits internes sur la Cour de Justice de la Communauté Européenne du Charbon et de l'Acier", 4 *Annuaire Français de Droit International* (1958), pp. 295–308; "Vers un droit commun Européen: nouvelles perspectives en droit administratif", in L. N. Brown, M. Cappelletti and M. Kohnstamm (eds.), *Nouvelles Perspectives du Droit Commun de l'Europe* (Sijthoff, 1978), p. 389。

[②] 参见 P. Craig, *Comparative Administrative Law and Political Structure*, pp. 12, 1; O. Kahn-Freund, 18 *American Journal of Comparative Law* (1970), p. 429（指出"假设本身几乎不需要得到检验，但是它可适用到的程度以及它能够被作为工作工具使用的程度则需要得到检验"）。

[③] M. Rheinstein, 36 *University of Chicago Law Review* (1969), pp. 448, 449.

（statutes）的条款，以及法院如何作解释这些条款，比如在正式决定撤回许可之前是否需要举行听证会，以及应当在决定作出之后的哪个阶段举行听证会。作为这种情况的一种变体，考虑终止接受者的福利，它应该受到适用于国家传统"消极"角色表现形式的相同标准的约束，还是因为福利通过更快捷的程序来进行管理而要求更低的标准？终止受助人的福利待遇是否会采用比拒绝最初的申请更严格的标准？如果是，为什么？也要考虑设立新的规则所引发的问题。在一些情况下，社会组织可能希望干预规则制定程序。例如，一些使用者可能想要反对公共设施监管者打算准许增加一项或多项服务的资费所依赖的论据。有趣的是，理解此问题——是否可以这样做是因为正当程序条款或者更广泛的宪法价值，比如法治国（Rechtsstaat），还是因为在监管机构之前进行干预的权利隐含在保护使用者的某个一般条款中。

这些例子表明了法律的日常审查机制的重要性，且因此"使人们意识到隐藏在每个法律体系结构中的假设"[①]。比如，界定决策者的自由裁量权时，必须考虑"相关利益"这一法定术语的含义。我们也有兴趣从日常法律机制的角度来阐明法律体系的共同和独特的方面，从而"使人们意识到每个法律体系结构中隐藏的假设"[②]。因此，真正被需要的不仅是一组个人研究，而是一项集体工作。

实际上，针对每个分支议题，都会由两名编辑来起草一份事实调查问卷，并在专题研讨会期间与专家们讨论。一旦问卷获得批准，它就会被发送给专家。对事实调查问卷的依赖可以减少某些法律学说容易产生的误解，这些学说在某处很普遍，但在他处没有多大意义。此外，求助于事实案例，将有助于随后对得到的答案进行比较的过程。因此，在报告人的回答中，他们要描述如何根据他们所关注的法律体系中的法律来解决每个案件。遵循"共同核心"项目的风格，在概述可能的结果时，报告人们还被要求解释哪些因素——法规、教义性观点、司法趋势、官僚实践等——对这些结果负责以及在多大程度上负责。所有这些都有助于解释背景的重要性[③]，以及揭示影响其法律体系的法律和结果的因素，无论是否是官方的。例如，规定决策者的自由裁量权必须考虑"相关利益"这一法定术语的含义。通过提供对影响每个案例可能结果的法律和非法律因素的洞见，对问卷的回答有望阐明法律体系的特征，包括法律体系内部共存（或互为冲突）的多个规则。

---

① M. Loughlin, *Public Law and Political Theory*, pp. 93, 35.
② Ibid.
③ 背景的重要性经常被行政法领域的主要专家们强调：G. Jèze, *Principes généraux du droit administrative*, pp. 11, IV（"需要认识社会、经济和政治背景"）。

正是因为需要的是集体性的工作,所以必须考虑进一步的问题。这涉及法学专家们的选择。一方面,不言而喻的是,我们的比较实验需要为每个被选择的法律体系选择至少一位本国的专家。另一方面,正如施莱辛格和他的同事们令人信服地论证的那样,如果一个法律人真的只能在他们有持续和直接经验的法律体系方面成为专家,那么同样正确的是,如果对其他法律体系如何运作没有任何想法,可能很难进行富有成果的讨论。这是一个非常严肃的议题,而且其重要性不容忽视。幸运的是,在过去的几十年里,两国和多国集团和网络出现了前所未有的增长。前者包括,比如,意大利-西班牙行政法研讨会(自 1964 年以来每两年举行一次),德国-意大利公法专题讨论会(自 1971 年来每两年举行一次)以及法国-德国行政法研讨会(自 2005 年开始)。后者尤其包括 1991 年在雅典创立的具有许多分支的欧洲公法小组(European Group of Public Law)、欧洲公法学会(Societas Iuris Publici Europei)以及最近的欧洲行政法学术网络(ReNEUAL)。因此,越来越多的公法法律人对比较实验有着持续的兴趣。这使得理解其他欧洲国家的规则和实践更为容易,尽管永远不能排除误解的风险。

2. 历时的比较

最后,更详细地解释我们的想法是有帮助的,即行政法的充分比较不仅应该是共时的,还应该是历时的。

同样,支持这种选择的一般和具体的原因都有。从一般的角度来看,正如戈尔拉(Gino Gorla)对梅特兰的观点的重新表述,"历史涉及比较"[1],"比较涉及历史"[2]。历史表明,不仅有关法律的思想和理论在很大程度上是跨国界的,而且发源于一个国家的法律原则和制度往往在其他地方也产生了影响。此外,历史提供了对文化交流的相对性的理解。在考虑公法的原则和规则时,这两个特征很快变得明显。如前所述,法国的"特别"行政法院和权力分立的基本概念在其他地方产生了非常大的影响[3]。而不同国家之间也存在相互的交流,比如英国的公法一直

---

[1] F. W. Maitland, "Why the History of English Law Was Not Written", in R. L. Schuyler, *Frederic William Maitland Historian. Selection from his Writings* (California University Press, 1960), p. 132(确认"历史涉及比较,除了自己的体系以外,不知道其他而且也不关心其他体系的英国法律人,他自己几乎不会接触法律史"以及"一个孤立的体系无法解释它自己")。

[2] G. Gorla, *Diritto comparato e diritto comune europeo* (Giuffrè, 1981), p. 39. 也可参见 J. H. Merryman, "The Italian Style Ⅱ: Law", 18 *Stanford Law Review* (1966), pp. 396, 398 (1966),其中强调"意大利法律正统观念的非历史性",与戈尔拉依赖"具体案例"的进路截然不同,正如梅里曼(Merryman)在他评阅戈尔拉的著作时所观察到的:*Review of G. Gorla, Diritto comparato e diritto comune europeo*, 31 Am. J. Comp. L. 358, at 359 (1983)。

[3] 就这一评论,参见 J. Rivero, *Cours de droit administratif comparé*, pp. 5, 27。

是美国公法一些根本价值的初期设计模型，尤其自然正义的要求是正当法律程序概念的核心。然而，根据一些观察者的观点，美国的法律制度已历经几个世纪的演变，现在为英国的法律制度提供了一个关于公共权威机构行使权力的程序限制的模型。从更一般的意义上讲，西方国家的发展不仅赋予了政府新的重要性，而且赋予了政治与社会力量更复杂的关系，即使在无政府的社会中也如此。由于这些原因，我们研究的核心是坚信历史可以极大地丰富我们对行政法的理解。因此，我们的方法论将具有比较性和历史性，这不仅由于它根基于政府无休止的动态（relentless dynamics），还基于它寻求确定法律文化之间和跨法律文化之间最重要的交流方面。

我们并没有低估这项工作——试图确定什么是法律文化之间和跨法律文化之间最重要的交流——的复杂性，它质疑公法法律人的能力，即认为他们在审视过去的法律制度时忽略了过去的那些法律制度只是我们这个时代的制度的前身，也不假装我们可以涵盖所有自法国大革命后两个多世纪的行政法历史的重要阶段[1]。就第一个角度而言，我们相信参与研究的公法法律人的工作，将受惠于其他学科的专家，包括法律史学家和法学理论家以及政治科学家的贡献[2]。

从另一个角度看，我们选择了两个主要感兴趣的领域。首先是1890—1910年间审查行政行为的司法标准的发展；第二个涉及奥地利几十年来行政程序的法典化。第一阶段的工作尚在研究中，但很重要。有趣的是，在缺乏扩展立法的条件下，法院制定了哪些行为标准。当然，从普通法的角度看，法院制定一套可变和不变的标准并不出乎人意料。但是，从欧洲大陆的角度看，这个事实不单单引起对立法者无所不能的理念的怀疑，还标志着行政法与私法之间存在的深刻差异[3]。出现的进一步问题是，是否正如一些早期作者所建议的那样，行政法与罗马法只存在松散的关系，这与卡尔·施密特（Carl Schmitt）观察到的相反[4]。

---

[1] 由于篇幅的限制，现在我们可以讨论这样一种传统的观点：经过适当设计的行政法是法国大革命的产物，参见 L. Mannori and B. Sordi, *Storia del diritto amministrativo* (Laterza, 2001)。但是也可参见对1789年以前的行政制度重要性的讨论：J. L. Mestre, *Introduction historique au droit administratif français* (PUF, 1985)。对19世纪末的变化的分析，参见 G. Bigot, *Ce droit qu'on dit administratif* (La mémoire du droit, 2015)。

[2] 在此领域已经存在一些学术著作，包括 T. Le Yoncourt, A. Mercey and S. Soleil, *L'idée du fonds juridique commun dans l'Europe du XIXᵉ siècle. Les modèles, les réformateurs, les réseaux* (Presses universitaires de Rennes, 2014)。

[3] 类似的评述，参见 G. Vedel and P. Delvolvé, *Le système français de protection des administrés contre l'administration* (Sirey, 1991), p. 22。

[4] C. Schmitt, *Ex Captivitate Salus* (Grevem Verlag, 1950).

刚刚关于司法标准的叙述,为其他有关行政程序立法法典化发展的议题开辟了空间。早期的学者,譬如 1950 年代的乔治·朗罗德(Georges Langrod),阐述了奥地利行政程序的立法对其他国家的影响,尤其是对中欧和东欧。因此,我们可能发现的"新"证据不多,但或许能够利用这些证据对欧洲法律文化之间的互动进行更有趣且更富有成果的观察,这是我们比较研究的核心。出现的第一个问题是,匈牙利和波兰等邻国以及包括西班牙在内的其他国家的立法者是否将奥地利的法典视为典范①。因为前者(匈牙利和波兰)刚刚独立,他们当然没有义务复制奥地利的法律制度。因此,除了这些法律制度的内在性质和法典化的体系性之外,没有理由认为他们通过法律是出于其他原因。然而,从"共同核心"的角度看,更重要的是另一个方面,即法律文化之间的持久联系,无论政治边界如何。这可能是我们理解被忽略的奥地利对行政程序规制的影响的一个关键②。它也可能激发对社会主义法律体系的进一步分析和反思,这些体系在 1989 年后的迅速消失并不意味着某些关于国家的观念不再对公共行政者和法官的行为施加任何影响。

在这种情况下,此处仍须说明的是历时比较的方法论与共时比较的方法论部分不同。理由是,历时的方法论必须关注法律制度的发展,这一点与对假设案例的详尽说明不同,后者将会在所有被用来比较的法律体系中得到仔细的审查。然而,这种类型的研究也涉及对假设的检验。此外,在审查涉及各种法律体系的司法判决时,无论是对相关研究问题的详细阐述还是对要使用的关键词的甄别,都是一项集体活动。对法律体系的选择是下一个必须要被考虑的议题。

(四)法律体系的选择

对每一项比较法研究来说,选择哪些法律体系作为比较的对象至关重要,而且需要充分的理由。我们的讨论将首先概述在各国行政法的比较法研究的边界上可用的选择,然后继续反思与非国家行政体系(欧盟)的体系进行比较的可取性。

---

① 顺便一说,1958 年西班牙法案对若干拉美国家的法律产生了重大的影响,依据《关于 1889 年的西班牙法案》(*On the Spanish statute of 1889*),参见 E. Garcia de Enterria, "Un punto de vista sobre la nueva ley de régimen juridico de las administractiones publicas y de procedimiento administrativo comùn de 1992", *Revista de Administraction Publica* (1993), p. 205。

② 参见 R. B. Schlesinger, *Introduction*, in R. B. Schlesinger (ed.), *Formation of Contracts: A Study of the Common Core of Legal Systems*, pp. 11, 68(就论述"一个法律体系的影响量子和它的贡献的质量将因主题而异")。也可参见 R. B. Schlesinger, *Introduction*, p. 24(就社会主义法律体系和资本主义法律体系之间的相似性的讨论)。

1. 关注欧洲

选择欧洲①作为进行比较研究的对象有以下几个原因：第一，法史学家和比较法专家如戈尔拉和施莱辛格指出这些国家的法律文化之间有历史关联；第二，公共机关和其他实体在履行他们的职能及行使他们的权力时所采用的若干国民待遇途径之间具有高度匹配性，与解决方案的多样性以及可能更明显的概念工具多样性之间的对比②；第三，区域性组织譬如欧洲委员会和欧盟的出现，为比较法研究提供了新的挑战③。

也就是说，研究人员可以通过多种选择来划定法律比较的界限。第一个是欧盟；第二个是由 1991 年《波尔图条约》（Oporto Treaty，即《欧洲经济区协议》）创造的欧洲法律空间，将欧盟与欧洲自由贸易协会（European Free Trade Association）和瑞士联系了起来；第三个是基于《欧洲人权宪章》（European Charter on Human Rights，缩写为 ECHR）而产生的所谓"权利欧洲"，其范围比欧盟更大，从大西洋延伸到俄罗斯乌拉尔山脉④。

不同界限的划定存在支持各自选择的论据。第一个选项基于欧盟内部整合的法律体系，将与大量法律文献资料保持一致。但是，一方面，它会过分强调欧洲共同体或欧盟法律在过去 60 年发挥的影响，而研究项目的意图不仅是要强调"共同"要素，还要强调与其相对的"显著特征"。另一方面，这样的选项会遗漏一些于比较法研究而言特别令人感兴趣的法律体系，比如瑞士，因其对法国、德国和意大利法律文化的影响持开放态度。此外，比较欧盟内外的北欧国家的行政法可能会很有趣⑤。

---

① 这是当研究项目被提交给欧洲研究理事会时已经作出的选择，而它发展了这篇论文的著者们的前期工作。其他作者最近呼吁对欧洲的共同原则增强关注，参见 R. Caranta, 2 *Review of European Administrative Law* (2009), pp. 79, 161; A. von Bogdandy, "Common principles for a plurality of orders: A study on public authority in the European legal area", 12 *I-CON* (2014), p. 980。也可参见 B. De Witte and A. Vauchez (eds.), *Lawyering Europe: European law as a Transnational Social Field* (Hart, 2013)（提出关于欧洲的法律融合的不同视角）。

② J. Rivero, *Cours de droit administratif comparé*, pp. 6, 43（观察到各国的行政法，尤其在欧洲大陆，展现出了"某种相似性"）。

③ M. Van Hoecke and M. Warrington, "Legal Cultures, Legal Paradigms and Legal Doctrine: Towards a New Model for Comparative Law", 47 *International and Comparative Law Quarterly* (1998), p. 47.

④ 参见 A. Stone Sweet and H. Keller, *A Europe of Rights. The Impact of the ECHR on National Legal Systems* (Oxford University Press, 2008). 也可参见 P. Birkinshaw, *European Public Law*, pp. 4, 15（指出欧洲委员会对其成员国的实体法和程序法的影响）；B. Stirn, *Vers un droit public européen* (Montchestien, 2012), p. 45（相同的论述）。

⑤ 参见 N. Herlitz, "Legal Remedies in Nordic Administrative Law", 15 *American Journal of Comparative Law* (1968), p. 687（就其论述，这些国家由于越来越多的合作而既有相似性也有差异性）。

这意味着第二个可用的选项,即侧重在由《波尔图条约》和其他协议建立的欧洲法律空间[1],会是更合适的。然而,正是因为我们有兴趣研究相似性和差异性,所以把这些法律体系与欧洲委员会(the Council of Europe)内的其他法律体系进行比较将会是有益的。这将我们带到第二个选择,即如何选择用于比较的法律体系。

2. 选择不同国家的行政法

再次,施莱辛格关于为比较目的而考虑的少数法律制度的方法论评述非常有帮助,因为长期以来,公共行政机构及其法律的比较研究曾被限于欧洲两个主要的政治体系——法国和英国,而对德国、意大利和其他国家的关注则较为有限[2]。当然,没有任何研究项目能够摆脱财政和劳动力的限制。但是,在这些限制内,我们坚信必须作出努力——首先涵盖足够多的法律体系,其次,超越更具"影响力"的法律体系圈子,这样最终的结果才会有意义和效果,鉴于与未直接考虑的、世界其他地区的法律体系的比较。

有充分的理由,包括一般的和具体的理由,能够为前述观点提供支持。从一般的角度来看,尽管英国和法国非常重要,但它们与其他法律体系之间存在着若干重要的共同和独特的要素,前者包括爱尔兰和斯堪的纳维亚国家,后者包括意大利、葡萄牙和西班牙[3]。此外,尽管戴雪和其他人曾倾向于认为德国的行政法体系更接近法国而不是英国,但是它在许多方面都与法国不同,包括对个人权利的侧重、宪法法院的角色以及内部上诉的重要性。西班牙在其最高的普通法院内设立专门专家小组,这与在法国、德国和荷兰存在的行政法院体系相反,进一步证明了法律的多样性。关注行政程序揭示了其他显著的特性,这不仅包括法典化的范围和目的,还包括传统的权力约束在保护个体以及社会组织在行政程序中的最新参与方式上发挥

---

[1] 就这个概念,参见 M. P. Chiti, *Lo spazio giuridico europeo*, in *Mutazioni del diritto pubblico nello spazio giuridico europeo* (Clueb, 2003), p. 321; A. von Bogdandy, 10 *I-CON* (2012), pp. 614, 618。

[2] R. B. Schlesinger, 'Introduction', p. 2. 就法国和美国之间的比较,参见 B. Schwartz, *French Administrative Law and the Common-Law World* (New York University Press, 1954), 此书也已出版为法文。

[3] M. Fromont, *Droit administratif des Etats membres de l'Union européenne*, pp. 3, 15. 以及莫佐 (Motzo) 和皮拉斯 (Piras) 的系列(G. Motzo and A. Piras, *Administrative Law: The Problem of Justice*, p. 19)也将瑞典纳入英国(和美国)的相同卷目里,而在法国的相同卷目里纳入了比利时和西班牙。60年前,作为替代,里维罗 (Rivero) 辨别出了欧洲的三个主要的行政法体系:大多数欧洲大陆国家,英国和北欧国家,和那些受到苏联影响的中东欧国家。他论述到,此外,在穆斯林国家没有所谓的行政法(*Cours de droit administrative comparé*, nt. 101, 34)。这个评述由于最近的发展而令人质疑。相应地,思考极权政府下有别于威权政府的行政法是很有趣的:对苏联的实证研究,参见 W. Gellhorn, "Review of Administrative Acts in the Soviet Union", 66 *Columbia Law Review* (1966), pp. 1051, 1076。

的不同作用①。这些评论清楚地说明了我们研究中的大部分选择和遗漏的原因。可以说，我们的选择既包括比较法学者们传统上考察的民法和普通法，而且还包括其他地区和法律传统的法律体系的代表②。

对于历时比较而言，仍有待说明的是，部分不同的选择是不可避免的。就"共同核心"的研究，令人感兴趣的是，在普通法院或有民事和行政法院提供司法保护的法律体系中，法院使用了哪些审查标准，譬如自18世纪末以来就存在于法国、19世纪最后的数十年内在欧洲其他地区设立的法院③。因此，英格兰、法国和德国是显而易见的候选者，这与在该领域进行的此类比较法研究的传统相互一致④。本次比较分析选择了其他三个法律体系。比利时和意大利在早期存在许多共同点。它们不仅在19世纪末决定遵循司法审查的一元模型，而且前者被后者的改革者视为英国模式在欧洲大陆的一种应用⑤。最后，奥地利拥有若干有趣的特征：不仅选择设立帝国专门行政法院，而且是第一个设定一般性立法条款来要求该专门行政法院专注于对基本要求的忽视的国家。

至于另一个分支议题，即1925年后奥地利的行政程序法典化的影响，匈牙利、波兰、捷克斯洛伐克和南斯拉夫联盟是明显的候选国。有趣的是，奥地利的法典化是否不仅仅被视为一种理想的类型，而且还被视为一种模式。另外一个有趣而且重要的问题与1948年后的情景有关。在1956年和1960年间，在当时处于弗朗西斯科·弗朗哥（Francisco Franco）的独裁统治之下的西班牙、在苏联统治下的匈牙利和波兰，以及在政治活动中享有更大空间的南斯拉夫联盟⑥，都颁发实施了程序法法典。由此产生的问题是，拥有不同政府形式的国家是否以及为什么会关注奥地利

---

① 举个例子，考虑到德国宪法法院在行政程序的裁判中的重要性，这在30年前已经由登宁格（E. Denninger）指出。E. Denninger, "Effetti della giurisprudenza costituzionale sull'amministrazione e sul procedimento amministrativo", 36 *Rivista trimestrale di diritto pubblico* (1986), p. 331.

② 2017年，参加在的里雅斯特举办的首次比较法专题研讨会的国家包括奥地利、法国、德国、意大利、荷兰、挪威、波兰、西班牙、瑞士以及英国。

③ E. Garcia de Enterria, "Contentieux administrative objectif et contentieux administrative subjectif à la fin du XXe siècle: analyse historique et comparative", 53 *Revue administrative* (2000), p. 125.

④ 行政司法制度的专家们之间有过讨论，关于英国和法国的司法体系是否可以被认为是两种"理想的类型"（参见Y. Gaudemet, *Droit administratif*, p. 24），还是情况是更加复杂和存有细微差别的（参见M. Nigro, *Giustizia amministrativa*［Il Mulino, 1983］）。

⑤ J. Rivero, *Cours de droit administratif comparé*, p. 39.

⑥ 行政科学国际研究所（The International Institute of Administrative Sciences）曾对那些法典作过描述：参见G. Langrod, "La nouvelle loi Yugoslave sur la procédure administrative non contentieuse", 10 *Revue administrative* (1957), p. 635；也可参见（上述文献对1950年代中期颁布的法典进行的简短比较）。

的法典化。与那些理所当然地认为行政程序与民主必然联系的理论相比，这可以更清楚地说明行政程序法典化的不同目标或功能，以及更普遍地说明行政法的模糊性。

3. 从欧洲行政法到欧盟行政法

我们的研究与私法领域的研究还有一个不同之处：前者是关于在此类比较法项目中对非国家的法律实体的考虑。我们认为，对欧洲公法领域的研究可以从对欧盟法的考虑中受益。

许多公共政策深受欧盟原则和规则的影响。这是欧盟法对其成员国公法体系发挥的重大作用。另一个影响源于欧盟法对解决受欧盟立法管辖的政策领域之外出现的问题的"溢出"效应。成员国的法院对合法期待和比例原则的适用提供了有趣的例子[①]。现有文献中不乏对这些原则的研究，尽管其中一些研究不能避免过分简单化的风险，比如认为比例原则完全是从德国法律体系"移植"到欧洲委员会，然后到其他成员国的法律体系中的。就我们的目的而言，有趣的不仅仅是比较欧盟原则和规则在成员国内的适用，还要比较成员国与其他国家的政府实践和司法教义规则。前者和后者之间可能存在相似性，既然如此，我们应该询问自己，它们是如孟德斯鸠所说的那样，是由"事物的本质"还是由"借鉴"引起的。不仅后者可能存在差异，前者也可能存在差异，这可以借由文化或者政治偏好而得到解释。

然而，这只是硬币的一面。还有另外一面：适用于欧盟的体制和机构的法律。简要地说，从狭义的目的而言，即欧盟政府。它的存在有力地抵消了自积极国家出现以来没有任何改变的观点。它挑战了行政法与国家一致的观点，并提出了有关管理欧盟机构行为的原则和规则的起源及改造上有趣的问题。它展示了行政法仅仅体现国家法律传统这一传统观点的障碍。有充分的证据表明，在欧洲一体化之初，当保护私人利益的问题浮现时[②]，法国行政法对新的法律制度的设计施加了强烈的影响。例如，考虑对欧洲共同体实施的行为进行司法审查的理由：它们清楚地反映了法国行政法法官使用的"司法审查的根据（voies d'ouverture des recours）"。正如前任佐审大律师（advocate-général）所观察到的，在解释"自行决定权的滥用

[①] J. Jowell and A. Lester, "Proportionality: neither Novel nor Dangerous", in J. Jowell and D. Oliver, *New Directions in Judicial Review: Current Legal Problems* (Stevens, 1998), p. 51; A. Biondi, "The influence of EU law on English Administrative Law: some exemplary tales", in M. P. Chiti and G. Greco (eds.), *Remedies and public procurement: a comparative analysis* (Giuffrè, 2012), p. 195.

[②] G. Bebr, "Protection of Private Interests Under the European Coal and Steel Community", 6 *Virginia Law Review* (1956), p. 879.

（détournement de pouvoir）"的含义的时候，欧盟法院理所当然地认为这个概念源自法国，因此应该从这个角度看待①。不论此观点内在的合理性如何，《建立欧洲经济共同体条约》（EEC Treaty，又称《罗马条约》）中涉及欧洲委员会官员非契约性责任的条款都暗示了另外一种类型的司法阐述，因为它们对适用于所有成员国的法律体系的一般法律原则，定下反致（renvoi）的规则。也可考虑自1973年欧共体扩大以来，欧盟法院更加乐意对包括欧盟委员会（the Commission）在内的公共机关行使权力实施程序性的限制②。最后，考虑根据北欧国家的动机引入的文件诉诸的规制体系。当然，是否存在基于不同的法律传统的法律制度与之并列，或者这类体制是否形成一个逻辑一致的整体，譬如在法治国（Rechtsstaat）逻辑中一样，还有待观察③。

我们意识到这种包容性并非没有问题，这可在两个主要方面来确定。第一，重要的是要牢记欧洲政府的特殊性，因为其统治通常是间接的而且与欧盟公民的生活相距甚远④。然而，在某些情况下，欧洲政府的官员会对企业的财产或者为项目提供资金的事项展开核查。因此，在不同的比较研究中欧洲政府的相关性也存在差异。比如，在欧洲政府发布授权和制裁的领域中，相关性可能会更大，而成员国机构发布影响相关利益的措施时，它的相关性可能会降低。第二，认真斟酌欧盟法院在判断欧洲政府和成员国机构的行为时是否遵循相同的标准可能会很有趣，譬如关于非契约性责任。

最后的提醒是有帮助的。科学事业的边界不应受到偶然的地缘政治边界的限制。这是为什么我们计划——在时间和经济因素允许的情况下——将法律体系的研究纳入我们的研究中，这可能帮助我们理解欧洲法律模式是否在我们的区域之外传播流通，尤其是哪些模式得到了传播，其他地方采用了哪些特征以及出于哪些原因。我们研究的大门会始终向数据收集敞开，这表明我们采取了相反的路径，即欧

---

① T. Koopmans, "The Birth of European Law at the Crossroads of Legal Traditions", 39 *American Journal of Comparative Law* (1991), pp. 493, 500. 也可参见 P. Craig, *UK, EU and Global Administrative Law: Foundations and Challenges* (Cambridge University Press, 2015), p. 318（指出了德国人对欧盟佐审大律师拉格朗日［Lagrange］不断地引用法国经验的不满）。

② T. Koopmans, 39 *American Journal of Comparative Law* (1991), pp. 124, 504, referring to Case 17/74 *Transocean Marine Paint Association v. Commission*, EU:C:1974:106.

③ J. Schwarze, *Europäisches Verwaltungsrecht*. 更多探讨参见 R. Dehousse, "Comparing National and EC Law: the Problem of the Level of Analysis", 42 *American Journal of Comparative Law* (1994), p. 761（讨论这种跨层次的比较所产生的方法论上的难题）。

④ J. Schwarze, "Judicial Review of European Administrative Procedure", 68 *Law and Contemporary Problems* (2004), p. 85.

洲的法律经验在一个或多个层面受到其他西方模式以及西方世界外的法律解决方案的影响①。从这个意义上讲，我们的研究可能会揭示欧洲法律体系之间的共同性和差异性，从而为讨论与其他法律体系的联系点和对比点奠定基础。

四、结 论

此处不会试图总结前文论点的全部内容。重要的是从消极层面简要地回顾已分析的问题，从积极层面简要地回顾我们为解决这些问题而制定的解决方案。

第一个问题是方法论问题，涉及主导欧洲行政法比较法研究讨论的进路。我们认为这些进路并不仅仅是反映在行政法领域使用比较法方法论的不同敏感性。相反，它们是两种相反的进路，一种否认欧洲大陆国家以概念和原则为特性的进路与英国公法的特殊传统存在任何共性，另一种则基于这样的假设，即政府的发展不可避免地要求公共权威面对或多或少相同的问题，因此需要考虑类似的解决方案。正是因为它们侧重相似性或者差异性，所以它们往往边缘化甚至排除对被视为不太相关的某些方面或议题的分析。对我们而言更重要的是，从欧洲法的角度来讲，这些进路存在深层的困难。正因为它们是一般的进路，因此被宣称可能适用于任何地方，但它们并没有真正关注当前欧洲背景下法律现实的特殊性。公法领域的若干研究所带来的另一困难是，它们所展开的研究是对被选择的法律体系的并列而非比较。从积极的层面讲，我们认为，包括实证规范和欧洲法院的司法判决在内的若干要素表明，在某些情况下，寻求区分成员国的国家行政法的独有特征、相互关联以及共同的要素，不仅在科学上也在实践上具有重要性。这种特性的案例，包括私有财产的程序保障以及涉及规则制定的案例，将在本文介绍的研究背景下进行审查。

第二个问题涉及我们比较法努力的实质。如果在公法和行政法领域存在比较法研究的传统，那无疑是侧重于法院对政府的控制。忽略这个问题是错误的，但有必要充分认识到公法中的内容比司法审查更多。尤其是，这仅提供了一种对公共权威的间接认识，因为司法审查并不关注公共权威做了什么和如何做，而是关注他们的

---

① 如果这种"反向"的路线在欧洲这边应被更好地探索，那么美国法律体系的创始人们对中国的政府模型曾表现出的热情也被 J. J. 克朗克（J. J. Kroncke）在其著作中描述出来。J. J. Kroncke, *The Futility of Law and Development: China and the Dangers of Exporting American Law* (Oxford University Press, 2016), p. 1. 舒伯特（Gledon Schubert）关于"美国对行政法改革的……狭隘态度"的批判是否仍然有根据是另外一个有趣的问题：G. A. Schubert, "Review of Schwartz, French Administrative Law and the Common-Law World", 11 *University of Toronto Law Journal* (1956), pp. 311, 313.

行为如何被法院审查。因为这个和其他原因，我们的研究侧重在行政法的一个重要部分，即行政程序。这种类型的研究不可避免是一项集体工作，可以从私法领域的经验中吸取一些有益的教训。对于那些愿意接受这点的人，因为他们认为施加于公共权威与私人机构的合法性和公平性的义务之间的差异是程度上的而非性质上的，可能会更容易接受我们关于方法论的观点。对于那些认为公法建立在不同的结构上的人来说，因为它体现了不同的哲学，接受起来可能更加困难。因为这个原因，重要的是要重申，我们的努力不是基于这一假设，即私法的结构能够或者应该被视为公法建设的一种模式，而是基于认为可以从现代私法法律体系的共同核心的研究中学到一些东西。

我们的研究也试图平衡共时的比较（它解决了当前在欧洲不同法律秩序中或多或少常见的问题）与历时的比较（可能揭示过去被忽视的方面，包括二战前后行政行为司法审查标准的制定和行政程序法典化）。不言而喻，这可能会给一些公法理论带来各种各样的后果，这些理论可能被认为无法令人信服，而且会更普遍地导致大家不愿在此领域使用比较法方法。此处不是要详细复述这些观点，只需提醒读者，我们建议采用的方法与欧盟法院使用的方法不一致。首先，因为我们没有规范意义上的目的，而是为了促进知识的增加；其次，与之相应地是，我们对理解不同国家行政法之间的共同和独有的特征的深层原因特别感兴趣。

专题研讨 1·现代高科技对法教义学的挑战

"现代高科技对法教义学的挑战"
专题导引

雷 磊（中国政法大学法学院副院长，教授、博士生导师）

现代高科技的发展既给法律领域带来了技术问题，也带来了理论问题。技术问题是指例如案例库类案推送、涉法涉讼大数据建模、网络空间代码框架设计等人工智能和大数据技术在法律领域的应用所带来的问题，理论问题则又区分为法教义学与法理学两个层面。法教义学研究涉及现行具体法律制度如何对新科技带来的问题进行调整和应对，例如个人信息和隐私的法律保护、人工智能作品的产权归属、工业机器人的侵权责任、无人驾驶汽车的法律责任等。法理学研究则涉及对于新科技对法律的基本概念、方法和价值之挑战的回应。其中，法律人往往首先会面临具体制度情境中既有学说的应对乏力和教义重构，继而上升为法理学层面的反思与创新。

本期"现代高科技对法教义学的挑战"专题所收录的两篇专论，就充分地体现了法律人面对这种挑战时理论回应梯度的升级，尽管它们的着眼点并不相同。如果说《时代变化、科技革命与法教义学的境遇》一文旨在从新科技革命的宏大背景出发勾勒出作为一种经典法学范式的法教义学的彷徨、自省与可能的出路，更多采取的是一种观察者视角的话，那么《法教义学如何应对新兴科技挑战？——以自动驾驶汽车为例》则以"自动驾驶汽车"这一具体的场景为切口，以参与者的视角涉入具体法教义学及其背后的法伦理观念的重构过程。尽管如此，它们的基本立场是相互暗合的，这种立场可以被归纳为三个命题：

命题一：面对技术创新给法教义学带来的巨大挑战，一方面，作为知识的法教义学不能故步自封，而要在认知上保持充分的开放性；另一方面，作为方法的法教义学不能自我颠覆，而要保持规范运作上的自治性。

命题二：高科技挑战的不仅是具体的法教义学知识，也包括关于法教义学的传统法理论预设（如法律的权威、体系性思维、规范性思维等）；对于这些预设，法教义学既要彻底自省，也要有所坚持。

命题三：高科技在挑战法教义学的同时，也在一并挑战隐藏在法教义学背后的法哲学立场（如道义论与功利主义），很多时候只有实现法哲学立场的更新（如计算正义）才能破解法教义学难题。

由此可见，法教义学一面连着技术，一面连着哲学。一方面，"法教义学这门最不能适应科技革命的学问，恰恰遇到了最具创新性的新科技革命"这个时代难题，的确有时会让尚未完成概念和思维转型的法律人进退失据、相顾茫然；但另一方面，高科技又恰好成为展现法教义学背后的哲学观念及尝试对其进行重构的"试验田"。"阿尔法狗"不会彻底打垮正义女神，但正义女神要做的是摘下蒙住眼睛的那块布。

法教义学如何应对新兴科技挑战?

——以自动驾驶汽车为例

郑玉双[**]

摘　要　智能技术等新兴科技形态带来巨大的法律挑战,法教义学在应对这种挑战时存在理论供给上的不足。以自动驾驶汽车为例,法教义学需要面对自动驾驶所引发的电车难题和归责困境。通过对自动驾驶的伦理抉择难题和电车难题之间的差异作出区分,可知自动驾驶汽车对法教义学的挑战体现在自动驾驶算法的道德决策意义和归责难题上。道义论和功利主义算法无法解决这些困境,可以通过最大化最小值算法的引入和算法正义视角的融合破解这些难题,充分释放法教义学在应对科技挑战上的潜力。

关键词　法教义学　自动驾驶　电车难题　最大化最小值算法

引　言

新兴科技的发展带来了社会结构的剧烈转型,也给法律实践和法学研究带来巨

---

[*]　本文系教育部人文社会科学研究项目"人工智能视域下数字隐私权的法律问题研究"(项目编号:21YJC820014)的阶段性成果。

[**]　郑玉双,中国政法大学法学院副教授,法学博士,钱端升青年学者。

大挑战。伴随着人工智能技术的落地和不断推广，其应用领域不断拓展，所引发的法律问题也日益增多。在这些问题中，一部分是由人工智能技术所产生的经济关系变革引发的，比如个人信息保护的法律挑战，使用机器学习或算法的商业平台借助人工智能技术来提供更好的商品服务，但也凭借技术优势轻而易举地获取大量用户信息。另外一些问题体现在人工智能技术规制上。显然，新兴科技不同于传统技术形式。如果说汽车或计算机带来的是社会实践模式之改变的话，人工智能等新兴科技带来的则是社会实践的内在结构和价值基础的重构。对人工智能的法律规制应当不同于传统规制模式。然而，这种不同应落脚在何处，目前在理论上仍然存在诸多待澄清之处。其中迫切需要回应的一个问题是，新兴科技所催生的规制理论如何面对法教义学的经典结构和议题。

在既有研究之中，科技规制和科技所引发的教义学难题常常被作为两个不同的问题处理。然而，从自动驾驶汽车所引发的特殊困境来看，区分规制难题和教义学困境是行不通的。自动驾驶汽车是人工智能技术应用的巅峰，也是考验法律制度应对科技挑战之能力的试验场。学界对自动驾驶汽车技术的法律规制和教义学应对通常是分别展开讨论的，由此引发很多难题。规制理论重点关注自动驾驶汽车技术的运行条件和技术标准，却无法充分应对自动驾驶技术所带来的伦理挑战，比如自动驾驶汽车是否具有主体地位，以及作为决策核心的自动驾驶算法是否应承担责任等。而从法教义学的视角来看，传统上法律主体的地位、法律责任的构成要件等原理在人工智能的现实应用上有些捉襟见肘。自动驾驶汽车会遭遇电车难题，这给法教义学带来严峻挑战。伦理学中的电车难题探讨寻求的是理想情境下的最好方案，但自动驾驶汽车会在真实驾驶场景中遇到各种不同版本的电车难题，引发不同形式的归责困境。寻求高度稳定性的法教义学只能针对自然人在驾驶中因故意或过失而引发的事故责任，对于预先设计的自主运行的算法在电车困境中的抉择，法教义学并无太多现成资源可以利用。法教义学无力面对这种挑战吗？本文以自动驾驶汽车的法律挑战为例，探讨法教义学在应对自动驾驶的技术革命上所面对的难题及突破之路。

一、自动驾驶与电车难题

自动驾驶是智能时代的产物，其发展基础在于人工智能技术的革命性进展和数据计算能力的提升，人机协作成为可能，机器决策部分地替代人类决策。随着人工智能越来越多地参与到社会生活之中，相应的伦理挑战不断出现，自动驾驶技术尤甚。对自动驾驶之伦理分析通常聚焦于两个方面：一是自动驾驶是否改变了人们的伦理思考方式，二是自动驾驶过程中如何应对电车难题这种棘手困境。

（一）自动驾驶的伦理判断

对自动驾驶所引发的伦理变革的剖析，应当在社会计算化的语境之下展开，由此必须回答两个前提性问题：第一，人机互动的社会模式是否改变了人类道德推理的基本原则和方式？第二，无人驾驶的社会应用中出现的道德疑难，是否存在着确切的解决方案？

第一个问题涉及对人工智能的价值判断问题。随着人工智能应用场景的不断扩展，人工智能对人类生活的塑造效应越来越强烈，以算法为内在驱动的机器学习在诸多社会领域替代了人类决策，以更为客观和高效的方式促进人类社会的合作和发展。然而，人工智能的应用模式不同于传统科技方式，是对人类互动和实践方式的全新构造，"渗入我们的身体、思想和社会交往，改变我们与其他人和非人的关系"[①]。

对新兴技术如何影响现代社会生活的反思，不应仅仅局限于技术的利弊和技术所产生的收益，而要看技术与人类生活的整全性架构之间是否能够协调一致。这个架构围绕人类生活所追求的基本价值展开。生命是一项基本价值，如果某种新兴技术对人的生命构成威胁，那么这种技术就失去了发展的正当性基础。整全性架构也包含着人类应对技术发展之弊端的调适性方案。现代技术发展和应用历程表明，没有任何一种科技是完美的。人类在享受科技所带来的福祉的同时，也需要与科技的消极后果进行抗争。例如，互联网的出现大大提升了生产能力，但也产生了复杂的互联网治理难题，并引发法律观念和关系的变革。[②] 由于人工智能对社会实践的价值体系造成巨大冲击，改变了技术嵌入人类生活的架构，因此其价值问题引发了前所未有的关注。

第二个问题触及自动驾驶技术所引发的独特伦理困境。自动驾驶技术的核心虽然体现为汽车内置算法的计算和操控，但自动驾驶是一个全景式的智能技术应用平台，通过环境感知、数据处理、算法决策和机器执行来完成路面行驶的任务。因此，自动驾驶是一个技术应用的社会化过程。在这个过程中，技术当然是驾驶任务

[①] 希拉·贾萨诺夫：《发明的伦理：技术与人类未来》，尚智丛等译，中国人民大学出版社2018年版，第10页。

[②] 参见马长山：《智能互联网时代的法律变革》，《法学研究》2018年第4期。

是否能够成功完成的关键要素，但其社会意义却在于这种高级别的人机协作是否与我们的伦理实践相调和，"根本就是一个道德问题"[1]。在人机协作模式下，人们的推理方式发生变化，传统驾驶模式以保障驾驶员和行人安全为主要目标，驾驶的道德要求是在尊重生命和避免危害的前提下提高交通效率。自动驾驶模式则以机器为推理起点，通过智能联动和多主体参与保障驾驶安全，因此安全的内涵也发生变化。[2] 因此，技术应用的道德评价语境出现了改变。自动驾驶汽车要做到比人类驾驶更为安全，则不仅需要自动驾驶汽车在技术上更为先进和可靠，同时也需要它们能够具有伦理感，而将这种伦理感转化为算法是一项非常困难的任务。人们不只关心算法能否像人类心灵一样作出合理判断和决定，还关心在算法出现计算失误或者不得不产生碰撞时应当如何进行责任分配。

现代法律实践中关于某种行为的伦理判断和法律评价之界分已经形成了较为稳定的认识框架。故意损害他人财产通常在道德上是错误的，也会受到法律的追责。但如果这种损害是不可避免的，比如为了救灾或者挽救他人生命，则行为人在法律上可以豁免相关责任。自动驾驶所引发的伦理评价方式的变革，打破了这一相对稳定的格局。如果行为人因其行为过错而受到惩罚是正义之要求，那么在自动化机器产生损害的情形中，正义的实现就会变得格外复杂，比如自动化武器所产生的伤亡问题。[3] 汽车驾驶是一种规则指引下的交通互动，也具有潜在的致命威胁。传统驾驶员在突然出现的行人、迎面而来的失控车辆面前需要紧急避让，因此会产生无法预见的额外损害。当自动驾驶汽车在面临类似情境时，很多学者指出自动驾驶汽车进入了电车难题困境，即自动驾驶算法必须在不同的碰撞选项中进行选择。汽车面对的碰撞情形要更为复杂，比如在碰撞时应该优先保护乘客还是路人，或者如果汽车不得不撞向路人，应该撞向孩子还是老人等。真实情境可以被看作复杂化的电车难题，因此很多学者指出自动驾驶的伦理判断必须首先解决电车难题，否则其正当性存疑，更无法在法律上确立其规范基础。

（二）自动驾驶面临电车难题吗？

电车难题是伦理学中的经典问题，也是检验特定伦理学说的试金石。在电车情

---

[1] 帕特里克·林：《为什么关于自主汽车的伦理很重要》，载马库斯·毛雷尔等主编：《自动驾驶——技术、法规与社会》，白杰等译，机械工业出版社2021年版，第60页。

[2] Björn Lundgren, "Safety Requirements vs. Crashing Ethically: What Matters Most for Policies on Autonomous Vehicles", *AI & Society*, vol. 36, 2021, p. 411.

[3] Peter Asaro, "Autonomous Weapons and the Ethics of Artificial Intelligence", in S. Matthew Liao ed., *Ethics of artificial intelligence*, Oxford University Press, 2020, pp. 212–236.

境下，一辆失控的电车要么撞向施工的五个工人，要么撞向另一条轨道的路人以避免五个工人的死亡。①电车司机、旁观者以不同的身份面临着如何作出正确选择的困境。伦理学家以道义论或功利计算方式为撞向五人或者路人的不同选择进行辩护，并设想了更为复杂的一些情形来检验各种学说的合理性，比如五名工人和路人所在的轨道在终端相连，或者旁观者只能引爆一个炸弹才能阻止电车，但可能会殃及一个无辜路人。其中的差异在于，"对某人或某些人造成伤害的不同方式，也意味着获致其他人不被伤害这一善好结果的不同方式"。②

本文无法对有关电车难题的丰富讨论进行全面梳理，而是将重点放在自动驾驶的碰撞难题和电车难题的类比之上。一些论者认为电车难题误导了自动驾驶伦理的讨论方向。③电车难题尽管是在一种非常受限的情境设置中检验伦理学说的合理性，但其背后的原理在医疗、驾驶和公共危机中都有所体现。但同时，电车难题的讨论并未给自动驾驶算法的介入预留充足空间，而算法对社会实践方式的革命性冲击可能会改变人们进行道德推理的方式。当碰撞是由人为设计的算法导致时，人们关心的不只是哪一选项在伦理上更能得到辩护，而是算法能不能应对这种道德困境。自动驾驶汽车在三个方面与电车难题存在不同。

第一，自动驾驶汽车是通过编程来预先设计车辆应该如何应对事故场景。在碰撞情形下，自动车的决策是对预先决策的执行。而在电车情境下，个体（司机或者旁观者）面临着是否扳动铁轨，让五个人被撞还是一个人被撞的即时性困境。这个决策是需要瞬间作出的，而且是基于应救五人还是一人的临时性的道德判断。④当然，反对者可以主张说，电车难题这个思想实验同样也是在对人们可能面对的类似情境进行预先探讨，通过伦理论辩来确立哪一种方案是符合道德的。然而，即使我们可以通过道德论辩预先确定一种合理的选择（比如旁观者扳动铁轨，使电车撞向无辜的路人），二者之间仍然存在较大差异。碰撞算法是面向风险的计算化伦理方案，通过对碰撞概率的计算和碰撞场景的预先设计来实现最优的碰撞选择。即使是探究电车难题的代表性哲学家卡姆也认为，只有在自动驾驶汽车需要为自身所导致

---

① Judith Jarvis Thomson, "The Trolley Problem", *The Yale Law Journal*, vol. 94, no. 6(1985), p. 1397.
② 弗朗西丝·卡姆：《电车难题之谜》，常云云译，北京大学出版社 2018 年版，第 80 页。
③ Johannes Himmelreich, "Never Mind the Trolley: The Ethics of Autonomous Vehicles in Mundane Situations", *Ethical Theory and Moral Practice*, vol. 21, no. 3(2018), pp. 669-684.
④ Sven Nyholm, Jilles Smids, "The Ethics of Accident-Algorithms for Self-Driving Cars: an Applied Trolley Problem?", *Ethical Theory and Moral Practice*, vol. 19, no. 5(2016), p. 1281.

的威胁进行编程时,标准电车难题中杀死一人救其他人的可行性才具有相关意义。[①]

第二,电车难题是在假想的两难情境中检验哪一种伦理主张能够更具有说服力,对电车司机或旁观者的艰难选择进行伦理上对与错的判断,目的在于让人们形成关于道德责任的更深理解,但无须涉及法律责任问题。自动驾驶汽车的碰撞算法设计既要考虑自动车设计者和拥有者的道德责任,也要为碰撞结果的法律责任确立基础。尽管碰撞算法也需要合理的道德责任原则指导,并且同样也需要理想理论模型的支持,但其目的在于为自动驾驶中的风险预防和事故处理确立基本原则,并提供法律归责的基础。

第三,电车难题试图解决的问题是,在确定的事实面前,对个体的决策应当如何进行道德评价。电车事故是不可避免的,当事人需要进行生命权衡。在自动驾驶中,碰撞算法的设计者需要计算碰撞发生的系数和概率、不确定状态下潜在的受害者状况。虽然碰撞算法的设计者会尽可能地综合考虑各种数据,但自动驾驶汽车的运行状态是复杂的,不可能被完全数据化。因此,电车难题是在理想情境下检验道德理论的可行性,而自动驾驶的伦理困境则是在面向不确定风险处境的算法设计之中,如何构想一种满足正义要求的社会参与模式与风险控制机制。

但毫无疑问,电车难题对于理解自动驾驶中的碰撞选择依然具有启示意义。我们在确立电车难题中各方主体(电车司机、旁观者)如何作出正确选择的过程中,最终的目标是寻找道德上对与错的根本原则。电车难题反映了人类道德实践中确立对错标准和行为模式的艰难程度,以及人们在道德问题上的巨大分歧。尽管我们对撞向五个人还是撞向一个人来救五个人的抉择难以形成定论,对这个难题的伦理学反思仍然能够对自动驾驶的道德设计产生裨益,特别是在政策和立法容易受到工业导向的伦理观所影响和制约的情况下尤为必要。[②]

首先,电车难题表明,人们的道德实践呈现出原则指引与具体道德情境之间的紧张关系。在电车难题中,人的生命的至上性毫无疑问是应当坚持的,但电车困境使得我们必须在撞死五个人和一个人之间进行选择。选择的主体,比如是电车司机还是旁观者,会产生实质的道德差异。也存在着其他的复杂情形,重塑着不同主体之选择的道德意义。比如轨道旁边的一个胖子出现,将胖子推向轨道可以阻止失控

---

① F. M. Kamm, "The Use and Abuse of the Trolley Problem: Self-Driving Cars, Medical Treatments, and the Distribution of Harm", in S. Matthew Liao ed., *Ethics of Artificial Intelligence*, Oxford University Press, 2020, p. 88.

② John Tasioulas, "First Steps Towards an Ethics of Robots and Artificial Intelligence", *Journal of Practical Ethics*, vol. 7, no. 1(2018), p. 54.

电车，或者失控电车可以撞向另外一辆电车来避免撞向五个人，但中间不得不撞死在轨道上的另一个人。这些复杂的情形表明得出一个根本性原则是困难的，以及人们在紧急情况下进行道德推理的不确定性。尽管电车难题表明人们在复杂道德处境之下难以作出好的抉择和形成共识，但道德信念依然是社会存续的动力，人们正是基于对道德困境的不断反思和构想，才能够形成应对日常道德实践的道德观念和正义理念，特别是对于功利、公平、权利、责任和可辩护性等概念的理解。[①]即使电车难题不能给自动驾驶的伦理设计提供全备的伦理指导，但在具体的情境中，电车难题依然能够有所启发。

其次，关于电车难题的法律意义，伦理学家探讨地并不充分，主要原因在于法律按照不同的原理和逻辑来应对紧急困境下的伤害行为。即使某种伤害行为在道德上是不被接受的，比如紧急避险，但法律可能会豁免当事人的责任。反过来说，即使为了救五个人而杀害一个人的行为在道德上是可允许的，并不意味着其在法律上不应承担责任。从具体的制度设计来说，是否应该在法律中明确特殊伦理情境中的法律责任，存在不同的建议。拉科夫斯基（Rakowski）认为应当将这些行为的法律责任加以法典化，从而明确相应的归责依据。[②]但在具体设计中，仅从法教义学内部无法完整地展现这种归责图景，关于算法设计让无辜路人牺牲还是让乘客牺牲的问题，在刑法责任认定上依然存在教义学上的判断困难。[③]

从以上分析可以看出，碰撞算法的伦理设计无法从电车难题的解决方案中获得直接的指引。驾驶者基于对生命的尊重而谨慎驾驶车辆，以免对其他车辆和行人造成威胁。这种伦理是以人的生命价值为出发点而构建的一系列准则。人们遵守这些准则，并纳入社会评价和制度实施之中。我们可以把关于驾驶的伦理准则放置在人们道德实践的整体框架之中，与关于生命、尊严和安全等价值的理解相融合。在道德话语和法律制度交织的社会交往活动中，人们通过制度约束和社会评价机制来尽可能地减少损害事故的发生。然而，自动驾驶汽车的出现彻底重构了这一伦理结构。

自动驾驶伦理是一种技术伦理。技术伦理的本质是，在技术冲击或者改变人们对于对与错的道德评价的反思中，确定可靠的证成性判断依据。如果只是为了减少

---

① Geof Keeling, "Why Trolley Problems Matter for the Ethics of Automated Vehicles", *Science and Engineering Ethics*, vol. 26, 2020, p. 302.
② Eric Rakowski, "Taking and Saving Lives", *Columbia Law Review*, vol. 93, no. 5(1993), p. 1152.
③ 参见储陈城：《自动汽车程序设计中解决"电车难题"的刑法正当性》，《环球法律评论》2018年第3期。

交通事故发生频率、保障行人生命安全的话，或许提高驾驶员驾驶技能和改善汽车性能就能部分地达到这个目标。自动驾驶技术的运用，并不只是为了让出行更方便和安全，而是在更为宏观和长远的意义上深化人类社会发展的智能变革。这一变革包含着两个层面。第一，人类行为模式的变革，即基本上由人类能动性主导、技术为辅的决策和行动模式转向人机协作模式。第二，人类社会实践的原理发生革新，道德和法律实践的传统原则和争议被赋予新的形式，智能机器的参与成为影响纠纷解决和法律责任分配的介入因素。[①]

二、自动驾驶算法的道德决策与归责

算法运行的本质是数据处理与输出指令的技术过程，技术运行本身并不包含道德色彩，但正是由于技术应用嵌入道德世界之中，因此自动驾驶算法也具有了道德意义。[②] 有两个问题迫切需要回应。一是自动驾驶汽车这台机器是不是"道德机器"，是否能够进行道德推理。二是自动驾驶汽车是否能够承担道德责任，以及如何在此基础上判断各方主体的法律责任。

（一）自动驾驶算法的道德决策

机器或者人工智能能够进行道德判断和决策吗？从人工智能的技术属性来说，人工智能并不具有道德意识，也难以成为道德主体，但这并不妨碍我们将道德意义赋予人工智能。人工智能在具体的应用场景之中会引发新的道德归责难题，对道德责任的判断需要考虑人工智能的运行方式，这是当前在人工智能的应用场景之下展示其道德意义的主要方面。

按照当前人工智能的发展程度，我们无法把人类价值教给人工智能。人类价值实践具有人身属性，人们对价值的追求包含着人对基本价值的追求和反思性批判，

---

① Tim Wu, "Will Artificial Intelligence Eat the Law? The Rise of Hybrid Social-Ordering Systems", *Columbia Law Review*, vol. 119, 2019, p. 2025.

② 本文并不严格区分算法和人工智能，尽管二者在技术结构和社会意义上存在一定差异。算法是计算和处理问题的程序，人工智能则是通过算法的输入和输出而处理特定任务的自动化系统。自动驾驶的碰撞难题主要体现在算法设计的困境上，而与人工智能发展所产生的功能性伦理问题存在差异。See Joanna Bryson, "The Artificial Intelligence of Ethics of AI: An Introductory Overview", in Markus D. Dubber, Frank Pasquale & Sunit Das ed., *The Oxford Handbook of Ethics of AI*, Oxford University Press, 2020, p. 6.

以及根据价值内涵而生发出的实践选择。这个过程体现的是人的理性推理，同时也具有一定的"神秘性"，即价值具有实践指引性，但价值的存在形态或客观性却始终存在元理论层面的争议。元伦理学的探讨一方面展示了人类价值实践的特殊形态，另一方面也表明价值的论辩性与价值实践引发的深刻分歧。

人工智能当然能模仿人类的价值实践形式，但人工智能无法真正理解人的价值。即使机器通过大量的数据学习可以形成符合人在合作中所形成的价值倾向，但人工智能仍然无法成为适格的道德实践主体。主要原因有两点。第一，价值实践存在一个反思批判的空间，其中既有对价值之客观属性的论辩，也有对于价值之最佳形态的反思性理解。第二，人类价值实践创造出一个互惠性空间，即实践与价值形态之间的互惠，其典型形式是人们在实践过程中通过对价值内涵的不断反思而建构性地呈现价值的具体形态。以隐私权的保护为例，隐私权在价值上以人的尊严为支撑，通过保障个人私密空间不受侵入而彰显人的尊严属性。但随着社会实践愈发复杂，隐私权的内涵在扩张，逐渐从空间意义转向个人自主生活不受干预和侵入。这表明实践可以与价值内涵形成互惠性支持关系。

人工智能缺乏第一个层面的反思批判空间。即使人工智能能够追求某些价值，比如效率和安全等，但在当前阶段，人工智能并不具备反思价值的能力。只有在人工智能能够具备自治能力和对道德相关事实的敏感性时，我们才能将道德地位赋予人工智能，并探索与人工智能进行道德交往的基本原则。① 因此，虽然人机协作将成为智能社会的发展趋向，机器的能动性在不断提升，但人工智能决策的道德意义仍然需要归结到人或机构身上。②

第二个层面相对乐观一些。人的实践所产生的互惠空间最终会促进人们对价值的追求和共识，尽管实践分歧不断出现，但通过价值论辩和建构，人们可以强化对价值的认同。人工智能并不是互惠行为的主体，而是服务于人的福祉。但由于人工智能通过社会生活的数据化和计算化而影响人类决策，人类价值实践的深化可以提升人工智能分析数据和优化决策模型的能力，如瓦拉赫等人所言，"满足互动性、自主性和适应性标准的人工智能体即使没有表现出自由意志、精神状态或者责任感，也依然是合理合法、完全可以问责的道德（或不道德）行为的源头"。③

---

① Collin Allen, Wendell Wallach, "Moral Machines: Contradiction in Terms or Abdication of Human Responsibility?", in Patrick Lin, Keith Abney & George A. Bekey ed., *Robot Ethics*, MIT Press, 2012, p. 57.
② Sven Nyholm, "Attributing Agency to Automated Systems: Reflections on Human-Robot Collaborations and Responsibility-Loci", *Science and Engineering Ethics*, vol. 24, 2018, p. 1217.
③ W. 瓦拉赫、C. 艾伦：《道德机器：如何让机器人明辨是非》，王小红译，北京大学出版社 2017 年版，第 186 页。

如果人工智能决策的道德意义归属于人，而其应用又对人的社会价值实践产生互动意义，那么在自动驾驶的过程中，人工智能算法会产生两方面的社会内涵。一方面，通过高强度感知技术和运算能力的支持，自动驾驶算法可以极大地提升汽车适应路况和安全运载的能力，减少人类驾驶可能出现的决策失误和事故风险。另一方面，由于人工智能是一种决策机制，交通决策不只包括如何调整速度和避让行人，同时也必须面对大量突如其来的未知干扰因素和艰难的决策场景。传统驾驶员能够基于经验对未知危险进行判断并作出应急决策，但人工智能是否具备这种充分的风险感知和道德决策能力则存在疑问。

对人工智能算法主导驾驶并作出决策的技术应用进行概念化建构，是解决自动驾驶之伦理问题的理论出路。这项概念建构工作包含两个宏观架构：一是自动驾驶的实际应用产生了何种社会、伦理和法律意义上的变革，二是如何从价值和制度层面应对这一变革。这两个方面在结构上存在重叠，但各自包含不同的问题域。自动驾驶应用减少了人为驾驶过失的损害，但增加了机器决策的不确定性，从而可能引发各种社会问题，比如算法失灵、道路交通设施配套不足和智能标准不统一等。针对这些问题，在政治决策上应当确立可控的产业标准，并为人工智能良性发展提供明确指引，在法律上则需要确立规范自动驾驶的道德基础和法理依据，并为侵权法和刑法的相关规则设计提供引导。然而，如果不能对自动驾驶所引发的全新伦理挑战进行揭示，则政治和法律上的应对方案仍然是治标不治本。

（二）自动驾驶决策的归责难题

自动驾驶之法律归责的厘清是自动驾驶汽车投入市场的前提，也是完善人工智能之法律规制体系的必要内容。随着人工智能技术不断成熟，其市场应用领域不断拓展，产生的法律问题和规制空间也在相应扩展。自动驾驶相关的法律责任具有两方面的特殊性。

第一，与人工智能在互联网平台或者知识产权领域的法律责任问题不同，自动驾驶算法关涉的是生命和健康这类核心价值。人工智能引发的知识产权争议背后是人们对利益分配模式的分歧，而自动驾驶则直接指向人们在交通出行这一社会基本生活形态中如何最大限度地保障生命，以及对生命损失进行救济。

第二，交通出行领域的传统法律责任划分相对清晰，《道路交通安全法》和《刑法》等对交通事故的责任分配或事故肇事者的刑事责任作出了清晰界定，汽车所有人或者管理人的过错是交通责任认定的主要依据，相关主体的注意义务或者事故的因果关系是判断标准。① 然而，当人机协作参与到交通出行之中，自动驾驶算法提前对汽车的行驶和碰撞选择进行规划和预设之后，以人类主体过错为责任分配依据的传统模式不再适用，因为汽车驾驶者不再是通过个人意志和选择来应对驾驶过程中的各种突发情况或风险，而是交由算法通过分析和计算来前瞻性地应对未知情形。② 驾驶者成为一个享受驾驶益处但分离于驾驶过程的旁观者，那么对驾驶者（本质上是乘客）的责任认定就是一个全新的问题，注意义务或因果关系等概念的传统内涵无法直接适用于自动驾驶。因此，有学者认为，对进行驾驶决策的人工智能体进行追责应成为一种备选方案。③ 然而，人工智能体是否能够承担责任，紧系于其道德地位是否成立，从目前来看，这一方案并不可行。

法律制度应当对自动驾驶事故发生之后的法律责任归属作出明确的规定，但以事故算法为驱动的驾驶事件在发生机制和社会评价上都不同于传统交通事故。从发生机制上来说，自动驾驶事故是由算法引起的，包括算法计算失灵所产生的碰撞和算法避险所导致的损害。从社会评价来说，传统交通事故由于驾驶员主观疏忽或者技术不娴熟而导致碰撞或人员伤亡，通过追究驾驶员的民事和刑事责任以弥补损失并预防更多事故的发生。社会评价和法律归责都是为了让社会成员形成更强的生命价值认同和安全意识，进而保障交通秩序和生命安全。自动驾驶的出现，改变了交通事故的发生机制。在碰撞情境中，决策主体不是乘客，而是对碰撞选择进行编程的算法设计团队和汽车制造商，而碰撞选择本身也是生产者在法律框架之内设定的，"法律的规定最终决定了自动车辆的程序在紧急情况发生时，将会如何进行实践推理，并形成最终的决定"。④

首先，对交通事故进行评价的伦理基础发生了变化。交通规则是对驾驶行为的约束，驾驶者违背交通规则带来了潜在的公共安全风险，因此在道德上是可谴责的，减少交通违规、防范交通风险是有序和团结之社会合作的基础。如果驾驶员在电车难题情境中不得不作出撞向五人还是一人的决定，则需要借助于道义论或者后果主义的框架，结合具体情境的紧急程度和驾驶者的主观状态对驾驶者的选择进行伦理判断。我们当然会对应该撞向五人还是一人产生伦理分歧，但由于驾驶者的选

---

① 参见张龙:《主体分离型道路交通事故中机动车所有人、管理人过错的认定——以对〈民法典〉第1209条、第1212条的研读为中心》,《当代法学》2021年第1期。
② 朱振:《生命的衡量——自动驾驶汽车如何破解"电车难题"》,《华东政法大学学报》2020年第6期。
③ 参见马治国、田小楚:《论人工智能体刑法适用之可能性》,《华中科技大学学报（社会科学版）》2018年第2期。
④ 骆意中:《法理学如何应对自动驾驶的根本性挑战？》,《华东政法大学学报》2020年第6期。

择是不得不作出的，损害不可避免，对驾驶者的道德评价反映了我们身处的社会究竟应当如何通过这种评价来构建一种社会伦理认识。对自动驾驶的伦理评价则遵循着完全不同的逻辑和原则。在驾驶过程中，不再需要驾驶者以负责任的方式参与到这项实践之中，而是由算法完成整个驾驶过程。在这种情况下，事故的发生并非出自个人应受谴责的过错，而是预先设计之算法的"正当选择"。① 换言之，问题不是出在个体的道德失范，而是事故算法的程序执行。对传统车驾驶员的伦理判断一方面表明了共同体对行为失范的反应，另一方面为法律归责提供了规范依据。算法指令执行不涉及个体责任与共同体合作之间的冲突，而关乎社会生活计算化过程中的技术支配。如何对这种新兴的支配形式进行道德评价，以及在此基础上如何追究法律责任，显然是一个全新的问题。

其次，汽车是机器时代的产物，它带来了生产革命和生活效率的提升。人作为汽车的驾驶者，通过长期驾驶经验和理性认知操控汽车，以享受汽车所带来的交通便利。自动驾驶彻底改变了驾驶的社会内涵，相应地也改变了人的驾驶行为的结构和模式。受传统观念影响，现代社会对社会生活的数据化和社会决策的算法化保持审慎，但自动驾驶时代的到来，意味着社会运转引擎的数字化，社会合作也将更新换代。彭特兰提出，这种数据社会对人类理解构成严峻挑战："随着稠密、连续的数据和现代计算的到来，我们已经能够绘制出社会的细节并构建相应的数学模型，但是，这些未经加工的数学模型远非大部分人所能理解。"② 这意味着，我们将进入一个机器与人协同且需要计算化指引的行为模式之中。传统责任观在应对这种数字化转型和合作模式变革时倍感无力。

最后，自动驾驶事故中的法律责任认定的基础也发生了革命性变化。从概念上讲，法律责任是对个体违反法律之行为的回应。虽然法律责任与道德责任存在区别，但二者共享着一些结构性特征，而且都承载着共同体的回应性态度。自动驾驶改变了对交通事故的道德分析方式，也重构了法律责任认定的基础。对疏忽大意的驾驶者进行惩罚可以传达社群对违法驾驶者的谴责态度。然而，在类似于电车难题的碰撞事故中，我们无法谴责自动驾驶算法，因为算法并不具有独立的道德人格。如果对自动驾驶汽车研发者进行惩罚，则会陷入一种尴尬处境，即汽车研发者因为预先设定的碰撞方案在现实中发生而受到追责。由此可见，自动驾

---

① Ivo´Coca-Vila, "Self-driving Cars in Dilemmatic Situations: An Approach Based on the Theory of Justification in Criminal Law", *Criminal Law and Philosophy*, vol. 12, 2018, p. 76.
② 阿莱克斯·彭特兰：《智慧社会》，汪小帆、汪容译，浙江人民出版社 2015 年版，第 180 页。

驶汽车应用过程中的归责，特别是在碰撞事故中的责任认定，需要新的责任原理的支持。

三、算法正义：自动驾驶的首要伦理准则

本文尝试在既有研究的基础上搭建一个面向人机协作之未来的分析框架，为自动驾驶汽车之伦理判断和法律制度设计建构一种基于算法正义的理论方案。自动驾驶汽车的产业发展和社会定位需要符合算法正义的基本原理。算法正义是社会正义在算法社会发展结构中的具体体现。社会正义的内涵非常丰富，包含对个人自由和权利的保障、促进社会公正的制度设计等。算法社会则"利用数据和算法来治理社会并改善社会，算法社会的抱负是无所不知地了解一切并预测一切"。[①] 算法正义指向的是，当人工智能通过算法决策深度介入人类社会结构和制度设计之中时，与社会正义原则相一致的一系列道德要求，比如如何防范损害发生、控制风险和约束参与算法实践的各方主体。

算法正义是在算法应用对社会结构和实践方式产生影响的基础上提炼出来的总纲性正义原则，但其本身不能提供关于如何分配道德责任和法律责任的具体方案，因为道德和法律实践追求的价值是多元的，正义只是社会实践中指向公平分配的一种维度，所以需要结合其他价值要素和法理原则来确定自动驾驶之责任分配的基本方向。由于传统正义观并不包含如何对机器介入社会生活进行回应的基本原理，因此需要借助于算法正义的价值内涵与社会实践的基本原理，为自动驾驶的归责法理的建构提供一个理论分析框架。算法正义并非完全取代法律实践所追求的多元正义体系，比如社会资源的分配、损害的救济或基本权利的保障等，而是填补自动驾驶的伦理争议与法律归责之间存在的论证空白。

首先，鉴于自动驾驶汽车仍然处于理论构想阶段，相关法律制度并未健全，可行的思路是探究法律背后的价值世界是否能够吸纳关于自动驾驶的道德论证，从而尽可能不对既有法律制度造成巨大冲击。算法正义是展现这个吸纳框架的缓冲器。日益深入的人机协作的确产生了新的问题，但机器目前不具有人格，也不能成为责任主体，因此法律归责仍然是针对人类行动者的归责。自动驾驶算法改变了汽车的行驶逻辑和技术结构，"具有各种传感器（例如距离、灯光、碰撞）和电机设备的

[①] 杰克·巴尔金：《算法社会中的三大法则》，《法治现代化研究》2021年第2期。

简单汽车已经可以通过自组织神经网络产生复杂的行为"。①但驾驶依然没有脱离交通的原初内涵，即为了生产或生活的空间移动，所以对交通的规范依然需要纳入维持社会秩序和保障基本安全的法律体系之中。

其次，在认可自动驾驶的法律规制仍然需要与既有法律制度协调的基础上，需要确立自动驾驶对既有法律制度和实践逻辑的实质突破，如此才能更好地应对自动驾驶的根本挑战。既有研究尝试在传统侵权责任法观念或刑法理论中为自动驾驶寻找可靠的归责依据，但这种思路弱化了人工智能革命对传统责任形态之区分的冲击，也忽视了法律制度在面对这种挑战时的自我调适空间。虽然自动驾驶技术只是人工智能的一种应用，但仍然可以把该技术应用的法律意义放置在新兴科技与法律的互动关系之中加以考察。新兴科技在价值结构和归责原理上与法律实践形成重构关系，即科技的内在逻辑和价值以动态的方式嵌入法律运行的过程之中，法律并不是被科技"吞噬"以至于让位于科技逻辑，也不是消极地应对科技风险，而是在与新兴科技的重构关系之中重塑自身的价值语境和规范性形态。

当前关于自动驾驶算法的设计和编程存在着功利主义和道义论两种伦理观，也存在着自上而下的算法设计进路（比如"阿西莫夫机器人定律"）以及自下而上的归纳进路。②功利主义和道义论的各自立场在揭示自动驾驶的价值考量上具有各自的优势，比如功利主义支持自动驾驶过程中的伤害最小化或快乐最大化，这符合人们关于交通安全的直觉。③而道义论则主张在碰撞情境下，不能以人数作为计算依据，否则是将个体当作手段。

然而，功利主义和道义论都存在局限，因为无论是对自动驾驶之风险和损害后果的功利计算，还是将个体当成目的的道义论前提，都无法有效回应机器介入对道德推理的实质影响。功利主义计算的是受道德指引的个体之行为对总体功利所作出的贡献，从而为个体提供指引，这个计算过程并不能有效地评价由非主体性的人工智能算法作出但影响人之功利的决策，因为作决策的算法并不具有主体性，也不受功利计算的约束，否则算法也应当承担违背功利原则的责任。道义论虽然以人作为目的，但在复杂的碰撞情境中，的确无法对算法应当如何作出碰撞选择提出明确的指引。因此，算法正义原则的提炼不能基于功利主义或道义论，而应从算法应用所

---

① 克劳斯·迈因策尔：《人工智能与机器学习：算法基础和哲学观点》，《上海师范大学学报（哲学社会科学版）》2018 年第 3 期。
② 参见苏令银：《能将伦理准则嵌入人工智能机器吗？——以无人驾驶汽车为例》，《理论探索》2018 年第 3 期。
③ 参见翟小波：《痛苦最小化与自动车》，《华东政法大学学报》2020 年第 6 期。

引发的社会计算化格局之中进行。

四、自动驾驶的教义学建构

（一）基于算法正义的归责原理

基于公平的正义观，在汽车发生碰撞时，特别是汽车尚无更好的优化选项时——这种情形在复杂的实际驾驶过程中会反复不断地出现——最大化最小值算法是克服功利主义和道义论之困境的更好方案。在碰撞造成的各种事故场景中，借助于先进的传感技术和内置算法的瞬时计算技术，通过对损害和生命危险进行量化和计算，确定每个潜在碰撞对象的生存概率。自动驾驶算法会针对每个对象的处境、生存几率和危险系数进行量化计算。任何一种碰撞选择都会存在生存概率的最高值和最低值。最低值最高的那个选择是合乎正义的碰撞选择。

最大化最小值算法包含着解决自动驾驶之归责难题的出路。法律责任的划分和界定是一项复杂的理论工程，既需要不同部门法之间的有效分工，也需要在归责原理上实现融贯，否则会引发大量的实践难题。既有的交通驾驶法律规范无法应对自动驾驶的驾驶过程，立法者目前也无法针对未来的自动驾驶制定详细的行为规范。

责任概念在理论上存在争议，道德责任和法律责任在内涵和社会意义上存在差异。道德责任通常来源于道德上对与错的判断，比起正义或不正义的要求更为宽泛。[1] 法律责任则是通过制度性回应形式传达共同体的态度，是正义实践的直接体现。道德责任向法律责任的转化需要一个特定的转化机制。

在法律实践中，侵权责任的认定蕴含着矫正正义的要求，即将个体行为产生的损害修复为符合正义标准和社会期待的一种合理状态，比如生产者弥补消费者使用产品所造成的损失。刑事责任的认定则对应于犯罪在社会共同体中所引发的特殊道德评价，通过惩罚向刑事主体传达社会对其行为的否定态度。如前所述，自动驾驶算法的应用改变了法律责任认定的道德语境和制度环境。一方面，交通行为不再是个体的意志行为，而是一种集体性的算法决策。另一方面，在算法所带来的智能化决策网络之中，对某一主体的责任认定不应是分离的，比如传统意义上的生产者责任或行人责任，而是整体性的，即自动驾驶算法的设计者与粗心大意的司机（乘

---

[1] Jay Wallace, *Responsibility and the Moral Sentiments*, Harvard University Press, 1996, p. 63.

客）和误入车道的自行车赛手之间存在着跨越时空的技术关联，这是集体能动性的体现。① 刑法理论中关于紧急状态下正当理由与宽恕理由的划分也因为算法正义环境的转变而失去意义。② 这两个方面大大地增加了严格界定法律责任的难度。

　　自动驾驶法律责任的认定，可以视为在算法正义原则指导下对最大化最小值算法的法律回应。传统法律责任的认定，无论是刑事责任还是侵权责任，旨在通过惩罚或者索赔向责任主体传达社会正义要求和共同体态度。自动驾驶汽车的法律责任分配则受算法正义支配，其正义评价不同于传统模式。在碰撞情形下，责任认定需要考虑责任归属和责任承担两个方面。归责法理需要回应的问题是，算法决策如何影响事故发生后的道德评价及相应的责任划分？这个问题是自动驾驶汽车进入市场和相应立法的前置性问题。在最大化最小值算法的建构基础上，可以为回应该难题提供两种分析视角。

　　首先，基于对算法的道德决策能力的中道态度，自动驾驶算法可以进行道德推理并产生相应的道德责任，但自动驾驶算法无法预估所有的碰撞情形，这也是智能技术发展所催生的一种全新的道德实践形态。经过预先设计的机器道德准则，决定了汽车如何应对未知的突发情形并对事故发生后的责任进行分配。算法设计者、汽车生产者、驾驶者、路边行人、迎面而来的汽车等，同时受制于这个预先设计的伦理框架和具体碰撞语境。最大化最小值算法确定了对各种不同角色进行认定的一个基础性准则，也体现出算法正义的要求，但该算法在应用之中存在一些限制因素。

　　第一，无论碰撞算法的设计再怎么精细，都只能预见到有限的情形，而无法涵盖所有的碰撞可能。最大化最小值算法对技术实践保持一种谨慎的开放态度，一方面接受算法自我学习以提升决策能力的技术可能，另一方面也与法律实践形成一种互惠机制，如黄（Bert Huang）所主张的，法律制度运行会借助人们对算法实践的期待和机器学习来改变人们的道德直觉并且提升机器的道德能力。③

　　第二，碰撞情形中"最大化最小值"的判断，不只是一个事实判断，也包括规范判断，这意味着在算法设计过程中，需要对最小值的类型不断进行评估，也要基于相关的伦理探究和技术进展进行更新。举例来说，在碰撞选择中，乘客是否享有生命优先权是一个充满争议的核心问题，最大化最小值算法并不绝对地预设乘客优

---

① 参见王华平：《自动驾驶汽车的责任归属问题研究》，《人民论坛·学术前沿》2021年第4期。
② Filippo Santonide Sio, "Killing by Autonomous Vehicles and the Legal Doctrine of Necessity", *Ethical Theory and Moral Practice*, vol. 20, 2017, pp. 414–415.
③ Bert I. Huang, "Law's Halo and the Moral Machine", *Columbia Law Review*, vol. 119, 2019, pp. 1822–1824.

先，因为在失控或者遭遇失控汽车的自动驾驶汽车面临撞向五个人还是伤害乘客的情况下，最大化最小值算法要求汽车避开五个人而伤害乘客。但这个计算过程是变动的，受制于乘客的人数（比如同有五名乘客）、汽车保护乘客的能力、对面的失控汽车是由人驾驶还是自动驾驶等因素，最终的碰撞选择需要算法的更新与调整。与此相关的是乘客的责任认定问题。理论上通常认为乘客应当承担严格责任，即仍然为损害后果负责。[①] 然而，在算法正义的框架下，这个预设太过强烈，并未充分展现出乘客在最大化最小值算法的运行中作为使用者、受益者或受害者的多重可能身份。

第三，最大化最小值算法反映了在算法设计中的有限理性。功利主义或道义论过强地预设了伦理判断的统一标准，并不能充分展示出在复杂的碰撞情形下算法决策的多元空间，也无法为自动驾驶算法设计提供更有针对性的伦理指引。最大化最小值算法吸收了罗尔斯的正义理论之公平观，将最小值予以最大化，体现的是在应对未知的碰撞可能时，通过预先的算法设计来公平地分担风险和追求福祉。

（二）自动驾驶的归责法理

最大化最小值算法具有何种法理内涵？不同于传统责任认定，自动驾驶中的法律责任归属的结构更为复杂。自动驾驶相关法律规范的设计需要在算法正义原则指导之下保障法律的可执行性和规范性。

第一，自动驾驶汽车的实际应用在立法上会"牵一发而动全身"，无论是道路基础设施重建、汽车数据和信息保护、产业监管以及标准制定等各个方面，都需要立法规范上的完善，这在一定程度上会稀释甚至掩盖自动驾驶之道德维度。

第二，自动驾驶的责任认定在智能化语境之中进行，但不能完全脱离既有的侵权法和刑法规范体系，即尊重既有法律制度的动态性和灵活性。对自动驾驶之碰撞法理的架构既要展现出与既有法律规范的融洽性，也要适切于自动驾驶的算法正义维度。最大化最小值算法是以公正的方式提升最小损害的可能性，也即认可了损害发生或风险的必然性。从某项碰撞选择的伦理评价转向法律责任的划定，需要充分展现算法应用对法律实践的重构意义，以及在智能技术伦理框架下重新安顿技术应用所引发的归责难题。

首先，最大化最小值算法是一种公平引导自动驾驶碰撞中各方主体之行为选择并划定责任的正义机制，提供了碰撞算法如何作出最佳设计的方案。基于最大化最

---

① Alexander Hevelke, Julian Nida-Rümelin, "Responsibility for Crashes of Autonomous Vehicles: An Ethical Analysis", *Science and Engineering Ethics*, vol. 21, p. 626.

小值算法并不能完全得出碰撞发生后如何界定法律责任的完整方案,主要原因在于,在自动驾驶之法律制度的建构中,法律责任的归属受制于智能机器是否应承担(道德)责任、自动驾驶各方主体之间的法律关系等难题的解决。然而,最大化最小值算法可以为自动驾驶之责任体系的构建提供有益启示。

一方面,碰撞事故中的财产损失、身体伤害甚至死亡都需要在最大化最小值算法的伦理架构之中进行评估。损害的发生并不是因为传统意义上的驾驶人过失,而是碰撞算法"不得已而为之"的正义决策。对损害之法律意义的评估应当体现其伦理论辩意义。最大化最小值算法可以预先以最大化最小值模式设计公允的损害发生方案,在算法无法充分预估的突发情形下,我们也可以遵循最大化最小值算法的正义要核进行公正评价。

另一方面,最大化最小值算法可以增强自动驾驶责任体系之构建的正义维度。自动驾驶的应用将会带来法律责任体系的复杂化,既要设计出应对各种碰撞情形的归责机制,也要明确划分各方主体的法律责任。在归责机制设计上,我们应该区分自动驾驶的教义性责任(doctrinal liability)和证成性责任(justificatory liability)。教义性责任落实为与侵权和刑法规范相对应的产品瑕疵或算法失灵等。[①]毫无疑问,关于自动驾驶的民法和刑法规范将会根据自动驾驶的业态发展而进行修订,自动驾驶汽车的质量标准、算法运行状态、汽车探测能力等都将成为对责任主体进行评估的重要依据。[②]最大化最小值算法不需要对教义性责任贡献太多智识,因为自动汽车的行业标准和法律规范可以较为清晰地确定车辆设备是否需要硬件质量标准,或者算法是否能够有效处理数据并安全运行。[③]而在碰撞情形中,最大化最小值算法可以为汽车是否能够充分地按照预先设定的计算方案而执行指令提供判断标准,比如是否能精确地计算乘客和行人人数、对方车辆的碰撞力度等,在此基础上可以确定相关主体的责任。

证成性责任则是自动驾驶之法律归责的最大难题,即在碰撞发生后,因为算法决策而产生的财产和生命损失应当如何追责。在这个问题上,基于最大化最小值算法的计算方式,最大化最小值可能带来行人的死亡,也可能导致乘客丧命。在损害发生后,汽车生产者、算法设计者、乘客等该由谁承担责任?在算法正义的图谱之下,这个问题需要在社会的计算化、交通的智能化和算法对社会实践的重构语境

---

① 参见冯珏:《自动驾驶汽车致损的民事侵权责任》,《中国法学》2018年第6期。
② 参见王乐兵:《自动驾驶汽车的缺陷及其产品责任》,《清华法学》2020年第2期。
③ 不可否认,在自动驾驶汽车实际应用之后,对汽车缺陷、算法失灵等问题的责任认定随着自动驾驶实践的复杂化而引发责任法的变迁,因此仍然需要不断进行教义空间和证成空间的沟通。

下进行整体性应对。算法决策部分地取代了人类决策并更新了社会对风险和损害的道德理解。一些论者认为算法设计者仍然需要为碰撞造成的无辜伤亡承担刑事责任。① 但类似主张未能充分展现出算法实践对刑法之证成结构的冲击。

通过刑法的惩罚措施对经过预先计算的可预见风险进行防范并无充分的法益基础。② 更合理和务实的方案是事后救济，特别是完善事故保险机制，或者实施人工智能储备金制度。③ 有学者认为，应当"基于自动驾驶整体在安全性与社会利益方面的巨大技术优势而容忍极端情况下的低概率的技术边界问题及两难困境下的无法避免的损害"。④ 这并不意味着免除了汽车生产者和算法设计者在事故发生上的法律责任，而是强化了他们在将交通事务纳入计算社会网络时的独特角色，其中包含对每一种可能的碰撞情形的充分伦理评估，对碰撞之损害救济的完善机制的构建，以及在每个具体个案中如何释放出算法决策最优化和公平分配法律责任的理想方案。

在传统驾驶实践中，安全意识的提升和碰撞事故的减少需要驾驶员的严格训练和持续的社会动员。而在智能驾驶时代，这一任务将由算法完成。立法决策者的主要任务转变成如何规范自动驾驶的研发，提升自动驾驶的人机信任，以及在碰撞事故中确立符合算法正义的损害救济方案。从这一点也可以看出，自动驾驶的成熟应用需要在充分的道德论辩和立法平衡之后才能实现。智能技术的突破性发展会超出我们的想象，随着汽车行业巨头投入大量金钱和精力对自动驾驶汽车进行研发，技术突破指日可待，但在人们对自动驾驶的伦理判断和法律归责问题达成充分共识之前，驾乘自动驾驶汽车仍然只能是一种想象。

结　语

作为人工智能之实践应用的极致，自动驾驶将带来一场技术革命，包括重构交通运输模式和人类出行方式等，同时也会引发各个层面的巨大挑战。对自动驾驶所

---

① 参见黎安·沃尔娜：《自动驾驶汽车编程者的刑事责任——以规定参数进行紧急避险的角度》，王德政译，《上海师范大学学报（哲学社会科学版）》2019年第6期。
② 参见弗兰克·彼得·舒斯特：《自动驾驶中的应急算法——一个对刑法学的挑战》，张正昕译，《中国政法大学学报》2021年第5期。
③ 参见约翰·弗兰克·韦弗：《人工智能机器人的法律责任》，郑志峰译，《财经法学》2019年第1期。
④ 王莹：《法律如何可能？——自动驾驶技术风险场景之法律透视》，《法制与社会发展》2019年第6期。

引发的社会、伦理和法律挑战进行回应，需要以自动驾驶算法的设计为核心展开。道德和法律实践以正义为追求，算法正义因而成为自动驾驶算法设计的首要伦理准则和价值追求。自动驾驶算法的道德主体地位、道德决策能力和法律归责分析需要在算法正义的框架之中进行理论建构，而碰撞情境是展现这些任务的试验田。如果自动驾驶算法无法克服碰撞难题，那么自动驾驶汽车就不具备实践可行性。经过本文的探讨可以得知，在众多理论模型中，最大化最小值算法具有更好的应对碰撞难题的理论力量，也能够弥合在自动驾驶的伦理价值判断与法律归责之间存在的鸿沟。从自动驾驶算法设计到汽车上路，仍然需要经过大量的技术升级、道路测试和政策评估，这条路可能会比较漫长，但除了技术难关的攻克，自动驾驶的伦理判断和归责难题是亟需回应的核心议题。基于对算法正义的追求，以一种反思平衡模式应对算法对道德和法律实践的重构意义，是迎接智能时代的应有姿态。

时代变化、科技革命与法教义学的境遇[*]

宋旭光[**]

摘 要 以人工智能、区块链、生物技术为代表的新一轮科技革命给传统法律范式带来了巨大的冲击,保守的法教义学也面临着新的危机:法律的权威、法律概念体系与概念观、法律主义的立场和规范性思维、传统法学研究范式以及法学的自主性都遭遇了不同程度的"解构"。有人欢迎新法学的到来,有人则对此表达担忧,也有人试图努力化解这些挑战。严格来讲,未来是不可预测的。但在可预见的范围内,如果法律继续作为权威存在,那么,法教义学就依然存在;只是因应新科技革命的挑战,这种法教义学将对其他学科的知识更加开放,交叉法学将会变得更加重要。

关键词 法教义学 人工智能与法律 大数据与法律 科技与法律 交叉法学

一、导 论

科学技术在人类发展中扮演的角色日益重要,其在法律进步与法学发展中发

---

[*] 本文系深圳市哲学社会科学规划课题"科技进步对法律发展的影响研究"的阶段性研究成果。
[**] 宋旭光,深圳大学法学院副教授,法学博士。

挥的作用也不容小觑。尤其是在今天，以人工智能、量子信息、移动通信、物联网、区块链为代表的新一代信息技术，以合成生物学、基因编辑、脑科学、再生医学等为代表的生命科学领域，以及以清洁高效可持续为目标的能源技术逐渐成熟，它们的大规模应用会使人类的生活方式和法律范式发生颠覆性的改变，远比铁路与蒸汽机、电力与生产线以及计算机、半导体与互联网的影响还要深远。① 在这种背景之下，关于科技与法律的关系问题，再次出现在时代前列，成为法学研究的热点。

正如德国法学家拉德布鲁赫（Gustav Radbruch）所言："每个时代必须重书它的法学。"② 那么，在新一轮科技革命的影响下，我们时代的法律和法学又将会发生何种变革呢？首先，与既往的技术进步一样，随着这些新技术对人类生活的介入日深，它们在深度改变我们生活的同时，也在不同程度上侵入了法律领域：既可能会带来法律内容、功能的革新，也可能会对法学研究、法律服务、司法过程的传统范式造成挑战。不过，若是因此主张这种变革力量会全面渗透法律的创制与适用过程，导致法学范式的彻底变革，却也为时尚早。面对科技革命的突飞猛进，法律以及法教义学的"抵抗力"也许并没有那么脆弱。在传统的认知图像中，法律人往往是墨守成规的，因此常常被看作是科技发展的消极力量；而法教义学具有某种封闭性，外部学科的知识要想进入法教义学内部，往往必须经过某种筛选机制转化为法律知识，由此它对于外部变化有着一定的"免疫力"，但也往往会因此被认为是保守和教条的，无法适应新一轮科技革命引发的快速变迁和创新要求。在这种背景下，我们又该如何理解科技发展尤其是新一轮科技革命对于法教义学的影响呢？为了回答这一问题，本文将首先说明，科技发展所要求的创新性何以对于保守的法教义学构成了一个难题；接下来将阐述，这种新科技革命可能会为法律以及法教义学带来哪些难题；接着，为了审查法教义学能否应对这些难题，我们将在历史的长河中追溯法教义学既往应对社会变革和时代发展的历程与经验；最后，将以前述分析为基础，试着回答新技术时代需要什么样的法教义学的问题。

---

① "铁路与蒸汽机""电力与生产线""计算机、半导体与互联网"分别是前三次工业革命的代表性技术，我们目前面对的是第四次工业革命（参见克劳斯·施瓦布：《第四次工业革命：转型的力量》，李菁译，中信出版集团 2016 年版，第 4 页）。
② 转引自阿图尔·考夫曼、温弗里德·哈斯默尔主编：《当代法哲学和法律理论导论》，郑永流译，法律出版社 2002 年版，第 9 页，注 10。

二、在创新与保守之间：技术革命与法教义学的内在张力

我们应当知道，现代法治所要求的往往是遵循先例、墨守"规则"，而非革故鼎新、不法常可；而且，也许正是由于这种对于法治传统的坚守，法律人的"性情往往偏向于保守和规避风险"，①面对科技进步，法律人尤其是秉承法教义学立场的法律人，其态度也许并非那样积极，至少不会像现有的一些理论讨论中所显现的那般友好。正是在这种意义上，法教义学与技术革命之间存在着一种内在张力。

（一）"创新的"新科技革命与法律变革

以人工智能、区块链、生物技术为代表的新一轮科技革命，正在引发人类社会的巨大变革，从而可能给法律以及法教义学带来变化。以人工智能为例，它不仅可能会给我们的生活带来根本的改变，而且可能彻底颠覆我们对于人类本身、外间世界以及人类与外间世界之关系的认识。例如，人类的"心智"是否还是独一无二的，机器是否可以拥有同样的"心智"水平；它们是否可能代替人类，或者代替人类的部分工作，从而影响我们的生存或者就业；它们可以在多大程度上代替法律人甚至法官的工作，进而对法律秩序、法学研究、法学教育等产生影响；我们该如何对待那些具有不同智能程度的机器：承认它们的法律主体地位，还是继续将它们当作工具，或者将之拟制为"动物"……为了迎接新科技时代的美好生活，抑或规避未来智能社会的种种风险，法律以及法学对此的回应与变革便是不可或缺的。

科技革命首要的影响自然是产生一系列与此相关的法律规范。例如，随着工业革命的推进而逐渐显现出来的科技难题，需要立法给出规范性解决方案，由此带来了科技法的兴起。而随着科技革命的迭代变化，科技法的功能从鼓励发明创造，到防范工业灾害，再到科技风险的防控以及科技政策的强化，也在不断演化之中。②除了科技法的产生和变革外，科技发展还会带来其他法律领域的变化。既然技术进步会带来社会结构和社会功能的变化，那么，其中必然有一部分人得益，另有一部分人受损，而当资源和利益的分配引发较为严重的社会问题时，法律的调整便是不可避免的。例如，19世纪之后，随着工业化进程的推进，传统的过错责任原则已经无法完全适应工业社会的新需求：在大量的工业事故中，过错方难以确定，过错

---

① 理查德·萨斯坎德：《线上法院与未来司法》，何广越译，北京大学出版社2021年版，第4页。
② 参见龙卫球：《科技法迭代视角下的人工智能立法》，《法商研究》2020年第1期。

的举证也非常困难，而且仅仅因为过错而由劳动者承担大工业化生产的多数风险，也是不公平的；由此产生了无过错责任。①

再例如，在今天，智能终端的广泛应用，让我们越来越依赖各式各样的移动互联网应用程序（APP）。在生活变得越来越便利的同时，也出现了各种各样的问题。首先，就这些 APP 本身而言，它们会不会"偷走"或者"泄露"我们的个人信息，它们产生的大量数据如何处置（数据属于谁，由谁来储存、使用、保护、传播，除个人信息外的数据是否可以"共享共治"），它们会不会传播一些不良讯息，不同 APP 或者平台之间应否以及如何"互联互通"。其次，APP 的大量应用可能会给用户带来实质上的不平等甚至是某种歧视，例如，扫码支付会使得某些使用现金支付的人变得"不合时宜"，疫情期间对"健康码"和"行程码"的查询又会使得不会使用这些 APP 的人出行不便，这些人多数都是老年人等弱势群体。换句话说，技术的进步反而使得社会对弱势群体更不友好。如果要解决他们在消费、就医、出行上的困难，就需要社会治理结构上的变化，法律必然是其中最为重要的手段之一。

随着大量新技术手段被应用于社会运行和治理之中，技术成为治理体系与治理能力现代化中的重要因素，其对"依法治理"的支撑和保障作用也越来越突出。例如，人工智能与大数据技术已经对法律实践产生了较为明显的影响：作为一种辅助立法工具，大数据技术一方面可以实现对人的行为的精准预测，另一方面可以实现对于立法效果的预测或评估，从而帮助我们制定出更细致且更有效的法律规范；②作为一种社会治理手段，互联网、大数据、人工智能等技术手段已经被应用于执法、司法中，诸如现在正在积极推进的法治政府的智能化以及智慧司法、智慧法院、智慧检察院等规划，而且这些新技术的应用不仅极大提升了国家和社会治理的效能，同时又会对政府、法院、检察院等执法、司法部门的职能与设计理念产生影响。随着新技术参与社会治理的层次越来越广、越来越深，智能技术已经逐渐接替许多过去由社会技术等手段完成的治理任务，成为社会治理中不可或缺的力量。

与此相对应，新科技革命对于法律范式的影响同样不容小觑。例如，英国学者理查德·萨斯坎德（Richard Susskind）很早之前便已经预测："法律范式……将发生转型。……我们关于法律服务本质和法律过程本质的基础假定，会因为技术和互

---

① 参见刘士国：《论无过错责任》，《法学研究》1994 年第 5 期。
② Benjamin Alarie, Anthony Niblett and Albert H. Yoon, "Law in The Future", *University of Toronto Law Journal*, Vol. 66, No. 4, (2016), p. 425.

联网的到来而受到挑战，并被其改变。"① 在他看来，法律服务的焦点将从主要关注法律转变的限制性、防御性的咨询服务转变成关注业务目的赋能性、实用性的信息服务，法律过程的目的将从法律问题解决、纠纷解决转变为法律风险管理、纠纷预防，法律服务的主体将从专注法律的专业人士转变为法律专家与信息工程师，法律素材将从纸质打印转变为基于信息技术的法律系统。② 而且，这一切转变可能已经发生，而且更为激烈。有专家提出，若使用法律专家和大数据专家合作设计的机器学习算法，法律人工智能机器通过对训练数据的学习，能够实现输入（相关法律文本的语料库）与输出（裁判）之间最优化的数学关系，成功率高达98%，远远超出自然人，法律人工智能也由此加强了法律的安定性。③ 例如，在十多年前，以自然语言处理和机器学习技术为基础，人工智能专家为欧洲人权法院（The European Court of Human Rights）的判决设置了一套预测辅助审判系统，它通过对《欧洲人权公约》（European Convention of Human Rights）的文本解析以及相关的案例分类，从而预测具体个案中是否出现了违反情境，而这一系统预测的成功率高达79%。④

近来兴起的电子化搜寻（e-discovery），诸如机器学习、自然语言处理以及数据或文本挖掘、大数据分析、概念搜索、主题建模与分组、语音搜索与机器翻译等类似技术，使得我们可以对相关的文件进行识别并从中发现有用的信息。⑤ 使用这些技术，我们也可以对相关的合同或其他法律文件进行识别，如果利用足够数量的大数据进行训练，便可以对这些法律文件进行审查，发现其中可能的错误，甚至可能用于这些文件内容的自动生成。例如，法律分析工具 Lex Machina，可以通过对既往数据的分析，以图表的形式生动地展现出某一法官或辩护律师的个人背景资料以及既往的相关判例，甚至可以基于历史数据给出相关行为成功与否的可能性。⑥ 因此，许多专家都发出了类似的警示，即在不远的未来，律师尤其是非诉律师的许

---

① Richard Susskind, *The Future of Law: Facing the Challenges of Information Technology*, Oxford University Press, 1998, pp. 285–292. 也可参见理查德·萨斯坎德：《法律人的明天会怎样？法律职业的未来》，何广越译，北京大学出版社2019年版，第144页。

② 参见理查德·萨斯坎德：《法律人的明天会怎样？法律职业的未来》，第144页。

③ Benjamin Alarie, "The Path of the Law: Towards Legal Singularity", *University of Toronto Law Journal*, Vol. 66, 2016, pp. 448–451.

④ Aletras, N., et al. "Predicting judicial decisions of the European Court of Human Rights: a Natural Language Processing perspective", *Peerj Computer Science*, Vol. 10, No. 2(2016), p. 93.

⑤ Sharon D. Nelson and John W. Simek, "Running with the Machines Artificial Intelligence in the Practice of Law", *The Computer and Internet Lawyer*, Vol. 35, No. 10(2018), p. 12.

⑥ Sharon D. Nelson and John W. Simek, "Running with the Machines Artificial Intelligence in the Practice of Law", *The Computer and Internet Lawyer*, Vol. 35, No. 10(2018), p. 13.

多工作都会为人工智能所替代。①

本文不会对这种法律变革展开全面讨论，但值得大家注意的是，随着这些变革所引发的讨论越来越热烈，新科技力量的影响也越来越大，于是，人们对于技术的追求和崇拜也是愈演愈烈，某种乐观主义孕育而生。例如，有人断言在司法裁判的许多方面，"AI 司法都表现出超越人类司法的计算分析能力"，②我们进入了"算法日益代替人类进行各种决策尤其进行司法裁判的时代"。③在这种乐观主义的影响下，新科技革命的力量在社会效应上得到了进一步的放大。

（二）"保守的"法律人与法教义学

虽然有关法律科技等问题的理论研究呈现出愈来愈热的势头，但这种热烈氛围却未能成功地传导到法律实践领域。正如左卫民所指出的，"中国法律领域的人工智能技术应用存在着令人惊讶的'倒挂'现象"，④法律人工智能的顶层设计、官方政策和学术研究快速推进，却未在司法实践中取得理想效果，也并未受到法官们的普遍欢迎。⑤与中国相比，在许多西方国家，法律人对于人工智能的态度更加趋于"保守"和"警惕"，即使对相关问题的研究同样"炙手可热"。例如，英国学者理查德·萨斯坎德就指出，在英国，"法官经常被媒体和小说描写成超脱凡尘的老古板"，⑥法院所沿用的依然是数世纪之前的"那套昂贵、迟缓、难以理解和对抗性十足的技艺"，"法院的用语和程序都太过复杂和陈旧了"。⑦美国最高法院首席大法官约翰·罗伯茨（Chief Justice John Roberts）也坦言，虽然美国联邦法院的法官们也时常关注科技领域的新发展、新进步，但他们往往会主动选择对这些成就反应迟缓，"如果涉及他们自己业务的某些方面应用新技术时，那他们总是会保持着审慎

---

① John O. McGinnis and Russell G. Pearce, "The Great Disruption: How Machine Intelligence Will Transform the Role of Lawyers in the Delivery of Legal Services", *Fordham Law Review*, Vol. 35(2014), p. 3041.
② 李飞：《人工智能与司法的裁判及解释》，《法律科学》2018 年第 5 期。
③ 高学强：《人工智能时代的算法裁判及其规制》，《陕西师范大学学报（哲学社会科学版）》2019 年第 3 期。
④ 左卫民：《热与冷：中国法律人工智能的再思考》，《环球法律评论》2019 年第 2 期。
⑤ 参见左卫民：《热与冷：中国法律人工智能的再思考》，《环球法律评论》2019 年第 2 期；左卫民：《如何通过人工智能实现类案类判》，《中国法律评论》2018 年第 2 期。
⑥ 理查德·萨斯坎德：《法律人的明天会怎样？法律职业的未来》，第 118 页。
⑦ 理查德·萨斯坎德：《线上法院与未来司法》，第 27—28 页。

的行动"。① 总而言之，传统的法律人对于新技术的使用和推广并不积极，往往"冷眼旁观"，甚至"抗拒"或"抵制"。

这也许与受规则与先例约束的法治传统有关。诸如"由合法权威制定的规则必须遵守""无充足理由不得偏离既有实践"等形式原则，② 使得法律实践对于那些具有创新精神的法律人并不"友好"，他们为此承载了较重的论证负担：选择遵循过去的方案（即规则或先例）行动，本身有着形式原则的支持，不需要额外的理由，但改变既有的传统，却需要给出额外的更强的理由。③ 换句话说，对法律人来讲，除非有更重要的理由支持改变，否则，遵循既有的主流观点与做法便是应然的最优选择。例如，即使对于互联网法院这种新生事物，诉讼法学者可能也会基于传统的法律理念与诉讼法原则，认为"异步庭审有违民事诉讼之对审原则""在线庭审欠缺特殊的公开规则"等，④ 从而表达消极看法。如果焦点放在司法裁判的人工智能化上，传统的法律人则可能更加难以接受⑤：他们能够想象并接受智能系统代替法官、机房代替法院（即使是部分代替）的一天吗？

因此，在某种程度上，我们便可以理解，为什么即使在科技进展日新月异的今天，法律人依然沿用着许多世纪之前的古老术语和经典表述，坚守着17、18世纪确定的解释与推理手段，而许多法学院的教学方式，和1970年代相比，也几乎没有改变。⑥ 正如美国学者布莱恩·塔玛纳哈（Brian Tamanaha）所讲："这似乎是显而易见的，不具备任何跨学科的知识依然可以成为一名出色的法律人，但学习这些知识却未必会使一个法律人更加优秀。"⑦ 因此，法学院的学生往往不需要也没有动力去学习其他学科的知识。在这个意义上，也就可以理解，为什么即使在跨学科研究最为发达的美国，所谓交叉法学也没有成为法学的主流，除了少数精英法学院

---

① 2014 Year-End Report on the Federal Judiciary, *Sup. Ct.* available at http://www.supremecourt.gov/publicinfo/year-end/2014year-endreport.pdf, last visited 02/03/2022.

② Robert Alexy, *A Theroy of Constitutional Rights*, Trans. by Julian Rivers, Oxford: Oxford University Press, 2002, pp. 58, 82, 414-425.

③ C. Perelman and L. Olbrechts-Tyteca, *The New Rhetoric: A Treatise on Argumentation*, Notre Dame: University of Notre Dame Press, 1969, pp. 106-107, 218-219, 363.

④ 参见郝晶晶：《互联网法院的程序法困境及出路》，《法律科学》2021年第1期。

⑤ 参见宋旭光：《论司法裁判的人工智能化及其限度》，《比较法研究》2020年第5期。

⑥ 参见理查德·萨斯坎德：《法律人的明天会怎样？法律职业的未来》，第189页。

⑦ Brian Tamanaha, "*Why the Interdisciplinary Movement in Legal Academia Might be a Bad Idea (For Most Law Schools)*", available at https://balkin.blogspot.com/2008/01/why-interdisciplinary-movement-in-legal.html, last visited 02/03/2022.

之外，交叉学科在法学课程设计中依然处于边缘位置。①而在德国等国家，法教义学依然被认为是原本意义上的法学或法律科学的核心，例如，德国学者卜元石便断言，在德国，"法学就是法教义学或是教义学法学"，法学"治学的方法一般只有一个，即法教义学的方法"。②

正因如此，法教义学进入了本文讨论的核心之中。法教义学是以现行法律秩序为工作基础的：首先，它坚持法律是一种规范，并以现行有效的实在法律规范为研究对象；其次，它不加批判地假设现行法律秩序为正当化基础，并主张以法律规范为基础来处理和评价社会现实问题；第三，它坚守法治立场，主张一种规范性研究和思维方法。根据这种刻画，我们便能清楚地明白，正是由于坚守这种所谓的"法条主义"，法教义学往往给人一种"教条守旧"的刻板印象，似乎成了那种最不能适应科技革命、社会变迁的学问之一。

三、在变化与不变之间：时代之变与法教义学的应变

新技术的广泛应用带来了法律和法学的巨大变迁，人们的法律观念、价值体系、法律行为、法律关系、社会治理模式等诸多方面随之发生了巨大的变化，③对于法教义学来讲，其中既蕴含着机遇，也充满了风险。那么，法教义学在多大程度上可以应对这种外部变化呢？我们首先从法教义学本身的立场和历史发展来分析。

（一）"不合时宜"的法教义学：来自外部的批判

一般认为，法教义学的核心特征即在于它是"从某些未加检验就被当作真实

---

① 参见贺欣：《转型中国背景下的法律与社会科学研究》，载《北大法律评论》第7卷第1辑，北京大学出版社2005年版，第22页；侯猛、胡凌、李晟：《"法律的社会科学研究"研讨会观点综述》，《法学》2005年第10期；强世功：《中国法律社会学的困境与出路》，《文化纵横》2013年第5期。

② 卜元石：《法教义学：建立司法、学术与法学教育良性互动的途径》，载田士永等主编：《中德私法研究》第6卷，北京大学出版社2010年版，第4、6页。

③ 参见马长山：《互联网时代的双向构建秩序》，《政法论坛》2018年第1期；马长山：《人工智能的社会风险及其法律规制》，《法律科学》2018年第6期；马长山：《智能互联网时代的法律变革》，《法学研究》2018年第4期；李晟：《略论人工智能语境下的法律转型》，《法学评论》2018年第1期；齐延平：《论人工智能时代法律场景的变迁》，《法律科学》2018年第4期；余成峰：《法律的"死亡"：人工智能时代的法律功能危机》，《华东政法大学学报》2018年第2期。

的、先予的前提出发",①而对法律问题进行的研究。在现代法治国家,这种前提便是法律秩序。在这种意义上,法教义学是一门探究实在法律规范之客观意义的文化科学,而它的目的"在于为司法裁判准备和提供规则"。②由于法教义学坚持以法条作为规范前提来考虑问题,于是有些人会冠之以"法条主义"的名称,③并且认为这种法条主义是自给自足、漠视现实、教条守旧的,因此难以处理疑难案件和复杂社会问题。④当然,如果如批判者所言,法教义学是从无须检验就确定为真的法律规范出发,从来不对这些前提进行反思和批判,那么,它对于法律的发展就没有任何的推动意义,⑤也定然无法回应科技发展的要求。

不过,稍加分析便不难看出,这种批判实际上是一种误解:批判者通过将法教义学塑造成一种不允许任何反思、创新因素存在的"概念法学"或"机械法学",从而为其贴上了错误的标签。从历史上看,法教义学主要是在欧洲大陆尤其是在德国确立并发展起来的,它的出现与罗马法文献的发现以及近代大学制度的建立不无关系。12世纪的注释法学,被德国法学家弗朗茨·维亚克尔(Franz Wieacker)称为历史上第一个自主的法教义学、欧陆法教义学之鼻祖;⑥其后经过评注法学、人文主义法学、历史法学、概念法学以及利益法学、评价法学的发展,直至形成今日的法教义学传统。在这种历史脉络中,有很长一段时间,法教义学确实深受形式主义风格的影响,诸如德国的潘德克顿(Pandekten)学派与概念法学所强调的"演绎-体系"模式的法教义学,在很长时间都是法学的主流范式。这是法教义学常常被认为具有形式主义风格的历史因素。不过,即使是概念法学的代表人物普赫塔(Georg Friedrich Puchta),也从来没有主张过法教义学的绝对自主性和独立性;相反,在他看来,体系性和逻辑性只是法律的一个面向,此外法律还必须在不断变迁的社会语境中不断调整自己,这就是法律的社会面向,他也认识到,若将法律看作

---

① 阿图尔·考夫曼、温弗里德·哈斯默尔主编:《当代法哲学和法律理论导论》,第4、9页。
② 诺依曼:《法律教义学在德国法文化中的意义》,载郑永流译,载郑永流主编:《法哲学与法社会论丛》(第5辑),中国政法大学出版社2002年版,第15页。
③ 例如,苏力:《法律人思维?》,载《北大法律评论》第14卷第2辑,北京大学出版社2013年版,第429—469页;王凌皞:《存在(理智上可辩护的)法律教义学么?——论法条主义、通说与法学的智识责任》,《法制与社会发展》2018年第6期。
④ 这种批评很常见,例如,纪海龙:《法教义学:力量与弱点》,《交大法学》2015年第2期。
⑤ 参见弗里希:《法教义学对刑法发展的意义》,赵书鸿译,《比较法研究》2012年第1期。
⑥ 参见维亚克尔:《近代私法史:以德意志的发展为观察重点》,陈爱娥、黄建辉译,上海三联书店2006年版,第42页。

是不变的或渊源有限的，必然会导致法律在解决具体问题时的无力。①

在当代，对于法教义学的直接批评，则主要来自法教义学之外的挑战者们，在中国即表现为社科法学对于法教义学的批判。②可以说，法教义学作为正统法学的地位是部门法教义化的必然结果，③但随着社科方法的引进以及社会现实的复杂变迁，近些年法教义学的自主性和实效性受到了一定的冲击。一方面，正如前述，法教义学的特质在于其所坚守的规范性立场，即以法律规范为基础的法律思维方式，但随着社会学、经济学等其他社会科学方法的强势介入，再加上女性主义、批判法学等诸多学派的异军突起，这种以"规范"为中心的立场就显得有些单调和无力了。在批判者眼里，法教义学忽视了法律所处的经济、社会、政治环境，幻想在法秩序内部"自给自足"，必然只关注普遍原则和形式理性，忽视了语境知识和具体问题。④因此，即使法教义学在常规法学教育和简单案件中也许能够发挥作用，但必然无力面对疑难案件的复杂要求。⑤

另一方面，在批判者的建构中，法教义学是完全自闭于实在法体系、局限于诠释与体系化方法的，因此不难想象，他们也必然认为，法教义学难以回应时代背景的转变和科技革命带来的新的实践要求。在当代，新科技革命的日新月异，地区交流的广泛深入，不同法律文化的持续碰撞，社会、政治、经济体制的不断变革，人口爆炸、环境危机带来的新型问题，都给原有的法学范式和方法提出了新的要求。在批判者看来，即使在简单案件中，法律的体系化，也根本无法达至法教义学所追求的演绎证成的结论；特别是新问题的解决，往往并没有成熟的教义可以引用，更需要新鲜的经验数据和审慎地衡量。因此，如果法教义学依然致力于将法律秩序塑造成一个严密、封闭的体系，就无法将社会的最新变化纳入进来，无法适应不断变迁之社会的现实要求。正是在这个意义上，法教义学以及法学方法论被讥讽为一个精心编织的美丽谎言，或一种掩饰司法参与者个体性策略的工具。与之相对照的是，社会科学方法所带来的反思视角、经验思维，恰恰符合了这种新情境的要求，

---

① Claes Peterson, "The Concept of Legal Dogmatics: from Fiction to Fact", *ARSP Beiheft*, Vol. 102(2005), pp. 119–125.

② 参见宋旭光：《面对社科法学挑战的法教义学：西方经验与中国问题》，《环球法律评论》2015年第6期。

③ 参见陈景辉：《部门法学的教义化及其限度——法理学在何种意义上有助于部门法学》，《中国法律评论》2018年第3期。

④ 例如李晟：《实践视角下的社科法学：以法教义学为对照》，《法商研究》2014年第5期。

⑤ 参见苏力：《法律人思维？》，载《北大法律评论》第14卷第2辑，北京大学出版社2013年版，第464—469页。

这就使得前述批判更显真实。

按照这些批判意见，传统的法教义学早已经"老态龙钟"，难以回应包括新科技革命在内的社会变迁需求。如果将新技术的更迭频率以及它们对法律范式的冲击计算在内，那么，在新技术时代，固守传统的法教义学已经严重"不合时宜"了。

（二）拨开历史的迷雾：法教义学因应时代的变与不变

这里关键的问题是，前述批判是真的吗？难道法教义学注定就是"教条守旧""老态龙钟"的代名词吗？① 在这里，我们还是首先从历史脉络中寻找论据。虽然"Rechtsdogmatik"或者"Legal Dogmatics"有时也会被译为"法释义学"，但从历史上来看，"注释"或者"诠释"只是教义工作的一部分，法教义学的方法并不是一成不变的。在某种意义上，反而正是通过对诠释或其他法学方法的运用，法教义学才不断将新的要素纳入法学知识体系之中。《法国民法典》《德国民法典》至今依然适用，在某种程度上，正是源于法教义学者的不断评注和解释。在这里改变的并不是法律本身，而是我们对于法律的理解和感知方式。② 例如，注释法学派强调的是对《国法大全》以及其他法源文本的注释，即"系统地阐述法律规则的细节以及它们的相互关联、它们对于具体类型的情况的运用"，主要的方法是"辩证的注释方法"。③ 而自13世纪中后叶开始的评注法学则不仅关注文本的注解，也开始以"教义学推释"的方式为罗马法注入新的内容，以回应时代的要求，他们所运用的方法也从"或然性"的辩证三段论转向了"确定性"的明证三段论。④ 与前二者都不同，15世纪末、16世纪初的人文主义法学在主张"回归罗马法原典"的同时，也强调本国习惯法的重要性，其为了教学需要而对罗马法素材的系统整理，又进一步强化了法律的体系化。⑤ 17、18世纪，随着理性自然法理论的发展，又推动了从"传统的注重权威论题的法教义学"到"一种封闭的逻辑体系

---

① 粗略来说，面对这种挑战，法教义学大体上有三种可能的回应策略：首先，几乎完全否认或回避，继续主张法教义学的自主性和独立性；其次，完全或部分承认，并因此主张使用社会科学甚至科学的方法来改造法教义学；最后，继续坚持法教义学的核心立场，但通过对它的局面改造允许或者至少不反对外部学科成果进入法学知识之中（宋旭光：《面对社科法学挑战的法教义学：西方经验与中国问题》）。毫无疑问，本文在这里以及后文中所隐含的回应道路是第三种路径。
② Csaba Varga, *Theory of Law: Norm, Logic, System, Doctrine and Technique in Legal Processes*, Szent István Társulat, 2012, p. 162.
③ 参见舒国滢：《波伦亚注释法学派：方法与风格》，《法律科学》2013年第3期。
④ 参见舒国滢：《评注法学派的兴盛与危机：一种基于知识论和方法论的考察》，《中外法学》2013年第5期。
⑤ 参见舒国滢：《欧洲人文主义法学的方法论与知识谱系》，《清华法学》2014年第1期。

的法教义学"的转向。① 自此之后，法律体系不仅成为法律分类的方式，而且成为理解（或者建构）社会本身的方式，② 这进一步夯实了法教义学在整个法学研究中的关键地位。

其后，随着法律民族主义的兴起以及科学主义的影响，许多法学家开始用"真正科学"的方法（例如逻辑推演与经验确证）改造法学。这时候，法教义学的发展与科学产生了更加密切的联系，我们知道，在古罗马时期，法学（jurisprudentia）还主要是一种"法的实践智慧"，理论与实践相互促进，③ 正是受到现代自然科学方法的影响，法学才逐渐努力要转化为"法的科学体系"。④ 在科学主义思潮的影响下，法学包括法教义学要想继续维持科学的称号，就必须有所改变，向数学或者物理学这样的科学典范靠拢，完成法学的改造。有些法学家可能选择从外部入手，以心理学、社会学、经济学、人类学等外部科学方法切入，用来"补充"甚至是"替换"传统法教义学的方法；另一种进路则是从法教义学内部进行改造，努力将法教义学改造为某种"公理体系"。⑤

一方面，诸如莱布尼兹（Gottfried Wilhelm Leibniz）、萨维尼（Friedrich Carl von Savigny）等人开始致力于建构一种法律程式或理论，以达至只有在数学领域或形式逻辑中才能建立的确定性。而到了概念法学特别是潘德克顿学派那里，更是试图通过概念建构与逻辑演绎的方法建构完美的法律公理体系，一劳永逸地解决所有的法学问题，因而形成了一种"学说汇纂学的法教义学"。⑥ 可以说，19世纪中后叶的法学整体上青睐于体系化和科学性，拒斥外来学科知识的影响。⑦ 但不久之后，越来越多的学者就意识到，法典中的法条必须在面对社会生活时实现具体化才能被适用于个案之中，法教义学"开始以'批判-重构'的姿态为不断涌现的疑难案件

---

① 参见舒国滢：《17、18世纪欧洲自然法学说：方法、知识谱系与作用》，《比较法研究》2014年第5期。

② Donald R. Kelley, *Human Measure: Social Thought in the Western Legal Tradition*, Harvard University Press, 1990, pp. 8-9, 48-52, 60.

③ 参见苏彦新：《罗马共和时期司法机制论》，《河南大学学报（社会科学版）》2021年第4期。

④ 参见舒国滢：《论法学的科学性问题》，《政法论坛》2022年第1期；雷磊：《作为科学的法教义学？》，《比较法研究》2019年第6期。

⑤ 参见雷磊：《作为科学的法教义学？》，《比较法研究》2019年第6期；宋旭光：《面对社科法学挑战的法教义学：西方经验与中国问题》。

⑥ 舒国滢：《格奥尔格·弗里德里希·普赫塔的法学建构：理论与方法》，《比较法研究》2016年第2期。

⑦ 参见雷磊：《什么是法教义学：基于19世纪以后德国学说史的简要考察》，《法制与社会发展》2018年第4期。

提供自己的解决方案",①因而,法学家们开始以"目的"或"利益"而非"秩序"为中心建构法教义学知识体系。而战后兴起的评价法学(价值法学)更是进一步促进了"法教义学之'成分与技术的批判'",以至于"所有当代的法学方法论都不过是'评价法学的装饰品'"。②

另一方面,也有一批学者试图将法教义学彻底地经验化,并因此否定了规范性存在的可能。例如丹麦法学家阿尔夫·罗斯(Alf Ross)就尝试将法教义学变成一门经验社会科学,在这样的教义学体系中,关于有效法律的命题指涉的必须是社会事实,而这些命题也必须能够通过一定的程序被证实。③这种经验化进路的法教义学至今依然对斯堪的纳维亚的法学风格有着明显的影响。

然而,"近代以来的这一波所谓法学的科学化努力没有能够从根本上改变由罗马法传统继受而来的法学(尤其是私法教义学)模式之知识性质、理论品格和目标追求。"④于是,法学的实践性逐渐复归。经过利益法学以及评价法学的发展,如今的法教义学不再是"法学的概念天国",也非纯粹经验研究的领地。经由二战后所发展的"自然法内化于宪法"理论和"宪法基本权的客观价值秩序"理论,⑤以及近年来不断发展完善的"原则"理论及其方法论("衡量"方法),概念法学所坚持的法律效力问题以及利益法学所坚持的妥当性问题,在制度上和方法上也找到了可能的出路。从这里来看,法律规范之演绎推论的不充分性,也就并不必然对法教义学产生负面效果了。当代的法教义学多已抛弃这种幼稚的演绎主义,以及对规则的无反思崇拜和机械适用。法教义学不仅关涉既有法律的体系重构,而且也提供基于正义的规范概念,对既有的或者将来的法律规则进行评价,这些概念需要借助内在于法律体系中的法哲学,以及制定法、案例或道德哲学中的正义观念等因素,法教义学因此"开始具有了反思与批判的功能"。⑥

在历史进程的不断变化中,法教义学的基本立场和核心地位依然没有改变,只是随着时代的变迁,它的研究视角、风格或方法,呈现出关注重心在文本分析

---

① 雷磊:《什么是法教义学:基于19世纪以后德国学说史的简要考察》,《法制与社会发展》2018年第4期。
② 舒国滢:《战后德国评价法学的理论面貌》,《比较法研究》2018年第4期。
③ Henrik Zahle, "Legal Doctrine between Empirical and Rhetorical Truth. A Critical Analysis of Alf Ross' Conception of Legal Doctrine", *European Journal of International Law*, Vol. 14(2003), pp. 805-806.
④ 舒国滢:《论法学的科学性问题》。
⑤ 参见王立达:《法释义学研究取向初探:一个方法论的反省》,《法令月刊》2000年第9期。
⑥ 舒国滢:《欧洲人文主义法学的方法论与知识谱系》。

与现实适用之间不断移转的特征。这很大程度上来源于其学科基质（disciplinary matrix）①的稳定性。每一个学科都有自身的核心问题，这些核心问题确立了学科的界限和流派的区分。如果我们同意法学的核心问题是"应当做什么"这种规范性问题，那么，无论坚持何种方法和进路，若不想失掉法学的称谓，就不能忽略了对规范性力量的强调。正是基于这一核心性质，法教义学形成了自己的学科基质，这些内容未必都被明确地表达出来，但却可以潜在地存在。每一个致力于法教义学研究的学者，都不可能脱离这样的学科基质，随意地思考、处理问题，而只能在此基础上，借鉴或者吸收外来学科的知识和方法。因此，仅仅因为它固守规范要求，就将其定位为一门缺乏反思批判性的学问，至少从历史脉络来看，肯定是不合适的。特别是如今的目的法学、价值法学与评价法学所代表的经验、实践面向的法教义学，早就已经成为主流，②再以污名化的"概念法学"来批判法教义学，才是真的显得有些"不合时宜"了。

四、新科技革命视野下的法教义学

正如前述，在法教义学要求的保守性与科技发展需要的创新性之间存在着一种内在矛盾，这意味着科技进步带来的新问题，确实会给保守的法教义学带来巨大的挑战。许多人却因此认为，法教义学正是由于其内在的保守性和教条性，而无法回应新科技革命的挑战。前一部分的论证已经说明，这种观点是不妥当的。但是，这还没有回答，新一轮科技革命带来的巨大变革力量，会对法教义学造成何种程度的挑战，以及如何面对这些挑战，如何建构我们时代的法教义学。

（一）新科技革命对法教义学的挑战

新科技革命给法教义学带来了真正的挑战，无论这种挑战是不是绝对颠覆性的，如果法教义学无法及时有效地回应这些挑战，绝对可能会面临被颠覆的危机，甚至会逐渐走向衰微或者死亡。

首先，新科技革命可能会瓦解法律规范的权威性，从而侵蚀法教义学的立场根

---

① "学科基质"是库恩（Thomas S. Kuhn）为避免"范式"概念的混淆而提出来的替代性概念，它由符号通式、形而上典范、价值、范例四种元素构成（Thomas S. Kuhn, *The Structure of Scientific Revolutions*, Second Edition, The University of Chicago Press, 1970, pp. 182-187）。

② 参见陈辉:《德国法教义学的结构与演变》,《环球法律评论》2017 年第 1 期。

基。正如前述,法教义学的核心立场之一便是认真对待法律规范,换句话说,法教义学作为一门学问的正当化基础,主要不在于有诸如民法刑法这样的教义学分科,也不在于有一批以此为业的法律人,其最核心的根据在于法律规范的权威性。法律的权威造就了法教义学的必要性;假如法律已经不再重要了,或者法律消亡了,那么,法教义学自然就衰退了。因此,新科技革命带来的最大挑战便在于,法律本身可能被替代或消亡,或者至少部分法律领域可能会变成这样。正如美国学者劳伦斯·莱斯格(Lawrence Lessig)所断言的那样,在算法统治的空间内,"代码即法律"。① 也就是说,我们必须通过写成代码的算法来调整,这种算法成了法律,或者说法律不再是使用自然语言表达的,而是作为代码进入虚拟空间中。"网络空间将主要由……网络空间监管","机器的答案就在于机器本身","监管一个基于程式码的系统的最好方式是透过程式码本身"。②

除此之外,也有些人提出,人工智能、区块链等新技术的广泛应用会弱化甚至解构法律的普遍性、确定性、封闭性等特性,从而引发法律本身的危机,"根本的挑战,在于法律功能独特性的丧失。法律不学习被机器学习取代,规范性期望被认知性期望取代,法律被代码/算法取代,这将是法律'死亡'的前景"。③ 一旦如此的话,核心基础垮塌了,法教义学便不复存在了。

其次,新科技革命还可能会解构传统的法律概念体系与概念观。例如,关于法律责任,传统法学分享着一个基本的假设:"拥有自主人格的人基于自己意识进行的行为而产生的责任归属于此人。"④ 根据这样的基础,法学家构建起权利能力、行为能力、私人自治、过错责任等法律概念大厦。但人工智能等新技术的兴起,为这种以自由意志为基础的法律责任范式带来了根本性的挑战,例如,人工智能或者基因技术使得人类的意志不再是完全自由的,或者人类的意志不再是唯一的,甚至可以制造出与人类一样具有完全自由意志的智能体。⑤ 这样的人造智能体可能会使法律概念大厦轰然倒塌:我们是否要承认它们的法律主体地位;如果承认,它们享有何种权利,履行哪些义务,以及如何追究它们的责任。

---

① 劳伦斯·莱斯格:《代码2.0:网络空间中的法律》,李旭、沈伟伟译,清华大学出版社2018年版,第1页。
② 普里马韦拉·德·菲利皮、亚伦·赖特:《区块链与法律:程式码之治》,王延川译,元照出版有限公司2019年版,第279页。
③ 余成峰:《法律的"死亡":人工智能时代的法律功能危机》,《华东政法大学学报》2018年第2期。
④ 宍户常寿:《机器人、AI与法律的相关动向》,载弥永真生、宍户常寿编:《人工智能与法律的对话3》,郭美蓉等译,上海人民出版社2021年版,第22页。
⑤ 参见朱振:《归责何以可能:人工智能时代的自由意志与法律责任》,《比较法研究》2022年第1期。

与此相关，人工智能等技术还可能会削弱人的主体性以及人在社会中的地位。[①] 按照以人的主体性为基石建构的传统范式，法治运行依赖着这样的假设，即所有的法律决策都是由人作出的：[②] 所有的实定法都是由人制定的，执法、司法、守法甚至违法的决定也是由人作出的，那么，这些决策也就必然要受制于人类理性的有限性。同样，因为人类具有自主性，有自由意志和责任能力，所以，人类可以为自己的决策负责。人类也会设计各种制度机制来解决人类的有限理性和意志薄弱带来的诸多难题。但是，一旦在法律王国中引入"机器决策"代替"人类决策"，引入"自动化"代替"自主性"，传统法学范式的基础就被破坏了，公法、私法各层面的架构就都需要改变。

此外，新技术的广泛使用还可能会导致社会价值与法律价值的"扭曲"，从而使法律范式发生变化。现代技术是推崇效率的，这往往被看作现代社会进步的体现，例如，"时间就是生命，效率就是金钱"一度成为改革开放精神的象征。但是，对于效率的追求也会带来许多不利影响，首要的影响便是人文精神的丧失，例如，教育从过去的"因材施教"变成了现代教育的"流水线工作"。系统化的大学教育自然比之前的师徒传承要更有效率，但这同时也牺牲了教育的个性化和人性化。同样，在技术效率的要求下，大量的工作岗位也都变成了"流水线作业"，统一标准、统一方案、统一流程成为生产者提高效率的必然选择。于是，对于大部分工作而言，创造性和人文性都没那么重要了，"流水线作业"要求的是机械化的服从和整齐划一，而不是反思性的思考和独立人格，它甚至是反对反思和创新的。在法律领域内，这种转变同样很明显，由此也产生了法律价值的"扭曲"：形式理性压倒了实质理性，工具主义战胜了价值主义，程序正义超越了实体正义。例如，传统科技法便是以效果为导向的，为了加快科技发展，催生经济的繁荣，而采用了一种以经济主义为基础的"科技-经济"立法模式。但很显然，这样的模式忽视了科技的社会面向，将人类的价值摆在了不那么重要的位置，引发了许多社会风险。尤其是在第四次工业革命中，技术垄断效果和技术风险变得更为显著，因此，有学者主张，新科技法应该告别"技术经济人"的简单假设，转变为体现科技人文主义的"技术-社会+经济"范式：人的价值而不是经济价值，社会公平而不是经济效果，

[①] 参见陆幸福：《人工智能时代的主体性之忧：法理学如何回应》，《比较法研究》2022年第1期。
[②] 参见约翰·弗兰克·韦弗：《机器人是人吗？》，刘海安等译，上海人民出版社2018年版，"中文版序"第2、4页。

要占据更为重要的位置。①

再者，一般来讲，法学是一门规范科学，法教义学处理的是规范性问题，坚持规范性立场和规范性思维。但新科技革命却对此提出了严峻的挑战，从而可能会导致法学范式整体上的变化。如果正如维克托·迈尔-舍恩伯格（Viktor Mayer-Schönberger）等人所主张的那样，数据既然正在影响商业、管理、资本市场、教育等诸多领域和行业的发展，那便应该积极采纳大数据驱动的决策方法，②且如果在法律领域中实行这样的方案，那么，毫无疑问，它会冲垮传统的法教义学范式，带来法学的彻底革命。这不仅是因为法教义学原本依赖的规范分析和研究，转化成为数据分析与实证研究，更是因为这种范式革命使法律的作用、法学的功能完全发生了改变，从而使以现行法秩序为基础的法教义学研究走向了消亡，因为法律可能不再以写在规范性法律文件上的条文为基础，而以储存在各种服务器中的大数据为基础，法律研究不再以"文本的法律"为对象，而完全以"数据的法律"为对象。

更为重要的是，在法律推理和法律决策中，对于大数据的过度运用，可能会导致法律思维方式的改变：越来越重视规律，而非规范；重视概率，而非逻辑；重视相关关系，而非因果关系。这意味着，模仿将代替创新，过去将吞噬未来，现实将彰显理想，历史将代表正当。正如美国最高法院首席大法官罗伯茨（John G. Roberts Jr.）所言："我所担心的并不是机器开始像我们那样思考……我担心的是我们开始像机器那样思考。"③而更为可怕的一点是，人类可能会主动追求像机器那样思考。与过去现实而复杂的人类关系网络相比，习惯于网络连接、智能推送的人们，可能更希望活在没有情感束缚的虚拟社会，可能更愿意相信大数据分析带来的答案，而不愿独立思考。如果法律决定的根据不是建立在制定法或者判例等法律权威的基础之上，而是建立在对于大数据的分析之上，又假如法律人（实际上已经不会有法律人了，因为法律实际上已经不是权威了）以及社会大众愿意接受这种大数据裁判，那么，法教义学确实就没有存在的必要了，取而代之的会是计算机专家。

---

① 参见龙卫球：《人工智能立法的"技术-社会＋经济"范式——基于引领法律与科技新型关系的视角》，《武汉大学学报（哲学社会科学版）》2020年第1期。
② 参见维克托·迈尔-舍恩伯格、肯尼思·库克耶：《大数据时代：生活、工作与思维的大变革》，周涛译，浙江人民出版社2012年版；维克托·迈尔-舍恩伯格、肯尼思·库克耶：《与大数据同行：学习和教育的未来》，赵中建、张燕南译，华东师范大学出版社2015年版，第10页；维克托·迈尔-舍恩伯格、托马斯·拉姆什：《数据资本时代》，李晓霞、周涛译，中信出版集团2018年版。
③ Deborah Cassen Weiss, *Beware the Robots, Chief Justice Tells High School Graduates*, ABA J. available at http://www.abajournal.com/news/article/beware_the_robots_chief_justice_tells_high_school_graduates, 20190609. last visited 02/03/2022.

最后，这种技术主导的社会模式可能会侵蚀法学学科的自主性。从某种意义上讲，法教义学在法学中的核心地位意味着法学学科的自主性，或者至少是法学家共同体的自治性，即法律说了什么是由法学家来决定的。但是，随着现代科技在社会中的作用不断增强，技术术语或技术话语不可避免地会进入法学话语领域，并成为法律文本的一部分，这种自主性便不断受到挑战。例如，《计算机软件保护条例》第 3 条就对"计算机程序"进行了界定："为了得到某种结果而可以由计算机等具有信息处理能力的装置执行的代码化指令序列，或者可以被自动转换成代码化指令序列的符号化指令序列或者符号化语句序列。同一计算机程序的源程序和目标程序为同一作品。"这种界定便不是纯粹的法律人所能读懂的，还需要软件知识的支持或者技术专家的解读。

而且，正如前述，技术已经成为一种重要的生产要素和治理工作，越来越多地参与到社会生产和社会治理之中。这就意味着，技术专家的话语权会不可避免地被放大。因此，有人提出，在新技术时代，"通过设计的法律保护"要求法律人与软件开发人员沟通，合理的技术设计要求法学专家与技术专家沟通合作。[①] 这其实不仅意味着法律人在立法、执法、司法过程中变得越来越不重要，而且意味着法律人失去了对于法律解释的某种程度上的垄断权。在算法社会中，由于大数据和搜索引擎的存在，法律知识不再为法律人所独占，至少在简单的法律问题或者某些专门的领域，外行人的理解未必会不如专家学者。所谓"大众话语"与"精英话语"之间关于法律解释权力的争论，后者并不必然占据优势。[②] 这就更进一步削弱了知识权威和专家意见的可信赖力，正如芬兰法学家阿尔尼奥（Aulis Aarnio）所说的："人们就是不再相信任何东西了"[③]。

总之，一方面，在谈论科技对于法教义学研究方式的影响时，我们不能想当然地将法教义学的研究方式定位于 17、18 世纪的概念法学或者法律形式主义所主张的那种僵化的法律方法。在今天，这不仅不适合科技发展带来的新法律研究领域，甚至连最保守的法律人也都不会对其完全信奉。另一方面，新一轮科技革命可能确实会带来一些新的挑战，最终导致传统法教义学范式的失效。最糟的结果即法教义学的垮塌虽然还没有发生，但却可能正在发生。但问题是，既然这些挑战已经（或

---

① 参见加布里埃·布赫霍尔茨：《人工智能与法律科技：对法治的挑战》，韩旭至译，载托马斯·威施迈耶、蒂莫·拉德马赫主编：《人工智能与法律的对话 2》，上海人民出版社 2020 年版，第 209—212 页。

② 参见刘星：《法律解释中的大众话语与精英话语》，《比较法研究》1998 年第 1 期。

③ 阿尔尼奥：《作为合理性的理性：论法律证成》，宋旭光译，中国法制出版社 2020 年版，前言第 3 页。

潜在）存在，那么，如何面对便成为我们将要回答的问题。

（二）法教义学如何面对新科技革命的挑战？

对于新科技革命带来的这些改变，许多法学家持有一种积极的欢迎态度。也就是说，他们不仅认为新科技革命会给法律范式带来翻天覆地的变化，而且选择举起手臂欢迎这种新法学的到来。例如，程金华认为，新科技革命会带来法学的范式革命，进一步弥合"是与应当"的二元对立，创生出一种事实与规范高度融合的新法律科学。他主张："我们可以在方法论上确信：当基于大数据方法进行的法学研究所提供的知识体系无限把客观性和普遍性进行融合的时候，法学知识体系的科学性就会提升到从所未有的历史高度。"[①]"大数据研究不仅仅会对法律实证研究带来量上的改良，还有可能实现法学研究的范式革命，实现质上的突破，催生一种与信息时代相匹配的法学研究方法与路径。"[②]再例如，左卫民同样提出，大数据法律研究"会使法学研究从法教义学、社科法学和实证法律研究等范式转向数据科学式的法学研究，形成'数据驱动+理论假设驱动'的范式革命"。[③]这就意味着新科技革命导致的法教义学之规范性立场的消解，并不是一个避之不及的难题，而是一种应当受到欢迎的优势。或者说，规范性立场的消解是新科技革命的必然选择，拥抱新技术革命，就意味着我们应该摒弃这种规范性立场，而选择与大数据时代相适应的新法学方法。

一般而言，抱有这种观念的法学家常常会主张法律实证方法、社会科学方法、量化研究对于法学研究的必要性："其核心是系统思考法律实证研究在大数据和人工智能时代的新价值和新实践。"[④]其实，这种"新法学"的呼声与近代以来的法学的科学化努力，在某种意义上是类似的，同样是一种以自然科学、社会科学方法来努力改造法学的过程，想要让这门古老的学问变得与时代相适应。例如，钱宁峰指出："法学研究要适应大数据时代的发展，必然要关注法学研究的智能化发展。因此，法律大数据研究必然要求法学研究走向社会计算化，从而能够像自然科学那样研究法律现象。"[⑤]正如前述，在近现代以来，法教义学的科学化努力有两种路

---

① 程金华：《科学化与法学知识体系——兼议大数据实证研究超越"规范 vs. 事实"鸿沟的可能》，《中国法律评论》2020 年第 4 期。
② 程金华：《事实的法律规范化——从农业社会到信息革命》，《学术月刊》2021 年第 3 期。
③ 左卫民：《迈向大数据法律研究》，《法学研究》2018 年第 4 期。
④ 程金华：《科学化与法学知识体系——兼议大数据实证研究超越"规范 vs. 事实"鸿沟的可能》。
⑤ 钱宁峰：《走向"计算法学"：大数据时代法学研究的选择》，《东南大学学报（哲学社会科学版）》2017 年第 2 期。

径：一种是通过体系化，努力将法教义学改造为某种"公理体系"；另一种是经验化，将之改造成一门实证科学。而程金华认为，作为新法学的"社科法教义学"则可以将这两种努力结合在一起，利用大数据研究，"在方法论上提供了弥补'规范vs.事实'鸿沟的可能，并提供了法律与其他规范体系、法学与其他学科知识体系再度整'合'的新机会"。①

当然，按照多数法学家的主张，这种新法学还只是一种未来的可能而已，也许正在发生，但却未成现实："这个新模式目前还没有到来，但是我们已经隐隐约约地看到了曙光。"② 而在他们看来，这种新法学之所以还未成真，更多是受限于人工智能技术、大数据技术还未成熟，生产、储存、分析、运作大数据的成本依然较高、质量有待改善，以及相关研究投入的资金、人力远远不够。例如，程金华指出："由于法律基础数据存在的诸多问题，还没有形成法律大数据的真正产业革命。"③ 钱宁峰认为，现在大数据对传统法学研究的"影响从目前来看非常有限。这既有法学本身的原因，更与大数据时代所具备的社会条件和技术条件不成熟有关"。④ 因此，他们当然也会相信，随着计算力的提升与存储成本的降低，计算法学研究将逐渐走向繁荣，未来的法律裁决和法律预测将依赖算法作出，算法将会进入法学的各个领域。⑤

但在这种新法学的建构中，法教义学的位置即使不是边缘性的，也几乎一定是逐渐式微的。法学家们欢迎新法学的理由，除了实证研究、大数据方法的优势之外，他们也往往也看到了法教义学研究的局限性。"由于体系越是完整、清晰、严谨、实用，法律规范就可能趋向稳定……就可能越是难以与时俱进，并与外部的世界脱节……充分说明了法教义学……所存在的局限。"⑥ 虽然他们通常也不会轻易否定法律规范研究和法教义学研究的重要意义，但同时也不会承认法教义学的自主性和主体性，偶尔也会不经意地流露出对于法教义学的某种厌恶情绪。在这种影响下，甚至在有着传统法教义学基础的德国，也有学者主张要因应时代要求，放弃法言法语，放弃法教义学的核心地位，或者至少在某些领域或者问题上背弃法教义

---

① 程金华：《科学化与法学知识体系——兼议大数据实证研究超越"规范vs.事实"鸿沟的可能》。
② 同上。
③ 程金华：《未来还未来：反思中国法律大数据的基础建设》，《中国法律评论》2018年第2期。
④ 钱宁峰：《走向"计算法学"：大数据时代法学研究的选择》，《东南大学学报（哲学社会科学版）》2017年第2期。
⑤ Benjamin Alarie, Anthony Niblett and Albert Yoon, *Computational Legal Research and the Advocates of the Future*, Available at SSRN: https://ssrn.com/abstract=3015972, last visited 02/03/2022.
⑥ 程金华：《科学化与法学知识体系——兼议大数据实证研究超越"规范vs.事实"鸿沟的可能》。

学，而支持社会科学或者自然科学的介入，因为单靠法教义学本身的发展和改善是不可能完成法学回应实践这一任务的，而必须依靠跨学科研究。①

与热烈拥抱新法学的那些人相比，也有很多学者并不排斥新法学的诞生，但对新法学的看法却更为中立，甚至保持着某种警惕。如果说前者更多看到的是人工智能等技术和手段推动法学发展的优势，而有意无意地忽视了它们的缺陷；后者虽然也承认这种范式变革的可能，但却并不认为这样的变革一定是积极的，他们主张，面对这种新科技革命带来的变化，法律人至少要保持一种谨慎和反思的态度。例如，对于新技术所代表的工具理性侵蚀人类价值领域的可能性，郑戈便表达了自己的警惕态度：虽然承认人工智能巨大的影响力，甚至认为，人的身体和大脑未来都可以通过智能计算来模拟，法律应该更加"智能"地应对人工智能；但也担心，随着技术的发展，法律会有被技术替代的风险，尤其是两者都是不关心目的、只讲手段的工具理性，如果人类被工具理性完全主导的话，则可能会面临灭顶之灾。因而法律的底线价值必须被坚守，人工智能能用来提高效率，而不能用于事关人类福祉的终极决定。②按照这样的看法，法律应当对技术逻辑保持适当抵制，不能盲从技术创新的要求，而必须主动以价值理性影响技术发展："法律不应被技术牵着鼻子走并服从技术本身的逻辑，而应当以价值理性制衡技术理性，以便使技术对人类社会的影响朝着善和正义的方向发展。我们不应该让人类的自我认知被技术左右；我们应该抵制对技术的过度依赖，就像我们抵制任何导致人类尊严和主体性丧失的异化力量一样。"③从这个角度来看，大数据分析或者算法不仅不应当代替法律，反而因为算法黑箱、不透明性等问题，这些研究和分析还应当接受法律的约束。④大数据法学的核心依然是法律，而不是算法。

因此，在这些法学家中，许多人虽然承认新技术会带来新的变化，但却主张尽可能将这种变化纳入传统的法学框架中，而不是过早地拥抱新法学的到来，甚至认为应当抵制这种乐观主义的态度，努力维持传统法学的操作。例如，季卫东并不否认，这种技术变革可能会导致"法律的解释、推理、主张以及商谈名存实亡"，⑤导致传统法学的崩溃，但他并不乐见这种崩溃的发生，而是想办法通过改革拯救传统

---

① 参见卜元石：《法教义学的显性化与作为方法的法教义学》，《南大法学》2020 年第 1 期。
② 参见郑戈：《人工智能与法律的未来》，《探索与争鸣》2017 年第 10 期；郑戈：《算法的法律与法律的算法》，《中国法律评论》2018 年第 2 期。
③ 郑戈：《在法律与科技之间——智慧法院与未来司法》，《中国社会科学评价》2021 年第 1 期。
④ 参见胡凌：《大数据兴起对法律实践与理论研究的影响》，《新疆师范大学学报（哲学社会科学版）》2015 年第 4 期。
⑤ 季卫东：《人工智能时代的法律议论》，《法学研究》2019 年第 6 期。

的法学范式。①他认为人工智能技术应当在当前法学范式中充当法教义学的辅助角色:"在这样的现代法治体制面前,大数据、云计算、信息技术、人工智能都只是实现合法正义的辅助手段。"②法律判断并不是一种机械化、形式化的过程,人工智能难以完成作出正当判决的任务:"案件事实曲折、人际关系复杂、掺杂人性和感情因素的场合,如何根据法理、常识以及对机微的洞察作出判断并拿捏分寸进行妥善处理其实是一种微妙的艺术,不得不诉诸适格法官的自由心证和睿智,即使人工智能嵌入了概率程序、具有深度学习能力也很难作出公正合理、稳当熨帖、让人心悦诚服的个案判断。"③如果在当前情况下,我们强力推进司法裁判的人工智能化,即使只是将它们作为辅助工具,也很可能对法律实践产生巨大的破坏力,"阻碍法律解释学、推理技术、专业化教育以及审判者伦理人格的发展和提高,使司法流于一种检索和推测的简单智力游戏。……一旦真要让法官们据此形成判决,甚至自动生成判决,就难免会遗患无穷"。④实际上,这种观点也许代表了许多司法实践者和研究者的态度,"司法有其特性与规律,数据应用需要尊重司法规律。司法的规律和其特殊属性,决定了司法大数据在司法领域的应用与定位只能是辅助工具"。⑤也许新科技革命真的会带来人类社会以及法律范式的巨大变化,但这并不代表技术工具对于人类理性的替代,新技术即使作为工具,在司法裁判中也还都是边缘性的,法律裁决还是要依赖于人的价值判断。

除此之外,对于新技术范式带来的变化,还有一些更为冷静的批判者。他们并不认为,新科技时代的法学将以一种完全不同于传统法学的面目存在,反而提倡以传统法律范式为基础,通过改革来适应新科技革命带来的变化,并抵制它所带来的破坏。在他们看来,无论这种"新法学"究竟是什么样子的,它都依然应当是以法教义学为核心或基础的。新技术所代表的工具理性,正在逐步挤压传统法教义学的空间,对此不少学者发出拯救传统法学范式的号召:"拯救我们的概念和学说的尊荣和整全。"⑥他们往往都会对前述技术乐观主义表达某种担忧:无论乐观主义者是否明确主张了新法学对于法教义学的替代,实质上都可能会导致教义学研究受到轻

---

① 参见季卫东:《人工智能开发的理念、法律以及政策》,《东方法学》2019 年第 5 期;季卫东:《5G 对社会与法治的影响》,《探索与争鸣》2019 年第 9 期。
② 季卫东:《人工智能时代的司法权之变》,《东方法学》2018 年第 1 期。
③ 同上。
④ 同上。
⑤ 孙晓勇:《司法大数据在中国法院的应用与前景展望》,《中国法学》2021 年第 4 期。
⑥ Joel Samuelsson, "Technology and the doctrine of legal sources", *Uppsala Faculty of Law Working Paper*, (2012), 4.

视。例如,在刘艳红看来,目前法学家对于人工智能的许多讨论都还是"玄学",是"人自以为富有远见卓识、想象力丰富"的"科幻主义",是"不切实际的浪漫情结"。① 这种"AI乐观主义+法律工具主义"的反智化现象,往往"就事论事、毫无体系",从而弱化了对于法律的体系性研究,导致对策论代替教义论,产生"工具不理性"。② 她认为:"人工智能只是无数新技术发展背景下的某一个领域,法教义却是法学研究不可抛弃的立场和方法,当下对人工智能法律问题的研究停留在对策论,离开法教义学的精耕细作和理论共识探讨必将使人工智能法律问题研究难以沉淀。"③ 正如前述,法教义学的解释、转化和体系化工作,极大程度地节省了法律作业的成本,促进了法律实施的效率和正义性,实际上也有利于法律知识的积累、传播和教授。"通常认为,法教义学通过概念、原则、制度等范畴对法素材进行体系性整理,发挥法律规范体系化、减少法律适用负担、存储法律解释可能、使法律理性化的功能,并使法律更容易被学习。"④ 至少就目前的阶段来说,人工智能还不能取代法律以及法律工作者。若强人工智能或者通用人工智能在未来某天成为可能的话,那么,今天我们一切关于法律与法学的讨论很可能都将变得没有意义,因为到时候,很可能不是我们自己治理自己,而是机器来管理我们。

和本文前一部分所作的考察一样,这些学者也往往以历史考察为论据:面对工业革命以来的历次科技革命,法教义学的学科基质依然保持稳定,因此,面对新一轮科技革命,法教义学虽然会有变化,但却依然能够应对这些新技术带来的挑战。例如,在舒国滢看来,法教义学除了"必须具有一套为该领域的法教义学家群体统一共享的严密精确的法学概念体系","确立本学科的方法论",其内部还"应当建立起一套灵敏的法律问题反应与法学知识'过滤'机制"。⑤ 换句话说,虽然法教义学有一套概念体系和方法论作为学科基质的核心,但它并不是自主运行的,它必须回应社会现实提出的具体难题,面对诸如科学技术的快速发展所带来的众多重大法律难题;如果法教义学无所作为的话,那么,就有负人们对这一学科的期待,就会失去学术共同体的信任,从而走向消亡。在他看来,法学家不仅要回应,而且要主动回应这些难题:一方面要积极应对法教义学自身范式所面临的危机与挑战,另一方面可以通过"过滤"机制,对法教义学内部的问题与法教义学外部的问题进行

---

① 刘艳红:《人工智能法学研究的反智化批判》,《东方法学》2019年第5期。
② 同上。
③ 同上。
④ 卜元石:《法教义学的显性化与作为方法的法教义学》。
⑤ 舒国滢:《论法学的科学性问题》。

区分，并将外部问题交由法哲学、法社会学、法经济学、法心理学等交叉学科处理，从而捍卫法教义学自身的相对独立性。① 这一点对于法教义学是极为重要的，因为正如前述，法教义学的学科基质一直维持稳定，一个重要原因便在于这样一个自我调整与保障的机制。

总之，面对新科技革命的挑战，无论持上述哪种态度，我们都必须承认，这些新技术确实对法律和法学范式带来了巨大的挑战，尤其是各种法律数据库、人工智能系统的建立，使得传统法学的处理方式产生了巨大的改变，从而可能会在很大程度上蚕食甚至完全占据法教义学的传统领地。新科技时代越来越需要交叉学科的发展和交叉人才的培养，近年来我国官方文件出现或者学界新兴起的"人工智能法学""计算法学""未来法治"甚至是"新文科建设"，因应的都是这种变化。但这并不意味着所谓新法学对于法教义学的替代。"只要立法中心主义的时代依然在继续，只要法律适用依然是法律实践和法学的核心关注点，只要以传授本国实在法知识为主的当代法学教育模式不变，只要科学主义的价值诉求仍被倡导，法教义学就能维系其主流法学范式的地位。"② 至少从目前法学发展的趋向来看，人工智能、大数据等新技术工具和知识还只是作为法教义学的辅助，用来解决那些法教义学本身无法解决的外部问题。这也同时意味着，承认法教义学的规范性思维，并不必然要排除大数据法学等实证研究的成果，至少后者可以增加我们对于那些有关规范性问题之真实情况的知识，"无论是法律中的因果关系认定还是类推适用，都是在规范性法律思维和社会事实之间做有效连接"。③ 例如，我们可以从大数据研究中得出法律规范适用的效果、人们对于法律规范的态度等信息，那么，这无疑可以为规范性研究提供帮助。

（三）新技术时代需要什么样的法教义学？

如果正如季卫东所言，"法教义学的本质就是发明了现代社会规则之治的算法"，④ 若这种算法一直也在不断改变以适应时代需求的话，那么，我们的时代又需要什么样的法教义学呢？可以肯定的是，我们不可能仅仅以萨维尼时代的那些法学理论来解释当前的法律现象。⑤ 从现代法的发展来讲，基本权利的确立、一般性条

---

① 参见舒国滢：《论法学的科学性问题》。
② 雷磊：《法教义学：关于十组问题的思考》，《社会科学研究》2021年第2期。
③ 张浩：《大数据与法律思维的转变——基于相关性分析的视角》，《北方法学》2015年第5期。
④ 季卫东：《计算法学的疆域》，《社会科学辑刊》2021年第3期。
⑤ 参见易继明：《技术理性、社会发展与自由：科技法学导论》，北京大学出版社2005年版，第1—29页。

款（法律原则）的援引、规范目的的明确界定，在为法律裁决提供合正义性与合目的性依据的同时，也使得法律体系保持着一定程度的开放性和弹性，为反思因素和经验素材进入法教义学提供了可能的空间。因此，以实践问题的解决为导向，在坚持依法裁判的前提下，保持对反思和经验的开放，以法学方法论对法学本身的情况、思考方式、所利用的认识手段进行自我反省，建立一种以法律规范为基石、以法律人为主体、强调反思功能的理论模型，就因应了这种发展，导向了一种新的法教义学理论。

从传统上来讲，作为一门以现行法秩序为研究对象的学问，法教义学的功能主要是为了满足理解和应用法律的实践需求，为此，它至少要完成这三项任务：(1) 法律规范的识别；(2) 法律规范的体系化；(3) 法律体系的修正或转化。[①] 当代法律实践的复杂性决定了法教义学的功能必然要在此基础上继续扩展。法律的不确定性在很大程度上得到了承认，而如何在这种不确定性之间寻找安定性因素，并同时保证法律裁决的正确性，就成为法教义学的一个重要使命。"教义学的一个特点是与社会实践相联系，法教义学同样也要为法的社会功能服务，在现行法约束的界限内为法律适用提供自由，为法律发展与创新性解释开辟空间。"[②] 为此，它一方面要建构适应社会变化的法律概念，努力通过解释和体系化的方法拉近法律规范与社会生活的距离；另一方面，若法律秩序对某一案件可能提供多种答案，它就不仅要列举出这些选项，而且要分析这些选项之优先性关系的条件并给出理由。凡此种种都意味着法教义学必须"提出解决疑难的法律案件的建议"[③]。这就超越了对法律本身的研究，而将其目的扩展为具体个案之解决方案的证成，为此它还要"存储、分析和评估迄今所用的解决方案的经验和后果"。[④]

伴随着功能的扩展，法教义学也开始了方法论的更新：[⑤] (1) 法律的封闭体系观念被打破，开放性和弹性的体系框架被更多人强调；(2) 法教义学的教区性已经

---

① Eugenio Bulygin, "Legal Dogmatics and the Systematization of Law", *Rechtstheorie*, No. 10(1986), pp. 193-205.
② 卜元石：《法教义学的显性化与作为方法的法教义学》。
③ 阿列克西：《法律论证理论：作为法律证立理论的理性论辩理论》，舒国滢译，中国法制出版社2002年版，第311页。
④ 吕特斯：《法官法影响下的法教义学和法政策学》，季红明译，蒋毅校，载李昊、明辉主编：《北航法律评论》2015年第1辑，法律出版社2015年版，第146页。
⑤ 参见焦宝乾：《法教义学的观念及其演变》，《法商研究》2006年第4期；Mark van Hoecke and Mark Warrington, "Legal Cultures, Legal Paradigms and Legal Doctrine", *The International and Comparative Law Quarterly*, Vol. 47(1998), p. 528；Mark van Hoecke and François Ost, "Legal Doctrine in Crisis", *Legal Studies*, Vol. 18(1998), pp. 200-210。

突破，普遍的一般法教义学理论成为可能；（3）教条式的研究遭到抛弃，它的批判和反思功能也得到强调；（4）法教义学领地不再为法学家所独占，法官等实践法律人也开始参与其中；（5）它不再固守僵化的法条主义，也努力回应外在变迁和社会发展的要求；（6）演绎逻辑和公理体系不再是方法的唯一选项，似真性、模糊性和可废止性（非单调推理）开始进入人们的视野。

那么，如果法教义学本身构成一种规范上封闭的系统，那么，它如何才能将这些科技变迁因素转化为法教义学的组成部分呢？首先，法教义学必然有着一定的价值预设和哲学预设，并且在这一系列预设的背景之下从事工作，其中不可能没有反思活动和价值判断的空间。因此首先要借助法哲学：我们需要的是一种对待法教义学的批判反思视角，而这种视角便是法哲学所补充的。法教义学将多维度的法律理论的概念模型和主张考虑进来，它建立的是一种包容法律规范之意义、法律实践的需求、法律的功能和价值的新范式。① 例如，技术哲学便能通过进入法哲学领域，从而为法教义学提供应对技术进步与社会变迁的理论工具与论证素材。当然，有人会指出，法学家的个人反思会导致哲学的混杂或理论本身的复杂，这有悖于法教义学的实践目的。② 正是出于这样的理由，有人主张，可以以一种弱的哲学理论和社会中心的道德理论来帮助法教义学的反思工作。③ 一种中度的（弱的）哲学理论可以凝结更多不同学派的哲学共识，而社会中心的道德理论本身就是社会实践中道德推理的最终证成凭证，因为再往下追问就将进入理论哲学探讨，而非实践争论。需要注意的是，严格来讲，法哲学更靠近哲学，而非法学。因此，作为一种外部学科，哲学对于技术的反思并不能自然而然地成为教义学知识，而必须通过法教义学的筛选机制将其转变为法学术语体系。

同时，作为正义问题之解决的法，要"应对一个社会当中出现的各种法律问题予以公正地解决"④，需要法律人在具体语境中对相关的问题进行反思之后才能作出决定。这就需要交叉学科的成果作为基础。例如，作为辅助性技术手段，人工智能技术或大数据分析可以帮助法律适用者更加明确地解释、论证、推理、判断或裁决问题意识、社会背景、解释目的等问题，从而保障这些活动的客观性和

---

① Jerzy Wróblewski, "Paradigm of Legal Dogmatics and the Legal Sciences", in Zygmunt Ziemtriński (ed.), *Polish Contributions to the Theory and Philosophy of Law*, Rodopi, 1987, pp. 75-88.
② 参见严仁群：《民诉法之教义学当如何展开》，《比较法研究》2018年第6期。
③ 参见佩岑尼克：《哲学有助于法律教义学吗？》，柳承旭译，载葛洪义主编：《法律方法与法律思维》（第4辑），中国政法大学出版社2007年版，第304—310页。
④ 齐佩利乌斯：《法学方法论》，金振豹译，法律出版社2009年版，第13页。

中立性。^① 诸如大数据研究方法等新科技方法与手段的引入，只是作为法教义学研究的一种补充；它们进入法律领域，还需要通过法教义学的知识筛选机制。因此，这种做法其实没有对法教义学提出任何挑战，它从来没有禁止法学之外的研究成果作为辅助资料参与法教义学研究。

总之，法教义学在规范上是封闭的，但在认知上保持开放，允许各种外部因素进入。[②] 为了应对经济、政治和社会条件的不断变化以及外在学科的批评，对这些领域保持开放、对外在批评虚心接纳以及加强理论的内在反思，并不会导致法教义学自主性的丧失以及法律人思维和法律共同体认同的解构，对于反思性与创新性的强调，也并不必然意味着对规范性立场或法治优先性的反对。因为保证法律学科独特性和正当性的是法律规范及其实践，它们组成了一个"滤网"，使得任何外在话语要想进入法律领域都必须通过它的过滤。[③] 这也反映了法教义学的优势，即它"本身所具有的精细化论证，它避免了以往那种'大而化之的'、'粗放的'强词夺理或无理争论"。[④]

结　语

正如前述，法教义学这门最不能适应科技革命的学问，恰恰遇到了最具创新性的新科技革命。一方面，新一轮科技革命不可避免地会带来社会结构或功能的巨大变化，由此需要一种新的治理体系来回应和解决其中的治理或规制难题，法律的内容、功能、模式以及法学研究、法律认知等范式都需要因此发生变革；另一方面，法教义学固守既有法律传统的做法，可能会导致它无法因应科技发展带来的快速社会变迁，而成为科技进步和社会发展的阻碍力量。在这种意义上，法教义学与技术革命之间存在着一种内在张力。正是在这种内在张力之下，科技发展固有的创新力量可能给传统的法学范式造成巨大的冲击，但这种力量却并不必然能够强势侵入传统法学（即法教义学）的领地范围，导致法教义学的"崩塌"。法律需要变革，甚至是全面的变革，但法律依然还是法律。法学的实践性是内在的，它的实践性就在

---

① 参见季卫东：《人工智能时代的法律议论》，《法学研究》2019 年第 6 期；周翔：《作为法学研究方法的大数据技术》，《法学家》2021 年第 6 期。
② 参见刘涛：《法教义学危机：系统理论的解读》，《法学家》2016 年第 5 期。
③ 即使是情感也必须经由法教义学的"理性化"才能进入司法裁判（参见赵希：《德国司法裁判中的"法感情"理论——以米夏埃尔·比勒的法感情理论为核心》，《比较法研究》2017 年第 3 期）。
④ 舒国滢：《中国法学之问题——中国法律知识谱系的梳理》，《比较法研究》2018 年第 3 期。

于其所研究的对象是法律;①法学的科学性是独特的,它的独特性就在于它的规范性;法学的自治性是相对的,这不代表认知的封闭性和方法的自足性,而是在于其学科基质的相对稳定和自主进化。除非将法学学科整体地从现有的学科体系中移除,否则这样的情况还将继续。科技发展对于法教义学的影响,可能更多体现为科技进步的创新力与法律传统的保守力之间的相互博弈和适应的过程,尤其是法教义学通过反思视角将体现科技进步力的外部学科知识逐渐纳入法律知识体系的过程。②

在1990年代,当英国学者理查德·萨斯坎德预测,未来电子邮件会成为律师和客户的主要沟通方式,网页会成为法律研究的首选入口的时候,他遭到了包括律师和法官在内的法律职业群体的谴责和抗议。③从今天的视角来看,连萨斯坎德教授都显得过于保守了,遑论当年那些讥讽他的人。当场景切换到今天,我们对于未来法治的预测,可能也太保守了,也许不应当对传统法学范式的惯性力量抱有太高的期待,也不应当对于新法学的未来过于警惕。也许我们应当适度乐观一点:在未来,也许我们依然需要法律,但法律的表述形式和调整方式都将完全不同;也许我们依然需要法院,但法院的组织构造和功能机制会有根本的变革;也许我们依然需要法学,但法学的核心不再是法教义学,而是诸如法律科技理论等新知识、新技能;也许我们再也不需要法律、法院和法学,我们将生活在一个无需法律的世界中。当然,在想象的世界里,这一切都可能发生。

但如果我们回到现实,至少就目前来讲,人工智能等技术对于法教义学的影响主要还是程度性的,而非根本性的。正如刘艳红所言,我们目前讨论的许多问题"根本就不是'对法律的挑战',人工智能并未对法律基础理论、基本法学教义提出挑战,受到挑战的只是如何将传统知识适用于新的场景,如技术的发展如何影响人类自身的注意义务等"。④因此,新科技革命至少目前还不会从根本上导致法教义学自我调整与保障机制的"失灵",只是在某种程度上推进了法教义学与外部学科交往的层次和频率,提高了交叉学科的地位。当然,随着外部问题越来越重要,我们不能否认的是,法教义学的核心地位也会随之有所降低。但除非有一天法律本身变得再不重要,否则,科技发展不会从根本上导致法教义学变得"无用"并最终消亡。

---

① 参见董敏:《反思法学的实践性》,《河南大学学报(社会科学版)》2021年第2期。
② 参见邹益民:《论我国法学教育对反思能力的培养——基于理论与实践的关系角度》,《河南大学学报(社会科学版)》2020年第5期。
③ 参见理查德·萨斯坎德:《线上法院与未来司法》第3页。
④ 刘艳红:《人工智能法学研究的反智化批判》。

专题研讨 2·概念分析与法哲学方法论

"概念分析与法哲学方法论"专题导引

刘叶深（北方工业大学文法学院教授）

分析风格的法理学对概念分析的兴趣一定程度上源于哈特《法律的概念》一书的影响，特别是该书的书名，旗帜鲜明地点出了其关注的问题是概念问题之一种，想必其运用的方法也是概念分析。所以从该书处理问题的性质、解决问题的方式和得出的诸多结论中，我们可以一探概念分析到底是什么。考察哈特对法律概念的分析，虽然未必无异议，但我们大致能够认可概念分析的如下特征。第一，概念分析并不是对相关词语日常用法的描述与概括，因为相关词语的日常用法繁多而且以相当不严格的、松散的方式相联系，不能以之为标准来认知词语背后的事物。在书中哈特就以否定的态度举例："脚"这个字既会用在"人脚"上，也会用在"山脚"上。这两个"脚"的用法当然是有联系的，但假如你认为这两个"脚"都指向了同一个对象或者事物，那就谬之千里了。第二，概念是一套事物的分类系统，好的概念应该是抓住了其对应事物的本质属性。想要认知事物本身，就要透过词语的迷雾，找到一个事物区别于另一事物的界限及其原则，这就是概念的作用，它作为事物的分类系统，要实现事物的明晰界分。一个词语可以对应多个对象，这无可指摘；但一个概念对应多个对象，那就是混淆是非了。因此概念分析工作就是要找到事物的本质属性。本质属性区别于偶然属性，是一个事物之所以是该事物的属性。《法律的概念》最终将法律界定为一阶规则与二阶规则这两种规则的结合体，虽然这一结论或可争论，如一个社团的规则体系也可以是由这两种规则构成的，因此这一属性无法将法律明晰界分出来，但哈特理论的目标是明确的，他并不是要描述日常用法——毕竟两种规则的结合体这一创新性观点在日常用法中是找不到的,而是要找到法律这一事物的本质,以区别于其他事物、加深对法律及其背后世界的理解。第三,作为事物分类体系的概念并不是要把世界上所有事物非此即彼地归入这一概念或者另一概念之下,概念分析是承认边缘情况存在的。承认边缘情况并不会颠覆概念作为分类系统以实现明晰认识事物的目的。例如关于小西红柿到底是蔬菜还是水果,可能是有争议的——它和大西红柿从味道、口感上的差异不是实质性的,但通常又摆在超市的水果区,这一边缘情形的存在并不颠覆蔬菜/水果这一分类及其背后的概念的有效性,事实上如果没有相关概念及其分类,进入超市采购的我们可能会有点迷茫。《法律的概念》一书对国际法的讨论大致可以看作是对边缘情况的探究。虽然上述对概念分析的三点概括不是完全的——哈特本人也未系统阐述概念分析是什么,其中有些观点还需要进一步深究——例如事物的本质属性如何找到,但是至少给我们提供了一个概念分析的切入点,通过这个切入点,我们可以感受到本期两篇主题研讨论文的贡献。

安德瑞·马默《告别概念分析》一文至少有如下值得关注的地方。第一,该文也从哈特的工作主旨出发,得出了哈特的工作的性质应该是还原论,即诉诸更具有基础性的事物来对法律给出一个说明,而不是概念分析。这一概括似乎与我上面的简要概述是大相径庭的,哈特站到了概念分析方法的对立面!但也许我们不该被词语迷惑,马默所指的概念并不是事物合理的分类系统,而是语词的功能,其对任何一个有能力的相关语言使用者来说都是显而易见的,在马默那里,概念分析就是零碎地考察概念间的家族关系。因此马默对"概念分析"的用法至少与上文很不一样,它更接近日常语言用法的分析。假如是这样的话,他那带有情感色彩的标题——"告别(法理学中的)概念分析"其实并不意味着对我们赞同的东西的强烈否定。但马默的观点也不纯粹是词语之争,它至少让我们注意到一个往往被忽视的问题,即在哲学传统中,特别是在日常语言分析哲学学派中,概念分析有其特有的用法,更多被视为对词语日常用法的分析。鉴于哈特就属于这一学派——奥斯汀和赖尔就出现在《法律的概念》一书导言的注释中,因此很容易认为哈特的工作就是日常语言分析学派的概念分析工作。这可能是对哈特的误解,所以马默的文章在这一点上有着正本清源的作用。第二,马默提出的还原论可以看作是对"事物分类原理"的阐释,该种阐释将法律这一规范性存在还原为更为基础性的事实性存在。例如马默提出,法哲学中讨论的还原是一种形而上学的或构成性的还原,就像有人用化学、物理学来阐释生命现象,进而主张生命本质上是一个物理化学现象,没有那么多神秘可言。无论还原论是否成功,其实质上是要对法律之所以是法律、而非其他事物给出一个清晰的、深层次的界分。这并非日常用法分析所同日而语。第三，马默在该文中也揭示出还原论可能遭遇到的困难。这些困难大致包括三个：（1）法律这种规范性存在假如只能还原为道德，那么还原论（其要求还原为事实性存在）就破产了——因为马默是承认道德无法还原为事实的。以德沃金提出的解释论为代表，马默在文中进行了讨论。（2）如何断定事物的本质属性是还原论遭遇的另一个难题。你必须先找到法律的一个本质属性——没有这个属性很难想象该事物能够成为法律，然后你才能对该属性给出还原为事实性存在的阐释。但是本质属性如何判定呢？大家会不会对这个属性是不是本质的开始有所分歧呢？马默的回答是通过观察相关人类活动（例如法律活动）来询问自己：一个社会实践的某个特征对于它来说是不是必不可少的？是不是如果没有这个特征，这个实践就要么根本不存在，要么与现在的情况截然不同？假如答案是肯定的，那这就是其本质属性了。他文中多处以约瑟夫·拉兹的理论为例，指出法律必然要主张其拥有正当性权威，很难想象法律不拥有这个属性；同时他也指出，关于强制性这个属性（没有强制性的法律是不是可能存在呢？），大家可能会产生分歧。通过观察人类活动来作出判定，你也许觉得这种方法极其不严谨，甚至有重回观察梳理词语日常用法的嫌疑，但是笔者觉得比较持平的态度是，除了这种方法，我们是不是有真正更好的可替代的选择？假如没有，这种观点就有其相对合理性。这可以留给我们进一步地思考。（3）在该文最后一节中，马默承认了还原论的一个无法克服的限制。假如将法律这种规范性存在还原为该社会中的人们的接受性态度这种事实性存在，则无法区分接受规则与接受一种行动的策略。后者例如在下象棋时不慎把"老将"摆在别人的刀锋之下——这种愚蠢的举动也会遭到他人批评，但是并不违背规则，特别是不违背社会规则。因此仅仅凭借接受这种反应性态度似乎无法彻底还原接受规则，马默认为规则（包括社会规则）这种规范性存在只能还原为反身性（reflexive）信念，即这种信念中已经包含了规则观念。用包含规则观念的信念来还原规则，这听上去有点问题。马默似乎认为这是不可避免的。是不是有其他出路，其实可以进一步探究。

范立波的《概念分析、还原论与法哲学的做法》是针对马默此篇论文的批评之作，但这篇作品还有更为广阔的关怀和建构，特别是其提出的推论主义的概念分析观，以及法哲学宗旨与做法。笔者认为，假如特别考察该文与马默文章的对立之处，有三个地方特别值得关注。第一，作为替代方案的推论主义的概念分析观。范立波正确地看到，想要对法律概念给出还原论阐释，先要解决某特征是不是法律的本质特征这个问题，而马默提出的观察人类实践活动的方案，与其说是解决问题，还不如说是预设了某特征已经是本质特征了。鉴于这种不满，他提出了推论主义的概念分析观，认为概念分析是一种阐明性事业，是在具有整体性的诸概念所组成的概念网络中探究概念间的关联——用他的话说是阐明概念所隐含的规范。他举例说，你接受这是一把椅子，那么你就接受了这是一件家具，因为椅子这个概念与家具这个概念有着一种推论关系。对法律的概念分析，也可以采取相同的模式推进。这些论述是有道理的，概念确实彼此关联，蕴含着推论关系，你对某一个概念采取某种理解，就"不得不"对相关概念也按照某种方式理解。但我们也可以进一步思考，不纠结于是不是叫概念分析，推论主义概念分析观与马默还原论采取的方法相比究竟前进了多少？在推论主义眼中，概念隐含的规范或者关系是如何揭示的呢？为什么椅子就蕴含着它是家具呢？盯住词语似乎解决不了这个问题，我们需要了解人类围绕家具的一系列实践活动。要了解家具是干什么的，某些家具又是具体干什么的，椅子和桌子都分别担负着什么不同的功能。所以，概念推论大概率免不了要了解甚至熟知概念背后的事物及其实践活动。那么这也许与马默建议的方法的实质性差异就有限了。当然也许推论主义会有自己独特的操作方案，这是可以进一步研究的。第二，在推论主义的观照下，还原论的具体结论有没有被击败？至少有两个点可以来探究这一问题。一是推论主义概念观认为，作为理论推理（说明性工作）的概念分析相对于实践推理具有独立性。实践推理的标准样式是，社会 S 的成员 P 主张，"在条件 C 下应做 X"。而理论推理则是"社会 S 的成员 P 断言，在条件 C 下应做 X。"（将成员 P 移入引号）前者是需要给出道德证立的判断，而后者则是采取麦考密克所说的"理解但不承诺"的态度，即理论推理者不见得认同社会成员 P 的主张。这么讲当然是有道理的，但是这与马默的具体结论几乎没有差别。特别是在近期的一篇文章《什么是法律与什么算作法律？》(What Is Law and What Counts as Law?)中，马默区分了"什么是法律"和"什么算作法律"，"算作"就是在某一社群中人们把某事物"看作"是法律，概念分析主要做的是后面这类工作。二是范立波讨论了马默提出的规则只能还原为"反身性信念"所遭遇的困难，他的分析比马默要更加详细和精致，他指出至少社会规则无法还原为接受性态度，社会规则对于一个不接受它的人也是同样有效的；对于接受社会规则的人，其对社会规则的接受也不仅仅是这个规则对"我"有效，而是对所有社会成员有效，无论其是否接受。因此要预设一个额外的规范 N，依据这个规范将社会规则归之于全体社会成员。但到了这一步似乎还不能让马默缴械，因为这番分析他可能会接受，但同时坚持认为规范 N 可以还原为事实性存在。鉴于马默坚持对法律体系的承认规则采取构成性习惯的理解，他极有可能这样来回应。这样的话，所有结论仍然没有超出还原论的范畴。本文有一处很耐人寻味："尽管我拒绝了马默的还原论，但我并不认为还原论不适合法哲学。我只是论证了惯例的效力只能来自另一个规范，而如何解释规范的性质，是另一个问题。自然主义或表达主义都提供了关于规范性质的还原论解释。我不打算评论这种策略是否成功。"不打算评判这种策略的成功与否，会不会无法实现对其的替代呢？第三，该文最后对法律的规范性作了简要但重要的评注。我们一般认为，和道德一样，法律是规范性的存在，那么法律是否可能是与道德不同类型的规范性存在呢？假如是的话，对法律给出还原论的阐释就有了深层次的依据。而范立波拒绝了夏皮罗（法律的规范性是形式的，而道德的规范性是稳健的）和帕菲特（区分规则蕴含和理由蕴含意义上的规范性）的观点。他似乎坚持一种统一的规范性立场，法律作为规范性存在也要包含在这种统一的规范性之中。这种观点当然需要更多的理论讨论，但至少目前它会遭遇到直觉的挑战。一个有着内部分工的匪帮的一员，在犯罪过程中"应当"完成其分内的任务，这里使用"应当"并不是明显不合理的。当然，你可以说在全盘考虑之下，不应当完成该任务，但是这也许并不能否定在该匪帮集团的规范体系下，这个"应当"仍然是有意义的，而不是概念上的混乱。所以某一规范体系中的规范性未必一定能够享有道德规范性的基本特征，但其也可以是规范性的"一种"，法律体系可能也是如此。当然不可否认，这确实是本文指出的重要问题之一。

范立波在文章中检讨了法哲学的自我区隔，强调了法哲学保持开放性之重要。概念分析是属于方法论层次的话题，具有基础性。越具有基础性的话题，因其与实践话题的间接关系，可能越少得到关注。但无法否认其仍然具有真正的智识难度和重要性，这样的话题尤其需要引入更多其他学科的基础性讨论，让法哲学不再自我区隔，而是实现开放与突围。这样的讨论不应该越来越多吗？

告别概念分析[*]

安德瑞·马默[**] 著

吕 顺[***] 译

我希望在这篇文章中建立的主要论点是:分析的法哲学并不是一种概念分析(conceptual analysis)工作。历史上,概念分析也许在哈特的法哲学中起到一定的作用,但这却并非哈特理论的主要目的。哈特在《法律的概念》一书中的主要目标与奥斯汀并无本质不同,即提供一种关于法律的化约论理论(reductionist theory of law)[①]。哈特理论的主要目标是,根据某种性质上更基础的事物来提供一种对法律的说明(explanation),这种事物就是社会事实,而社会事实又可以参考人们的实际行为、信念与态度来说明。哈特对奥斯汀的化约论的反对并不是对化约观念本身的反对,而是对奥斯汀建构其理论时使用的特定模块[②]的反对。笔者认为这才是通常情况:推动法律实证主义发展的主要方法是化约论而不是概念分析。并且对法律

---

[*] 非常感谢尼科斯·斯塔夫罗普洛斯(Nicos Stavropoulos)和威尔·瓦卢乔(Wil Waluchow)对本章早期草稿的有益评论。

[**] 安德瑞·马默(Andrei Marmor),美国南加州大学古尔德法学院莫里斯·琼斯法学教授和哲学教授、法学与哲学研究中心主任、《伦理学和社会哲学》杂志主编。本文节选自威尔·瓦卢乔(Wil Waluchow)与斯特凡·夏拉法(Stefan Sciaraffa)主编的 *Philosophical Foundations of the Nature of Law* 一书。

[***] 吕顺,广西师范大学法学院法学理论专业 2019 级硕士研究生。

[①] Reductio、reductionist 中文一般翻译为还原、还原论为多,但本文采用化约、化约论的译法,因为这个概念的英文原意是减少、把 a 简化为 b 的意思,化约比还原更切合原意,也更少误导性——译者。

[②] 即奥斯汀理论中主权者的命令与服从习惯理论——译者。

实证主义的主要反对意见最好被视为对这种化约论之可能性的否认。

一、概念分析

哈特开创性著作的标题（《法律的概念》）给人们的一个深刻印象是：法概念代表着某些非常重要的东西，且与通常对"法"一词的含义的理解有某种不同，仍有待进行哲学上的阐明（elucidation）。当然，"法"这一语词（至少在英语中）有很多使用方式，例如"自然规律""热力学第二定律"和类似的用法，这些用法与法律意义上"法"一词的用法没有或几乎没有关系。[①] 但如果我们将注意力集中于法律语境（juridical context）下"法"一词的使用上，会发现认为法这一概念的意思与人们通常使用这一术语的意思不同的这种看法非常值得怀疑。

让我们从一个显而易见的问题开始：什么是一个概念？当我们试图去说明或分析 x 这一概念的时候，我们在试图做什么？吉尔伯特·赖尔（Gilbert Ryle）就他所使用的"概念"一词的意思和概念分析包括什么，给了我们一段很有说服力的论述：

> ……概念不是事物（语词才是事物）而是语词的功能（the functionings of words），就像守门是守门员的功能一样。正如守门员的功能与投球手、击球手还有其他人的功能相互关联一样，一个语词的功能与该语词所在的团队中的其他成员的功能也相互关联。一个语词可以有两种或两种以上的功能，但其中有一种功能不可替代。[②]

根据赖尔清晰的观点，概念并非抽象客体，它们在各种意义上都并非事物（things）。一个概念指的是在一场给定的语言游戏中，一个语词被有相关语言能力的人使用的各种方式——（这些方式）也就是它在与其他一系列概念以及论点的互动中发挥特定作用的方式。有些概念比其他概念更严格，这取决于使用这些概念的特定学科或环境。[③] 但赖尔认为，即使存在严格的或科学的概念，要找到能提供与一个概念在语言游戏中所具有的一系列功能对等的一套充分必要条件仍是没有希望

[①] 当然，"法"这个词的起源非常复杂。我们今天认为理所当然的定义与特别的语词用法在几个世纪以前可能还没有出现。

[②] Ryle (1954: 32).

[③] Ryle (1954: 33-34).

的。相反，我们只是在零碎地考察概念间的家族关系，即一个语词的功能依赖于另一个语词的方式。此外，赖尔和当时日常语言分析学派的其他哲学家一样，认为这些概念联系在认知上是透明的（epistemically transparent）。对任何精通相关语言的人来说，仔细研究我们在特定场合使用语言的方式都是显而易见的。因为作为相关语言共同体的合格成员，我们知道且必定知道我们所使用的语词的含义，所以每当任何真正的概念联系被呈现在我们面前时，我们总会为其不可否认的正确性所震撼。我们并不完全清楚，能从这些联系中归纳出多少，能概括到什么程度，以及它们可能为各种哲学问题提供的解决方案有多深刻。赖尔显然和维特根斯坦一样，认为大多数哲学问题都是概念问题。

不过，一个词的含义和它所指的概念之间的关系还是有些不清楚。根据使用的语境或环境，语词可以有不同的含义。赖尔认为，同一个语词可以表示不同的概念。例如，"法"这个词所指的概念，在法律语境中使用时，与在理论物理学语境中使用时会有很大的不同。这非常正确，但并没有回答我们的问题：一旦我们确定了概念（也就是一个词在给定类型的语境中的一般功能，比如说，法律意义上的"法"），那么这个概念与这个词在一般语境中的含义是否不同？用我们熟悉的弗雷格（Frege）的术语：概念与意义有什么不同呢？我并不是主张，概念终究是一些抽象的对象或存在（如弗雷格对意义的看法[①]）。我的问题要更加实际一些：当我们试图阐明或分析一个概念的时候，除了弄清这个词在相关语境中的含义外，还做了什么吗？很难看出还有什么特别的行为。以"椅子"一词为例，我们在英语中用这个词来指代某种类型的器物，即那些供人坐的、具有某种典型形状或式样等特征的器物。总之，英语中的"椅子"一词有相当明确的含义或意义，用来指代确定的某类器物。如果我们愿意的话，现在我们可以称其为一个概念；我们可以说，所有有一定英语能力的人都对椅子有一个概念。但很难看出椅子的概念与这个词在英语表达中的标准用法有什么不同。如果我让你告诉我什么是"椅子"，你会不会觉得有必要问我："你是指椅子的概念，还是仅仅指这个词在英语中的意思？"你对我的第一个问题的回答与第二个问题的回答应当是一致的。

现在你可能会认为，不那么普通的语词（比如民主、勇气或知识等）会是不同的。众所周知，人们对民主是什么有着不同的观念（conceptions），而且他们对什么构成勇气与什么是真正的知识也有些不同的观念。因此，将这类概念与其可能的

[①] 奇怪的是，弗雷格关于意义是什么的观点，是柏拉图实在论的一种形式。关于这一立场的意义，参见 Soames (2010: 12–16)。

观念区分开来已成为一种普遍做法。这种做法假定我们都在理解民主概念的同时，可以对自己支持的民主观念有不同的看法。我不反对这种说法。但让我们把焦点放在概念上。若要说人们有民主的概念，包括这些条件：他们理解这个词的意思，知道它代表什么，并且在表达时大体上能正确地使用它。因此，通过阐明民主一词所指代的，你已经给出了它的意思；同时，你也说明了这个概念是什么。为了说明这一点，假设一个从小对什么是民主完全没有概念的人，让我们假定他从未听说过"民主"这个词。现在，他第一次听到"民主"这个词并问你这是什么意思。让我们假定你给了这人一个正确答案。你说明了所有能让他正确使用这个词的东西——也就是说，你给了他这个词在英语中的正确意思。为了掌握民主的概念，是否还有什么东西需要他去了解？有没有某一时刻你可以说："你知道'民主'这个词所有的意思，但你依然没有完全掌握这个概念？"[1] 我看不出这个残留的部分可能是什么。

有人可能通过指出"要想掌握自然语言中的众多概念，不仅要求某种形式的知道（knowing-that），还要求某种形式的了解（knowing-how）"来反对这一点；掌握一个概念往往是一个习惯问题，就像我们获得某种技能一样，需要花费时间、练习等。这绝对是真的，我们这些不得不学习第二语言的人清楚地知道养成这个习惯的过程往往多么令人沮丧和困难。[2] 但这并不能说明，在掌握自然语言的过程中语词的含义和获得其概念之间存在着鸿沟。除非充分掌握语词代表的东西以及如何在不同的语境中使用它，否则你不会了解语词真正的意思。如果获得这种知识需要习惯和实践，那（这个习惯和实践）就是掌握这个词的意思并能正确使用它所需的习惯和实践。一旦你获得了这种能力，你就获得了这种概念，反之亦然。无论从哪个角度来讲，这里都不会多些什么。

也许从某种意义上说，这个结论太强了。哲学家们有时会因那些被明确承认为修正主义（revisionist）的概念性主张（conceptual claims）而争论：这种主张下的概念之成立，并不需要在其所有典型情景的适用中都达成一致判断。因此，基于普遍的语言直觉或日常用法的关于概念的观点所构建的反例，无法驳倒可修正概念的成立。在此，我并不否认这种观点的可能性：在某种意义上界定一个可修正概念当然是可能的。但这样一来，这个概念就需要关于其有用性或理论目的的理论论证来支持，而不是通过传统上被称为概念分析的方法来支持。对概念的分

---

[1] 还是反过来？我们可以在某一时刻说："你可能有民主的概念，但你不太了解这个词的意思？"这让我觉得更加神秘。

[2] Marmor (2009: 68−69).

析其实是对在我们真实的语言游戏中语词功能的分析，它必须建立在对语言实践和普遍的语言直觉的观察之上。概念分析不可能是修正主义的。如果概念被正确地界定并服务于某些有用的理论目的，那么概念可以以各种方式成为可修正的，但这是完全不同的事情。

因此，如果我们假设一个有理性能力的某种自然语言的使用者知道法律一词的意思（在法律语境中），那么他们就应该能理解法律的概念。① 而且，至关重要的是，除了这个语词所指的之外，这个概念再没有其他内容了。但现在你可能会试图得出这样的结论：这种思路证明了德沃金著名的"语义学之刺"（semantic sting）的论点。德沃金主张，关于法律的种种概念理论本质上都是关于"法律"这个词的意思的理论，比如哈特的理论。他认为，这种对意义分析的追求是误导性的，因为它公然违背了法律实践的本质，最重要的事实是，实践的主要参与者都对其使用的概念（即对法律到底是什么）有理论争论。② 对德沃金的一个标准回应是：哈特试图阐明法律的概念，而不是"法律"这个词的一般意思。人们（包括我自己）指出，哈特明确拒绝了他的理论是关于"法律"这个词的意思的观点，或者说，这种试图界定法律意思的尝试在理论上是有成果的。③ 然而，如果我是对的，即理解一个词的意思和理解它的概念之间没有明显的区别，那么这种回应方式就是走错了路。换句话说，如果你认为（我不认为）哈特的法律理论基本上是在试图阐明法律的概念，那么你就不得不同意德沃金的观点，即哈特的理论是在试图阐明"法律"这个词的意思，所以它最终是一种"语义理论"。

我认为德沃金有一点是对的，即他认为概念分析在本质上是一种语言学研究。至少维特根斯坦、赖尔和奥斯汀的日常语言分析学派是这样设想的。哈特（我认为是半心半意地）也属于这个学派，他当然也受到这个学派的影响。正如我们在赖尔的引文中所看到的，概念是指在其环境中"语词的功能"（the functionings of words），以及这些功能与它们在给定环境中互动的相关概念的功能相互作用的方式。只有通过假定我们试图阐明的是我们自己的语言实践时，"概念分析（在认知上）是透明的，并且揭示了反思后才能发现的某些明显的东西"这种想法才是合理的。概念上的联系是透明的，因为它们是由我们的语言构成的，而语言是公开的且

---

① 知道一个词的意思，进而理解它的概念，是有程度之分的；在大多数情况下，说 A 比 B 更好地理解 X 的含义，或者说 A 对 X 概念的理解比 B 更完整，是完全有意义的。我在本文中说的任何话都不应该有歧义。

② Dworkin (1986: ch. 1).

③ Hart (1961: 204); Marmor (2005: 6–8); Raz (2009a: 58–66).

每个有能力的语言使用者都可以知道。概念分析本质上是关于语言的。我绝不是说关于语言用法之概念联系的哲学研究不有趣或不值得追求。我们使用语言的方式通常揭示了我们思考问题之方式的很大一部分。然而，正如语言的使用所揭示的那样，即使是共同的和公开的思想，也从来不是真理的保证。我们都以某种方式思考问题这一事实，并不意味着事情就是那样。即使这种方式在我们的语言使用中根深蒂固，但系统性错误也不是从未发生。

这一切都不是为了给德沃金"语义学之刺"的论点辩护。正如一些批评家所指出的那样，[①] 该论证的一个主要弱点在于德沃金的假设，即他归于哈特的标准语义学（criterial semantics）（鉴于维特根斯坦的影响，这并非不合理），无法说明他所关注的那种法律中的"理论争议"（theoretical disagreements）。德沃金的主要假设，即"知道语词的意思必然等同于，对该语词在所有（非边界）情景下的使用存在一致判断"，确实是值得怀疑的。但这不是我想在这里探讨的回应进路。事实上，正如我在上文指出的，我同意德沃金的观点，即概念分析与给定环境下对语词意思的分析没有区别。问题是哈特的法律理论最终是不是一种概念分析，更广泛地说，分析法学是否最好被视为一种概念分析。我想对这两个问题都给出否定答案。

二、化约的可能性

许多分析法学课程都因为教学上的理由，而从奥斯汀的法律命令理论开始教学。奥斯汀的理论似乎非常直观，乍看之下几乎令人信服，因此，通过揭示其弱点（通常以哈特的批判为基础），我们可以激发出对法律性质（the nature of law）的讨论，为20世纪的哲学家们向我们展示的更复杂的哲学论述开辟道路。但这种教学方法有一个蔓延的危险：通过系统地摧毁奥斯汀的论证结构，我们可能会把婴儿和洗澡水一起扔掉。而这个婴儿就是激励奥斯汀的方法论志趣：用在性质上更基础的其他东西来说明法律。简言之，我们认识到，奥斯汀的法律理论旨在将法律化约为可以用社会学术语进行说明的某种社会型事实。而这种化约给我们留下粗制滥造和最终失败的印象。许多人认为，哈特一定放弃了这个化约论计划，因为他论证了许多它的失败之处。但这种假设是严重误导性的：哈特自己的法律理论和奥斯汀的法律理论一样是化约论的。哈特显然赞同奥斯汀的观点，即对法律性质的理论说明应

---

① 比如 Raz (2009a: 62–76)。

该从社会事实的角度来说明具体法律是什么（what the law is），这些社会事实又能被关于人们如何行动、他们对自己行为所持有的某种信念以及伴随着这些共同信念的某种态度与倾向的更基本的真理说明。换句话说，哈特理论的特点是认为社会规则是法律的基础，相应地，社会规则可以用人们的实际行为、信念与态度来化约地说明。

当然，所有这些都需要仔细论证，但由于我已经在其他地方做了这些，[①] 我不会试图在这里重述整个论证——但有一个例外，后面也将证明重述这一点对论证结果是有用的。我大胆猜测，哈特的化约论已经被他自己关于内在观点（the internal point of view）重要性的隐晦言论模糊了。人们从他的言论中学到的一般经验，与哈特在书中实际说的完全相反。[②] 根据通常的误解，哈特认为对法律规范性的充分说明，必须阐明实践参与者将法律要求视为其行动理由的方式，而这暗示着哈特赞同凯尔森对奥斯汀所作的反化约论批评。人们认为，哈特的意思是用纯粹的社会学术语来说明法律的规范性是有误导性的。但事实上，情况恰恰相反。哈特对内在观点的讨论实际上是对凯尔森的批评，而不是对奥斯汀的批评。在凯尔森之后，在对作为规范体系的法律的描述上，这样的认识已经成为主流：法律被那些认为它有约束力的人视为行动理由的构成部分。认为规范有约束力就是把它看作行动理由。哈特关于内在观点的看法是：可以通过观察人们的实际做法、信念与态度来化约地说明。他声称，没有必要像凯尔森那样假设一个名为基础规范的前提条件；我们所需要的只是承认，在一个法律体系正常运作的地方，大多数关键参与者视法律规范为有约束力的——也就是说，将法律规范视为给他们提供行动理由的东西。而且，至关重要的是，我们可以通过展现内部人士共有的那种信念和态度来证明这一切。我们不必赞同他们的观点，也不必把它说得好像我们赞同一样。我们只需承认，如果相关群体共享某些信念与态度，那么社会规则就存在：

> 因为本身未接受规则的观察者可以断言，某群体接受了规则，因而他可以从外在指涉他们从内在观点看待规则的情形。[③]

[①] 马默《法律哲学》（*Philosophy of Law*）一书的前三章专门阐述了奥斯汀、凯尔森和哈特之间的化约论之争。然而，一位评论家抱怨说，我的书预设了概念分析的合理性，并邀请我为这种方法作更多的辩护；正如我在本章中试图解释的那样，这是一个我必须拒绝的邀请。

[②] Hart (1961: 87).

[③] Hart (1961: 87)［文中翻译取自《法律的概念》（第三版），许家馨、李冠宜译，法律出版社2018年版，第146页。——译者］。

而当哈特说明承认规则和凯尔森的基础规范之间的区别时，也许这一点就更清楚了：

> 第一，当一个人很严肃地主张某既有法律规则，比如说某特定法律是有效的时候，其实他正同时使用着他所认为妥当而加以接受的承认规则来鉴别法律。第二，他所用以评量特定法律之效力的承认规则，不只是他个人接受而已；他所接受的承认规则同时也被社会普遍地接受，并且在该法体系的一般运作中被采用。如果该预设被质疑，我们大可以从实际的运作中去查证：我们可以看看法院如何鉴别某规则是不是法律，并且看看这些预设在这些鉴别的运作中，是否被普遍地接受或默认。①

总之，哈特与凯尔森的分歧正是关于化约的可能性。他们都认为，合法性只能在一些规范架构（normative framework）的基础上进行说明，正是这些架构赋予世界中的某些行动和事件以法律意义。虽然凯尔森认为这种规范架构最终必须是被假设或预设的，但哈特努力表明，没有必要进行这种预设；正如他所说，赋予行为和事件法律意义的规范是可以"通过参考真实的实践来建立"的社会规范。② 而哈特所说的实践是指人们所表现出来的真实的行为模式，他们对此所共享的那种信念，以及伴随这些信念的态度。

现在让我们回到正轨上。如果像我所主张的那样，哈特的法律理论的主要方法，像奥斯汀的法律理论一样，以化约论为主题，那这让概念分析方法何去何从？将某类论述或某种陈述化约为另一类或另一种来作为概念分析的一种形式是有意义的吗？这取决于语义化约所起的作用。在某些语境下，哲学家们努力提供一类论述对另一类论述的语义化约。语义化约（semantic reduction）必须满足这样的条件：某一类论述或理论的全部词汇，比如说 D1，可以用不同种类或类型之陈述的公理和词汇，比如说 D2，完全表达出来。如果能满足这个条件，我们就做到了 D1 到 D2 的语义化约。我不确定在任何领域能找出一个成功的语义化约的好例子，③ 但我愿意假设，如果这样的化约是可能的，它可能构成一种本质上关于语言的分析形

---

① Hart (1961: 105)［文中翻译取自《法律的概念》（第三版），第 168 页。——译者］。
② 在《法律哲学》（*Philosophy of Law*）第一章中，我主张凯尔森的反化约论论证自相矛盾；凯尔森关于基础规范的论证无法承受化约论说明的压力，哈特几年后就提供了这样一种化约论说明。
③ 元伦理学中的一些表达主义版本非常接近于试图将伦理论述语义化约为欲望、偏好等的表达。当然，这个计划有多成功，仍然有很大的争议。

式。然后我们可以说，在一种论述中通常使用的概念实际上是指在其他类型的论述中完全可以得到解释的其他东西。①

然而，法哲学中讨论的化约类型并不是这种语义化约。②恰恰相反，它是一种形而上学的或构成性的化约形式（a metaphysical or constitutive form of reduction）。形而上学的化约是要表明，一种显明的现象类型实际上是由其他更基础的现象类型所构成的，并且完全可以化约为这些现象。在我们的例子中，这一想法表现为法律由社会实践构成，而且可以通过人们实际上的行为、某种他们共享的关于他们行为的信念以及他们在相关情景中展现出的态度和倾向来充分地说明。总之，我们试图将一种事实化约为另一种更基础的事实。

构成性的或形而上学的化约并非关于概念的化约，而是关于事物的性质，即关于物体或现象的实际属性及其构成性要素。例如，考虑一下将生物学化约为化学和物理学的论辩。这里的问题是，我们是否可以用化学反应和物理属性来充分说明生物领域展现的现象。这不是一场关于生物科学中被使用的概念之意思的哲学论辩。这种化约论说明的成功并不取决于该理论在说明我们对语言的使用方面有多成功。其成功的标准是由用化学和物理理论来说明生物现象的完整程度决定的。我们所寻求的说明是对可观察现象的说明，而不是对特定语境中概念使用的说明。

有人可能会反对这个例子：他们会说，生物学中使用的绝大多数概念都属于自然类（natural kind），也就是说，无论其真实性质是什么，它们皆旨在指代某些物体或现象。因此，从某种意义上说，在使用这种概念时早已假定，我们对其指向的掌握可能是片面的和不完整的。我当然不认为法律是一种自然类概念。但是，对法律的说明仍然是对可观察现象的说明，即使这些现象是一种由人类的集体行为、共享信念和社会合作构成的社会现象。哈特的法律化约理论不是试图说明人们如何使用法律的概念，而是试图从人类可观察的社会行为方面来说明法律是什么。更具体地说，它试图说明是什么构成了法律惯例和法律制度，是什么使人们把一类惯例视为法律，而另一类则不视为法律。事实上，"法律"是一种社会建构（a social construction）并不意味着法律理论是概念理论。③

---

① 我并不是说这是传统意义上的概念分析的一种形式，而是和传统意义上的概念分析近似。
② 可以把奥斯汀的法律理论也理解为试图进行语义化约。如果是这样的话，那么哈特肯定不同意这个目标；在哈特的作品中没有任何东西表明他努力提供一种语义化约，或者表明他认为这样的计划是可行的。
③ 为了说明问题，考虑一下马克思主义对宗教的说明。如果任何东西都是社会建构的话，马克思主义显然也假定宗教是一种社会建构。但马克思主义对宗教的说明肯定不是概念分析，如它试图从阶级斗争产生虚假意识的物质力量和手段方面来化约地说明相关的社会建构等。

当然，这意味着化约的理论对象之社会性质，会对什么是成功的说明施加一些限制。特别是，我们必须研究这样一个问题，即人们对自己所从事的社会实践的自我理解如何成为需要说明的一部分，以及这个问题对相关说明的性质造成了什么样的限制。我将在后面间接地谈到这一点，而这里首要的是考虑解释论（interpretivism）的挑战。

三、解释论的诱惑

大概没有人否认拉兹的主张："在很大程度上，当我们研究法律的性质时，我们所研究的是我们自身自我理解（self-understanding）的性质。将某种社会制度认定为法律，并不是由社会学学者、政治科学学者或其他学者作为他们对社会研究之一部分而提出的。将某些制度视为法律是我们社会自我意识（self-consciousness）的一部分。并且，当我们探究法律的性质时，这种社会自我意识是我们要研究的一部分。"[①] 然而，一些哲学家认为，正是这个不言而喻的道理让我们应该认识到，对法律性质的研究本质上是解释性（interpretative）的。而且，他们认为，对这种集体自我意识的解释部分地（但本质上）是一个使我们与实践相关的概念和想法具有道德意义的问题。换句话说，解释在一定程度上是一个价值判断的问题，是一个为有关实践找出最佳道德理由的问题。

解释论在法哲学中的合理性主要来自两个方面。其一是偶尔才会明确说明的假设，即它的替代方案是概念分析，或者更确切地说，它的批判对象是概念分析。[②] 其二来自与其他领域的类比，这一点似乎更有说服力。比如艺术领域的自我理解或者各种社会实践，比如承诺或礼仪习惯。也许，在这些领域看上去更清楚的是：对实践是什么样子的哲学说明与我们在其中发现的那种价值、我们阐明什么使它们有价值和什么值得关注的方式紧密相连。然而，这两种思路有微妙的区别。根据其中一条思路，对解释理论的需求来自概念分析的局限性——也就是说，当我们把注意力集中在可能构成法律实践的非规范性事实上时，就会走入死胡同。根据另一条思路，传统法哲学和解释学之间的论辩是关于说明顺序的论辩。解释论要求我们颠倒说明顺序，其不是那种"从我们共享的对法律是什么的概念理解开始，以法律对

[①] 当然，哲学家们可能对"我们的"自我理解有多稳定、我们在这里可以假设多少有共识的理论前提或一致判断有不同意见，我将在下文中更详细地讨论这一点。Raz（2009a: 31）。

[②] Dworkin (1986); Stavropoulos (2012); Greenberg (2011).

我们提出的那种要求为基础,然后提出关于这些要求之正当性的道德问题";而是"首先提出道德问题,问什么使某些惯例的要求变得正当,然后它试图推导出一些对这些惯例或政治惯例必须是什么、它们可以提出什么样的要求以及如何提出的限制,以便满足其所赞成的道德正当性概念"。[①]

解释论的一个主要问题是,它把概念分析作为它的主要对手与批评重点。然而,正如我所论证的,就像解释论者通常给 20 世纪法哲学的主要传统,特别是法律实证主义传统贴上的标签:概念分析对于分析法哲学的主流哲学事业,或者说对于"正统"观点(或"标准图景")来说,的确不是那么重要。正统的观点主要是关于化约的可能性。[②]并且正统观点所寻求的化约不是关于概念的化约,而是可观察的现象(包括由人们的集体行动和共享信念所展现出来的社会现象)的化约。因此,我们在这里需要研究的问题是,解释论能否与构成传统法律实证主义主要目标的化约论对应并形成有效批评。我的回答是,如果就它否认化约的可能性这个观点而言,解释论参与了这场方法论的论辩。

让我从说明顺序问题开始论述。[③]当然,没有什么可以阻止任何人从他们偏好的任何类型的哲学问题开始。如果你想从国家强制力的正当性或政治权威的正当性,抑或其他道德问题开始也行。这些问题被归入政治哲学研究了几个世纪。当然,问题在于是否有什么东西强迫我们接受这种关于法哲学的性质的说明顺序。解释论致力于建构这样的论点:确实有什么东西迫使我们把道德问题放在首位。这个论点似乎是说,说明顺序是强加给我们的,因为相反的顺序太过理所当然了。[④]如果你从你试图说明的可能构成法律实践的非规范性事实之观察开始,你必然会把某些主流的概念和自我理解当作你试图说明的主题内容而对其特别对待。换句话说,即使法哲学的方法不一定是概念分析,你也必须从界定主题内容、各种概念、各种观念开始去决定什么需要说明。[⑤]但是,解释论告诉我们,关于一个实践或一个制度的主流概

---

① 我并不是说不同的哲学家一定会坚持这两种解释论版本中的一种;恰恰相反,德沃金、斯塔夫罗普洛斯和格林伯格(如果我对他的理解正确的话)同时推进这两种版本,就像它们原本就是一体的一样紧密相连,从其中一种转向另一种。最起码斯塔夫罗普洛斯说得很清楚,他不认为有关的要求必然是惯例或某种前理论的"法律"。

② 夏皮罗最近提出的"法律的规划理论"很明显也是一个化约论计划,旨在将法律化约为规划活动以及某些类型的集体意图[基于布拉特曼(Bratman)的理论,该理论本身具有化约论性质]。Shapiro (2011).

③ 这一论述在斯塔夫罗普洛斯文中得到了最清晰的阐述,参见 Stavropoulos (2012)。

④ Stavropoulos (2012).

⑤ 拉兹的观点与此非常接近,他主张我们在法哲学中试图说明的是当代西方社会即我们现在所拥有的法律概念所指代的东西,即使在不同的社会和不同的时期,人们拥有(或没有)相当不同的法律概念也是事实。Raz (2009a: 40).

念并不能证成这种特殊对待（这种特殊对待能决定什么是需要理论化的主题内容的性质）。主流的和根深蒂固的观念即使当时没有争议，也会把事情完全搞错。就像天文学曾广泛地相信并理所当然地认为星星是天空中的洞并从那里出发，其结果是错误的，法哲学也曾认为法律是政治权威的命令并从那里出发，其结果也是错误的。

当然，这个类比有误导性；我们可以从星星是天空中的洞这一理论开始推，看看它能带我们走多远。事实证明，它并没有带我们走得足够远，所以我们不得不根据相关的证据来对发光的星星是什么这一假设进行修改。然而，哲学并不能像科学方法那么奢侈，能对假设进行经验性的检验。① 因此，危险的是，如果我们把概念视为理所当然，我们可能会陷入试图说明为什么星星是在天空中的洞这一困境之中。

如果我们不想把这个争论变成对此类哲学本身的控诉（这当然是自欺欺人），我们就必须把焦点限制在它的目的上。换句话说，我怀疑解释论的目的是挑战存在任何非规范性哲学的可能性。但是，如果非规范性哲学是可能的，那么是什么使得法哲学有所不同？答案也许是，法律与其他哲学主题不同，因为它本身就是一种规范性实践，即对我们提出道德要求的那种实践。但此刻我们早已忽视了这个论点。对正统观念的控诉基于这样的主张，即正统观念必然以一种预先确定问题的方式来特殊对待法律的概念和自我理解；这种主张认为，我们不能假设我们的概念以及法律实践的参与者对法律实践的理解方式，正确地将法律的某些核心特征确定为哲学研究的合适对象。这样的自我理解最多形成了一个可能的假设，与我们能想出的其他假设相竞争——但这种假设是什么呢？如果我们不对我们的研究对象作任何假设，那就几乎没有任何哲学说明能顺利开始。我们得到的答案是：除了特殊对待主流概念，另一个选择是把某些范例暂时界定为主题内容，并且能够在我们前进的过程中修改这些范例。②

这里的主要问题是，解释论所推荐的哲学方法很容易与它指责的正统观念遭到同样的困扰。如果你的出发点是一个关于法律的道德问题，然后你假设法律的重要方面是那些在你的道德答案中出现的，或者是从你的道德答案中产生的，那么你可能假设得太多了。例如，考虑一下德沃金（似乎还有斯塔夫罗普洛斯）置于核心地位的道德问题，即关于使用集体强迫或国家强制的证成问题。很明显，这个问题本身就预设了强制（coercion）是法律的本质之一；如果不是这样，为什么要关注强

---

① 布赖恩·莱特（Brian Leiter）以及其他赞同经验主义哲学观点的人不会同意。然而，这里不讨论"自然主义化的"法哲学和其他形式的经验主义哲学这种有争议的想法。

② Dworkin (1986: 91-92); Stavropoulos (2012).

制?结果可能是,法律在社会中的许多功能与使用强迫或强制关系不大。这些非强制的功能难道不是法律的本质或特征吗?和与法律有关的任何非规范性问题一样,与法律有关的解释性问题也有一部分是道德问题。他们必须从某个点开始论述:从对法律是什么以及法律的哪些方面比其他方面更重要的某种理解开始论述。(我稍后会回到这一点上)。

的确,现在德沃金有时给人的印象是,他实际上并不关心他的解释性-规范性理论是否抓住了法律的某些前理论(pre-theoretical)的本质方面的问题。但在此之后,我们又回到了这样一个问题:并不是任何政治哲学中的规范性问题都有一些启发性的东西可以告诉我们法律的本质。换句话说,除非假定强制力(或其他被认为是相关道德问题的焦点)是法律的本质或中心之一,否则其所提供的正当性理论不一定会对法律的性质产生任何影响。毕竟我们都默认政治哲学不是法哲学。

这时候,可以引入导致解释论的第二条思路。解释论者似乎声称,法律的特殊之处在于它的规范性,在于它对我们提出了某些规范性的(包括道德上的)要求,而且我们至少视其中一些要求具有道德上的保证或约束。然而,尽管这一观察本身听起来很合理,但无法推导出任何关于规范性实践的哲学理论都必须要从道德问题开始这一结论,也不能推导出理论必须包括道德论证部分这一结论。论证必须比这更精妙才可以。也许像下面这样的类比可以起到作用:例如,考虑一下艺术领域。我们把某些人类的创作视为艺术作品,而无数其他作品则没有任何艺术价值。所以我们可以问:是什么让某物成为艺术作品?很可能的是,如果我们不对艺术的价值所在或是什么让艺术具有我们与之相关的那种价值有一些看法,我们就无法给出这个问题的答案。解释论在艺术领域或艺术哲学中,可以说相当令人信服。为什么它在法哲学中不具有同样的说服力呢?

有几个理由可以质疑这个类比。第一,艺术的核心是解释,因为艺术作品是作为解释的对象而被创造的;它们被创造(部分)是为了邀请人们欣赏它们的审美和艺术特征,欣赏它们所展现出的各种成就,等等。然而,法律并不是作为解释的对象而被制定的——制定法律是为了指引人类行为,它有实践目的。制定一部法律并不是在邀请公众对其进行解释或欣赏其法律特质。第二,艺术明显是一个本质上有争议的概念。也就是说,"艺术"这个词代表了人类成就的某种形式,代表了一种本质上有争议的对卓越的追求,人们对于它是什么类型的成就以及卓越艺术作品的标准有不同的看法。每件艺术作品都为这场文化论辩作出了贡献,每件艺术作品之存在均就其艺术观念、蕴含的创作者的价值取向等方面作出了含蓄的声明。这就是为什么一个特定的人工制品是不是艺术作品这一问题,与我们如何评价艺术作品这一问题密切相关。

然而,合法性不是一个本质上有争议的概念。我们不会把合法性视为一种人类成就,甚至可以说它的存在本身就吸引人们对什么是成就、是什么样的成就以及与我们相关的卓越的标准提出不同的概念。[①](在道德、政治、经济或其他方面)制定良好的法律当然是一种成就。我们可能对这个或那个领域的好法律有不同的观念,但这里争论的相关问题本质上不是制定法的合法性问题,而是合法性的道德或其他评价维度问题,也就是说,这里争论的因素是"好"(good)而不是"法律"(law)。[②]

以上并不表明解释论被误作为一种哲学方法。它只是表明我们还没有找到一种方式,让解释论真正参与(而不是拒绝)到"正统"看法之一部分的化约论计划中。到目前为止,解释论似乎只是对法律有一种哲学的或类似的吸引力,为潜在影响我们行动理由的某些要求的道德关切所指引。为了参与到正统观点的哲学方法中,解释论必须论证将法律和合法性化约为某些社会事实是不可能的。换句话说,当且仅当解释论等于否认化约的可能性时,它才是对法律实证主义的挑战。我认为这种情况是可能的,但我在之后才会说明这一点。首要的是,我想考虑一下解释论对那种为当代法律实证主义提供根据的本质主义(essentialism)提出的挑战。

四、透视本质主义

除非你对被化约现象的主要特征有清晰而稳定的感觉(a fairly robust sense),否则你不能将某类现象化约为其他事实。此外,化约论的成功与否取决于它提供的说明有多完整,而且除非知道需要说明什么,否则我们无法对此有任何感觉。如果我们想提供一个化约论的法律理论,我们必须清楚什么是法律的本质以及什么是附带的和偶然的特征。否则,我们所提供的化约将缺乏成功的标准。解释论者声称,这就是我们陷入麻烦的地方。他们声称,关于法律本质的假设是非常可疑的,因为这些假设给予某些概念性的假设或对法律的自我理解优待,而这些假设或

---

① 法治可以被看作是一种成败分明的成就。一个特定的社会及其政府坚持法治很可能被评价为一种成就,并且一般社会或政权或多或少地在实现这些目标。但这是一个完全不同的问题。我在书中阐述了这种区别,参见 Marmor(2011: 132-134)。
② 这并不是说要反对目的论的法律观念,比如菲尼斯的法律观念,其坚持认为法律本质上关注的是共同善。

自我理解就像星星是天空中的洞这种想法一样，也许是错误的或被误导的。换句话说，这里的意思是，无论在道德还是其他方面上，任何关于法律本质的假设都必然是可争论的，因此不能形成一个我们可以据此检验化约论者的理论的合理性的标准。

辩论通常集中在一个由拉兹提出的突出的例子上，其主张法律的本质之一是它声称且必然如此主张是受众的正当权威。[①] 拉兹的著名论证是，法律的权威性是法律的本质之一，因此任何关于法律性质的理论都必须对法律如何具有权威性以及法律如何使其主张构成正当的权威性指令作出说明。解释论对这一假设的挑战不是通过否认法律的权威性，而是挑战此处拉兹的立场中所假设的本质主义。简单地说，问题是：我们怎么能说有什么东西是法律的本质或必然属性？如果这是一个概念性的主张（正如大多数评论家所理解的拉兹的主张），我们就又回到了概念分析的困难之处和那个毫无根据的假设（即主流的概念在界定研究的主题内容时被特殊对待）。而如果这不是一个概念性主张，那它是什么样的主张呢？

这是一个值得研究的问题。然而，在我试图回答这个问题之前，让我重申我前文提出的一个观点：我不知道解释论如何避免同样的问题。设想你不对法律的本质作任何假设，而是问自己是什么在为使用集体强迫辩护，或其他类似的把对法律的道德关注放在首位的问题。我们仍然需要知道，你的道德关切是关于法律的，而且更重要的是你得出的结论：它们告诉我们关于法律性质的某些有吸引力的东西。我只是不明白，如果我们不作出法律的某些方面比其他方面更重要或更有特点的假设，那么这些结论是如何得出的呢？是什么使得德沃金所言的使用集体强迫的正当性问题比累进税的道德正当性问题与法律之关联更大？答案必定是这样的：我们可以在没有累进税制的情况下拥有法律和正常运作的法律体系，但如果没有一些强制性的因素在起作用，我们不可能拥有法律。这也就是说，我们已经假设和累进税制比起来，强制在某种程度上对法律更加必不可少，对法律是什么这一问题来说也更具核心地位。我希望大家清楚，这个例子可以推论到所有情况。

德沃金可能会回答说，道德问题的答案本身是道德决定的；我们需要关注法律强制的一面，因为它是道德上紧迫的问题（当然，它不是唯一的道德问题，其他问题可能同样有意义）。这可能是真的，可能有非常好的道德理由来关注法律的强制方面。但同样，这些都不能保证你提出的道德问题的答案能够告诉我们一些关于法

---

① 这并不是拉兹所论证的法律的唯一的本质特征，法律在本质上也主张规范性先于其他任何规范体系，并且主张自己是调整任何领域人类行为的权威。Raz (2009b: 149–154).

律性质的东西。除非你假定强制是具体法律是什么（what the law is）这一问题的核心或本质，否则关于强制正当性的道德理论将仅仅是一个关于强制正当性的道德理论（而不是法律理论）。

但我并不想回避这个问题。我们说 F 是 X 的本质特征之一的根据是什么？首先，将 X 的本质属性等同于 X 的先验必要条件是一个错误。"F 是 X 的本质属性之一"不一定是先验真理。而且，如果 F 是 X 的本质属性之一，并不总是意味着 F 就是使某物成为 X 的一个必要条件。有许多物体（实体）或范畴的本质属性是我们从经验中得知的。例如，我们从经验中得知，现代人类的本质之一是使用语言的能力。将人类界定为一个独特的物种部分（但从本质上）取决于语言能力。不过，这很难成为先验真理。事实上，它建立在一个可能被证明是错误的经验性概括上。[①] 其次，继续这个例子，当我们说语言能力是人类的本质特征之一时，我们并不认可这样的观点，即一个有严重脑损伤以致于失去语言能力的人不是人类。本质特征不是必要条件。再举个例子，说"为让人坐而制造的"是椅子的本质特征是有道理的。然而，为艺术展览而不是为让人坐而设计的椅子，依然是一把椅子。X 的本质特征可能是使中心案例成为 X 的必要条件，但什么算作中心案例却有一定的模糊性，在边缘案例和异常案例之间会出现边界案例。

尽管如此，是什么构成了某一事物本质属性的观点，在不同的研究领域中难免会有所不同。比如数论（number theory）的本质特征可能与生物学的本质特征不同。让我们继续专注于社会实践的本质属性（现在你知道将要发生什么了）。我们可以说，国际象棋是一种对抗性游戏是国际象棋的本质之一。也许我们需要对这种说法进行限定：众所周知，国际象棋的本质之一在于它是一种对抗性游戏（competitive game）。但可能有火星人不把国际象棋当作一种对抗性游戏来"下"，而是作为一种宗教仪式，也许赢家会成为主教。[②] 所以，在火星这不是真正的游戏。在某种意义上，火星国际象棋（Mars-chess）是不是国际象棋是一个难以回答的问题，但好在这里不需要回答。我们需要的是认识到，将国际象棋界定为一种对抗性游戏并不是对其概念或一般意义上关于语言的说明，而是对某种人类活动性质的一个主张。此外，我们对国际象棋的了解并不是通过掌握一种语言，而是通过观察、

[①] 例如，我们可能了解到，海豚的语言能力比我们想象的更接近于人类——甚至可能比我们的语言能力更优秀！当然，在此之后我们可能需要修改我们对人与海豚语言能力之特征有何不同的看法，以及对语言能力如何定义我们物种所属的看法。但这并不会破坏语言能力对人类至关重要这一主张，只不过它对海豚可能也至关重要。

[②] 这个例子来自 Schwyzer (1969)。

学习、参与其中。例如，如果你不知道国际象棋是一种对抗性游戏，即玩家必须以赢得比赛为目标、且怎么才算赢是由规则决定的，那么你就无法下棋，也无法在观察别人下棋时明白是怎么回事。事实上，你也不知道"国际象棋"这个词是什么意思。因此我们可以说，你完全没有国际象棋的概念。但是，认识到国际象棋是一种对抗性游戏并不是通过学英语来实现的；而是通过学习国际象棋相关的知识，即了解它是什么以及如何玩它（或者，至少要学着理解别人在玩它时的做法和目标）来实现的。

诚然，我只回应了挑战的一半；我认为社会实践的本质属性是可观察和可学习之活动的属性或特征，而不是语言或概念的属性或特征。但我还没有说过什么使一个特征成为本质以及我们如何认识它。我认为我们可以肯定地说：对于一个社会实践来说，某个特征是必不可少的，如果没有这个特征，这个实践要么根本不存在，要么就会与现在的情况截然不同。至少，这就是我们通常试图确定一个备选特征是不是本质的方法。如果你认为某些特征 F 是法律的本质（是法律所必需的），那么我们应该问，一个在其他所有方面都很类似但缺乏 F 的实践，是不是我们社会中所承认的法律？这将很容易证明，比如累进税不是法律的本质；我们很清楚一个拥有统一税率的法律体系，甚至一个根本不征税的法律体系都是存在的。当然，有些情况更难确定。比如强制是不是法律的本质便不那么容易回答。设想一种在其他所有方面都与法律类似的实践或惯例，但这一事实（在其他所有方面都与法律类似的实践或惯例）不涉及任何强制，这种设想可能会超出我们的想象力以至于无法给出一个确定的答案。我并不是说情况就是这样，但可能的确如此。如果是这样的话，我们就可能对强制是不是法律的本质之一没有一个确定的答案。因此，本质特征既不是先验的，也不是必需的，某些例子中存在不确定的可能性这一点在哲学上没有问题。我认为，当存在一些边界案例时，什么是社会实践的本质这一问题是模糊的。

现在让我们假设，拉兹的论点即法律本质上是一种权威性制度，与国际象棋是一种对抗性游戏的说法是一样的。首先，我们可以得出结论，这不是一个概念性主张，至少它不是一个关于概念的命题。它是一个关于某种人类活动（某种社会实践）的本质特征的命题。其次，我们能知道如何去确定拉兹的说法是否真实：想象一种实践或制度在其他所有方面与法律有某种程度的类似，但事实上它没有声称自己具有权威性。它距离我们的世界里视为法律实践的东西有多远？我希望答案是显而易见的，但这不是我在这里要证实的。最后，从法律的权威性本质无法得出所有法律都必须声称具有权威性，一些异常的案例是可能的。①

权威只是一个例子，法律的其他基本特征已经被哈特（现代法律体系结合了初级规则和次级规则）、凯尔森（法律必须伴随着一定的层级结构在体系中出现）以及我自己（法律有习惯基础）所识别。当然，这些特征和其他特征并不互斥。更何况，哲学家们识别的作为法律本质特征的清单并不是随意选择的。这些特征服务于一些理论目的、突出了法律的一个方面，都需要理论说明，并对所提供的那种理论有一定的意义。但这并没有乞题。理论问题和兴趣总是以反对先前的理论和它们所引起的困难为背景，我们对特定问题的兴趣和我们表述这些问题的方式是存在路径依赖的，这由构成相关学科的传统所塑造。这是很普遍的情况，而且也适用于道德理论的情况。

五、化约论的限度

我在前面提到，当且仅当解释论否认化约的可能性时，它才可以批判地参与所谓的正统观点的讨论。在德沃金对哈特法哲学的早期批评中可以看出，这正是他所遵循的路径。尽管德沃金没有明确将其表述为反化约论批评，但他关于法律原则的论证旨在表明，哈特的承认规则无法为什么构成法律效力这一问题提供完整的答案，因为法律效力部分是由道德推理推导出来的。这很明显是一个旨在表明合法性不能被化约为社会事实的论证。② 不幸的是，德沃金理论中的解释论转向掩盖了这一反化约论的论证，并导致许多人（包括哈特本人）觉得解释论是在和法律实证主义对话。哈特清楚地看到，法律实证主义旨在提供非常普遍的法律的本质特征，即只要有法律存在的地方就会有的特征，然而德沃金留给人们的关于解释论的印象却是它为英美法阐明了一套裁判理论（a theory of adjudication）。③ 我认为哈特对此的看法不太正确。德沃金的解释理论对哈特法律实证主义中内在的化约论提出了明显的挑战。它旨在表明合法性不能被化约为关于人们行为、信念和态度的事实，因为合法性部分必然地由关于道德问题的真理构成。如果在确定什么算作法律要求时必然会出现道德真理，那么合法性显然不能被化约为社会事实。当然，德沃金并不需

---

① 我想到的一个例子是，立法机构通过的法律没有规定指导行动的内容。例如，在美国，各州经常立法规定 X 是"州鸟"或类似的象征，这是一种没有包含任何权威性指令的象征性行为。
② Dworkin (1977)；我在书中对此进行了更详细地说明，参见 Marmor (2011: ch. 4)。
③ Hart (1994).

要证明在我们熟悉的每一个法律体系中都是如此;为了反驳化约的可能性,他只需要证明至少在某些情况下化约是不可能的。由于化约论是一个普遍的主张,所以它可以为反例所驳倒。

我已经在其他地方评价了德沃金的反化约论论证。① 相反,这里我想把重点放在一个我们迄今为止尚未解决的问题上,即任何法律性质理论所受的限制都部分源于这样的事实:我们旨在说明的是人们对法律是什么的自我理解。德沃金认为,关于法律性质的理论必须提供这样一种说明,使实践参与者至少在反思后可以认识到,这种说明能合理化他们理解实践及其规范性要求的方式。而他显然认为,这种限制是一般性的,适用于对一般社会实践之哲学说明[即建构性解释(constructive interpretations)]的限制。他称其为合理化限制(rationalization constraint)。当然,现在如果你认为任何对社会实践的哲学说明都必然是一种建构性解释,那么合理化限制就很有意义。按照德沃金对这一观点的理解,建构性解释是针对那些你所解释的实践的说明;它的目的是让参与者了解他们应该把什么视为实践的价值,以及他们应该如何合理化他们自己对实践的理解。

然而,对一种社会实践的化约论描述,并不致力于合理化限制。在一些明显情况下,社会学说明中的化约论显然违反了这种限制。例如,一个对宗教的马克思主义说明,无法成为能让信教人士视若己出的说明,可以说,至少只要他们仍然认为自己是虔诚的,就不会认可这种说明。换句话说,对社会实践的化约论说明不被期望能为主体提供一种"啊哈!"的时刻,而是为他们提供一种能合理化他们实践的洞察力。

然而,这并不意味着化约理论说明对象的社会性质不会对我们可以提供的说明种类施加一些限制。如果不援引人们的信念(以及由这些信念塑造的态度等),就很难(甚至不可能)说明社会领域的任何事情。然而,我们的大部分(不能说全部)信念都是寄生在自然语言上的,有无数的信念是只有人们说自然语言才能拥有的。语义学,或者更广泛地说,语言能力,在信念的形成、信念内容的个别化等方面起着至关重要的作用。因此,对人们的信念、态度等进行阐明的社会学说明,不可避免地会受到语言在使这些信念和态度成为可能并塑造其内容时所起的构成性作用的制约。

让我用哈特对社会规则之描述中的一个例子来证明。哈特认为,要使社会规则存在,某些事情必须是真实的:(社会规则)必须是某个群体公开行为中展现出的

---

① Marmor (2011: ch. 4).

行为的某种规律性，而且这种行为的做出必须伴随着该群体中大多数个体共享的某类信念和态度。要使这种化约成功，必须证明这种说明是完整的，而且所提供的要素足以将社会规则与其他类似的现象区分开来。

然而，批评者一直认为哈特的说明并不完整。① 特别是，它不能区分遵守社会规则和遵守普遍地或广泛地被接受的理由的情况。人们经常表现出行为的规律性，因为他们相信有一些理由适用于当前的情景，并因此遵守理由和表现出相同的态度，哈特将这种态度与对一个规则的"接受"联系起来。但是，尽管如此，这并不是他们遵循的规则。这里给出的教科书式的例子涉及游戏中遵循的策略：玩家经常被期望知道在游戏中有些事情是不能做的，例如，做某件事将是一个糟糕的策略。因此，总的来说，他们不做这些事并批评其他做这些事的人，等等。然而，这种被广泛认可的策略并不构成游戏规则的一部分。如果你不遵守，你可能会被批评"愚蠢或业余"，但不会被批评"违反了规则"。②

哈特在这里可能（我并不是说他一定）遗漏了这个事实，那就是遵守一个规则要求把一种反身型的信念归属于那些遵守规则的人。遵守一个被广泛相信的策略和遵守一个规则之间的区别在于，参与者将规则的存在视为他们的行动理由——也就是说，如果不引用我们试图说明的这个概念，我们就无法描述人们拥有的相关类型的信念。

这个问题是否像它看起来那么严重？来看看我们的立场。为了描述一个社会规则的存在，我们必须把某些信念归属于那些遵守规则的人。这些信念中一定有一个是对规则存在的信念，这意味着参与者必须理解规则的概念才能有相关信念。然而，正如我前文所论证的，理解一个规则的概念与知道这个词（在相关语境中）的意思以及如何正确使用它并无不同。现在，如果我们认为哈特关于社会规则性质的理论注定是一个概念上的界定，这对哈特的论述来说将是一个严重的问题。然后我们将不得不承认：他试图先预设人们都理解规则的概念，再界定规则的概念是什么。但我并不完全这么认为。哈特试图做的是提供一个关于社会规则的描述，而不是对什么是规则这一问题进行概念上的界定。这种说法旨在确定人们在遵守社会规则时必须具备的那种信念和态度。其中一个信念很可能要求参与者至少大致知道"规则"一词在他们自然语言中的意思。换句话说，我不认为提供对"规则"或"社会规则"的概念分析是哈特计划的一部分。哈特的计划是为了表明在一个特定

---

① 包括我自己在内，参见 Marmor (2001: 2-4)。
② 游戏的例子取自 Warnock (1971: 43-6)。

的群体中,哪些事实构成了社会规则的存在,并表明我们不需要为此在我们的工具箱中放入比他所确定的要素(即行为的规律性外加某类信念和态度)更多的东西。信念和态度取决于自然语言的事实表明,不能按照哈特提供的那种化约论说明一路走下去;在某些地方,它碰到了由我们所说的自然语言所塑造出来的语义能力之基石(bedrock)。

然而,关键是要注意,我们在这里必须假设的语义能力,并不要求我们同意人们对相关词汇所指称的事物性质之看法,毫无疑问,这些看法往往是片面和不完整的。尽管很少有人能准确地界定"规则"这个词的意思或指称(甚至哲学家也认识到这项任务之困难),但具备合理英语知识的人在大多数情况下都能正确使用"规则"这个词。此外,即使我们知道(或者你更愿意说相信)某个词所指称的东西并不存在,或者它指称的是一个混乱的想法,我们还是经常正确地使用这一语词(我发现上帝的概念非常混乱和不连贯,但我相信我知道这个词的意思而且可以正确地使用它,你还能想出其他例子)。

换句话说,依赖语义学之需求所带来的限制,并不要求我们必须把所有限制都视为理所当然。这只意味着我们必须意识到一个事实,即自然语言语义学在信念形成中起着非常重要的作用。换句话说,语言对社会学说明施加了某些限制,但它不是社会学说明的主要对象。这显然意味着哲学问题不是概念问题,概念分析不构成相关方法论的基础。每一个化约的说明都预设被化约的那类事物在某种相关意义上比化约后更加基础,但不一定是最基础的。

参考文献

Dworkin, R. M. (1977). "The Model of Rules I", *in Taking Rights Seriously*. London: Duckworth, ch. 2.

Dworkin, R. M. (1986). *Law's Empire*. Cambridge, MA: Harvard University Press.

Greenberg, M. (2011). "The Standard Picture and its Discontents", in L. Green and B. Leiter (eds.), *Oxford Studies in Philosophy of Law*. Oxford: Oxford University Press.

Hart, H. L. A. (1961). *The Concept of Law*. Oxford: Oxford University Press.

Hart, H. L. A. (1994). *The Concept of Law: Postscript in second edition*. Oxford: Oxford University Press.

Marmor, A. (2001). *Positive Law & Objective Value*. Oxford: Oxford University Press.

Marmor, A. (2005). *Interpretation and Legal Theory. Revised second edition*. Oxford: Hart Publishing.

Marmor, A. (2009). *Social Conventions: From Language to Law*. Princeton: Princeton University Press.

Marmor, A. (2011). *Philosophy of Law*. Princeton: Princeton University Press.

Raz, J. (2009a). *Between Authority and Interpretation*. Oxford: Oxford University Press.

Raz, J. (2009b). *Practical Reason and Norms. Second edition*. Princeton: Princeton University Press.

Ryle, G. (1954). *Dilemmas*. Cambridge: Cambridge University Press.

Schwyzer, H. (1969). "Rules and Practices", *Philosophical Review*, 78: 451.

Shapiro, S. (2011). *Legality*. Cambridge, MA: Harvard University Press.

Soames, S. (2010). *Philosophy of Language*. Princeton: Princeton University Press.

Stavropoulos N. (2012). "Obligations, Interpretivism, and the Legal Point of View", in A. Marmor (ed.), *Routledge Companion to Philosophy of Law*, 76−92.

Warnock, G. (1971). *The Object of Morality*. London: Methuen, 43−46.

概念分析、还原论与法哲学的做法[*]

范立波[**]

摘　要　还原论和解释论之争,由于过于紧密地与法律的实质观点结合在一起而无法对方法论问题进行独立且深刻的反思。本文通过对概念分析提供一种推论主义的解释,为法哲学提供一种超然立场的方法论。推论主义认为概念是由规范辖制的。概念分析拥有推论性、规范性和整体性特征,是一种在整体性推论网络中进行规范阐明的工作。概念分析不预设任何实质立场,但为法哲学应当如何做提供了明确的理论定位和目标指导。将规范阐明作为目标,不仅让法哲学区别于经验科学,也为饱受法律事实性干扰的法哲学指示了方向。致力于规范阐明不会导致法哲学成为一种规范性理论,但会为深入理解和反思还原论和解释论等实质观点提供超然而有效的工具。法哲学应主动投入对人类规范实践的整体思考中,以成为人类自我理解事业的重要部分。

关键词　还原论　概念分析　法哲学　法律形而上学　哈特

引　言

在《告别概念分析》及其他论著中,马默试图表明,法律实证主义提供的是一

---

[*] 本文中的法哲学是指分析性法哲学。我会根据语境在同一意义上交替使用描述性法哲学和说明性法哲学等概念。我也会在同一意义上交替使用描述和说明。

[**] 范立波,中国政法大学法学院法理学研究所副教授,法学博士。

种关于法律的还原论理论,主张法律最终可以还原为特定的社会事实并得到解释。概念分析在哈特的哲学中只是起到一定作用,但将分析法哲学理解为一种概念分析工作,是"牵强附会的"。①以德沃金为代表的解释论认为,法律的效力"部分但必然地由关于道德问题的真理构成"。由于道德不能采用还原论方法进行解释,解释论就不仅在法律的实质观点上挑战了法律实证主义的观点,也在方法论上否定了还原论作为法哲学方法的合法性。马默在回应解释论挑战时,令人印象深刻地指出,解释论的核心问题是"关于使用集体强制或国家强制的证成问题",但这一问题属于道德问题。解释论要想挑战还原论,必须先论证其在何种意义上有资格成为一种法哲学理论,而不只是关于强制证成的道德哲学或政治哲学,或者只是被和法律相关的道德关切吸引。

不过,马默所理解的法哲学是法律形而上学。这是一种正统但狭隘的理解,武断地将其他非形而上学的法哲学研究排除在外。尽管如此,法律形而上学也并不必然支持还原论。相反,马默的还原论方法论严重依赖于其关于法律性质的实质观点。且不说其实质观点本身就是需要得到辩护的,并不适宜作为法哲学的预设,仅就其在实质观点和方法论上建立如此紧密的关联而言,就容易让对法哲学性质的理解转变成对实质观点的辩护,而无法真正展开对法哲学性质的深入讨论。②由此带来的另一个消极后果,则是像马默一样,不将与实质观点不同的理论看作是法哲学而将其粗暴地放逐在法哲学之外。而过于轻易地打发对手,反过来也会阻碍对自己理论的深入反思。

本文的主要目的,是通过对概念分析提供一种推论主义的解释,来为法哲学提供一种超然立场的方法论。推论主义认为概念的使用是由规范辖制的。概念分析就是要在一个整体性的推论网络中,将概念背后隐含的规范清晰化。简言之,概念分析是一种"规范阐明"的事业(第二节)。将概念分析作为法哲学方法,为法哲学提供了明确的理论定位和规范指引。概念分析不预设实质观念,使法哲学保持开放性。而将法哲学的研究对象明确指向规范,不仅能使法哲学与经验科学区别开来,而且对于饱受法律事实性特征困扰的法哲学来说,也具有特别重要的意义。概念分析的整体性要求将法哲学的研究置于人类实践的广泛推论体系中,成为人类自我理

---

① Andrei Marmor, "Farewell to Conceptual Analysis (in Jurisprudence)", in Waluchow W, Sciaraffa S (eds.), *Philosophical Foundations of the Nature of Law*, Oxford University Press, 2013. 亦可参见 Andrei Marmor, *Philosophy of Law*, Princeton: Princeton University Press, 2011. 中译本参见安德瑞·马默:《法哲学》,孙海波、王进译,北京大学出版社 2014 年版。

② 马默自己不认为他对还原论的理解是在捍卫排他性法律实证主义。Andrei Marmor, "Philosophy of Law: Reply to Critics", *10 Jerusalem Review of Legal Studies*, no. 1(2014).

解事业的重要组成部分（第三节），但进行规范阐明工作不会导致法哲学成为规范性哲学（第四节）。在此基础上，笔者将运用这一工具分析还原论的失败和解释论的挑战，并简要评论法律规范性理论的确切地位与意义。

一、法哲学的性质

像其他理论一样，法哲学也要寻找思考和论证的起点。正如马默所说，从何处开始思考，不是一个偏好的问题。确实，"没有什么能阻止任何人从他们偏好的任何类型的哲学问题开始"。但是，法哲学毕竟是一种理性的活动。正因如此，马默才质疑解释论有什么理由"强迫"我们接受他们的解释顺序。如果你的回答是"如果我们不对我们的研究对象作出任何假设，那就几乎没有任何哲学说明能顺利开始"，就没有回答"强迫"的问题。

拉兹在回答法律理论如何可能时，提出了社会理解命题。拉兹认为，将哪种制度当作法律，并不是理论家出于研究目的而提出的，而是社会自我意识（self-consciousness）的一部分。研究法律的概念，事实上研究的是我们的自我理解（self-understanding）。[①] 但是，社会理解命题并不能支持分析性法哲学。因为总是会存在对法律的不同内容的自我理解，而对自我理解中的何种观点予以特殊对待，或者说，围绕哪种自我理解来发展论证，本身就是一个问题。解释论就预设了一种对待法律的自我理解，而且解释论还颇有道理地继续主张，每一种自我理解最多只是形成了一个"可能的假设"，必须与其他可能的假设相竞争。按照这一逻辑，社会理解命题反而容易导向德沃金的解释性-规范性法哲学。

在马默看来，确定何种自我理解具有法哲学上的特殊地位，需要结合法哲学的理论目标来判定。马默认为法哲学的目的是阐明法律是什么，或者什么是法律的本质特征（essential features），并将法律与道德和强制等社会现象区别开来。按照这种理解，法哲学"必须从对法律是什么以及法律的哪些方面比其他方面更重要的某种理解开始论述"。正因如此，马默在批评解释论时，才要求其先提供作为法哲学的资格认证。我不打算讨论解释论是否可以完成这一论证。对于本文来说，更重要的是一个前提性问题，也就是马默对法哲学目标的界定是否妥当。

将法哲学理解为一种要阐明法律本质特征的活动，代表了一种正统的观点。

[①] Joseph Raz, "Can There be a Theory of Law?", in Joseph Raz, *Between Authority and Interpretation*, Oxford University Press, 2009.

这一观点将法哲学理解为法律形而上学。法律形而上学预设了法律和其他事物一样，是某种独立的实体（reality），拥有属于自己的本质特征。而马默说的还原论则是"一种形而上学的或构成性的还原形式"（a metaphysical or constitutive form of reduction）。形而上学还原论的核心观点是：一种显明的现象类型实际上是由其他更基础的现象类型所构成的，并且完全可以还原为这些现象。①

然而，马默说的形而上学还原论，并不等于其所说的法哲学上的还原论。用更基础的现象解释另一种现象，可以是"用同一性质但更基础的 Y 来解释 X"。而马默所说的法哲学上的还原论，则将 Y 限定为社会事实。因此，马默才认为凯尔森否定了"还原论的可能性"。凯尔森明确主张，一个规范的效力只能来自另一个规范。在拒绝将规范还原为事实的意义上，凯尔森确实是反还原论的，但很难说他拒绝了形而上学的还原论。而哈特虽然也坚持法律是一种规范体系，并通过社会规则来解释合法性，但他用行为模式、信念和态度等社会事实来解释社会规则，符合马默的有限定的还原论。

将 Y 限定为社会事实，马默的还原论就缺乏普遍的可适用性，也不是形而上学的一般方法论。例如，马默并不否定道德形而上学，也不会拒绝道德是由一些"更基础的现象类型"所构成的。但马默认为道德不能被还原为社会事实。正因如此，如果我们承认德沃金对待法律的实质观点，则对法律就不能适用有限定的还原论方法。然而，将 Y 限定为社会事实，反而给其自身带来了深刻的难题。一方面，如果 X 可以还原为 Y，通常意味着"X 不比 Y 多些什么"（X is nothing more than Y or nothing over and above Y），或者 X 只是 Y 的一个特殊类型。②按照这一逻辑，如果合法性可以还原为事实，就意味着合法性并不拥有"多于"事实的性质，或者说特殊的事实类型。另一方面，马默又试图维持法律是规范性实践的观点，因此就必须承认，合法性存在某种不可被还原为事实的性质。

即使暂时搁置上述疑问，马默对法哲学的界定，也会存在两个反对意见。其一，法哲学并非都是关于法律的形而上学的研究。法哲学家也会研究语义学、认识论等问题。例如，"X 有法律上的义务做 Y"是什么意思，如何认识法律的内容等。语义学和认识论并不必然依赖法律的形而上学，相反，它们可能对法律形而上学抱有深刻的怀疑，并有意地避开法律的形而上学研究。表达主义和怀疑论就否定法律

---

① Andrei Marmor, "Farewell to Conceptual Analysis (in Jurisprudence)".
② Raphael van Riel, Scientific Reduction, https://plato.stanford.edu/entries/scientific-reduction/, last visited 10/06/2022.

实体的存在，并反对法律的形而上学研究，但它们仍然是关于法律的研究。①

其次，马默无法对如何做法哲学提供有意义的指导。若将法哲学视为法律的形而上学研究，就要探究法律的本质。但真正重要的问题是如何探索。若对这个本来非常困难的问题，马默轻易地给出了回答。关于事情的本质特征，马默一般性地界定如下："我认为我们可以肯定地说：一个社会实践的某个特征对于它来说是必不可少的，如果没有这个特征，这个实践要么根本不存在，要么就会与现在的情况截然不同。"②

马默解释说，假设 F 是 X 的本质特征之一，不是说 F 是 X 的先验条件。现代人类的本质之一是使用语言的能力，这是一个经验真理，而不是先验真理。说 F 是 X 的本质特征之一，也不是说 F 是 X 的必要条件。例如说椅子的本质特征是"为让人坐而制造的"，而为艺术展览而设计的椅子虽然不是为让人坐而制造的，但依然是椅子，只不过是椅子的边缘情形。"必不可少"只是就椅子的中心情形来说的。

而对于如何探索法律的本质，马默提出了两个看法。其一，马默认为，"社会实践的本质属性是可观察和可学习之活动的属性或特征"。国际象棋本质上是一种对抗性游戏。而认识国际象棋的本质特征的方法，不是通过掌握"国际象棋"这一概念的英文意义，而是通过"学习国际象棋相关的知识，即了解它是什么以及如何玩它"。其二，马默根据其对本质特征的界定，提出了一种检验方法：既然法律的本质特征是"只要有法律存在的地方就会有的特征"，那么，检验 F 是不是法律的本质特征的做法，就是追问一个在其他所有方面都很类似但缺乏 F 的实践，是不是我们社会中所承认的法律。例如，如果某些法律制度缺乏立法机关，但仍然是法律，立法机关就不是法律的本质要素。

不得不说，马默的两个观点对如何探究本质的问题，几乎没有提供实质性的推进。观察和学习的目的无非是形成对法律的自我理解。但如此一来，又会出现前文马默提及的难题：我们该赋予何种自我理解以本质地位？解释论显然不会否认社会实践是"可观察和学习的"，相反，解释论所依赖的"共识"就是从观察和学习中提炼出来的。马默对法哲学本质的看法，并不必然会拒绝解释论。

马默提供的检验方法对此也提供不了帮助。因为要检验 F 是不是法律的本质特征，等于已经预设了我们知道什么是法律的本质特征。例如，说立法机关不是法律的本质特征，其实就等于说，我们知道法律的本质特征是什么，且本质特征中不包

---

① S. Shapiro, D. Plunkett, "Law, Morality, and Everything Else: General Jurisprudence as a Branch of Metanormative Inquiry", *Ethics*, no. 128(2017), pp. 37-68.

② Andrei Marmor, "Farewell to Conceptual Analysis (in Jurisprudence)".

括立法机关。在这种情形下,再问 F 是不是法律的本质特征就没有任何意义。此外,马默也意识到,本质特征中的"必不可少"只是就中心情形而言,但还可以容许例外,这就让检验变得异常艰难。假如我们要检验强制是不是法律的本质特征,就要去问:如果缺乏强制,是否还存在法律制度?马默也承认,设想一个没有强制的法律制度,"可能会超出我们的想象力以至于无法给出一个确定的答案",其结果就是"对强制是不是法律的本质之一没有一个确定的答案"。①

由此可见,马默要为还原论辩护,仅仅诉诸法律形而上学是不够的,还需要引入关于法律性质的实质看法。例如,其不仅要预设法律是规范性的,还必须排除"法律的效力至少部分是由道德真理所决定"这一竞争性观点,同时也要主张,只有法律这种规范性实践才能还原为事实,同时又能保持法律的规范性品格。但是,马默既没有提供直达本质的方法,也无法在不卷入实质争议的前提下,确定还原论方法论所需要的前提。马默在批评德沃金的解释论时,指责其"未免假设得太多了"。这一批评同样也适用于他自己。还原论所依赖的预设,本身就需要解释,至少不能被看作法哲学不可置疑的预设,而应作为法哲学意图得出的某个结论。套用马默批评解释论的话来说,尽管社会实践是可观察和可学习的这一观点看起来是合理的,但"论证必须比这更精妙才可以"。

二、概念分析

如果我们回到哈特的立场,情况反而更加清晰。哈特将其著作命名为《法律的概念》,并非要解释法律一词在英文中的意思。哈特将其做法归结为奥斯汀的一句话:"深化对语词的认识,来加深我们对现象的理解。"哈特写道:

> 探究文辞的深意并非只在于了解文字本身。各类型的社会情境或社会关系之间,有许多重要的差别并非昭然若揭。唯有透过对相关语言之标准用法的考察,以及推敲这些语言所处的社会语境,始能将这些差别呈现出来。②

尽管这段文字过于简略,却足以表明哈特的一个重要看法:社会现象或社会关

---

① Andrei Marmor, "Farewell to Conceptual Analysis (in Jurisprudence)".
② H. L. A. Hart, *The Concept of Law*, Clarendon Press, 1994.

系的性质，通常不会直接呈现给我们，而是要通过某些中介。而对语言的考察或许是最佳的阐明（may best be brought to light）其性质的方法。不过，哈特对其方法论缺乏清晰的解释。但我的目的不是去探讨哈特的看法，而是要为概念分析提供一种推论主义的说明。这一说明将概念分析视为一种在整体性推论网络中进行"规范阐明"的事业。我将通过概念分析方法的三个特征来阐明这一主张。

其一，推论性。自维特根斯坦以来，对语言意义的理解就和使用联系在一起。概念分析的对象，不是单个的语词，而是以句子或断言作为理解语词的最小单位。概念只能在断言中使用并拥有意义，而断言是我们作为理性存在者应该为之负责的。例如，如果我们接受"这是一把椅子"，我们对该断言负责的方式，就是接受一系列的推论，如"这是一件家具""这不是一张凳子"等。"椅子"的概念在其中扮演的角色，是为作出其他推论提供理由。我们可以将一个概念所导致的推论，称作概念的承诺。负责任的另一个方面，则是要为断言本身提供理由或证成。或许我们可以像马默一样提出一个断言："椅子是为让人坐而制造的。"这一断言就是作出"这是一把椅子"之断言的理由。所以，使用概念就是塞拉斯所说的给出理由和索求理由（giving and asking for reasons）的活动。而理解一个概念就必须理解它的承诺和理由，但只有通过"有内容的"（material）推理，一个概念才能得到阐明。①

其二，规范性。以某种方式使用概念，需要给出理由。而理由是指向规范的。我们说"X是一把椅子"，不是因为椅子对我们呈现了本质，而是存在某类规范，这类规范许可我们将某类事物称为椅子。同样，接受"X是一把椅子"，就要接受"X是一件家具"的推论。但我们的意思并不是说，从前者可以分析性地推论出后者。但这样的推论仍然是一个好的推论。支持其为一个好推论的理由，是社会中存在"椅子是家具的一种"这一规范。概念的使用是由规范辖制的。正是概念的隐含规范使得给予和寻求理由的实践成为可能。概念分析就是一种规范阐明的工作，将隐含的规范提炼出来，予以明确的表达。所以，概念本质上就是规范的聚合。只有理解了一系列的规范才能理解一个概念。

其三，整体性。接受概念的推论性，就必须接受概念分析的整体主义。概念只有在推论的整体中才能被理解。例如，理解"椅子"就需要同时理解桌子、床、凳子、家具等概念。马默基于本质主义的考虑，将为展览而制作的椅子看作椅子的边缘情形。这种做法忽视了"这是一把为展览而制作的椅子"这一断言的复杂性。要理解这一断言，不只要理解椅子的概念，还要理解展览的概念。这一例子表明，要

---

① 参见威尔弗里德·塞拉斯：《经验主义与心灵哲学》，王玮译，复旦大学出版社2017年版。

理解一个概念，需要理解概念在各种推论中扮演的角色，并将概念背后隐含的规范整理成一个融贯的体系，同时也要和其他概念性规范保持协调。从这个意义上说，理解一个概念等于理解一整套的概念。

尽管上述解释过于粗略，但也可以阐明概念分析的对象、"做法"和目标。概念分析的对象，不是某个语词，甚至也不是抽象的句子，而是包括以推论形式出现的言语行为在内的社会实践活动。概念分析是一项特殊的哲学任务：从给出理由和寻求理由的社会实践开始，在推论中理解概念的承诺和理由。而概念分析的目标则是阐明隐含在概念实践中的规范，并将规范的阐明看作是哲学工作成功的标准。这不是一件容易的事。日常语言活动总是缺乏明确的意向、模糊且缺乏反思，同一个概念在不同断言中可能会扮演不相容的角色。例如，对于哈特所说的社会情境或社会关系，可能存在不同的解释。概念分析就是要将习得性的"知道如何去做"（know-how），转化为专题性的"知道什么"（know-that），通过在推论中阐明概念的承诺和理由，让实践中隐含的规范展示出来，赋予隐含不明的（implicit）东西以清楚分明的（explicit）表达，从而更好地理解真实的话语实践，改进对自我和世界的理解。①

当然，概念分析也预设了某些实质性主张。在知识论上，对概念的推论主义理解是反基础主义的。基础主义主张知识是可证成的信念。假设 B 辩护了 A，C 辩护了 B，而 D 辩护了 C，如此类推，就必然存在一种可以为其他信念辩护、而其自身不需要其他信念辩护的基础信念。换言之，作为基础的信念只能是自明的、直接为真的、非推论性的。例如，经验主义认为感觉经验是知识的基础。这一知识论立场被塞拉斯称为"所予神话"（the myth of the given）。"所予"（the given）是世界直接给予意识的东西。塞拉斯认为事物只能通过感觉因果性地作用于我们，但感觉不是知识，只是知识的条件。知识的形成依赖于语言能力。人作为理性存在者，与动物的关键区别之一，就是我们能通过语言游戏来思考和谈论事物并使之清晰。②

或许我们可以不在知识论上持有如此强硬的立场，而在一个较为柔和的意义上接受概念分析的方法，这就是哈特的立场。哈特没有否定其他讨论规则的方法，但他认为"可能最佳"的方法，是从社会成员可观察和可理解的言语行为入手，来解释其信念和态度，并由此阐明规则的性质。哈特的做法至少在精神气质上更接近概

---

① Robert B. Brandom, *Making It Explicit*, Harvard University Press, 1994. 关于此书的一个导论性著作，参见罗伯特·布兰顿：《阐明理由：推论主义导论》，陈亚军译，复旦大学出版社 2020 年版。
② 威尔弗里德·塞拉斯：《经验主义与心灵哲学》。

念分析，而不是与所予神话更亲近的本质主义。我不确定马默是否是所予神话的支持者，但他确实给我留下这样一种印象。马默坚持语言和事物的严格区分：语言指向（refer to）和代表（stand for）事物，但不是事物本身。以语言形式呈现出的对事物本质的看法未必是对的，应该根据某些语言之外的独立标准来判断。然而，马默并没有指出直达事情本质的有效方法是什么。但是，不论马默的实质观点为何，他都不应该拒绝和轻慢概念分析。因为马默能够向读者呈现的只有概念和推论，并且只能通过概念和推论来展示他的法律形而上学思考。因此，我们至少可以合理地坚持一个相对柔和的立场：语言游戏不是思考和讨论自我和世界的诸多方式之一，相反，只有通过概念和推论，对自我和世界的其他思考和讨论才有可能展开，并有资格算作思想。

三、法哲学的做法

我倾向于将法哲学界定为关于法律的哲学研究，其目标是要促进对有关法律的思想（thought）、谈论（talk）和实践（practice）的一般性理解。由于法律思想和讨论都必须使用概念，所以概念分析也是法哲学的方法之一。我相信这一界定拥有多个重要的优点，也为法哲学提供了明确的理论定位和目标。

正如马默所指出的，每一个法哲学家都会讨论某些问题，也都必须回答为何会是这类问题出现在其清单上。马默试图根据法律的本质来确定问题的相关性和重要性。但是，马默并没有提供直达法律本质的有效方法。或许也因如此，马默马上又强调，法哲学的议题具有"路径依赖性"。然而，抛开路径依赖本身的保守性不说，我们也需要解释，法哲学学科传统将某些问题作为其核心问题的理由是什么。

菲尼斯敏锐地指出，描述性理论都存在一个方法论难题：描述必然要在对象的无数特征中作出选择，而选择依赖于评价。哈特和拉兹等人在法哲学上的贡献，很大程度上取决于他们基于评价而选择了以"实践观点"（practical point of view）来解释法律。然而，菲尼斯认为他们的"实践观点"，是一种包含了"截然不同的观点的混合物"。例如，哈特的内在观点，除了将规则当作行动指导的态度外，还把以下态度看作对法律的"忠诚"："长期利益的计算，对他人无私的关怀，未经反省之承袭的或传统的态度，或者只是想跟别人一致"。拉兹虽然主要是从"法律人的观点"来解释法律的性质，但也将所谓无政府主义者法官的观点带入。而观点的游移不定，特别是混合了异质的观点，必然会稀释、冲淡实践观点，甚至会将法律解释为一种截然不同的社会秩序。①

按照菲尼斯的看法，描述性法理学不仅需要在技术上将实践情形区分为中心情形和边缘情形，还需要一套鉴别中心情形的评价标准。不过，菲尼斯的观点与所谓的间接评价理论不同。间接评价理论承认，标准的不清晰和不稳定性必然会影响到理论的融贯性和说服力，但这些缺陷可以通过理论价值克服，不需要诉诸实质性的价值判断。所谓理论价值是指简明（simplicity）、完备（comprehensive）、清晰（clarity）、重要等。② 但是，理论价值是一般理论所拥有的价值，无法帮助法哲学家挑选出研究主题。更重要的是，理论价值并非都是形式的，毋宁说，理论最重要的价值是实质性的，其目的是要帮助我们更好地理解，对于我们而言什么是"重要和意义深远的"。

菲尼斯对方法论的反思，触及法哲学内部的两个张力：一方面，描述性法理学是道德中立或价值中立的。另一方面，法哲学本身是有价值的。拉兹说的自我理解本身就是一种重要价值。但真正重要的自我理解，一定是对我们来说"重要和意义深远的"。菲尼斯的自然法试图揭示出关于人类幸福、繁荣、机遇、挑战等的一套原理，这可以看作是拉兹自我理解价值的某种实质化，同时也可以为描述性法理学提供指导。然而，菲尼斯关于人类基本善和实践理性的观点本身就存在争议。更重要的是，如果法哲学只能按照菲尼斯所推荐的方式来进行，法哲学家就必须先发展出一整套实践理性哲学，描述性法哲学就转变成了德沃金所说的规范性-描述性理论了。

我认为概念分析对协调法哲学的两个面向提供了一种独特的解决方案。其一，概念分析对"哪些概念是重要的"提供了一个"超然的"判断标准。概念分析本身并不预设议题。法哲学议题由推论实践提供。值得分析的概念，必然在实践断言和推理中扮演了重要角色。哈特挑选规则、义务、权利或法律作为分析对象，无非在实践思想和谈论中广泛存在"X 有做某事的法律义务"或"这是一项规则或权利"等断言，而法律、权利和义务在推论中扮演着给出理由和索求理由的角色，因而需要在哲学上予以阐明。法哲学家应该在概念的真实推论实践中，去理解何为重要的社会判断，而不只是根据传统或自己的价值评价来确定主题。

将目光转向概念在实践思想或言谈中的功能，其允许法哲学保持一种开放性。一方面是法哲学议题的开放。我不认为某个概念必然拥有法哲学的特殊优先地位，或者一个概念必须要抓住法律的"本质"，才能成为法哲学的合法议题。强制、权

---

① John Finnis, *Natural Law and Natural Rights*, Clarendon Press, 1980, p. 12.

② J. Dickson, *Evaluation and Legal Theory*, Hart Publishing, 2001.

威和道德能够成为法哲学的核心概念,不是因为它们抓住了法律的本质特征,而是它们在法律思想和讨论中扮演了重要角色。法哲学议题之所以拥有路径依赖的特征,不过是因为哈特等正统理论对相关概念的讨论,作为关于法律的一般化思想,在当下的法律思想和讨论中,仍然扮演着给出理由的角色,或者被认为不具备给出理由的能力。但真正重要的是当下正在发生的话语实践。真实的话语实践才是法哲学议题的"源头活水"。法哲学应关注在真实的思想和讨论中涌现的观点,从中提炼和贡献新的议题,或展示既有议题的不同内涵,并以哲学的方式赋予清晰的表达。

另一方面,法哲学的开放性也体现在其可以充分容纳不同的法哲学规划,却不必同时承担过多的论证负担,可以在不预设太多实质条件的情形下启动和推进研究工作。法哲学家可以通过引入对法律概念的推论性理解,发展出不同的哲学规划。例如,通过引入法律是一种实体的预设,就可以发展出法律形而上学。但对于概念分析而言,法律形而上学只是法哲学可能的规划之一。法律形而上学的问题也不再是决定"什么是法哲学研究"的标准问题,而是某种可能的哲学规划的特定问题。法哲学家也可以引入表达主义的主张,进而发展出一套非形而上学的、甚至是非认知主义的理论。

其二,法哲学作为一种规范阐明事业,不只是去描述法律的存在形态,还要将解释法律概念背后的隐含规范作为自己的首要使命。明确地将法哲学的目标指向规范,可以让我们直达法哲学上真正重要的问题,避免严重的理论定位错误,特别是将哲学说明和经验科学相混淆。经验科学关注的是因果和自然的秩序。概念虽然只能在经验性的思想、讨论和实践中使用,但概念属于规范性领域。概念分析关注的是概念的规范性约束问题。而正是概念分析的独特关切,才使其成为哲学的重要部分,并与自然科学和社会科学等经验科学区别开来。[①]

哈特在反对用定义的方式来阐明法律性质时,已经触及了概念的规范性问题。哈特认为,国际法是不是法律,不是一个简单的习惯问题。相反,"在任何严肃的学科中,一般性术语的外延都有它的原则或原理(rationale)"。[②]对法律的概念分析不是要下定义,而是要揭示出其背后的原则或原理,也就是概念背后的规范。但哈特也认为,日常语言实践也是受原则辖制的。正是借助某些统一原则(unifying principles),同一个词语才可以用于不同情形。例如,"脚"既可指人的肢体,也

---

① R. 布兰顿:《理由、表达与哲学事业》,韩东晖译,《世界哲学》2005 年第 6 期。
② H. L. A. Hart, *The Concept of Law*, p. 215.

可用于"山脚"。"健康"可以用来指人、气色或晨练。铁路可以指由路线、车站、搬运工和有限公司等复杂要素或活动构成的整体，也可用于其部分。哈特认为法律概念背后的统一原则类似于铁路，因此其才试图分离出一组核心要素来阐明法律的性质。[1]

不过，哈特并没有明确意识到，法哲学是一种"规范阐明"的事业，而有意无意地混淆了哲学和经验科学。法律的事实性面向是造成这一混淆的重要原因。正如哈特所言，奥斯汀的制裁理论，从"强制的心理经验"来解释规则，或"错误地以心理感觉的角度诠释规则的内在面向"。[2] 这一做法无法区分被迫和有义务，其实也混淆了对规则的哲学说明和心理学说明。凯尔森已经指出，规范是"去心理学意义上的"（depsychologized）命令，开启了法哲学的规范性转向。然而，哈特似乎不是很重视凯尔森的观点，而是将自己的工作激进地理解为一种法律的"描述社会学"（descriptive sociology），这导致哈特经常用心理学或社会学事实来解释法律和规则。这一错误让他的"内在观点"变得混杂不堪。哈特应该意识到，内在观点不只描述遵守规则的人事实上如何看待规则，还包括他们有哪些理由将一个行为要求看作规则。而对理由和规范的解释必须去心理学和去社会学化（desociologized），也就是要由因果说明上升到规范性阐明。[3]

其三，要在一个整体性的推论网络中来阐明规范。推论主义的概念分析，将X是什么的问题，转变为X承诺了什么，以及承诺的理由为何。在此基础上，还要去检讨它们与更广泛的推论体系是否融贯。我相信这一框架可以为严谨而清晰的法哲学思考提供帮助。不过我在这里想评论一下法哲学的自我区隔倾向。受这一倾向支配的法哲学家，喜欢强调法律的独特性，将法律上的规范性概念与其他领域的规范性概念区隔开来，只在法哲学内部思考法律。这种反整体主义的自我区隔倾向，不仅无法阐明法哲学的重要概念，也导致法哲学家很难作出超越本领域的贡献。

雷尔顿对哈特的接受概念的分析，提供了一个打破区隔的范例。雷尔顿认为，接受规则就是将规则当作行动的"规范性指引"（normative guidance）。[4] 而规范性指引不同于物理学或生物学的约束，也不同于制裁等外部施加的约束。因为

---

[1] H. L. A. Hart, *The Concept of Law*, pp. 15–16.

[2] Ibid., pp. 57, 88.

[3] R. 布兰顿：《理由、表达与哲学事业》。

[4] P. Railton, "'We'll see you in court!': The Rule of Law as an Explanatory and Normative Kind", in D. Plunkett, S. Shapiro & K. Toh (eds.), *Dimensions of Normativity: New Essays on Metaethics and Jurisprudence*, Oxford University Press, 2019.

接受包含了"规制性的"(regulative)、"评价性的"(evaluative)和"慎思性的"(deliberative)三种态度。哈特只是强调了接受中的规制性态度。但雷尔顿认为，对于人类这种生物而言，除非他们能够将某些规则或者规范施加在自我之上，否则就不存在遵守规则的行为。换句话说，只有当他们认为，遵循规则会实现某种价值、目的或者目标时，他们才能将规则施加于自己。如果缺乏评价性态度，对规则的遵守要么会产生一种异化(alienation)，要么就是盲目地服从，无法将规范性指引和受本能或习惯驱动区别开来。因此，在接受规则时，规制性态度必然和评价性态度联系在一起。

从方法论上看，雷尔顿的工作事实上就是对"接受"概念究竟承诺了什么的推论性阐明。如果雷尔顿的解释成立，就会将评价性态度引入接受的概念。而这一推论反过来就会影响到对内在立场的解释。不过，比其实质观点更重要的是雷尔顿的"做法"。雷尔顿将规则接受的解释，推向了人类心理学事实。两种态度在规范性指引中的联合，是一种哈特所说的"自然的必然性"，其和哈特从人类和环境中提炼出来的"最低限度的自然法"一样，构成了对人类规范性行为的"自然"限制。① 也就是说，对规则接受概念的阐明，必须与人类心理学事实保持融贯。

必须马上说明，我的意思并不是要将法哲学带回到心理学，而是想从另一个维度强调法哲学的整体性。法哲学的工作对象虽然是规范，但是，作为理性存在者，我们同时生活在康德所说的两个世界，既受自然法则的约束，也受自由法则的指导。规范性存在于自由的空间，但也受到自然法则的限制。对概念的规范阐明工作，既要利用心理学和社会学等实证科学的资源，解释"应当"(ought)蕴含的"能够"(can)，同时也要将其置于整个规范性推理网络中加以考察。对法律及相关概念的规范阐明，在终极的意义上，取决于我们在何种意义上是被决定的，在何种意义上是自由的。

论述至此，我们就可以解释，法哲学家为何可以在不预设价值判断的情况下，就得出重要且有深远价值的研究成果。按照我这里提及的观点，法哲学拥有历史性和普遍性两个面向。历史性主要体现在，从推论实践中寻找议题是语境化的。语境的开放性可以让法哲学在不同方向和不同推论关系中，促进对法律的反思、重构、转变和发展。而法哲学要拥有超越语境的价值，就要如拉兹所说，促进我们的自我理解。但是，拉兹并没有解释清楚，法哲学在何种意义上能够促进自我理解。现在

---

① Kevin Toh, "Legal Positivism and Meta-Ethics", in Torben Spaak, Patricia Mindus (eds.), *The Cambridge Companion to Legal Positivism*, Cambridge University Press, 2021.

我们可以补充说，作为理性而自由的生物，我们的尊严就在于我们是规范性的存在，并且通过规范性来成为自己。法哲学通过致力于规范阐明而成为人类自我理解事业的重要部分。法哲学应将自己的规范阐明工作，置于心灵哲学、伦理学、语言哲学以及实证科学等关于人类和世界的一切推论体系的整体中，以期获得具有普遍性的、"重要和意义深远的"成果。

四、说明的自主性

尽管概念分析本身就是一种说明性工作，但将概念分析看作一种规范阐明活动，仍然会引起一些合理的担忧：当我们与规范携手时，如何保持"说明的自主性"（explanatory autonomy），而不至于让法哲学成为规范性哲学？致力于规范阐明的法哲学与规范性哲学的区别何在？

在给出我自己的观点之前，我想对一种流行的观点进行评价。我说的流行观点将理论化（theorizing）区分为一阶（first-order）和二阶（second-order），并通过二阶理论来解释，在规范性领域进行说明的工作是可能和重要的。二元论主要出现在伦理学中。雷尔顿的观点就是一种代表。[①] 雷尔顿认为，康德主义、功利主义和德性论，作为一阶道德理论，他们在道德对错的一阶标准上存在重大分歧，但他们都拥有共同的"道德"（morality）概念。对道德概念的分析就属于二阶理论，其目的是要阐明哪些属性使得道德成为一种独特的规范性方案。雷尔顿提出的道德属性包括：道德涉及对个人和人际行为的标准和评价，可以作为道德的标准和评价是客观的、无偏私的、一般的、非假言的和规范性的，等等。他认为关于道德属性的标准不是关于行为对错的标准，但他没有对什么标准可以成为道德对错的标准表达看法，他可以容纳不同道德理论基于不同根据提出的迥异的、甚至相互冲突的一阶道德主张。

基于同样的逻辑，法律的理论化也可区分为一阶和二阶。一阶法律理论考察的是关于法律陈述对错的事实。而二阶法律理论则是对法律或法律体系的本性的理论化。关于法律或法律体系本性的理论是二阶理论，因为其只是识别一个社群中哪些实践是法律实践的标准，而不是决定一阶法律陈述对错的标准。按照这一区分，还原论和解释论的实质观点都是一阶理论，它们争议的是法律陈述对错的根据或基

---

① 这里的表述主要参考了凯文·拓和雷尔顿的观点。Kevin Toh, "Legal Positivism and Meta-Ethics". P. Railton, "'We'll see you in court!': The Rule of Law as an Explanatory and Normative Kind".

础。前者认为法律陈述对错的标准是社会事实，而后者则认为对错标准还需要道德证成。但他们都必须确保其谈论的是法律上的对错，因此就需要一些二阶标准，将法律陈述从非法律陈述中鉴别出来。而二阶的、关于法律本性的法哲学，就像元伦理学一样，不必对法律陈述对错表达观点。①

二元论展示了一些合理的动机。既然一阶理论存在重要争议，似乎就应该回到更抽象的层次上澄清重要和根本的概念。因此，二阶理论需要在一阶理论的争议中保持中立，不涉入一阶判断，将概念从一阶思想和讨论中独立出来，进行所谓的"形式"分析。然而，二阶理论的做法和本质主义一样，是神秘而有误导性的。其一，二阶理论应处理哪些概念，或以何种方式来处理概念，本身只能来自一阶的思想和言说，也就是来自其在一阶断言中扮演的角色。其二，概念只有在有内容的推论中才能阐明其意义。二阶理论力图避免采取实质性立场，因而只能提供一种去语境的、普遍的和形式的概念分析。然而，过少的分析不仅无法获得有意义的结论，甚至无法真正阐明自己的概念。② 例如，客观究竟是什么意思，就需要另一些概念来阐明。康德主义者会将客观理解为可普遍化，并批判功利主义不那么客观。这一批评与其说是指责功利主义者提出了一种错误的一阶道德哲学，毋宁说是指功利主义作为一种道德哲学存在重大的资格瑕疵。其三，道德哲学无法保持说明的独立性。道德概念是理论家自己有理由作出承诺的概念。二阶理论要回答道德的属性，就必须承诺，某些一阶道德判断是真正的道德判断，而不是只具有道德判断形式的断言。只有当理论家承诺为真的一阶道德判断拥有客观、无偏私、一般性和非假言性等性质时，其才可以说这类性质是道德的性质。但事实显然并非如此。雷尔顿归属给道德的二阶属性，几乎都存在重大的争议，而其争议的根源，仍然是关于一阶道德判断的分歧。二阶道德理论的根本难题，就在于其意图说明道德的属性时，无法将理解和承诺、说明和证成分离开来，从而无法维持说明工作所需的承诺中立。

否认二阶道德理论的可能性，并不意味着在规范性领域中拒绝说明的自主性，更不等于否定法哲学是一种说明性事业。关键是如何将理解和承诺、说明和证成区别开来。我认为借助于实践推理和理论推理的区别可以接近这一目标。实践推理是关于应该如何行动的推理，但所有的实践推理都可以通过某种方式转换为理论推理。实践参与者也经常从第一人称视角转换到第三人称视角，也就是从实践

---

① Kevin Toh, "Legal Positivism and Meta-Ethics".

② Bernard Williams, *Ethics and the Limits of Philosophy*, Routledge, 2006.

推理转换到理论推理，以此来整理和澄清自己的主张。而说明的自主性就存在于推理形式的可转换中。假设社会 S 的成员 P 主张"在条件 C 下应做 X"。这一主张就可以转化为：**"社会 S 的成员 P 断言，在条件 C 下应做 X。"**

通过将断言的主体移入引号，实践断言就转变为一个理论断言。理论断言是一种关系性断言，其中包含了一个实践断言和一个归属性断言。而把一个实践断言归属于 P，就把 P 的主张转换为一个事实，可以用条件句（If ...）的形式进行表达和分析。而不同类型的断言分派的责任也是不同的。对实践推理的理解和说明之所以可能，是因为断言和判断不是随意作出的，而是一个需要为之负责的行为。实践断言是主张者有责任证成的，也是有内容和可理解的。而理论断言则豁免了证成的责任，但分派了通过解释使之清晰的责任。解释者可以采取麦考密克说的"理解但不承诺"的态度，对断言的承诺和理由进行理论分析。

从可归属性来解释说明的独立性，可以更好地理解二阶道德哲学的可能性及其限度。雷尔顿提出的二阶道德属性，本质上是一种可归属性说明。他可以将某些道德主张归属于康德主义者、功利主义者和德性论者，并阐明他们在使用道德概念时共同承诺的规范。不过，即使他的解释是真的，也只是解释了这些道德哲学家对道德的看法。但道德的属性不可能通过可归属于他人的道德主张或实践得到解释。对于这类道德哲学家，我们仍然可以追问：是否只存在这三类对待道德的看法？他们的主张真的是关于道德的主张吗？而对于后一个问题的回答，必须是我们自己在反思之后能够承诺的。

那么，我们该由此否定说明性哲学的可能性吗？我的回答是否定的。在理论化问题上，简单地从伦理学二元论类推出法哲学二元论，固然是错误的；[①] 但同样错误的是，仅仅因为伦理学不可能存在独立的说明性理论，就认为不存在说明性法哲学。这些简单推论忽视了道德和法律的重要区别：道德是反思性地确定的，也是理论家必须加以承诺的。而法律存在于特定社群的实践之中，并且正如哈特所言，只有当实践参与者能够成功地解决什么是法律的争议时，法律制度才可能存在。所以，对法律是什么的回答，总是存在可归属于特定社会的主张，而且社群的判断实践在构成的意义上确定了法律是什么。构成在此意味着，在一个社群中，社群的判断实践就是对法律是什么的终局性回答。

因此，对于法哲学来说，我们可以将一个社群的判断实践，视为已完成的事实

[①] 例如，凯文·拓就过度地借助法哲学与伦理学的简单类比。Kevin Toh, "Legal Positivism and Meta-Ethics".

而对其进行分析。"已完成"当然不是说，不存在正在进行的和未来可能进行的法律实践，而是说正在进行的和未来可能存在的法律实践，在结构上会和已经完成的法律实践保持一致。当 X 是什么可以通过可归属的实践方式确定时，就能作为一个社会事实来进行说明。这也是哈特采取的方法。哈特不是直接问规则是什么，而是将其转变为下面这个问题：如果社会成员的行动是受规则指导的，那么其行动必然展现的结构是怎样的。哈特显然是将受规则指导的行动视为一个"已完成的"事实加以分析。

有两个可能的误解需要作出澄清。其一，任何研究都离不开预设。法哲学也必须预设对待法律的某些理解。由于说明的对象只能是事实，所以法哲学必然依赖关于法律的一个判断，例如，法律是人类社会的事实。但这一判断不是关于法律的实质观点，特别是不能混同于法律实证主义的观点。任何一种关于法律的理论都必须包含描述的部分，因此就必然要承认法律是人类社会的事实，否则就无法发展出对法律的任何说明，也就无法确保他们提供的是关于法律的理论。但他们仍然可以发展出不同的实质观点。法哲学方法论只能对实质观点保持"超然"立场，但不可能"超然"到不依赖关于法律的任何理解。

其次，理解作为一种规范性活动，虽然不同于证成，但仍然是负有责任的行为，也是受规范辖制的。法哲学家的责任包括两个方面：其一，对可归属性判断负责。其二，援引可归属于社会成员的态度和信念来阐明，对于 P 来说，上述表达式承诺了些什么，以及他们如何证成其断言。但援引态度和信念不是任意的，而应遵循戴维森所说的"宽容原则"（principle of charity）。[①] 宽容原则假定人类作为理性生物，其信念、意图和态度是由合理性（rationality）、一致性和融贯性等原则所塑造的，所以既是可理解的，也应接受理性的批判。宽容原则的批判性体现在，如果将某些态度或信念归属于行为人会导致其行为变得难以理解，就应将这些态度和信念过滤掉。例如，在解释对待规则的内在立场时，就应该将随大溜之类的信念和态度过滤掉。

但是，宽容原则所包含的合理化限制很少，其只是要求满足可理解性，而不要求满足可证成性。理解是哲学家的事业，而证成是参与者的责任。即使我们承认，法律实践的参与者，会像德沃金主张的那样，援引道德理由来判断什么是法律，而不是援引法律实证主义者所主张的、可归属于某些人或机构的"社会事实"，也不会危及说明的自主性。因为法哲学家仍然可以将德沃金的法律实践，当作可用

[①] D. Davidson, *Inquiries into Truth and Interpretation*, Clarendon Press, 1984.

"if"句式表达的归属性事实,进而阐明其推理的结构和理由。法哲学家既不需要同意德沃金的主张,也不必像他那样参与实践推理。宽容原则只满足于下述目标:尽可能地让"R是法律对德沃金而言是可证成的"这一点变得可理解。对于以理解为目标的法哲学而言,不仅允许解释者的承诺和被归属的承诺之间存在重大的规范差异,还要求保留承诺差异。

五、概念分析与还原论

一旦我们明确,法律的可说明性,在于法律是一种"已完成的"制度性实践,就可以将法哲学和关于法律的实质观点分离开来。解释论不再对说明性法理学构成挑战。解释论和还原论之争,就下降为关于法律是什么的实质观点之争。而立场超然的方法论也为反思还原论提供了一个超然的视角。我将以还原论为例,展示推论主义的概念分析会如何促进法哲学的反思。

还原论面对的显而易见的难题之一,是从事实到规范的推论的合法性问题。不过,和其他概念一样,"事实"概念也是受规范辖制的。例如,说"X是事实",就承诺了X可以用经验的方式确证。而对事实的进一步区分,则需要引入新的规范。自然事实是从因果关系的角度理解的事实。而社会事实虽然也有"自然"的一面,但对社会事实的理解,需要考察其"内在面向",特别是事实中所包含的信念和态度,而其核心则是规范。哈特已经说明,被迫或习惯性服从等社会事实,和使得一个社会存在规则的事实,在性质上存在重大差别。将两类事实区分开来的,正是事实的"内在面向",也就是构成某类事实的"规范"。

在给出理由和寻求理由的活动中,规范扮演了关键的角色。从一个概念到另一个概念的推论,都是通过规范进行的。如果某个事实只是一个自然事实,就只能通过因果关系成为另一个断言的理由,但无法成为另一个规范性断言的理由。但是,并非所有的事实都不能推出规范。例如,从P是一位法官的事实,就可以推出P应当依法裁判。因为法官的概念包含了依法裁判这一规范性承诺。而P同意担任法官之职的事实,则表明P将法官概念中的规范性承诺,接受为自己的规范性承诺。所以,从P担任法官的"事实"到"规范"的推论,是从事实中包含的一个"在先"的规范性承诺推导出另一个规范性主张。

规则问题同样如此。正如马默所主张的,"为了描述一个社会规则的存在,我们必须把某些信念归属于那些遵守规则的人"。但可归属的信念不是任意的,而是一种"反身性信念",即遵守规则的人必须"将规则的存在视为他们的行动理由"。马默认为正是这一信念,将遵守规则和遵守一个被广泛相信的策略区分开来。不过,马默要作出这一区分,必须预设一个规则的概念,例如"规则是行动理由"。规则的概念承诺解释了遵守规则的人为何拥有那些信念。但是,从规则的概念推导不出 P 应该遵守特定的规则 R,这里还需要一个推论中介。例如,P 接受 R 是其规则。由于接受 R 是其规则,必须接受规则概念中包含的规范性承诺,因而我们就可以反过来说,接受 R 就使得 P 的信念和态度被 R "规定"了。

然而,到此为止,我们考察的还是 P 作为"私人"接受了一个规则。我将这类规则称为私人规则。我在一个不太严谨的意义上使用私人规则,并将其当作社会规则的一个对照。私人规则不只是个人规则。社会中的某些群体也可以共同接受一个规则,但它们对群体之外的其他社会成员没有约束力。从其他社会成员的角度看,他们接受的规则仍然是私人规则。而社会规则是对所有成员都有约束力的。假设 Q 是"其他成员"中的一个,P 作为个人接受规则 R,就不是将 R 归属于 Q 的理由。当然,这并不是说不能将 R 归属于 Q。我们可以根据某种身份而将 R 归属于 Q。正如哈特所言,社会规则是站在群体成员的角度,接受并使用这些规则作为行为指引。社会规则预设了社会成员的身份,并且是根据身份而归属于每个社会成员的。根据身份归属于 Q 的规则,和 Q 是否接受无关。即使 Q 不接受 R,R 仍然可以归属于 Q。

如果将 R 归属于 Q 的理由,是独立于 Q 之态度的,那么还原论就是失败的。因为将 R 归属于 Q 的理由,必然也是将 R 推论性地归属于 P 和其他社会成员的理由。换句话说,对于任意一位社会成员来说,即使其不接受 R,也存在将 R 归属于他的理由。接受只是增加了一项理由,但这不是规则的证成理由。例如,"禁止滥用暴力"的规则,对于社会生活的维持来说具有高度的重要性,可以凭借内容的重要性而被归属于所有的社会成员,所以也同等地适用于 P 和 Q。[①]P 接受这一规则只是给自己提供了遵守的额外理由,但这不是规则有效的理由。

还原论可能会主张,哈特所说的社会规则是惯例性的,而惯例的效力只能被还原为接受态度。按照马默的看法,惯例拥有任意性(arbitrary)和实践依赖性。任意性是指惯例总是存在可替代项,且其和可替代项之间,并不存在评价上的重大差异。例如,机动车靠左行驶和靠右行驶都是同样好的,根据对选项内容的评价,并不能确定哪一个选项胜出,于是也就无法证成哪一个选项应该成为交通惯

---

① 这个例子来自哈特。H. L. A. Hart, *The Concept of Law*, p. 87.

例。因此，惯例就在一个关键意义上依赖于社会成员的态度或共同实践。从这个意义上说，惯例的效力是偶然的。其偶然性体现在，不存在规范性理由要求社群成员必须选择某一行驶方向。如果大多数社会成员选择了靠右行驶，就会存在靠右行驶的惯例。但是，若大多数社会成员采取了相反态度，就会存在靠左行驶的惯例。

马默的还原论实际上依赖其对惯例的解释。马默创造性的成果之一，是将哈特的承认规则解释为法律的构成性惯例（constitutive convention）。[1] 马默正确地认识到，直接用信念和态度来解释规则，无法解释法律为何能给出行动理由。马默借助拉兹的权威理论，将法律应当和道德应当连接起来。但他马上指出，在一个社会中，确认谁拥有法律权威以及权威如何行使其权力，不存在唯一的标准，取决于不同社会所实践的承认规则。所以，承认规则不只是惯例性的，还是构成性的。承认规则确定了谁在决定法律内容上拥有权威，而其决定就是法律，由此马默为排他性实证主义提供了一种更精致的辩护。

然而，如果马默的目标只是通过惯例论来为还原论辩护，他大可不必将自己和排他性法律实证主义捆绑在一起。按照马默的逻辑，社群在形成谁是法律权威以及权威该如何行使权力的规则时，是受道德理由调整的。但马默似乎不愿意承认，惯例性的承认规则确定之后也会受到质疑，并在被质疑之后发生改变，甚至失去效力，所以"法律是持续地被构成的"。我更倾向于认为，在决定法律效力时，道德可能像解释论所说的那样发挥重要作用。但这不等于说，法律是什么总是取决于道德论辩，相反，法治原则要求法官将道德的影响和作用，用规则的方式确定下来。被确定的规则构成某种复杂的承认规则，但仍然是惯例性的。

惯例论的真正问题在于，态度只能解释规则对规则创设者个人的规范性。即使多数人在任意选项中，选择了 R 作为其规则，R 仍然只是私人规则。对于不接受 R 的成员 Q 来说，其虽然可以基于各种考虑尊重多数人的选择，却不必认为多数人接受 R 的事实，是其也接受 R 的规范性理由。对惯例规范性的解释还需要说明，大多数人接受 R 的事实，为何能对所有社会成员拥有规范约束力，也就是基于什么理由，R 能够由多数人的私人规则，转变为社会规则或惯例。很显然，除非援引其他一些 Q 作为社会成员本来应该遵守的规范，否则我们无法将 R 作为一项社会规则归属于 Q。例如，我相信下面这个规范（N）是合理的："在特定情形下，多数人接受某个规则的事实，就是该规则对全体成员拥有约束力的充足理由。"

---

[1] Andrei Marmor, *Philosophy of Law*.

如果这一解释是合理的，那么对惯例的还原论解释就是错误的。因为惯例的规范性基础是规范 N。大多数成员接受了 R 的事实，只是触发了（triggering）规范 N。① 由此才存在一个 Q 应将 R 接受为社会规则的具体理由。但是，多数人的接受事实，只是 N 的适用条件或触发项，在实践推理中充当的是小前提。而规范 N 提供了推理的大前提。也只有借助规范 N，那些接受了规则 R 的人，才有资格说，规则 R 不只是他或他们的私人规则，而是社会规则或惯例。由于 N 的适用，依赖于多数人选择了 R 这一事实的触发，惯例才始终维持着马默所说的实践依赖性特征，拥有事实的面向。但惯例的效力不能简单地还原为事实，而是来自另一个规范。

尽管我拒绝了马默的还原论，但我并不认为还原论不适合法哲学。我只是论证了惯例的效力只能来自另一个规范，而如何解释规范的性质，是另一个问题。自然主义或表达主义都提供了关于规范性质的还原论解释。我不打算评论这种策略是否成功。② 但马默的还原论是半心半意的，也是隐晦不清和自相矛盾的。我不想说他的问题出在法哲学的做法上。但是，如果一位哲学家试图阐明法律的本质，却没有获得本质的可靠路径，就难免随意和武断，或者只能在法哲学传统里进行一些研究。即便如此，他也应该尽可能地理解自己的概念，在推论结构上做到足够清晰，并在尽可能广泛的推论体系中寻求合理的解释。

六、对法律规范性的简单评注

还原论在法哲学中拥有持久的吸引力，这来自对法律的一个强烈直觉：法律是一种复杂的实践，可能被各种力量、态度和观点影响，总是存在任意的、情绪化的、邪恶的和残暴的内容。这一事实对解释法律规范性造成了特殊的难题，也提供了一个合理的理由，驱使那些主张法律是规范性的哲学家，将法律的规范性和道德的规范性区别开来。还原论可以说是区分论的重要努力之一，其试图将法律的规范性建立在偶然的社会事实上，从而与道德的规范性保持区分，同时也试图维持法律的规范性品格。

---

① 伊诺克对理由给出的规范结构有细致的分析。David Enoch, "Authority and Reason-Giving", *Philosophy and Phenomenological Research*, vol. 89, no. 2(2014), p. 22.

② 例如，凯文·拓基于对规范的表达主义理论，重新解释了哈特的理论。Kevin Toh, "Hart's Expressivism and His Benthamite Project", *Legal Theory*, no. 11(2005), pp. 75–123.

区隔的代价之一,就是对规范性概念作出分类。例如,夏皮罗主张法律的规范性是形式的(formal normativity),而道德的规范性是稳健的(robust normativity)。两者的区别类似于帕菲特将规范性区分为"规则蕴含"(rule-implying)和"理由蕴含"(reason-implying)意义上的规范性。前者只是一个包含了应当、禁止或许可的标准,而后者则是在通盘考虑(all-things-considered)之后一个人应该去做的。① 按照这种区分,邪恶的法律就其包含了应当的标准而言,拥有形式的规范性。但就其在通盘考虑之后不能给出行动理由而言,又不拥有稳健的规范性。

我认为上述区分既无必要,又是误导性的。因为"规则蕴含"意义上的规范性,仍然需要推论性地阐明。由于规则是一个实践概念,对规则承诺了什么的解释,应该在实践推论中阐明。"规则是行动理由"至少是对规则概念的合理解释。如果规则 R 适用于 P,却不具备理由蕴含意义上的规范性,就只能说 R 只具备规则的形式要素,是一种没有规范性的规则。我们不能融贯地说,一个规则虽然不能蕴含理由,但仍然具有规范性。就此而言,形式的或规则蕴含意义上的规范性不是规范性概念。按照这种古怪的分类,不得杀人和强奸这类规范,在道德领域中拥有稳健的规范性,可当它们成为法律的内容,反而下降为形式的规范性?

通过法律的道德可错性来支持区分,也不是一个有力的理由。可错性并不是法律的特殊问题。规范性判断只能由特定环境下的人完成,不可能不出错,道德也不例外。很多道德会被后人认为是错的,我们也不能保证我们的道德一定是正确的。将规范性与不可错关联在一起,就很难理解人类的道德实践,也会让稳健的规范性概念失去意义。我认为合理的说法是,只要一个人在反思意义上认可一个道德要求是可证成的,他就有资格说该道德要求拥有稳健的规范性。即使他的判断后来被认为是错误的,我们仍然可以说,他正确地理解了道德规范性的概念。因此,规范性不能等同于正确性,而是和责任相关。② 如果一个人尽了自己的责任去证成一个规范性主张,那么,该主张就是稳健的规范性主张。

区分论者很容易指出,即使上述辩护对于道德成立,也不适用于法律。因为不需要特别严肃的反思,我们就可以提出许多邪恶乃至残暴的法律来。但是,这一反对意见误解了法哲学的目标。明显邪恶和残暴的法律,不可能拥有任何意义上的规范性。试图将它们解释为规范性的,是一种根本不能成功的哲学方案,除非我们回到一种难以理解的、没有规范性的规范性概念上去。法哲学也不能通过阐明法律存

---

① S. Shapiro, D. Plunkett, "Law, Morality and Everything Else: General Jurisprudence as a Branch of Metanormative Inquiry".

② Ronald Dworkin, *Justice for Hedgehogs*, Belknap Press of Harvard University Press, 2011, pp. 110-111.

在的条件来实现这一目标。法律存在的条件是复杂的。法律或许并不像哈特所说，需要多数人对法律持内在观点才能存在。强力、欺骗、意识形态、审慎的自我利益考量和随大溜等，都是维持一个制度的有效因素。各种因素如何以一种混合的方式维持一个法律制度，是社会学家的工作。但有一点是清楚的：邪恶的法律寄生在真实的法律制度中，但法律制度的存在条件并不能赋予邪恶法律以规范性。

我认为真正重要的问题，是要想清楚，当我们讨论法律的规范性时，究竟在讨论什么。正如前文所述，哲学家的工作是处理断言或概念。哲学家可以用"if"句式表达其问题：假设（if）法律是规范性的，这一断言究竟承诺了什么，又是基于哪些理由作出的，以及哪些断言是和这一主张不相容的。法哲学家不会去争论一个邪恶的法律是不是法律。一个国家的法律是什么是由该国的实践决定的，所以我们才能感叹人类社会居然存在如此之多的邪恶法律。但法哲学家的工作，不是描述法律事实上是如何被决定的，也不是要将所有的法律都解释为规范性的，而是致力于一个有限的目标：通过分析那些严肃对待法律规范性并为之负责的人的主张，从中提炼出某些规范，并予以明确地表达。其有限性在于，在许多法律体系下，法哲学家提炼出来的规范会被扭曲、违反和践踏。

尽管如此，对法律规范性的哲学说明仍然是重要的。其一，如果一个说明性理论是合理的，就也会产生某些证成性后果。例如，信念和态度缺乏合理性、融贯性和一致性，就会变得难以理解；而难以理解通常就是放弃该主张的理由。法哲学将法律概念下隐含的规范清晰化，会导致扭曲和践踏这些规范的法律很难主张规范性。其二，通过明确表达法律的规范性，法哲学能够为法律实践提供规范性指导。其三，法律实证主义已经注意到，法律是什么最终取决于参与法律实践的人所持有的态度和信念。但是，作为法律基础的态度，应该是哈特所说的反思批判态度，也是与规范相伴的态度。当我们将法律的规范性理解为稳健的规范性，并将稳健的规范性和责任联系在一起，将会有助于形成一种责任文化。而责任文化将会决定我们法律的面貌，也能让我们更好地成为规范性的存在者。

结　论

正如我所强调的，对法哲学性质的理解，应满足两个标准：其一，让法哲学尽可能地在更少预设实质观点的情形下开展研究；其二，对法哲学提供有意义的指导。基于这两个原则，我推荐一种推论主义的概念分析方法，提出了概念分析的三个特征：推论性、规范性和整体性。推论性要求法哲学必须关注真实的法律思想和讨论，鼓励从实践中获取法哲学问题。规范性则将概念分析看作是一种"规范阐明"的工作，以期将法哲学与法律的经验研究区别开来，避免法律的事实性带来的各种困扰和混乱。而整体性则要求法哲学必须尽可能地向其他学科开放，在人类规范实践的整体中，探寻具有普遍性和深远意义的观点，成为人类自我理解事业的重要部分。概念分析为法哲学提供了超然的立场、清楚的理论定位、工作方向和做法。我也将这一方法应用到还原论和法律规范性等实质问题上，展示其可能达到的深度。我希望本文对法哲学性质的探讨，有助于对法哲学性质的进一步思考，最终将法哲学带入真正清晰的光明世界。

特色栏目·人工智能与计算法学

强人工智能自动驾驶汽车的刑事责任认定

——伦理原则、理论可能与解释方案

达朝玉[*]

摘　要　近年来，人工智能机器侵权的刑事责任问题成为学界讨论较为热烈的话题，但是基于论战各方的话语权不对称，关于刑事责任的讨论始终未能取得一致看法。伦理优先于法律，强人工智能时代需要创新伦理原则，不能简单将责任归属于自然人。强人工智能自动驾驶汽车问题应接受刑法审视，强人工智能具有成为刑事责任主体的理论可能性。科技创新行业需要有"试错空间"，应当允许一般风险的发生，不宜将其作为过失行为认定。在人机交互过程中，如果是技术层面的程序设计的重大失误或者硬件质量不过关，应当认定为生产者和制造商的过失行为，追究其刑事责任。如果事后查证是自动驾驶汽车自身行为导致的损害，而驾驶人或者制造商没有重大过失或者故意，就应当认为是自动驾驶汽车自身的故意行为，追究其刑事责任。

关键词　强人工智能　自动驾驶汽车　刑事主体资格　刑事责任　风险防控

---

[*] 达朝玉，东南大学法学院2021级刑法学专业博士研究生，人民法院司法大数据研究基地特约研究人员。

一、问题的提出

人工智能是一个抽象的概念，无论是自然科学还是社会科学，都无法脱离具体实物进行研究。强人工智能是人工智能的高级阶段和未来发展方向，但是，很多学者对强人工智能的研究嗤之以鼻，认为这是一个不严谨的研究方向，并且认为与之相关的研究都属于幻想式的研究。大部分学者在概念的先前限定和逻辑鸿沟难以跨越的情况下，坚信强人工智能时代永远不会到来。但是，当下的科技水平和计算机语言、统计学、形式逻辑的推演等现有的知识体系并不会永远停留在原地。其实，强人工智能的实现并不遥远，对其进行研究具有重要的价值。

在现实生活中，人工技术领域与社会大众接触最多的就是自动驾驶汽车。每次技术创新都让自动驾驶汽车更加智能。人类一方面不得不越来越多地依赖于人工智能，另一方面却又不得不面临"风险的逐渐扩大"局面[1]。根据国际自动机工程师学会（SAE）的分级标准和当下最前沿的技术发展，虽然当下的自动驾驶汽车仍然无法摆脱人类的操作，但也即将步入L4、L5（强人工智能）阶段。因此，对人工智能的研究不能采用机械的、僵化的"非好即坏"的思维模式，而要充分掌握其发展规律，无论是自然科学还是社会科学都要进一步跟进。自然科学面临着技术层面的突破和管控，社会科学则需要回答伦理、哲学、法律体系框架下的问题。人工智能的发展要有方向、有原则，不能放任技术的野蛮生长，安全可控是技术革命最应该重视的问题，也许这种重要性要强于技术发展本身。正如刘艳红教授认为的那样，在大数据与人工智能技术的发展过程中，法学研究将发挥理论支撑、政策支撑与应用支撑的关键作用，其重要性与紧迫性日益凸显。[2]

本文首先分析现有人工智能技术的应用发展，认为有必要对强人工智能的安全问题进行前瞻性思考。因为，当下的弱人工智能及其法律问题并无实质上讨论的需要。纵观学界研究人工智能的观点，抛开表面的文字修辞，核心逻辑几乎一样，相当多的学者将强人工智能视为弱人工智能。而笔者认为再讨论这种弱人工智能无非"新瓶装旧酒"，并无更多讨论空间。因此，笔者主要将论域限定在强人工智能时代，以试图开辟新的话题领域。当然，可预见的是，这必将引起研究人工智能的保守主义学者的反对。不过，引起争鸣也正是学术研究的生命，能够进

---

[1] 王彦雨：《"强人工智能"争论过程中的"态度转换"现象研究》，《科学技术哲学研究》2020年第6期。

[2] 刘艳红：《人工智能法学的"时代三问"》，《东方法学》2021年第5期。

行观点碰撞和交流是学习和进步的难能可贵的过程。本文聚焦强人工智能的具体应用，即自动驾驶汽车；对当下的人工智能伦理原则提出疑问，以强人工智能自动驾驶汽车刑事责任为对象进行探究，试图将刑法学和强人工智能的研究进一步合理化。

二、现有人工智能的应用发展与安全反思

1940 年代全世界第一台计算机 ENIAC 的诞生意味着人类探寻电子智能文明的道路已经开始。1950 年，被现代人誉为"人工智能先驱"的计算机科学家阿兰·图灵（Alan Turing）在其人工智能奠基之作《计算机与智能》中提出了未来的智能机器会超过人类智能的设想①。1954 年，图灵在《可解决和不可解决的问题》一文中正式提出了"图灵测试"，证明了第三者无法辨认人类和人工智能机器之间的反应差异。②

到现在，人工智能技术已经得到了飞速发展，其依托当下互联网、大数据、计算机科学技术的创新变革，产生了深度学习（Deep Learning）技术（人工神经网络研究等概念）。当下的技术水平主要以计算机来模拟人的某些思维过程和智能行为（如学习、推理、思考、规划等），涉及计算机科学、心理学、哲学、语言学等诸多学科内容，它的最终目的是像人一样具有分析学习能力，能够识别文字、图片、声音等数据。在实践当中，无论是与人类极为相似的人类计算机索菲亚（Sophia），还是战胜世界围棋冠军的"阿尔法狗"（AlphaGo），它们的主要工作原理都是基于"深度学习"系统，它们变得愈发复杂和智能。

2017 年以来，美国、欧盟、英国、日本、韩国、俄罗斯、加拿大等国家和经济体相继发布人工智能研发战略。为了强化国家战略科技力量，我国在《中华人民共和国国民经济和社会发展第十四个五年规划和 2035 年远景目标纲要》（以下简称"十四五"规划）中明确提出，要瞄准人工智能前沿领域，实施一批具有前瞻性、战略性的国家重大科技项目。这标志着科学技术的发展势不可当，人工智能具有重要的战略意义。

然而，人工智能的高速发展同时也伴随着巨大的安全风险。虽然，人工智能的

---

① 唐热风：《心的本质是计算吗？》，《自然辩证法研究》1998 年第 4 期。
② 高新民、罗岩超：《"图灵测试"与人工智能元问题探微》，《江汉论坛》2021 年第 1 期。

技术革新让人类对人工智能时代的到来充满期待，但是，也不免感到迷茫和充满疑虑。物理学家史蒂芬·霍金（Stephen Hawking）、计算机大佬比尔·盖茨（Bill Gates）、科技大佬马斯克（Musk）都对人工智能可能具有自我思考而表示过担忧。例如，霍金在去世前留下警示的预言，如果对人工智能管理不当，那么它可能是人类最大的灾难，高智能且会思考的机器会终结人类的文明。①那么，按照现有人工智能技术的发展趋势是否会在未来给人类带来灾难？牛津大学的文森特·米勒（Vincent Muller）和尼克·博斯特罗姆（Nick Bostrom）两位学者就以人工智能研究领域的170名专家群体为研究样本，做出了一个权威的调查报告。该调查结果表明50%以上的专家认为如果依照现今人工智能的发展速度和发展方向，强人工智能将于21世纪中叶问世，它会给人类社会产生巨大的变化。而且，近一半的专家认为强人工智能会对人类造成负面的影响。基于此，便对未来如何更好、更安全地发展人工智能技术提出了要求。②

人工智能依托时代发展过程中计算机科学技术和相关领域前沿知识的技术，在过去每一个时间节点上都没有停止发展的脚步。思维没有"故步自封"是人工智能发展到今天具有重大突破和一系列成就的重要原因。信息社会的构建和人工智能各个领域的具体应用都是在计算机技术的基础上发展起来的，人工智能是信息技术发展到高级阶段后的必然结果。③人工智能在目前计算机科学具有支撑能力的情况下，已经可以对人类活动进行模仿，甚至在多个领域远超人类。人工智能在给人们带来无限遐想的同时也蕴含着巨大的安全风险和伦理挑战，这引发了法学界的危机意识。

三、创新伦理原则：强人工智能法律责任认定的前提

任何事物都既有共性又有个性，既要考察其一般性又要考察其特殊性。所有强人工智能的刑事责任在认定之前，都共享同一个伦理原则。强人工智能技术支配下的自动驾驶汽车，只具备教义学理论上的特殊性，而非伦理原则基础上的特殊性。因此，有必要对强人工智能伦理原则的一般性展开论述。伦理优先于法律。在研究法律责任问题之前，也应当考察道德伦理基础。伦理是为了更好地维护公共利益和

---

① 莫宏伟：《强人工智能与弱人工智能的伦理问题思考》，《科学与社会》2018年第1期。
② 韩敏、赵海明：《智能时代身体主体性的颠覆与重构——兼论人类与人工智能的主体间性》，《西南民族大学学报（人文社会科学版）》2020年第5期。
③ 韩水法：《人工智能时代的人文主义》，《中国社会科学》2019年第6期。

安全的道德和准则。伦理为法律的内在道德性提供正当性的理由和依据，立法伦理指出法律实践的目标和愿景①。进入强人工智能时代，人类会面临重大安全风险。强人工智能愈加复杂化，致使当下的人工智能伦理原则无法助力于强人工智能技术的发展。

首先，应考虑的问题是，强人工智能与传统智能产品存在很大的差异。强人工智能的复杂性来源于其独立意志，这也是人工智能时代划分的标准。人工智能是一种技术，按照其发展历史及未来畅想，学者们通常都基于一定的标准来区分 AI 的不同时期。绝大多数学者的观点主要分为两个时期，即弱人工智能和强人工智能。也有学者分为普通人工智能、弱人工智能与强人工智能三个时期②。区分的标准是：是否有深度学习的能力和是否具有独立意志，而多区分出来的一个时期实际上是部分学者作出的更为细化的区分，其认为弱人工智能和普通人工智能相比，具备更高级的智能。也有学者提出了更高端的人工智能（Artificial General Intelligence）——超级人工智能的概念③。但从客观角度来看，超人工智能的概念过于"前卫"且不准确，这只能被视为是一种在对计算机技术前景抱有无限期待下产生的概念。所以使用强人工智能的概念足以描述高级智能。而且，如果从基础逻辑和划分标准等因素来看，上述两种区分方式背后的逻辑机理是一致的。因此，所有研究人工智能领域的专家和学者们应当统一标准，最好适用"分为两个时期"的标准，这种区分简单易懂，在进行理论探讨、案例分析及制度构建时能够统一话语，更利于解决问题和科研交流。

因此，为了准确把握事物发展的动态过程和质变所引起的应对策略的差异，划分人工智能时代具有重要意义。强人工智能已经从文本概念走向现实世界，当下人工智能技术已经成为未来大国具有重大战略意义的科技。对智能产品中"智能"的理解维度不能还停留在传统的计算机软件和程序设计层面，而是应该放眼全球，结合科技前沿，用更加客观的信息推定智能水平。否则在研究方向和人工智能的理解上就会出现基础性的偏差，与科研目的相去甚远。

其次，应当认识到的另一个问题是，当下人工智能的伦理原则无法助力强人工智能时代。跨越自然科学技术到人文社科研究的"鸿沟"后首要的落脚点并不应该是法学，而是应当首先接受伦理的检视。为了防止在人工智能技术治理问题上陷入

---

① 金梦：《立法伦理与算法正义——算法主体行为的法律规制》，《政法论坛》2021 年第 1 期。
② 刘宪权、张俊英：《人工智能时代机器人异化与刑事责任》，《法治研究》2019 年第 4 期。
③ 王彦雨：《基于历史视角分析的强人工智能论争》，《山东科技大学学报（社会科学版）》2018 年第 6 期。

"科林格里奇困境",①应该提前判断和研究。无论未来人工智能技术发展的程度和技术方向如何,对人工智能进行伦理规制,无疑是基本共识②。

实际上,在人工智能产生伊始就有科学家提出了人工智能的伦理问题,图灵在《智能机器》中表达了对于人工智能技术快速发展,而相应伦理的发展却相对滞后的担忧。近年来,由于人工智能技术的崛起,人们就其伦理问题在全球范围内进行了逐步深入的讨论。例如,2016年英国标准协会(BSI)通过《机器人和机器系统的伦理设计和应用指南》。2017年1月,人工智能研究者在美国加州的阿西洛马召开了"阿西洛马会议",会议的重要成果就是提出了规范人工智能发展的《阿西洛马人工智能原则》(Asilomar Artificial Intelligence Principles)③。还有2019年4月欧盟发布了一系列关于发展人工智能(AI)伦理的新指南,以此作为企业和政府开发人工智能伦理应用的指导方针。

从上述伦理规范可以看出伦理原则对于人工智能的重要意义,它是人工智能发展的方向和责任来源。但是,当前的人工智能的伦理原则无法适用于强人工智能。例如《阿西洛马人工智能原则》中提出,"设计者是首要责任人,使用者是直接责任人,相关利益者有不可或缺的间接责任"。再例如,英国标准协会的《机器人和机器系统的伦理设计和应用指南》中提出,"机器人的设计不应该以杀害或者伤害人类为唯一或首要目的","责任主体应该是人类而非机器人","任何机器人都应该有责任人,这个责任人应该为机器人的行为负责",等等。在当下,这些伦理规定确实解决了人工智能道义责任的归属性问题,较为详细地指认了相关责任人。按照当下的智能水平,这无疑是公平和易于理解的。但是,当下这些伦理却无法助力于拥有自由意志和深度学习能力的人工智能技术的发展。

申言之,当Alpha Go战胜围棋世界冠军以及克隆技术、基因编辑婴儿技术诞生时,无一不是给全社会投下的一枚重磅炸弹,震惊了所有关注者,也将人类促逼到一个新的窘境④。强人工智能是具有独立运算能力和能够在自主意志下决策并做出行为的主体。人类的价值观和它的最优选择之间不可能永远一致,因此发生

---

① 英国哲学家大卫·科林格里奇(David Collingridge)在《技术的社会控制》一书中提到:一项技术的社会后果不能在技术生命的早期被预料到。然而,当不希望的后果被发现时,技术却往往已经成为整个经济和社会结构的一部分,以至于对它的控制十分困难。这就是控制的困境,也被称为"科林格里奇困境"。

② 魏莹、宫学源:《给人工智能加以"紧箍咒":世界各国积极推出人工智能伦理规则》,2022年4月6日,https://www.163.com/dy/article/EEBMG6P00514R8DE.html。

③ 闫坤如、马少卿:《人工智能伦理问题及其规约之径》,《东北大学学报(社会科学版)》2018年第4期。

④ 王海东:《洛克之问:舍勒论人及人工智能的哲学探究》,《国外社会科学前沿》2021年第11期。

冲突后的选择以及选择之后的后果由谁来承担责任,不能再简单适用当下的伦理原则。如上文所述,当下全球范围内的伦理原则基本上以自然人为最终的责任承担者。但是,鉴于强人工智能的特点,简单地让使用者和研发者承担责任不仅有失公正,而且这样的价值导向会抑制科技行业的发展。因此,需要结合当下科技前沿和技术特征,在伦理方面进行具体的创新和构造,这种创新和构造是极为重要的。

以科研伦理为例,科研伦理具有非常重要的导向意义。在开展科学研究、技术开发等一系列科技活动之前,无疑要遵守社会普遍意义上的价值取向和行为规范,缜密地权衡利弊以保证安全可靠,实现可持续发展。伦理约束是促进科技事业健康发展的重要保障。我国与时俱进,高度关注这一领域的探索和发展,在2022年3月出台了《关于加强科技伦理治理的意见》。其中明确指出,科技伦理治理存在体制机制不健全、制度不完善、领域发展不均衡等问题,已难以适应科技创新发展的现实需要,并提出了"伦理先行、依法依规"的治理要求。这意味着必须将开展科技伦理治理工作提上日程,并进一步加快推进科技伦理治理法律制度的建设。

综上所述,在展开法学研究之前首先接受伦理的考察是必要的,这回答了我们为什么要研究强人工智能,为法学研究铺垫了底层逻辑。不过,人工智能并非一个物体,而是技术的一部分。在面对种类多样的科学技术问题而因技术层面的理解产生分歧时,解决争议的最好方法就是对具体技术进行解构,并通过现象学进行分析[①]。因此,面对强人工智能还需要进一步从具体的应用入手进行解释和探究。

四、强人工智能自动驾驶汽车刑事责任认定的争议与可能

自动驾驶汽车是 AI 技术的具体应用。汽车不具有法律主体资格,而搭载强人工智能技术的自动驾驶汽车具有法律主体资格。因为,强人工智能技术可以结合很多产品。也许它会和汽车形成一个整体而可以成为一个"主体",又也许它可以成为一件高智能家具或机器人,但其本质都是因为拥有强人工智能而具有法律主体资格。本文正是利用自动驾驶汽车这一种具体应用来探究强人工智能的相关问题,主要是刑事责任问题。

---

① Carl Mitcham, *Thinking Through Technology: The Path Between Engineering and Philosophy*, Chicago: The University of Chicago Press, 1994, p. 153.

（一）强人工智能自动驾驶汽车问题何以应由刑法审视？

刑法作为规制人类社会生活的法律规范，其目的在于保护法益，任何侵犯或者威胁法益的行为都会进入刑法的视野。因此，在经过了哲学、伦理道德层面的检视后，强人工智能自动驾驶汽车也应该接受刑法的审视。

现实中，绝大多数交通事故都是人类的驾驶习惯和疏忽大意导致的，所以人类自身的不当操作是最大的安全隐患。现如今，自动驾驶汽车作为集中了计算机、自动化控制、现代传感器、通讯、互联网等高新科技的综合体，在很大程度上革新了安全驾驶的方式。与传统汽车相比，自动驾驶汽车具有两个方面的优势：一是，可以有效化解人为不安全操作引起的事故风险。这里并非指完全将行驶操作权"让渡"给自动驾驶汽车，而仅指在智能层面拥有的预防作用（比如为了安全驾驶，驾驶员喝酒后汽车便无法正常启动或者汽车行驶过程中发现驾驶员疲劳驾驶后开启智能模式以提醒驾驶员减速停车等）。二是，不受交通道路环境等相关因素制约。自动驾驶汽车本身就有其独特的运行方式：硬件方面依赖于雷达、道路定位、摄像头、红外扫描等技术；软件方面依托于人工智能操作系统，拥有研发组织机构编制的程序和大数据下的特殊算法。具备上述这些技术，汽车就能够自我定位、检测安全路况、自动制定路线并且完成运输目的，这体现了其自动性和智能性的专属特点。

但是，近些年来自动驾驶汽车发生的多起事故让人们开始对它的安全性产生怀疑。因为，按照上述自动驾驶汽车优越的功能来看，道路交通理应是更安全的，但事实上智能汽车投入使用后发生了不少安全事故。谈及自动驾驶汽车的案例，耳熟能详的是 2016 年美国佛罗里达州特斯拉自动驾驶汽车案件[①]和 2018 年在美国西部发生的 Uber 自动驾驶汽车致死案件[②]。那么对人工智能导致的严重侵权损害行为该如何规制，便引发了刑法学者的思考。

按照刑法理论来看，法律的性质和功能就是调整特定社会关系的行为规范。[③]

[①] 事故于 2016 年 5 月 7 日发生在美国佛罗里达州，导致涉事 S 型电动轿车车主、一名 40 岁美国男子身亡。特斯拉在官方博客中说，公司在事发后立即向美国国家高速公路交通安全管理局作了报告。之后，美国国家高速公路交通安全管理局在一份声明中说，这起事故表明"需要对事故发生时启用的辅助（自动）驾驶功能的设计和性能进行检查"。目前该机构已对这起事故展开初步调查，如发现涉事车辆存在安全隐患将下令召回。

[②] 49 岁的伊莱恩·赫茨伯格（Elaine Herzberg）突然从路边闯入机动车道，企图推着自行车横穿马路，随即被正在往北行驶的优步（Uber）自动驾驶汽车撞倒。坦佩市警方发言人称，初步调查发现这辆优步自动驾驶汽车在最高时速 35 英里的道路上以时速 38 英里行驶，没有采取刹车的意图，驾驶员也没有收到任何信号。

[③] 高铭暄、马克昌：《刑法学》（第六版），北京大学出版社 2016 版，第 63 页。

犯罪也正是由于某个行为侵犯了刑法保护的"国民生活利益",才有刑法规制的必要性。法益侵害事实起码应该具有两种基本样态,即产生实害结果或者具有危险可能性,且至少有"危险"才可能构成法益的侵犯。传统刑法学认为,危害行为是在"人的思维和意志支配下"实施的危害社会的举动。但很明显,这样的定义已经不再适用于强人工智能,因为强人工智能可以满足"思维和意志支配产生行为"的要素,也可以满足"社会所不允许的危害行为"这个要素,唯独欠缺行为主体资格的要素。

具言之,强人工智能和传统机器有本质区别,传统机器无论设计有多么精妙、用途有多么新颖,也只是工具,大多按照预先设定好的程序运行。因为该类机器没有任何自主性也不像强人工智能一般具备深度学习、大数据处理等能力,所以不会对人类生活造成困扰。面对即将出现的强人工智能,就不能再简单地将其当作传统工具来对待。若将其作为一种介于工具与自然人之间的"特别主体"来看,刑法的规制导向作用就凸显出来了。相较于危害行为做出之后才对其进行评价和处罚的传统刑法,现代刑法的很多领域更为关注风险的规制和安全的保障,认为应该趁早将科技风险纳入调整规范。那么,强人工智能汽车(即L4、L5阶段的智能汽车)会对人们产生怎样的影响?这一时期的智能汽车对刑法的冲击有哪些?法律层面因果关系的认定和责任承担都是怎样的?这些问题都亟待刑法学者回应。

(二)强人工智能自动驾驶汽车刑事责任认定的理论争议

1. 强人工智能支配驾驶是否等同于"无人驾驶"?

混淆智能汽车、无人驾驶汽车和自动驾驶汽车的概念在社会大众、新闻媒体及学者中是普遍现象,这在一定程度上阻碍了相关学术观点的理解,但是,概念统一是学术交流的重要基础。因此有必要将它们予以区分:

大部分观点认为无人驾驶汽车就是自动驾驶汽车,但其实,按照文义和人工智能发展原理,无人驾驶汽车应包含自动驾驶汽车,而自动驾驶汽车却不一定能够达到无须人管理的智能程度。基于此,无人驾驶汽车是自动驾驶汽车发展的高级阶段或终极阶段,是完全自主的自动驾驶汽车[①]。无人驾驶汽车是采取"电动汽车+无人驾驶"模式,车辆控制权主要在"汽车本身",且充分汇聚电子工程技术、机械技术,是拥有自主思考能力的超人工智能技术的集合体。它是跨过强人工智能的更高级的产物。换言之,无人驾驶汽车必然是强人工智能,但强人工智能不一定能达

---

① 方跃平、汪全胜:《无人驾驶时代交通肇事罪的立法完善》,《齐鲁学刊》2018年第6期。

到无人驾驶的程度。

而自动驾驶汽车（autonomous vehicles）被很多刊物和网络自媒体认为是无人驾驶汽车，但如上文观点，这显然是混淆了基础概念。笔者认为，自动驾驶本质上是指可以帮助人类驾驶员优化路线选择、智能避让、选择最优方式的"辅助驾驶"功能，它主要是为人类驾驶员的日常驾驶提供更好的安全保障，通过人工智能的技术优势来弥补人类驾驶员在驾驶操作、理性选择和反应时间上的不足。现在的实践当中，还无法直接将汽车的控制权完全地交给机器，虽然机器的智能程度已可以完成一定路段（主要是无安全风险路段）的自动驾驶任务，但是和完全脱离人控制还是存在很大区别，这是自动驾驶汽车和无人驾驶汽车在定义和逻辑上的本质区别。

综上所述，即使是强人工智能自动驾驶汽车，也无法摆脱人类的控制，人机交互仍然是其最重要的特征。笔者认为智能驾驶汽车、自动驾驶汽车和无人驾驶汽车都属于智能汽车的种类之一。但无人驾驶重点在于"无人"，主要依靠车内的强人工智能、大数据运算系统来代替驾驶员，实现"无人"驾驶。按照现有技术还无法实现真正意义上的"无人驾驶汽车"，因为它是自动驾驶汽车成熟化的产物，起码要达到L5级别以后才有望实现。因此，在研究自动驾驶汽车和人工智能时必须统一概念，否则各方论战的话语权不对称，难以形成有效的讨论结果。

2.如何评估强人工智能自动驾驶汽车的智能水平？

根据国际自动机工程师学会（SAE）的分级标准，自动驾驶汽车智能水平有L0至L5五个级别（见下页表1）。目前市场上绝大部分量产汽车都处于L0或L1级，最先进的特斯拉的Model S/X系列、沃尔沃汽车的Pilot Assist智能领航辅助系统可以达到L2至L3级别。国产汽车中，长安汽车旗下的"UNI-T"系列、上汽荣威的"MARVEL-R"系列、广汽新能源、东风日产、上海大众等汽车制造商都已经开始致力于L3级别自动驾驶汽车的研发和量产。2019年年底，百度公司和一汽汽车公司联手开发的所谓L4级自动驾驶汽车——红旗EV问世。但是，笔者认为其商业噱头成分较大，如果严格按照表格中对应的级别功能，实际上没有达到SAE标准中的L4级别。不过，这一信号意味着自动驾驶汽车的发展即将步入L4、L5阶段。那么，从法律角度思考，是否随着汽车智能程度的提高，责任的归属判断就越模糊？答案是否定的。如表1所示，L2级别以下只能属于智能辅助驾驶，驾驶员仍需要负责所有的驾驶任务，一旦出现交通事故，责任是由人类驾驶员来承担的，这点没有疑问。但是，L5级别的自动驾驶汽车属于强人工智能，完全不需要人类驾驶员接管驾驶，结果全部是由车辆负责，这点也无可厚非。这两种智能级别在治理逻辑上反而简单，因为较容易确定问题出在哪里。而最复杂的问题恰恰是目前处于 SAE 分级的中间状态的 L3、L4 级别，造成事故后的法律责任归属十分模糊。尤其是 L4 级当中，自动驾驶在道路行使中需要和人类驾驶员来回交接车辆的"控制权"。学者王莹认为，这里面"人车交互"的过程非常复杂、不具有规律性，而且需要进行多学科探讨和判断。①聚焦法学的研究，汽车的"控制权"是责任归属划分的依据，厘清责任依然是重要问题。

表 1　国际自动机工程师学会分级标准

智能等级	SAE 标准	对应含义	人类控制程度
低级智能程度汽车	L0	无智能	控制权完全在人类驾驶员
	L1	具有辅助功能	驾驶员按照智能功能，进行驾驶
中级智能程度汽车	L2	部分达到自动化	要求集中注意力，不能脱离驾驶，随时监控
	L3	有条件自动化	系统可以执行部分驾驶任务，在这个过程当中驾驶员脱离驾驶控制，但有注意义务
高级智能程度汽车	L4	高度自动化	可选择交换控制权，但还是有注意义务
	L5	完全自动化	无须参与驾驶，无须注意驾驶环境

3. 强人工智能自动驾驶汽车的治理核心究竟为何？

算法的法律规制具有重要意义。随着未来大数据与人工智能更深度地运用，未来算法的应用场景将更为广泛，在自动驾驶、公共管理、司法等领域与场景中，算法都将发挥举足轻重甚至是决定性的作用。②人工智能技术主要依托于强大的算法功能。算法起初主要是在数学运算和实验场所中进行的规律总结。以往算法更多是数学家或者程序员关注的对象，但由于人工智能开始呈现越来越大的影响，算法日益成为当下社会关注的问题。现今互联网和大数据收集等技术的结合，让算法真正具备了"灵魂"，拥有了"智慧"。因为算法能够挖掘出一些数据背后隐藏的有价值的信息，甚至可以根据信息处理和分析后的结果来给人们的行动提供指导和建议。③有学者认为，在特定情况下"算法"已经可以代替人类的决策和行为，并且在很多实践当中已经开始用来满足人们辅助决策的需求④。

实际上，法学界对人工智能的三个核心都进行过分析，分别是大数据、算力和

---

① 王莹：《法律如何可能？——自动驾驶技术风险场景之法律透视》，《法制与社会发展》2019 年第 6 期。
② 丁晓东：《论算法的法律规制》，《中国社会科学》2020 年第 12 期。
③ 王禄生：《司法大数据与人工智能开发的技术障碍》，《中国法律评论》2018 年第 2 期。
④ 孙保学：《人工智能算法伦理及其风险》，《哲学动态》2019 年第 10 期。

算法。但相较于大数据和算力,算法看起来更具有规制可能性,因而产生了"核心"的外观。因此,治理的思路在于无论算法应用到什么领域,都应当结合该领域的行业特点、技术特点对其进行法律规制。有学者认为,法律作为调整社会关系的规范,应当更加关注设计、部署和应用算法的相关主体①。而笔者认为,强人工智能时代,算法及代码等技术的法律只是具有事前规制的功能,不能将所有的后果都交由设计开发者承担。经过算法及代码设计的事前规制后,还要解决产品所有者、使用者的注意义务,故意与过失等复杂的问题。需要事后在价值判断层面进一步认定相关责任主体的法律责任。

(三)强人工智能自动驾驶汽车刑事责任认定的理论可能性

如上文所述,在追究强人工智能自动驾驶汽车刑事责任之前,应当先回答刑法介入必要性和刑事责任主体可能性这两个方面的问题。这是刑事责任追究的基本逻辑。

一方面,刑法应当及时介入强人工智能自动驾驶汽车领域进行规制。面对自动驾驶汽车侵权问题是否该追究刑法责任,学界观点呈对峙状态,积极预防性刑法观和刑法的谦抑性(消极的刑法观)至今也无法形成共识。有观点认为,科学技术给现代社会带来颠覆式的变化,由此衍生出社会风险治理领域的问题,而积极预防性刑法观与刑法的谦抑主义也会产生理论上的碰撞。②尽管有诸多争论,但有一个基本共识,即L3级别以下的自动驾驶汽车是无须重新立法的。皮勇教授认为,从严格意义上来说,L1、L2级别的汽车不属于自动驾驶汽车,国内外相关立法及研究针对的都是L3级及以上智能等级的汽车,它们才是自动驾驶汽车交通事故相关刑法学研究的对象。③这和本文的观点是一致的,L1和L2级别的智能车辆完全可以通过产品责任侵权寻求法律救济,就算是L2级别的弱人工智能也同样适用产品责任,它也是没有法律主体地位的。但尽管如此,谈及刑法是否该介入自动驾驶汽车时,很多学者依然认为刑法应当保持谦抑。例如,"要理性面对自动驾驶汽车发展中出现的问题,刑法不应主动介入,不能过度夸张自动驾驶汽车给经济社会发展所带来的挑战"。④应当辩证地看待此观点,人工智能的崛起是新的知识领域,刑法的确应该保持一定谦抑,但是也不是说谦抑到不作为和不应该研究的地步。对此,

---

① 袁康:《可信算法的法律规制》,《东方法学》2021年第3期。
② 时延安:《刑法立法的规制导向》,《法治日报》2021年3月31日。
③ 皮勇:《论自动驾驶汽车生产者的刑事责任》,《比较法研究》2022年第1期。
④ 王军明:《自动驾驶汽车的刑事法律适用》,《吉林大学社会科学学报》2019年第4期。

就有学者提出，刑法毫无疑问是要积极介入的，例如，"应当将'程序设计者'纳入'生产者'的范畴之内，作为该罪的主体进行责任规制"。但在笔者看来，L3级别之上的自动驾驶汽车的法律追责问题只会在人工智能的智慧愈加提升的情况下变得更为复杂和难以判断。

强人工智能技术下的自动驾驶汽车是需要刑法介入并进行规制的。L5级别的汽车虽然是最高级的阶段，但是它的治理逻辑反而是最简单的。因为，完全智能化的自动驾驶汽车（或者其他强人工智能的具体应用）是完全能自主决定行为的，所以不难认定责任出在哪里，无非对因果关系的判断进行重新塑造或者解释的问题。实际上，L4级别的自动驾驶汽车才是真正的难点。原因在于，人机互动，难以区分究竟是驾驶人的行为还是汽车的自主行为，难以分辨是否是驾驶人的注意义务过失责任，难以判断汽车算法的主观故意。正如刘艳红教授认为的那样，"在AI领域，虽然以深度学习为代表的人工智能技术已取得了令人瞩目的成就，……仍是一个无法得到解决的难题，人工智能'黑箱'释明难题决定了人工智能行为的不可解释性"。[①] 因此，在刑法介入的同时，与之相匹配的解释论和因果关系理论也亟需跟进。

另一方面，需要回答刑事责任主体可能性的疑问，这也是最核心的问题。刑法理论最终的逻辑回归点是刑事责任主体的问题。因此，对人工智能技术背景下法律主体资格问题的研究绝对不能停留于表面，不仅需要从刑事责任的构成要件入手深入研究，还要从刑事责任主体资格入手进行分析。传统理论认为刑法中的犯罪主体是实施犯罪行为并承担刑事责任的自然人和单位，有且仅有这两个。犯罪主体作为刑法当中的重要问题，既然是对未来事物的考虑，就还需探究传统刑事责任理论是否具有兼容性。学界在面对AI刑事责任主体的问题上，应当具备两种思考模式，一是有无成为主体的可能，二是有无设立主体的必要。很多学者混为一谈，但实际上，这两者的思考方向是截然不同的，对后者进行研究应当基于对前者的确立，即应当遵循先谈"可能"、再谈"必要"的基本逻辑。下文就此作出具体分析：

第一，强人工智能成为刑事责任主体的可能性分析。以色列奥诺学院法学院的哈列维教授（Gabriel Hallevy）认为，除了自然人和法人概念之外，如果满足刑法其他相关的要件要素，智能机器这样一种"新型主体"可以被添加到现有刑法的范围中。这里满足刑法相关要求主要指的是符合犯罪的构成要件。有学者提出，智能

---

① 刘艳红：《人工智能的可解释性与AI的法律责任问题研究》，《法制与社会发展》2022年第1期。

机器愈加智能和复杂，出现能在自主意识和意志的支配下独立作出决策并实施行为的强智能机器人并非天方夜谭。① 强人工智能可以实施符合构成要件的行为，在没有其他违法阻却事由的前提下，具有承担刑事责任的能力。② 笔者表示认同，承担刑事责任的基础是责任主体在其自由意志下做出了值得刑法处罚的行为，强人工智能具有较高的控制能力和自主意志。客观层面完全满足符合构成要件的违法性要求，主观层面也具备有责性的理论追究可能性。但也有观点认为，传统观念的意识、意志、意思表示等概念都是将人类作为参考样本设定的，那么，面对强人工智能完全用人类的自主意识作为意识判断的标准，其科学性和合理性是值得商榷的。③ 笔者并不否认这一观点，显然这是一个全新的思考方式，事物发展是动态的，用固有思维去评价"超出目前认知范围的事"不具有全面性。不过，也有学者指出，人类本身的"智能体现"以大脑意识和思维、感受和知觉等条件为基础，所以对未来的人工智能进行分析判断时也不能完全要求其具有和人类完全一样的主客观条件，而且智能机器的意识自由的表现形式很可能跟人类有差异。④ 因此，我们在重新审视强人工智能时期的智能产品时应当考虑到其与人类的差异性，同时需要对刑法理论作出符合"强人工智能特征"的重新解释。

当然，必然会有很多学者站在对立面来否定强人工智能成为刑事责任主体的可能性。例如有的观点认为，人工智能不可能独立于人类权利和价值体系，其在善恶观和伦理观上也不具备与人类相当的认知水平，将人工智能拟制为犯罪主体的设想不具有合理性。⑤ 对于这一观点，其中人工智能不可能独立于人类权利和价值的思路是值得肯定的，但这种观点没有跳出弱人工智能的牢笼。在现实生活中，每个人对善恶观和伦理观的认知水平都不一样，即便是自然人也无法满足，又何苦为难智能机器呢？也有观点认为，无论是当前的低级机器人，还是未来的高级甚至超级智能机器人，都不具有刑事法律的主体资格，否则势必会导致刑事责任体系的崩溃。⑥ 这种观点存疑。这种逻辑似乎认为，如果因为未来某件事会破坏现有的规则，我们就不该去承认它的存在。这就好比因为八岁小孩子成年后会长高、体型会变大，会撑破八岁时买的衣服，所以我们现在不应该让他长大，也不该承认他会长

---

① 刘宪权：《人工智能时代的刑事责任演变：昨天、今天、明天》，《法学》2019 年第 1 期。
② 刘宪权：《人工智能时代的"内忧""外患"与刑事责任》，《东方法学》2018 年第 1 期。
③ 孙占利：《智能机器人法律人格问题论析》，《东方法学》2018 年第 3 期。
④ 卢勤忠、何鑫：《强人工智能时代的刑事责任与刑罚理论》，《华南师范大学学报（社会科学版）》2018 年第 6 期。
⑤ 叶良芳、马路瑶：《风险社会视阈下人工智能犯罪的刑法应对》，《浙江学刊》2018 年第 6 期。
⑥ 庄永廉、黄京平、高艳东等：《人工智能与刑事法治的未来》，《人民检察》2018 年第 1 期。

大。这并无道理。因此，这一观点太过保守，有待商榷。另外有学者提出，强人工智能不具有理解并遵守法律规范的能力，对其行为属性的判断无客观标准。[①] 这一观点的核心意思是，我们不可以强行用人类的行为规范去匹配智能机器的行为，主要是因为生理构造和自由意志上有区别。对于这个观点，如前文所述，笔者依然认为，强人工智能最大的特点就是具有自主思维和独立意志，虽然和人类相比具有很大差异，从哲学角度出发的确很难用人类的"思维""意志自由"等概念进行照搬。但是，按照人工智能的发展，从理念上具备刑法上的认知和意志控制能力并非难事。

第二，强人工智能刑事责任主体暂无设立必要。具有成为刑事责任主体的可能性但也未必"急需"在现行刑法中设立主体资格、确定其刑法地位。有观点认为，认定人工智能的刑事责任主体地位完全是出于功利主义的考虑，无论何时都应该把保护人类利益放在首位，且在未来理论研究和立法工作上都应该具备大局观和前瞻性。[②] 的确，现阶段刑法犯罪主体概念在人工智能背景下处于缺位状态，但在人工智能法律规制方面不应过于保守。刑法虽然具有谦抑性，但是对于社会敏感问题始终要保持关注。在讨论强人工智能体的刑事主体地位时，如果一如既往地以片面的、静态的科技观看待强人工智能，对于刑事主体资格问题避而不谈，或者完全按照人类的价值体系作为衡量标准，那么人工智能的法学研究就会止步不前。有学者认为，按照我国的刑法规定，主体资格的设立必须要考虑到"承担能力"的问题，即有能力承担刑事责任，也有能力接受刑罚。对于这个问题，有观点认为人工智能是完全不可能具备辨认和识别能力的，也无法感知痛苦，现有刑罚体系对其没有意义。[③] 笔者对此表示肯定，因为就目前全球的技术发展水平来说，设立主体的做法为时过早，现阶段无法评价人工智能的"刑罚适应能力"，严重缺乏实际操作可能性，不具有实际意义。有的学者从"自由意识"角度去分析人工智能刑事主体资格，如果没有自由意识，就无法判断其辨识能力，也不具有控制能力，对人工智能实施"删除信息、修改程序、销毁"等特殊刑罚方式无法发挥刑法保护法益的功能。但笔者认为，上述理由只能成为其无法像人类一样承担责任的理由，而不能否定其作为犯罪主体的可能性。强人工智能时代的危害结果必然需要一个归属主体，应当承认它具有成为刑事责任主体的可能性。至于该如何其承担责任则是另一个需要讨论的问题。

[①] 时方：《人工智能刑事主体地位之否定》，《法律科学（西北政法大学学报）》2018年第6期。
[②] 陈叙言：《人工智能刑事责任主体问题之初探》，《社会科学》2019年第6期。
[③] 王充、董璞玉：《人工智能时代刑事责任主体之再审视》，《广西社会科学》2020年第12期。

综上所述，SAE 的分级标准已经展现出强人工智能自动驾驶汽车的发展趋向性及人机交互过程的复杂性。如果依然用传统的归责思维，会对使用者和研发者过于苛责。更重要的是，强人工智能完全具有成为刑事责任主体的可能性，能够成为承担刑事责任的归属主体，即使当下不必立刻修改法律，但亦不可否认这种可追责性。

五、强人工智能自动驾驶汽车刑事责任认定的教义学展开

回应了强人工智能伦理原则的普遍性和成为刑事责任主体的理论可能性问题之后，就可以从特殊性角度进一步展开对强人工智能自动驾驶汽车刑事责任的具体认定。法律责任最终该如何分配是法学研究的主要内容，是公平正义的外在体现。在强人工智能自动驾驶汽车刑事责任认定的问题上，应当以现实的刑法归责理论为基础，确定适格的行为主体，进一步客观地厘清及解决自动驾驶汽车所有者、设计者、制造者和使用者的刑事责任归属问题。

（一）自动驾驶汽车与车辆使用人"共同行为"的责任认定

对于自动驾驶汽车责任认定而言，L4 级别的责任认定要复杂于 L5 级别。在强人工智能技术的加持下，L4 级别的自动驾驶汽车体现"人机互动"的特征，这种人机混同接管和混同控制的模式在行为分辨时会愈加复杂化。就技术层面而言，解决办法就是把"过失和竞合"问题提前在技术层面予以消解。例如，可以在设计相关程序或者编写代码时进行事前预防，将必要的处理规则、伦理原则"写"进系统。也可以通过类似飞机"黑匣子"的设备来进行数据记录，判断行为发生时的行为究竟是自动驾驶汽车行为还是驾驶人的操作行为，以此作为在事后的责任判断时依据的客观数据。但是，这里需要注意一个问题，科技的发展应当允许一般风险的发生。笔者认为，如果事后查证是由自动驾驶汽车自身行为导致的损害，除非重大程序或者代码设计问题，一般情况下都不应当对制造者进行追责。原因在于，科技创新行业需要试错空间。现实生活中，严苛的问责使汽车制造商 L4 级别的汽车开始面临被取消生产的境地。

因此，具有自由意志、能够独立做出行为的自动驾驶汽车（人工智能主体）在和驾驶员共同行为时完全可以按照刑法中共同犯罪理论来进行责任认定。具言之，共同犯罪是指两人以上共同故意犯罪。传统理论一般首先是讨论共同犯罪的成立条

件，其次是分析共同犯罪的形式（例如是否属于事前通谋），最后是论述主犯、从犯的问题。因此，共同犯罪理论所解决的问题是将不法事实归属于哪些参与人的行为。强人工智能自动驾驶汽车和车辆使用者在共同犯罪成立上没有理论障碍。共同犯罪成立的条件是，两个达到刑事责任年龄、具备刑事责任能力的主体，有犯罪的故意，相互配合、联系形成一个犯罪活动整体。其中，关于主体资格的内容前文已经进行了论证，不再赘述。不过，共同犯罪的成立最重要的是对行为人的犯罪故意进行认定。那么，对于自动驾驶汽车的行为是故意还是过失，需要进一步讨论。

（二）自动驾驶汽车自身"故意行为"致损的责任认定

研究自动驾驶汽车的刑事责任认定问题不能一概而论地将其简单分为弱人工智能、强人工智能，而是应该再进一步区分。根据前文提到的国际自动机工程学会（SAE）发布的对自动驾驶汽车基于智能程度进行分类的标准，奠定了强人工智能下论证的基调。具体来讲，就是L3智能水平之上的自动驾驶汽车（L3是有条件自动化，L4是高度自动化，L5是完全自动化）。由于在L3、L4级别的自动驾驶汽车在一定情况下需要由驾驶员接管，也可能需要汽车公司、智能系统提供者在背后进行监管，责任容易转移，因此在追究责任时必然需要掌握实质的"汽车控制权"。鉴于此，在现行L3背景下认定AI故意行为时需要注意汽车制造商的故意行为。

针对上述这一问题，如果自动驾驶汽车的智能水平完全超过人类，完全基于意志自主行为，反而不是研究的难点，因为那已经是超脱"强人工智能"的科幻化的"超级人工智能"，届时刑法理论可能对这种"高级文明体"没有任何意义。[①] 所以，研究的难点并不在L5级别之上更高级别的自动驾驶汽车。如果其发达程度"能够达到驾驶员'无须控制汽车'的水平"，那么在认定责任时只需要专门针对汽车责任就已足够。虽然，现今国际自动机工程学会（SAE）认定的智能标准比较笼统，无法明确未来智能汽车具体会处于何种状态。但是，不难看出，真正的难点还是在于具有"一定程度的智能"和"一定意志下做出行为"的自动驾驶汽车，即L3、L4级别的自动驾驶汽车。因为此时驾驶员也在控制车辆，其效果是"人车互动"。这就会导致一个结果是由数个行为主体、多个行为共同造成的。所以，如果按照刑法追究共同责任时，自动驾驶汽车所有人、背后的公司、产品提供者的责任边界就

---

① 刘艳红：《人工智能法学研究的反智化批判》，《东方法学》2019年第5期。

会处于模糊地带,在交通事故归责时,这种复杂性就会凸显,严重影响刑事责任的判断。

但相对而言,故意行为的判断是较为容易的,因为自动驾驶汽车自身的计划或者路线本来就是系统中的设计,如果不是驾驶人或者制造商重大过失或者故意,就应当认为是自动驾驶汽车的故意行为。申言之,面对强人工智能时代的人工智能产品,我们应当对其进行拟人化的理解。例如,我们从小就接受家庭和学校的教育,却无法保证所有人长大后都不犯罪。进而也不能认为犯了罪就一定是家庭或者学校的问题,最根本的原因在于行为人自身的意志追求和行为本身。强人工智能技术下的自动驾驶汽车也是如此,它拥有意志和智慧也具备做出相应行为的能力,因此不应该避讳它作为相应主体在故意行为问题上的认定。

(三)自动驾驶汽车自身"过失行为"致损的责任认定

相比于故意行为,判断自动驾驶汽车的过失行为更为复杂。人工智能越智能就越具备学习能力,进而就越复杂,也就越能摆脱操作者的前瞻性规划;按照这个逻辑,人们就越难发现在制造、编程方面或者具体使用过程中的差错。而恰恰这些差错就是成为过失可罚性的基础。结合刑法过失理论去探究自动驾驶汽车背后的责任承担问题,是为了更理性地看待人工智能的刑法适用问题。

刑法过失犯罪理论认为,核心问题在于"认识到发生损害法益结果的可能性",而强人工智能自动驾驶汽车的过失的主观要件很复杂。传统的汽车是由人来进行操作,汽车只具有工具属性,出现问题也是简单的产品责任,除此之外都属于驾驶员的操作问题。而 L4、L5 级别的自动驾驶汽车是在人与汽车之间介入了一套"智能系统",形成了"人+智能系统+汽车"的驾驶模式,由智能系统代替人进行路况监测并作出判断,智能系统对汽车起到了什么作用,会直接影响对驾驶员的归责问题,这样一来就出现了责任认定的困难。[①] 旧过失论认为,只要驾驶员没有履行结果发生的"预见义务",就已经成立过失犯罪了。但这有明显的理论缺陷,例如,汽车驾驶人甲因为公路前方的牛群受惊,刚好撞在欲左拐躲避的汽车上,导致甲的汽车撞死了旁边的路人。如果按照旧的过失论,甲虽然采取了措施,但还是发生了损害,成立过失犯罪,所以这样的法律评价显然是不合理的。实际上,刑法中并不缺乏对"危险分配"的研究以及对过失责任的探讨,对"社会有用

---

① 周权:《结果无价值论视野下自动驾驶的法律规制——以交通肇事罪为切入点》,《山东农业大学学报(社会科学版)》2019 年第 2 期。

行为"的存在和发展的维护造就了新过失论的发展。理论发展到后期,新过失论对交通、医疗领域的过失都进行了"限定",即在结果预见的基础上,再附加"结果回避可能性"这一要件要素,如此就能很好地处理犯罪过失较为复杂的情形。[①] 如果自动驾驶汽车的刑事责任问题用旧的过失理论来判断责任归属,因为汽车驾驶人和智能程序设计者在都尽到注意义务的情况下仍然发生了损害结果,所以就还是会被认定为过失犯罪,那么这个行业的发展就需要承担巨大的刑事风险,这也意味着社会不允许,此行业没有存在的必要,这是与社会发展相违背的。所以为了保证科技的发展,应当保证科技不受限于刑法对风险管理的不正当干预。过度干预、限制不确定的危险事物,简单地认为"明知道有危险还做就是故意,对危险性错误估计就是过失"是不正确的。事实上类似自动驾驶汽车这样的创新型行业本身就是对未知、对科技的探索,太过严格的过失责任会导致没有人再敢去制造、研发智能汽车了。

综上所述,就相关责任人而言,如果是技术层面的程序设计的重大失误或者硬件质量不过关,应当认定为生产者和制造商的过失行为,追究刑事责任。除此之外,应当允许一般风险的发生,不应将其作为过失行为认定。另外,就自动驾驶汽车"自身"的过失行为认定而言,应当进一步判断"过于自信"的过失和"疏忽大意"的过失。细化这一问题还需明确两点:一是,强人工智能的计算能力和运算速度远超人类,因此对其判断标准的制定应当更严密,应当和自然人作出区别。二是,应当以自然科学技术的客观数据和结论作为刑法过失行为价值判断的依据。

结 语

或囿于思维阻碍,或源于认知误区,强人工智能自动驾驶汽车的刑事责任认定应以教义学为本,进行学科跨界流动,打开视野、作交叉研究。不能因为对强人工智能的研究充满风险就直接将其否定,也不能因为承认强人工智能体的刑事主体地位将会给传统刑法理论带来解构的危险,就不去研究和面对,这毫无道理。人工智能领域涉及多类学科,正如人文社科的探索离不开自然科学的技术发展,技术发展同样离不开哲学、伦理、法律的指引。伦理优先于法律,跨越自然科学技术与人文社科研究的"鸿沟"后的落脚点并不应该是法学,而应首先接受哲学、伦理学的

---

① 刘艳红:《实质犯罪论》,中国人民大学出版社 2014 年版,第 182—184 页。

检视。科学技术需要发展，同时也需要对其进行风险防控。就刑法而言，强人工智能法律的人格化并无理论与事实上的阻滞，其完全具有刑事责任追究的可能性。自动驾驶汽车与车辆使用人"共同行为"的责任认定以及自动驾驶汽车自身"过失行为""故意行为"的责任认定具有实际可操作性，值得进一步研究。

人工智能参与司法鉴定的
实践困境与制度完善

陶逸君　杜志淳[*]

摘　要　人工智能技术的参与为司法鉴定领域带来了深刻的变革。就人工智能技术参与司法鉴定的现状来看，其推动了司法鉴定领域的智能化转型，提高了司法鉴定工作的效率，提升了司法鉴定工作的质量，减少了司法鉴定腐败的现象，促进了司法鉴定科技的进步。但是，人工智能技术也面临着司法鉴定主体法律地位不明、司法鉴定法律体系不稳、法律数据安全威胁等方面的实践困境。因此，应当积极构建人工智能参与司法鉴定的法律制度体系，以应对人工智能时代司法鉴定面临的挑战。具体而言，须建立法律主导型的人工智能司法鉴定制度体系，明确人工智能司法鉴定的归责主体，建设人工智能信息安全管理机制，构建人工智能司法鉴定数据库，等等。

关键词　人工智能　司法鉴定　鉴定人　归责主体

---

[*] 陶逸君，华东政法大学刑事法学院司法鉴定专业2020级硕士研究生；杜志淳，华东政法大学刑事法学院教授、博士生导师。

一、问题的提出

人工智能（Artificial Intelligence）技术自诞生之日起到当下，历史虽然不足百年，却引发了当今社会的深刻变革。不可否认的是，人工智能技术的创新对司法实践领域产生了重大影响，在司法鉴定领域尤为突出[①]。随着人工智能技术在司法鉴定领域的广泛使用，我国司法鉴定工作从传统的鉴定人全权负责模式逐步进入人工智能辅助鉴定的新模式。而这种鉴定主体模式的转变，也为我国的司法鉴定实践和制度规范带来了深刻的变革。一方面，在司法鉴定实践中，从鉴定主体角度来看，未来有可能将人工智能视为新型的鉴定主体，使传统的司法鉴定主体概念[②]受到冲击；从鉴定手段的角度看，人工智能技术目前已经作为一种新型的辅助技术参与到司法鉴定之中。另一方面，一旦人工智能技术完全融入司法鉴定体系，司法鉴定的相关制度规范也会面临修改甚至重塑。面对人工智能技术在司法实践领域的不断深入，学界以及司法鉴定实务人员正在研究人工智能参与司法鉴定的相应问题，并且积极主动地参与到司法鉴定的制度完善工作中，旨在科学规范人工智能参与司法鉴定的方式与方向。当前，学术界的研究主要关注人工智能时代下宏观层面的法律、制度及规范研究，即面对人工智能的冲击，[③]传统法律领域应当进行何种制度变革。此种宏观性的研究存在不足，一方面缺乏对诸如司法鉴定等细分领域的关注，另一方面缺乏对人工智能参与司法鉴定的专门性的制度安排。这种研究进路将人工智能认定为具有一定冲击力的外部因素，推动法律制度领域变革的萌生，最终倒逼法律制度改革以满足人工智能时代的发展需求。当下，人工智能在家居领域、安防领域、交通领域、教育领域以及医疗卫生领域[④]等实现了普及应用，这源于人工智能

[①] 探寻人工智能技术的发展为何对司法鉴定领域产生尤为重要的影响，关键在于鉴定制度产生的本质：" 自人类将纠纷纳入制度解决之时，裁判者就不断尝试各种方法来发现案件真实和判断是非曲直。当裁判者的知识不足或者专业短缺转求其他专业协助时，催生了鉴定制度。" 季美君：《专家证据的价值与我国司法鉴定制度的修改》，《法学研究》2013 年第 2 期。

[②] 传统的司法鉴定概念认为主体应当是运用科学技术或专门知识对相关的待定事实问题进行鉴别和判定的科学实证活动的专业人员，而人工智能是否符合 " 专业人员 " 的概念，学界对此未有明确的说法。

[③] 人工智能技术的冲击主要来源于人工智能是否具有法律人格的讨论，"西方哲学家认为技术发展到一定程度后必然会有精神，如果技术发展更加智慧，它就会像大脑一样成为精神的更好载体"。菲尔·麦克纳利、索海尔·伊纳亚图拉：《机器人的权利——二十一世纪的技术、文化和法律》（上），邵水浩译，《世界科学》1989 年第 6 期。

[④] 郝冠毅：《人工智能技术的普及》，《电子技术与软件工程》2018 年第 16 期。

技术的发展能够精准匹配社会发展需求。就司法鉴定而言，一方面，司法鉴定法律制度体系对于促进社会公平正义发挥着积极作用。另一方面，司法鉴定也在诉讼、仲裁和行政执法的公正性方面起着至关重要的作用。因此，对于人工智能参与司法鉴定法律制度的完善也具备现实可行性。

二、人工智能参与司法鉴定的意义与口径

司法鉴定作为司法实践过程中的重要环节，是司法审判工作的必要前置程序，其鉴定结果的真实可靠性对司法审判起着至关重要的作用。人工智能参与司法鉴定的内容包括法医类鉴定、影像资料鉴定甚至实物鉴定，这一方面有助于提升司法鉴定的过程、质证以及管理等多方面的智能化程度；另一方面，对于司法鉴定工作的效率、质量以及技术进步起着巨大的促进作用，并且有助于防范司法鉴定腐败的发生。概言之，人工智能参与司法鉴定既对司法鉴定实践有着巨大的帮助，同时也对司法鉴定的智能化、现代化转型提出了要求。[1]

（一）人工智能参与司法鉴定的重要意义

司法鉴定经过长期的发展，如今正面临制度改革与转型的关键时刻，人工智能技术的参与为司法鉴定智能化转型提供了功能基础。在明确"司法鉴定活动的根本目的是为诉讼服务，为正确裁量和解决纠纷提供科学依据"[2]的基础上，无论是提升工作效率、质量，还是避免司法鉴定腐败现象，归根结底人工智能参与司法鉴定的功能还是为诉讼工作提供服务，具体而言包含以下四个方面：

1. 人工智能提升司法鉴定工作效率

在我国当下的司法鉴定工作过程中，存在司法鉴定市场供给不平衡、司法鉴定监督管理缺位等矛盾。就目前司法鉴定工作的效率而言，难以满足大量日益增长的委托鉴定需求。因此人工智能技术的发展对相应领域生产力的推动具有重大作用，具体到司法鉴定领域，就是大幅提升了司法鉴定工作的效率。随着数字经济时代的到来，越来越多的司法鉴定机构认识到人工智能技术对司法鉴定活动的重要性，并

---

[1] 李春青、倪斌：《浅议大数据技术在"智慧司法鉴定"中的应用》，《数字技术与应用》2018年第10期。
[2] 潘溪：《我国司法鉴定的法治化研究》，《中国司法鉴定》2014年第1期。

结合自身资源情况，构建相应的人工智能平台。一方面，人工智能技术平台可以借助大数据分析技术，对不同委托人以及其委托的类型进行整合，使司法鉴定工作更加便利；另一方面，司法鉴定机构作为服务供应者能够有效统筹相关资源，打通司法鉴定各环节，从机构内部实现效率的提升。

2. 人工智能提升司法鉴定工作质量

人工智能参与司法鉴定，不仅能够提高司法鉴定工作的效率，还能提升司法鉴定工作的质量。一方面，司法数据分析和智能鉴定技术的以直接参与的形式在司法鉴定工作中发挥作用，不仅是对司法鉴定的方法和手段的创新，同时也是提升司法鉴定工作科学性的举措。特别是在司法鉴定的初审阶段，人工智能技术能提升审核鉴定资料的准确性和针对性。司法鉴定人工智能技术能够帮助鉴定机构获取真实、完整及充分的鉴定资料，进而明确委托事项的用途、合法性、鉴定范围等，最终提出是否受理鉴定的意见。另一方面，司法鉴定机构将人工智能技术运用到司法鉴定中，对于提升司法鉴定工作的质量具有积极作用。具体地，鉴定机构通过筛选对比同类鉴定事项的做法能够增加鉴定结果的可预期性。基于此，人工智能提出的预期性鉴定意见能够成为后续鉴定工作和判决工作的参考。

3. 人工智能减少司法鉴定腐败现象

法庭科学是客观、理性、科学的，鉴定机构作为与案件不存在直接利益关系的第三人，出具的鉴定意见理应是客观公正的。但从我国庭审现状来看，当前依旧存在由于司法鉴定中存在认知偏差而导致错案事件经常发生的问题。① 有学者指出，"考察我国科学证据采信的现状发现，可采性标准尚不完备，法官对科学证据的采信存有难点而说理少，忽视科学的实质性审查，科学证据审查对抗性不足等"。② 具体到司法鉴定中，司法鉴定机构作为法庭证据的主要提供者，司法鉴定机构专家的主观因素和情感因素会影响鉴定意见结果，进而影响法官的决断。人工智能作为一项技术，具有技术的理性和客观性。人工智能决策和鉴定人的主观能动性融合后，人工智能参与司法鉴定就可能会有效限制鉴定人的非理性情感和偏见，提供公正的鉴定意见。③

---

① 受制于外部环境和自身因素，鉴定人为了简化鉴定任务，不得不借助直观推断的启发式思维方法，由此产生了许多认知偏见。法官在面对司法鉴定证据的时候同样会由于锚定效应产生司法认知偏差。杨彪：《司法认知偏差与量化裁判中的锚定效应》，《中国法学》2017年第6期。
② 陈邦达：《美国科学证据采信规则的嬗变及启示》，《比较法研究》2014年第3期。
③ 李本：《美国司法实践中的人工智能：问题与挑战》，《中国法律评论》2018年第2期。

4. 人工智能促进司法鉴定科技进步

随着数字经济到来，人工智能技术给人类社会带来巨大改变，越来越多的司法鉴定单位积极引入人工智能。例如，以人工智能辅助诊断系统、人工智能影像学技术、生物识别技术为代表的人工智能司法鉴定科技发展迅猛。人工智能与司法鉴定融合发展，司法鉴定的智能化为司法鉴定技术转型提供新的方向。有学者指出，人工智能技术参与到司法鉴定中，能提升司法鉴定过程的自动化水平，最终作出准确、客观的判断。以 5G 技术、大数据技术、云计算技术以及物联网技术为代表的人工智能技术的研发，能够满足更多委托人的特定需求。最终委托人获得更好的委托体验，司法部门也获得客观准确的鉴定意见。概言之，人工智能技术为司法鉴定领域的智能化改革提供技术支撑。

（二）人工智能参与司法鉴定的三大口径

在司法实践中，人工智能技术的应用逐渐成熟，已经可以初步融入司法鉴定的诸多环节中，例如，人工智能技术辅助鉴定实施以及人工智能技术参与质证辅助等环节，由此可见，人工智能技术的发展从实质上推动了司法鉴定的智能化改革。从目前的技术发展程度来看，人工智能化司法鉴定平台的建立条件已经具备，并且在司法鉴定体系中出现智能技术参与的雏形。在司法鉴定领域引入人工智能技术能够很好地解决司法鉴定活动中存在的一些问题，具体而言，人工智能技术在司法鉴定中的应用主要体现在三个方面：

1. 智能化的司法鉴定过程

在司法鉴定的智能化过程[①]中，人工智能技术作为鉴定人主体的辅助手段，可以有效地提升鉴定的科学性、准确性及全面性，同时也提升了鉴定的自动化水平。[②]例如，在文书检验、痕迹检验、毒化检验、微量物证检验等具有高密度特征的鉴定项目中，鉴定人常常受到数量庞杂的鉴定材料的困扰，而作为人工智能常用算法之一的信息整合分析算法，可以提升司法鉴定活动中鉴定机构的智慧化水平，对上述鉴定项目进行分析。同时，智能对比技术能够对指纹、声像资料及笔迹作出精准鉴定，在一定程度上提高司法鉴定的科学性和精准性。就司法鉴定的现状而言，前述人工智能技术在司法实践中已经进入较为成熟的阶段，但目前在文书检

---

① 司法鉴定过程的智能化，指的是借助人工智能技术的应用，在司法鉴定的过程中使司法鉴定主体能够全面且精准地获取鉴定对象的信息，并且在此基础上，对鉴定对象展开深度分析和研究。
② 《〈司法鉴定创新技术与应用示范〉研究进展》，《中国司法鉴定》2018 年第 2 期。

验环节中，人工智能参与文书形成时间的司法鉴定仍属于短板，尚且需要学界和技术方面的理论与实践支撑。考虑到文书形成时间的相关鉴定在民商事案件中的重要性，人工智能技术在此领域的发展和应用必然成为未来的重点关注对象。随着人工智能在司法鉴定领域的深入应用，一方面，人工智能作为司法鉴定技术的覆盖面会更加广阔，另一方面，针对例如文书形成时间的相关鉴定技术将会更加完善，在司法鉴定工作中发挥更大作用。

2. 智能化的司法鉴定管理

长久以来，我国司法鉴定管理面临着诸多问题，例如，委托事项超出机构业务范围、重复鉴定、多头鉴定、鉴定事项不合法等。在人工智能技术兴起之前，司法鉴定管理的相关问题就已是学术界普遍关注的重点，学者们对当前政法部门分散管理[①]的司法鉴定管理体制提出过众多建议和解决方案，但从效果来看，针对司法鉴定管理现有问题的改革方案难以落实，改革措施的实施效果较差。究其根本，司法鉴定管理混乱的根源在于对作为宏观司法制度的一部分的司法鉴定体系的管理受制于司法实践复杂性与司法资源的有限性，同时学界提出的解决方案和建议大多是从理想化的学理和制度角度出发的，这导致司法鉴定制度改革难以推进落实，最终造成司法鉴定管理工作的失衡与混乱。而人工智能技术的兴起，为司法鉴定管理工作提供了技术支持。作为一种新兴技术，人工智能在司法鉴定管理方面有着巨大优势，例如，司法鉴定机构可通过电子化、智能化和网络化手段，对司法鉴定活动的工作流程、信息收集及数据统计进行及时跟踪，以实现动态管控。因此，在现行司法鉴定制度体系下，引入人工智能参与司法鉴定实践活动，是完善司法鉴定管理工作，最终实现司法鉴定活动的全过程智能化管理的必要举措。概言之，人工智能参与司法鉴定一方面有助于形成规范化、标准化的司法鉴定管理体系，实现对委托事项超出机构业务范围、重复鉴定、多头鉴定、鉴定事项不合法等问题的有效治理；另一方面，人工智能技术可以最大程度地发挥其技术优势，提升司法鉴定管理的智能化水平。

3. 智能化的司法鉴定质证

在我国，司法鉴定意见质证是庭审环节的重要参考依据。质证环节的公开与透明是保证司法公平的基础，智能化的司法鉴定质证对于提升我国司法实践的公正性

[①] 直到2005年《全国人民代表大会常务委员会关于司法鉴定管理问题的决定》颁布前，公检法机关呈现出非常鲜明的分系统、多层次、相互独立、各自为政的"蜂窝"形态的司法鉴定管理结构。陈如超：《司法鉴定管理体制改革的方向与逻辑》，《法学研究》2016年第1期。

和透明性具有重要意义。同时质证过程横跨庭审的全过程,[1] 庭审开始前,法官要全面地、详尽地了解案件的证据资料,这样才能在庭审过程中有的放矢;庭审过程中,双方当事人可进行举证、辩论,为法官的裁定提供参考依据。但受限于时间、空间等客观因素的影响,尤其是"后疫情时代"出于各地防疫政策与个人安全的考量,常常出现庭审过程中鉴定人无法出庭的情况。而人工智能技术可以参与到质证环节协助司法鉴定人突破疫情带来的时空限制,鉴定人能够通过远程智能视频的途径进行质证工作,这就节省了庭审活动的实施成本。鉴定人还可借助智能化多媒体进行质证,以更加直观、更加生动形象的智能化方式展示鉴定意见,提高鉴定意见的质量。而对审判者而言,人工智能带来的不仅是庭审方面的便利,其更重要的作用是辅助法官作出相应的判断,智能比对、数据采集分析等技术可以有效地对相应证据作出真伪判断。并且经过人工智能技术验证的相应鉴定证据在一定程度上相较于未被验证的证据更具有可信度,这大大提升了司法鉴定质证环节的真实性与科学性,有助于法官作出科学公平的判断。

三、人工智能参与司法鉴定的实践困境

(一)人工智能参与司法鉴定的相关立法尚待完善

人工智能参与司法鉴定在立法层面的实践困境主要表现在三个方面。第一,人工智能司法鉴定法律层面的缺失。随着社会进入人工智能时代,各领域的立法应当秉持开放性原则,伴随人工智能技术在各行各业的深入,及时进行自我革新。不可否认的是,构建体系化、系统化的人工智能法律体系也是完善我国立法的重要命题。[2] 完善人工智能法律需要培养和树立风险社会的意识,理性地规避人工智能给社会各领域带来的潜在风险,如此才能最终享受到人工智能带来的便利。[3] 有学者

---

[1] 本文所称的质证是从广义上而论的,是指在诉讼过程中,由法律允许的,质证主体借助各种证据方法,旨在对包括当事人提供的证据在内的各种证据采取讯问、辨认、质疑、辩驳等形式,从而对法官的内心确信形成特定证明力的一种诉讼活动。

[2] "虽然人工智能可以取得权利并承担一定的义务,但其价值观的形成与人类毕竟存在根本不同,人工智能的深度学习与应用主要依靠的是各种复杂的算法与数据记录应用,在运用算法的过程中,很难保证人工智能的每次独立自主行为均能作出合理合法的价值判断。对于人工智能的规制,还必须依赖于立法的体系性安排,确保人工智能的发展与应用在合理的区间范围内运行。"袁曾:《人工智能有限法律人格审视》,《东方法学》2017 年第 5 期。

[3] 马长山:《人工智能的社会风险及其法律规制》,《法律科学(西北政法大学学报)》2018 年第 6 期。

认为，目前我国现阶段人工智能领域的立法工作采取的是分散式立法方式，对人工智能在各个领域的应用进行分散式回应。[1] 具体到司法鉴定领域，自 2005 年全国人大常委会通过《关于司法鉴定管理问题的决定》后，17 年来我国未再出台过司法鉴定的相关法律，司法鉴定领域与现行司法制度体系、诉讼程序、证据规则之间有着诸多不适应之处，同时该《决定》中的相关规定大多是在原则层面进行指导，不具备实际的可操作性，缺乏相应配套内容衔接。同时该《决定》只是全国人大常委会的一个规范性文件，并非全国人大制定的法律，立法规格和层次低，不能有效管理涉及诉讼的所有鉴定机构。同时人工智能立法更是停留在相对初级的阶段，2017 年国务院发布的《新一代人工智能发展规划》指出："要建立保障人工智能健康发展的法律法规，开展与人工智能应用相关的法律问题研究，明确人工智能法律主体以及相关权利、义务和责任等，为新技术的快速应用奠定法律基础。"

第二，法规、司法解释、规章层面立法具有冲突性。虽然与司法鉴定有关的行政法规、部门规章、地方性法规等规范陆续出台，但都面临着部门立法普遍存在的困境——部门利益冲突。而在人工智能参与司法鉴定领域更是如此，在现代诉讼活动中，应用现代化科学技术知识解决案件中的专门性问题，已成为司法工作人员提升工作公正性和效率性的重要路径。新兴技术参与司法鉴定必然会影响多方利益。不仅如此，在司法鉴定领域之外，对人工智能的管理、监督同样缺乏全面性的法律规定。概言之，目前我国人工智能参与到细分领域的专门性法律法规处于空白状态。

第三，司法鉴定基础法律的缺位使得司法鉴定整体立法内容缺乏统一性。以审判为中心的诉讼制度对传统的司法鉴定相应立法和管理体制带来了新的挑战，重点在于司法鉴定领域缺乏一个基础性的统摄全局的法律，这使得司法鉴定的立法内容整体上不够协调。同时司法改革的形势需要要求司法鉴定立法与国家司法体制和诉讼程序的改革相适应。但从目前来看，实现人工智能参与司法鉴定立法的体系化首先要跨越的就是司法鉴定立法与管理的体系化障碍。因此，人工智能参与司法鉴定立法一方面面临着人工智能技术本身从属性的障碍而无法实现体系化转变，另一方面也无法跨越司法鉴定的体系化而实现单独立法。鉴于此，有学者将目光放眼国际，认为为了更好地实现人工智能与人类社会的融合，立法机关应当建立起系统化、全面性的法律制度。[2] 当特定领域的人工智能发展成熟之后，及时制定特定行

---

[1] 汪庆华：《人工智能的法律规制路径：一个框架性讨论》，《现代法学》2019 年第 2 期。
[2] 全面规制的根本原因在于"人工智能对人类社会的挑战是根本性的、深层次的、颠覆性的，传统法律中的权利保护、权力制衡等核心价值遭遇了危机"。张富利：《全球风险社会下人工智能的治理之道——复杂性范式与法律应对》，《学术论坛》2019 年第 3 期。

业专门化的法律法规。① 2016 年欧盟立法部门发布《欧盟机器人民事法律规制》等法律法规，对医疗领域人工智能机器人的应用作出规制。2016 年美国发布《为人工智能的未来做好准备》《国家人工智能研究与发展战略计划》《人工智能、自动化与经济》，将人工智能上升到国家战略高度。2020 年 1 月，美国国会发布《2020 年国家人工智能计划法案》，规定了优先发展人工智能领域，并成立专门的人工智能咨询委员会等。针对我国人工智能参与司法鉴定方面法律的缺位情况，可参考西方国家立法经验，出台人工智能参与司法鉴定发展的法律法规以满足该领域的规制需求。

（二）人工智能参与司法鉴定造成担责主体模糊

法律人格涉及法律的价值判断，法律主体资格涉及实质要件和形式要件，而由于人工智能是否具备法律人格尚存争论，导致人工智能的法律主体资格不清、不明，这进而影响到人工智能参与司法鉴定的主体定位。目前针对人工智能参与司法鉴定的主体定位有两种看法，一种认为人工智能具有法律人格，可以以鉴定主体的身份参与司法鉴定；另一种则认为人工智能应当作为司法鉴定中的一种技术手段参与司法鉴定。但无论如何，当前人工智能法律主体地位尚未明晰的情况，影响了人工智能参与司法鉴定的相关法律的立法活动，此影响主要表现在人工智能技术是否可以被赋予法律人格。有学者指出，探讨司法鉴定实施主体无法绕过"司法鉴定人"这一概念。严格意义上讲，司法鉴定人和司法鉴定主体存在差别。司法鉴定人是司法鉴定主体中的自然人，司法鉴定机构及相关组织能否成为司法鉴定主体尚且存在争议。可以确定的是，鉴定主体必然是自然人，而机构作为无形的权利主体，只有借助自然人才能实现。通常而言，我国司法鉴定人大多在司法鉴定机构中执业，因此司法鉴定人和司法鉴定机构共同担责的局面是司法鉴定工作顺利展开的基础。② 是否赋予参与司法鉴定的人工智能技术独立的法律人格，是否将人工智能纳入司法鉴定主体范围依旧是一个值得继续探讨的问题。

随着人工智能技术的深入，有学者主张赋予人工智能体一定的法律主体地位。"应当将人工智能技术内部包含的自主性与工具性相结合，借鉴法人的产生等法律

---

① Michael C., Harly C., "Blame It on the Machine: A Socio-Legal Analysis of Liability in an AI World", *Washington Journal of Law*, vol. 14, no. 1(2018).

② 程军伟、马永峰：《论司法鉴定主体资格》，《中国人民公安大学学报（社会科学版）》2008 年第 1 期。

拟制技术。基于人工智能体的类型化分析,赋予其有限的法律人格与主体地位。"[1]也就是说将人工智能视为专家辅助人。[2]现阶段,人工智能体已具备精准判断、立体感知及持续优化的能力,尤其是"中国制造2025"战略的提出为司法鉴定人工智能技术提供支撑。人工智能很可能作为专家辅助人参与审判环节,为法官和鉴定人提供辅助,这种情况下人工智能同样不是主要的担责主体,主要责任仍归属于法定意义上的鉴定人。[3]也有学者指出,人工智能体不具备独立意志,无法为自身行为承担责任,因此人工智能体不能享有独立法律人格。[4]如果承认人工智能体不享有独立法律人格,那么人工智能参与司法鉴定时只能将其视为技术手段,那么担责主体应当还是具体实施鉴定行为的鉴定人。通过对目前学界观点的梳理,不难发现,人工智能在参与司法鉴定时相应的担责主体认定问题仍然无法解决,这受制于人工智能技术本身的发展,因此人工智能参与司法鉴定工作的法律主体地位尚不明确。

(三)人工智能技术缺陷和信息安全风险

如前所述,虽然人工智能技术在一些领域已经相对成熟,但人工智能技术依然存在难以克服的技术缺陷和安全风险,这也是人工智能参与司法鉴定需要直面的问题。

一方面,人工智能具有"低智能"特征。[5]由于人工智能无法摆脱算法所构成的底层逻辑架构,所以无论其技术发展到何种阶段,都必然存在一定的局限性。就人工智能发展现状而言,我们所说的人工智能体还处于"弱人工智能"范畴,尚不具备理性思考的思维模式,更无法取代司法鉴定人和司法鉴定机构。质言之,当下作为一项"低智能"技术的人工智能,尚未具备全面参与司法鉴定实践的能力。当前所谓的人工智能参与司法鉴定可以说还停留在初级阶段,一旦参与到一定的深度,人工智能技术的开发工作的不足就会体现出来。例如,在常见的司法实践领域

---

[1] 唐辰明:《人工智能法律人格问题的思考》,《云南社会科学》2019年第6期。
[2] 我国诉讼法规定了专家辅助人制度,但这在司法实践中属于新生事物,从近年来的实际运行来看,专家辅助人制度并未发挥预期作用。从立法意图来看,引入专家辅助人是为鉴定人出庭与鉴定意见的审查判断服务的,这使得专家辅助人制度明显处于从属地位。拜荣静:《论司法鉴定立法的体系化》,《中国政法大学学报》2022年第2期。
[3] 应该说,专家辅助人制度是针对鉴定人出庭而出现的,目的是弥补非鉴定人支持的一方质证鉴定意见能力不足的问题,是法庭在诉讼程序中为解决专门性问题审查鉴定意见的制度形式,目的是在控辩双方对抗的基础上,保障庭审事实认定的客观性、科学性。
[4] 解正山:《对机器人"法律人格论"的质疑——兼论机器人致害民事责任》,《暨南学报(哲学社会科学版)》2020年第8期。
[5] 刁生富、刘芳:《人工智能的司法实践:价值评价与局限超越》,《探求》2022年第2期。

中提取案件情节、构建案件图谱以及证据采信逻辑中，人工智能技术的缺陷就会被放大，很容易提供与案件事实不符的认定。因此，对于人工智能参与司法鉴定，人们应该持有理性的态度。①

另一方面，虽然人工智能技术可以实现数据的深度挖掘以及分析，但也大大增加了泄露隐私的风险。司法鉴定过程中人工智能不可避免地会采集面部识别数据、指纹等个人属性极强的信息，这些信息一旦泄露或者滥用将产生严重后果。由于司法鉴定需要严格保障隐私权，一些个人隐私、商业机密等信息不能向社会公开。如果人工智能采集到的信息被控制，或者被不法分子利用程序漏洞窃取，后果将不堪设想。因此，如何实现人工智能的数据保密，有效规避数据安全风险是人工智能参与司法鉴定的重大挑战。

（四）人工智能司法鉴定数据资源尚不充分

人工智能参与司法鉴定得以践行的原因在于快速发展的技术。换言之，充足、优质、结构化的司法实践数据是司法鉴定人工智能存在的前提。但目前我国司法鉴定领域的数据尚未具备"充足、优质、结构化"的特征。

第一，缺乏司法鉴定数据。人工智能参与司法鉴定的时间较短，部分司法鉴定主体和司法鉴定人仍然处于应用人工智能技术的起步阶段，也有部分鉴定主体已深度实施人工智能技术，但出于利益考虑，暂未公开、共享其司法鉴定数据库。因此，许多司法鉴定数据资源难以上传至数据库。另外，鉴于保密原则，司法鉴定中的特定数据禁止对外公开。司法鉴定机构在处理案件时，一些特定的程序流程也需要遵守保密原则。因此，实现人工智能全面参与司法鉴定还需要结构化的数据库。

第二，司法鉴定数据质量不高。输入信息的质量高低决定了输出信息是否真实可信，如果输入的信息缺乏合理性，则输出的信息将不具有可信度。就当下的司法鉴定而言，输入人工智能的信息极可能是司法鉴定机构和司法机关二次转化后得到的，这严重影响了司法鉴定的输入数据与输出结果。

第三，司法鉴定数据的结构化不足。只有结构化的数据才能够被人工智能识别，这是人工智能技术利用数据的前提条件。司法鉴定数据同自然语言存在不同，法律语言更具专业性和复杂性，输入司法鉴定术语直接被人工智能识别的可能性微乎其微。②对于机器而言，此种非机构化的术语难以被人工智能技术识别。这也就

---

① 王禄生：《司法大数据与人工智能开发的技术障碍》，《中国法律评论》2018年第2期。
② 例如，司法鉴定领域中，"精神障碍者"在日常生活中可能被通俗化地理解为"精神病患者"等。

意味着，没有人为的干预，人工智能技术无法精准地识别司法鉴定术语，从而实现人工智能参与司法鉴定的目的。

四、人工智能参与司法鉴定的制度完善

（一）规范体系：由政策主导型向法律主导型转变

要解决人工智能参与司法鉴定的立法困境，首先要实现人工智能时代司法鉴定制度立法体系的构建。而现在我国的司法鉴定制度仍是政策主导型体系，因此应当针对人工智能发展现状出台人工智能专门立法，最终形成人工智能参与司法鉴定领域的法律法规、地方性法规和规范性文件，形成适用于人工智能司法鉴定的法律体系。

第一，整合现有法律、法规、规章、司法解释、规范性法律文件中关于司法鉴定活动的规定。在统一司法鉴定立法的过程中，应该首先梳理现有立法。按照立法体系化的基本要求，现有立法能够纳入统一司法鉴定立法的，应该尽量纳入，如果不宜纳入，也应作好衔接。必须认真考虑司法鉴定立法体系化后和其他法律、法规、规章、司法解释、规范性文件在规范内容和范围上的分工与配合。同时，按照司法鉴定立法体系化的要求，避免制定不符合司法鉴定法体系化要求的法律、法规等，注意两者的一致性。人工智能参与司法鉴定立法的重要内容应该涉及人工智能司法鉴定准入规则、司法鉴定领域人工智能的主体地位以及人工智能参与司法鉴定的权利与义务等。

第二，重视立法衔接。全国人大常委会在立法活动中要研究和总结现有的各方面法律内容，以确保拟出台的法规与已实施法规在具体适用上保持互相协调，不能互相抵牾。这样就对人大相应的立法内容给出了客观建议，为科学立法提供了更深刻的内涵，以防止法规的适用不畅或重复。而"法法衔接"则为鉴定专业法的立法内容需要提供了更高的标准，避免立法机关的立法内容和其他机构的立法内容过于重叠，甚至留下立法空缺，从而无法对司法鉴定活动提供必要的可操作性要求。立法机关应当坚持在科学结合实际的基础上，合理并适当地设置司法鉴定的立法框架，高度关注立法本身的特殊性、逻辑性，使司法鉴定法有专门的调整对象、调整范围以及立法价值指向。人工智能参与司法鉴定的立法关键点在于，首先要出台人工智能安全和人工智能参与司法鉴定方面的法律法规，以完善司法鉴定人工智能的体系

化法律规制。进而通过构建人工智能与司法鉴定密切结合的法律法规,实现对人工智能参与司法鉴定具体事项的规范。

第三,开展对现有《司法鉴定程序通则》等法律法规的修订和完善工作,为人工智能时代司法鉴定工作的落实提供法律支撑。在充分发挥民主立法功能的基础上,综合立法、实务、理论各方意见,对照三大诉讼法、人民法院和人民检察院组织法、司法解释、司法改革理念的要求、任务,系统、明确地安排立法内容。使司法鉴定法在立法过程中充分体现中国司法鉴定体制的特点,完善立法思路的现实性和科学性,保证司法鉴定立法的高标准。

(二)担责主体:明确人工智能司法鉴定归责主体

由于当前人工智能技术的法律主体地位尚不明确,因此司法鉴定人工智能引发的侵权责任的承担者难以确定。明确司法鉴定归责主体的问题应当从两个层面来规制。首先从立法层面来说,应当制定专门的司法鉴定法律规范,以实现对司法鉴定归责主体的确认。以民事诉讼中的司法鉴定人来说,应当具体设置司法鉴定人的民事法律责任,以法律条文的形式明确司法鉴定人民事责任的范畴,与刑事责任、行政责任作出区分,更清晰地划分责任的适用法律和归属原则;应当确立司法鉴定人民事责任的归责属性、构成要件,在结合司法实践的基础上另设责任豁免的情形和事项。其次在实践层面,人工智能参与司法鉴定工作已成现实,因此在宏观立法缺失的情况下,可以基于人工智能责任形态[①]的具体情形从三个角度入手解决鉴定主体归责问题。

第一,将人工智能所应承担的责任视为参与司法鉴定中人工智能技术开发者的责任。该种情况可以适用民法典第1202条:"因产品存在缺陷造成他人损害的,生

[①] 弗朗西丝(Frances)等人曾提出过五条将机器责任后果与设计者、使用者相关联的规则。规则一:人工智能品的设计者、开发者或者组织者,应对该产品以及该产品带来的可预见性效果负有道德性义务,这种道德性义务与其他设计者、开发者、组织者或者有意识地将该产品投入社会系统使用的人员一同共享。规则二:上述共享性义务并非零和博弈。个人的义务并不因为有更多的人加入设计、开发、组织或者使用人工智能品的群体中而缩减。相反个人应当对人工智能品的行为以及投入使用后的影响负责,这种影响从某种程度上来说,是指他能够合理预见到的。规则三:特定人工智能品的使用人(明知状态下的使用)应当对其使用行为承担道德性义务。规则四:人工智能品的设计者、开发者、组织者或者使用者的义务范围限于他们对社会系统中的人工智能品的合理认知。规则五:人工智能品的设计者、开发者、组织者、促进者以及评估人员不应对使用者就人工智能品本身,或者其可预见性的作用,或者其在社会系统中的作用进行明示或暗示性地欺骗。Grodzinsky, F. S., Miller, K. & Wolf, M. J. "Moral responsibility for computing artifacts: the rules and issues of trust", *ACM SIGCAS Computers and Society*, vol. 42, no. 2(2012), pp. 15-25. 转引自吴习彧:《论人工智能的法律主体资格》,《浙江社会科学》2018年第6期。

产者应当承担侵权责任。"因此司法鉴定人工智能技术对他人造成损害，应当由司法鉴定人工技术的生产者承担责任。

第二，因采用的人工智能不符合司法鉴定的要求或标准而产生的责任，可以由司法鉴定人工智能技术的销售者承担责任。根据民法典第 1203 条："因产品存在缺陷造成他人损害的，被侵权人可以向产品的生产者请求赔偿，也可以向产品的销售者请求赔偿。"司法鉴定人工智能技术的销售者应当承担其对他人造成损害的赔偿责任。

第三，司法鉴定中鉴定人错误使用人工智能技术而造成损害后果的责任。根据民法典第 1191 条："用人单位的工作人员因执行工作任务造成他人损害的，由用人单位承担侵权责任。用人单位承担侵权责任后，可以向有故意或者重大过失的工作人员追偿。"也就是由使用司法鉴定人工智能技术的鉴定机构或鉴定人承担责任。受制于目前人工智能技术的发展，具备独立人格参与司法鉴定的人工智能体还没有出现，因此以上均是现今人工智能作为技术手段辅助鉴定人实施司法鉴定时产生的责任的情形。

（三）信息安全：建设人工智能信息安全管理机制

数据治理在全面实现国家治理现代化进程中有着重要地位，数据安全也是实现国家安全的必然要求，因此中国人工智能数据收集制度的核心是保证国家与人民的"数据安全"。在人工智能数据收集这一现实问题中，应当认识到人工智能技术在带来发展机遇的同时，也带来了信息安全的挑战，应当在立足于保证数据安全的基础上建立安全评估机制，推动鉴定数据分类、有序使用。例如在数据安全领域，《个人信息和重要数据出境安全评估办法（征求意见稿）》从多角度对个人信息与重要数据跨境时需要实施的安全评估作了探索。《数据安全管理办法（征求意见稿）》对网络数据控制者在运营过程中产生的数据施行批准制度，而衡量能否实现数据流动的方式就是对数据的安全风险进行评估。因此在人工智能技术参与司法鉴定领域，同样可以为人工智能技术收集分析数据建立一个以数据安全为核心的评估体系。主要对数据收集是否符合国家法律法规的相关规定，法律法规能否保障数据主体权益并有效执行，作为数据收集者的鉴定机构收集个人数据的行为是否合法正当，鉴定人是否有损害数据主体合法权益的历史或是否发生过重大网络安全事件这五个方面进行评估。中国人工智能数据收集分析技术发展至今，无论是从个人数据隐私保护的方面还是国家数据安全的方面来看，都应当对其作出严格的限制。

具体而言，应当从以下方面多角度构建人工智能信息安全管理机制：第一，

2016 年，我国出台《网络安全法》，规范了对网络空间安全和信息安全的管理。目前，我国尚无人工智能技术方面的法律法规，或可参考国外的人工智能相关法律，展开人工智能立法探索。第二，人工智能信息具有复杂性，需要从机制上控制风险的发生。应当建立健全公开透明的人工智能信息管理体系，构建司法鉴定人工智能研发和应用两方面的监管机制，打造人工智能算法研发、产品设计及成果应用等环节全流程的监督管理体系，促进人工智能信息安全管理。第三，强化保密技术。加强人工智能保密技术的研发，设计出人工智能信息安全保密软件和应用程序。在应对司法鉴定人工智能安全风险的过程中，借助大数据分析技术，识别信息安全风险，综合分析各类安全要素，结合以往的安全策略，最终形成人工智能信息安全防护技术，以保证司法鉴定数据的安全性。

（四）数据资源：构建人工智能司法鉴定数据库

中国作为人口众多的发展中国家，得益于数字产业以及通信技术的快速发展，数据资源的优势在全球数据流通中逐渐凸显，但受制于行业起步晚，距离实现数据资源的体系化构建尚有距离，对数据资源的相关规定大多散见于行业部门规章与《国家安全法》《个人信息保护法》等重点领域之中，对数据资源分析和利用的规制要大于倡导。但近年来中国为推进数字经济发展，实现与国际接轨，进行了许多立法探索，比如在国家层面，通过了《数据安全法》等；在地方层面，通过了《上海市数据条例》等。而具体到司法鉴定领域，人工智能中的区块链技术可以使数据资源得到全面整合。区块链技术被认作是可以重塑世界的技术，司法鉴定实践与区块链技术的融合能够提高司法鉴定的准确性和效能。通过引进区块链技术，整合司法鉴定工作实践中形成的法律数据，可以为司法鉴定实践活动注入动力。

第一，区块链技术具有容量大、效率高的特征。区块链技术用网络结构储存数据信息，能够储存司法鉴定实践中形成的相关法律信息和法律数据。由于区块链技术的储备容量较大，可以将司法鉴定实践中产生的海量数据资源储存到链式结构，并在全网进行传播和共享，任何司法鉴定机构都能够公开获取司法资源，最终打通司法鉴定人工智能数据网络。区块链司法鉴定资源数据能够将鉴定机构、司法部门、当事人等多方主体紧密结合在一起，最大限度地整合、优化司法鉴定数据资源，提高司法鉴定工作的效率，为人工智能参与司法鉴定数据共享体系的构建提供支撑。

第二，区块链上的数据具有不可篡改的特性。司法鉴定数据的处理和保存是一项复杂的任务，为了维护司法鉴定数据的真实性和准确性，区块链显得尤为重要。

一方面，数据修改者对数据进行调整或修改的前提是区块链中一定数量节点的统一，否则就无法修改数据。另一方面，各区块之间具有联动性，修改某一区块，其他区块也将面临修改。这是因为各个区块上都需要前序区块的验证，所以修改某一区块的数据意味着高昂的时间成本和物质成本。

第三，区块链数据具有高效性。由于区块链技术具有去中心化特征，司法鉴定数据和区块链的结合为司法活动参与者提供了链接端口，这极大地提高了查找数据的效率。

结　语

在人工智能参与司法实践的过程中，人工智能技术既为司法实践提供了便利，也为司法实践带来了挑战。虽然人工智能法学相关的研究成果很多，但少有学者将目光投向人工智能参与司法鉴定的问题。人工智能技术参与司法鉴定已经有了具体的应用，并且为司法鉴定智能化转型提供了技术支撑。但无论是人工智能还是司法鉴定，都面临着相应立法的缺位，因此有必要构建人工智能参与司法鉴定的法律体系，对人工智能技术在司法鉴定领域的运用进行规制。无论是人工智能技术的完善，还是司法数据信息安全程序的设计，仅关注技术方面的超越是不够的，还需将司法和技术紧密融合，从立法、司法数据、鉴定主体等多方面入手，综合规制人工智能参与下的司法鉴定实践。人工智能参与司法鉴定的制度的完善是一个繁复的问题，完善相关立法，不仅需要立法机关紧随人工智能时代的发展需求，还要尊重司法鉴定的合法性、独立性及客观公正等原则，通过对司法鉴定人工智能技术研发者、销售者及使用者的约束和规制，实现司法鉴定与人工智能的共同发展。

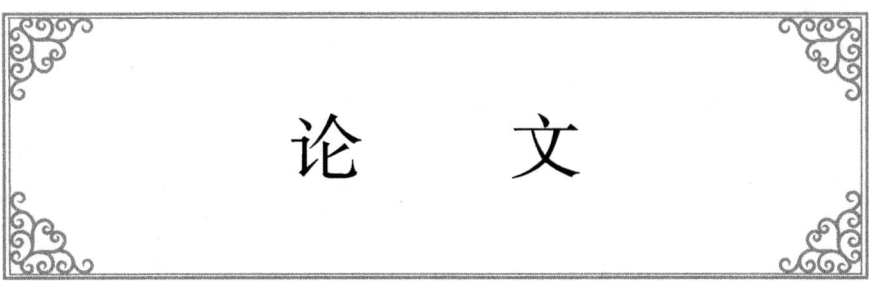

论"统权"的概念

杨海舟[*]

摘　要　"统权"在严格意义上是一种具有独立性的政治权力。它将具有文化或民族上的关联性的人或地区，凝聚和塑造为实在的政治共同体，并以维护该共同体的独立性、自主性为宗旨，以统一的法律作为其意志的权威表达方式。在特征上，"统权"呈现为一种代表性的权力，并且它的践行者通常是个人或小集体。此外，"统权"的构成要素是象征性、延续性和绝对性，而"统权"内含的核心权力是外交权，具体的行使者是国家元首。"统权"还在一定意义上决定着治权的运用，因此在整个统治权中担负着基础性功能，并最终使统治得以完整和成型。

关键词　"统权"　政治权力　语义分析　结构化属性　权力行使及关系

引　言

晚近以来，主权这一概念已逐渐为世人所熟知，即便是普通民众亦能对国家主权的意义略谈上三言两语，尤其在遭遇国土纷争之时，对主权的主张似乎成为凝聚民族力量的重要方式，无论男女老少皆可会集于主权的口号之下，表达其民族情感与家国情怀。可以说，主权一词在大众中享有极高的认知度，且处于十分受人偏爱

---

[*] 杨海舟，武汉大学法学院2019级法学理论专业博士研究生，法国波尔多大学孟德斯鸠研究所访问学者。

的地位。然而，与之形成鲜明对比的是，和主权相关的另一个词项"统治权"则要受冷落得多，乃至愈渐被人遗忘和抛弃，①更不用说其下辖的"统权"概念当下尚未在国内引起足够的重视和得到充分的发掘。事实上，"统权"的确不是一个容易招徕目光的词语，在华语学界仅有胡佛确切指出了这个概念的存在。胡佛曾任教于台湾大学政治学系，主要研究领域包含政治文化、政治参与，以及政治变迁等，他在《政治学的科学探究》（五）中扼要阐述了"统权"的实质内容和现实意义，并以英国为鲜明的例证，从国家结构权力和政体结构权力两个层次出发，②有力地区分了英王的"统而不治"和首相的"治而不统"。然而，他在整体上对"统权"自身内在机理的着墨并不多，更令人感到遗憾的是，这也是目前关于"统权"的唯一的文献。③当下对"统权"的研究呈现如此惨淡的状况自然与其自身较为虚空的属性分离不开，④但这并不意味着它在现实里就真的百无一用，不论是在国家领土的完整、政治架构的统一方面，还是在举国的具体施政层面，"统权"都是一个极为关键的概念。

将"统权"一词放在"统治权"的框架之下加以窥察可以发现，"统"是置于"治"之前的，两者的连用在语法上属于连谓结构，表示了动作的先后次序和连续性，标志着先"统"而后"治"的逻辑理路。也就是说，"统权"对整个"统治权"的展开具有奠基性的意义，这样的奠基性主要表现在两个维度上。首先，"统权"为国家的统治确立了合法性来源。譬如在中国古代，并不是实际取得国家的治理权，就能理所应当地享有合法统治权的，对于"正统"与"僭位"的争论始终是萦绕着中国古代史的中心主题。而所谓"正统"本身又牵涉两个问题，一是得位是否正当，二是国家是否统一。⑤"统权"的功能主要体现在后者上，

---

① 从历史演变来看，"统治权"让位于"主权"，并逐渐被抛弃。钱宁峰：《"统治权"：被忽视的宪法关键词》，《中外法学》2012年第1期。
② 胡佛将政治体系划分为三层政治结构，即国家结构、政体结构与施政结构，不过"统""治"两权的二分，乃是建基于前两种结构之上。具体参见胡佛：《政治学的科学探究》（五），三民书局1998年版，第272—273页。
③ 胡佛对"统权"集中论述的部分为《政治学的科学探究》（五）中的第七章《国家结构与宪政改革》及第八章《国家结构与政体结构的解析》，参见胡佛：《政治学的科学探究》（五），第271—288页。
④ 在人们的习惯思维里，当提及"统治者""统治权"时，基本都是将"统治"作为一个整体去加以理解的。而在实践上，由于"统权"迥异于国家社会中具化的治理权力，所以和民众的日常生活有着很大的距离，容易显得极为空泛，这就使人们很难把"统权"设想为一种独立的权力。
⑤ 政权是否取得天命和是否完成了国家统一，是这个政权是否具有合法性的重要依据。参见王朝海：《北魏政权正统之争研究》，中国社会科学出版社2014年版，第12页。

亦即通过国家的统一去缔造统治权的合法性。① 其次，"统权"的稳固程度关乎着统治权能否在政治实践中有效地运行。欧洲的中世纪和中国的春秋战国时期，都是明显的"统权"衰颓时期，无论是周天子还是欧洲的国王，实际上都是空有"统"之名号，而无"统"之实权。最直接的例证便是在这些阶段，作为地方管理者的贵族或领主之间，频繁爆发战争，几乎是各自为政，② 甚至欧洲的许多封建领主还可以随时投靠其他国王，③ 在这种状况下，国家统治权的有力行使无异于痴人说梦。

从上述内容可见，以"统"为基础的"统权"涉及的问题虽然不多，但对于国家统治权来说，却均是关乎命脉的核心事项。由此，它在政治生活当中的重要作用与在学理上受到的冷遇形成了强烈的反差，本文的主要任务便是厘清作为政治哲学重要命题的"统权"的内涵，让这一概念能够进入更多学者的视野之内，以期使其被大力张扬，获得应有的学术关注。④

本文是一篇概念分析方面的文章，之所以采取这样一种研究方法，乃是因为概念分析在法政权力（利）分析中具有重要意义。一般来讲，有关法政权力（利）的概念，往往会给普通民众留下触不可及的印象，诸如统治、立法等，在普通人看来这些都归属于"肉食者谋之"的范围，距离自身是非常遥远的。而概念分析则把这些看似高远的词汇从天上拉到了人间，通过对词义渊源、内涵、实践形式的缜密梳理，为人们褪去它神秘的面纱，展现出某一语词的真实面貌，并使人充分地感受到这些语词和自己是如此贴近。具体而言，这种亲切感的产生与概念分析的三重进路

---

① "统"包括了时间（后代继承）和空间（国家统一）上的两重含义，然究其原初之义，乃是指向于时间上的"统"，只是后来逐步扩展到空间的意义上，并且主要指称空间上的"统"，同时将这一意义上的"统"渐渐作为统治权的合法根基。关于"统"的这一变迁历程，具体参见饶宗颐：《中国史学上之正统论》，上海远东出版社1996年版，第74—75页。

② 在欧洲中世纪，地方贵族与王室之间以及贵族彼此之间的战争非常频繁，当时王室的"统权"实际上是名存实亡的，并且那个年代的欧洲对于"统一"也没有太明确的概念与认知，直到民族国家形成之后才有了相应的成熟认知。当时的具体情况可见倪世光：《骑士制度与西欧封建社会特征》，人民出版社2020年版，第259—263页。而在中国的春秋战国时期，情形也十分类似，"由于周天子东迁后王权的衰落，春秋时代由统一走向分裂，出现了各国诸侯竞相争霸的局面。"参见顾德融、朱顺龙：《春秋史》，上海人民出版社2003年版，第21页。这里的"分裂"不是指彻底脱离周天子的统治，虽然周王式微，但彼时的诸侯仍认可周王的天子身份，甚至在一些政治行动上，依旧要打着"尊王"的名义，只是在实质上已经不再受到周王的管控与约束。

③ 一个附庸可能同时效忠两个甚至多个领主，并且每个附庸实际上都可以自由选择自己的领主。参见侯建新：《抵抗权：欧洲封建主义的历史遗产》，《世界历史》2013年第2期。

④ 本文探讨的核心问题是"统权"的真实意蕴及其在统治权中的地位，至于统治权、主权、治权的确切含义和统治权与主权的关系等问题不是本文所要处理的重点议题，若有确需涉及之处，也仅是简要带过。

紧密相连：首先，对于法政权力（利）本义的解读势必要深入它最初的使用情形中去探寻，而其本义又是由它所在的文化背景决定的，因此对本义的考察在某种程度上便是对特定文化的复述，对处于该文化氛围中的人来说，可以促使其在历史感上对相关语词作出认同；其次，在历史演变的基础上，概念分析还会进一步将词汇的内部构造条分缕析地向世人诉说，避免人们因对相关词汇的"无知"而导致现实感上的恐惧；最后，对一个法政概念的分析不会只停留在纸面的词义，更要将其在实践里的固定运行模式原原本本地陈述出来，以让民众对这些权力（利）获得未来感上的稳定预期。可以说，概念分析在法政权力（利）分析中的运用，能够使每一个人切身理解到，所有的权力（利）都不只是悬于庙堂的一套高级说辞，更是与个体生活息息相关的实在之物。

一、"统权"是一项独立的政治性权力吗？

本部分致力于对"统权"自身性质的厘定，亦即辨明"统权"是否是一种独立的、且适合于在政治和法律的限定语境中加以讨论的权力，这当中包括两个要点，一是"统权"有无政治权力属性，二是它能否具备足够的独立性。

（一）"统权"是否符合政治权力的构成要件

甄别"统权"这一概念属性的第一要务，乃是确定它在学术意义上可否成为一个典型的权力类型。在一般的社会话语范畴里，权力指称的"是在一种社会关系内，自己的意志即使遇到反对也能贯彻的任何机会，而不管这些机会建立在什么基础上"。[①] 其中明显包含的构成要件有"意志""贯彻""任何机会"，将"统权"和这些要件进行比对可以发现以下两点。

第一，"统权"必定表征着意志。首先，"在所有社会中——从那些得以简单发展的、刚刚出现文明曙光的社会，直到最发达、最有实力的社会——都会出现两个阶级，一个是统治阶级，另一个是被统治阶级。前一个阶级……行使所有社会职能，垄断权力并且享受权力带来的利益"[②]（阶级统治也是马克思主义政治学的主基调之一），而统治阶级利用权力行使社会职能的行为正是他们掌握和运用统治权的

[①] 马克斯·韦伯：《社会学的基本概念》，胡景北译，上海人民出版社2005年版，第89页。
[②] 参见加塔诺·莫斯卡：《统治阶级（〈政治科学原理〉）》，贾鹤鹏译，译林出版社2012年版，第97页。

主要表现；其次，马克思曾在《共产党宣言》中批评资产阶级，"你们的法不过是被奉为法律的你们这个阶级的意志"①，这一批评实际上是具有广泛意义的，并暗指了这样一个事实，即所有的法律都代表了国家统治阶级的意志，这说明在更为具体的操作方面，统治者是以法律作为主要统治手段的，②换言之，法律是统治权的实践形式，因此统治权本身被设定的任务就必然是在国家与社会中落实统治阶级的意志；最后，"统权"作为统治权的组成部分，必须同样服务于统治权所确立的根本目的，故其自身也是统治阶级"意志"的反映。③

第二，"统权"是在任何情况下都能予以贯彻的。如前所述，"统权"作为意志的象征，如果能够在现实生活中被贯彻，那么其最佳途径一定是法律，因而通过参见各国法律中对作为"统权"实质内容的"统一"的相关条文，便可一窥其貌。例如中国《刑法》规定，"组织、策划、实施分裂国家、破坏国家统一的，对首要分子或者罪刑重大的，处无期徒刑或者十年以上有期徒刑"④；而西班牙刑法在"叛乱罪"中规定，"宣布国家领土之一部分独立"⑤是叛乱行为，应受到刑事追责；瑞士则把"将瑞士之一部分从联邦或州分离"⑥的叛逆行为列入针对国家的重罪和轻罪当中；类似的还有加拿大刑法规定"发动反对加拿大的战争，或者为任何此类预备的行为"⑦构成严重叛国罪。从这些法律规范可以看出，它们大多对国家统一或者和平稳定有着明确的要求，因此"统权"所表征的"统一"意志是能够经由国家法律得到清晰和切实地贯彻的，加之法律本身具有强制力，⑧完全

---

① 马克思、恩格斯：《共产党宣言》，中共中央马克思恩格斯列宁斯大林著作编译局编译，人民出版社2018年版，第45页。
② 国家是属于统治阶级的每个个人借以实现其共同利益的形式。马克思、恩格斯：《马克思恩格斯全集》（第一卷），中共中央马克思恩格斯列宁斯大林著作编译局编译，人民出版社1972年版，第69页。依此来看，所谓统治，就是在国家中实现本阶级（统治阶级）的意志（并获利），所以一切践行统治阶级意志的行动，都是统治的行动，法律担负的恰恰是执行统治阶级意志的功能，故而才可被顺理成章地称为统治的手段。
③ 需要注意的是，从逻辑学上来讲，"统权"与"统治权"是整体与部分的关系，而非属种关系，故此，"统权"虽然要契合"统治权"的现实目标，但"统治权"所具有的属性，"统权"不一定会具备，亦即不能因"统治权"是一种政治性权力，便当然地得出"统权"也是一种政治性权力，关于"统权"的性质，仍需加以论证。
④ 《中华人民共和国刑法》第103条。
⑤ 《西班牙刑法典》，潘灯译，中国检察出版社2015年版，第224页。
⑥ 《瑞士联邦刑法典》，徐久生、庄敬华译，中国方正出版社2004年版，第84页。
⑦ 《加拿大刑事法典》，罗文波、冯凡英译，北京大学出版社2008年版，第39页。
⑧ 大多数我们径直而且严格地使用"法"一词所指称的规则，是普遍地强制约束政治社会成员的，或普遍地强制约束一类行为主体的。约翰·奥斯丁：《法理学的范围》，刘星译，中国法制出版社2002年版，第29页。

保障了它在任何机会下都能排除阻碍获得履行。故可知,"统权"可以成为一种真实的权力。

不过,即使"统权"是一个真切的权力类型,也不意味着它就一定是政治性权力,因为权力作为一种颇宽泛的概念,有时甚至可以运用到民间组织的活动当中,所以在"统权"的权力属性取得证立之后,第二步工作便是要梳理出"统权"这一语词通常在何种层面上使用,或者说其蕴含的内容是否主要是政治含义上的(符合"政治"限定语下的权力附加条件)。

一般而言,政治应当具备下列四个要素:"1. 政治是一种活动。2. 政治活动的主要场景是国家。3. 它在本质上关乎的是决策。4. 前述的决策具有权威性,并能付诸实践。"[①]依此对照,首先"统权"所代表的阶级意志,是期望通过法律去贯彻的,因此必然是一项积极的实践活动,而非停留于文本的、静态的意愿表达;其次,它所彰显的(统治阶级)意志的最终目标,是要上升为国家意志,[②]同时在整个国家中予以落实的,可见其主要的运行场域从属于国家,是一种国家层面上的意志转换活动;再次,"统权"同样是涉及决策的,例如"一个中国原则"的提出,从广义上来讲,可以说是一项基于主权主张的决策,但在狭义上,则可被认为是"统权"性的决策(因为决策内容是"统权"的对象"统一");最后,正如"徒法不足以自行"一样,没有任何威信的国家决策活动是毫无效力的,而"统权"是具有权威性的,例如在周代,周天子就是天下的共主,对天下进行统一的管理,凡是不服从周王之"统"的,其可会同诸侯进行讨伐,[③]这种讨伐行动本身便是"统权"具有绝对权威性的象征。经过以上比对能够发现,"统权"在严格意义上可以成为一种政治性权力。

(二)"统权"的独立性解析

此处的独立性解析不是指"统权"作为独立概念的问题,而是指向其能否在实践中独立运作。"统权"作为一个政治性权力存在的事实虽然可以成立,但就本文的主题来看,仍然是不够充分的,因为所有关乎政治哲学的研讨,都不能仅仅局限

---

① 具体可参见邓正来主编:《布莱克维尔政治学百科全书》,中国政法大学出版社2002年版,第629—631页。该书从思想与制度两个向度上描绘了政治的结构,这当中还包括了意识形态等元素,但"统权"的权力特质本身就在相当程度上涵盖了这些内容,因而为了精简论证过程,此处就不再把类似的要素纳入判定"统权"政治属性的讨论范围了。

② 理由见前页注②。

③ 诸侯必须定期朝觐,纳职贡。如果不这样,就是"不王"和"不共王职",天子可以用王师会同诸侯来讨伐。杨宽:《西周史》(上),上海人民出版社2016年版,第482页。

于理论上的可能性，它还必须是一种能在现实中加以落实的权力。相异于主权的性质，"多数论者俱认为，统治权为可分的权力，主权则否"①，这样的观点也为"统权"的独立提供了实践上的可操作性。与此同时，探究"统权"实施的最好方式，莫过于观察那些在政治上将"统""治"二权分离得较远的国家，而英国正是具有这一典型特点的国度，把"统权"置于英国的政治现实之下予以剖析，可以归纳出下述两点内容。

  一是"统权"的运作无须依附于治权。"统权"的独立性问题，在根本上取决于它的运行是否要依赖或配合其他权力，而"统权"和"治权"作为统治权的两个构成性要素，使得这一命题的落脚点自然就转移到了"统权"与"治权"的实践关系上。从英国的经验来看，他们的"国王当家但不主政，其行为必须不带有任何政党的倾向（被'架空'于党派政见之上），并愿意同任何合法当选的政府合作"。②这当中透露了三点信息。首先，所谓的国王"当家"，暗示了他作为国家领袖的政治地位，是国家"统一"的象征性人物，因此理所应当地掌握有"统权"；其次，"不主政"的转折表述阐明了国王不享有国家"治理权"的境况，"实际上，现在的君主除了在任命首相方面尚余少许剩余权力，在封爵、授衔和赦免方面可以采取少量主动行动之外，绝大部分的权力已经属于国会和（对国会负责的）首相以及内阁大臣"，这意味着"治权"与"统权"分属于两个不同的行使者，并且"治权"主要归国王以外的政府机构所有；最后，国王与政府的"合作"表明了在英国政治实践中，"统权"并不是依托于"治权"才能启动其权力运转机制的，因为"合作"本身就寓意着互相之间保持着一种较为独立的关系，同时正如当年的英国学者白哲特所言，"女王在礼仪方面的用途不可估量。如果英国没有她，那么现在的英国政府就会失败和消失"，③可见"统权"不仅不需要依赖于"治权"，甚至还能在一定程度上左右治权的有效活动。

  二是"统权"的独立行使未危及统治权的正常运行。"统权"作为统治权的一部分，如果能够在实践中被完全地独立使用，就必然不能动摇统治权的整体运转，否则"统权"自身的运行也会变得举步维艰。英国自1688年光荣革命之后，"统

---

① 王世杰、钱端升：《比较宪法》，中国政法大学出版社2004年版，第41页书下注1。
② 参见丹尼斯·卡瓦纳：《英国政治：延续与变革》，刘凤霞、张正国译，世界知识出版社2014年版，第66页。
③ 白哲特：《英国宪制》，李国庆译，北京大学出版社2005年版，第36页。这里的仪式是指在国家统一方面的政治仪式，它是行使"统权"的表现形式之一。

权"与"治权"的行使基本就彻底分离了,① 而在随后的三百多年时间里,英国的政治统治一直都是相对稳定的,这主要体现在三个方面:第一,不同王朝之间的更迭较为平和。在资产阶级革命后,英国又陆续经历了不同王朝的更替,但是在权力交接过程中均未发生太大的动荡,没有因为"统""治"之权的分立而对王室之"统"构成实质威胁,甚或造成国内政局的激烈变故,例如从斯图亚特王朝过渡到汉诺威王朝之际,"整个国家都无比平静,以至于新任国王——汉诺威王朝的首位君主直到(1714年)9月18日才来到英格兰,当时安妮女王已经去世两个月了"。② 第二,其间爆发的战争形式多为对外战争,而非内部战争。虽然在正式确立君主立宪制之后的阶段里,英国政府又参与了各种大大小小的战争,但这些战争的目的主要是对抗外部政治势力,如七年战争、美英战争、英布战争等,它们的性质不同于玫瑰战争那样为争夺王位(国家统治权)而发生的大规模内战,③ 因此在"统权"独立行使之后,英国的统治权始终较为稳固,内部的政治矛盾很难动摇国本。另外英王在失去"治"权后,仅专注于对"统权"的行使,或许在某种程度上,这反而更有力地维护了国家整体的团结。第三,国内的政治变革多以改良为主,鲜有暴力革命。譬如1832年的议会改革,以及后来的宪章运动,④ 民众向统治者表达改革诉求的方式,通常都是集会、游行、请愿等,不再是以暴力革命的手段推动政治的革新,所以从"1832年之后,在下层不断提出改革诉求,上层也愿意妥协的情况下,不列颠走上一条通过渐进改革不断完善既有制度的道路",⑤ 这样自上而下进行改革的措施维系了英国整体政治局面的稳定。

---

① 虽然学者们普遍认为1215年的《大宪章》是限制王权的开端,但在彼时国王仍然保有较大的国家治理权。英国历史学家沙玛曾谈到,"《大宪章》并非自由的出生证,而是专制主义的死亡证",参见西蒙·沙玛:《英国史I:在世界的边缘?3000BC—AD1603》,彭灵译,中信出版集团2018年版,第134页。这句论断充分表明了《大宪章》的局限性,所以出于谨慎的态度,从1688年光荣革命后起算"统""治"之权的分离时间会显得更为适当些。

② 参见丽贝卡·弗雷泽:《英国人的故事:从罗马时代到21世纪》(第二册),叶铩焰、史林译,中信出版集团2018年版,第608页。

③ 这期间也存在着一些内部政治上的纷乱,然而除了制造一些骚动和不安之外,在总体上对政局的负面影响并不是非常大,类似的有"四五年"叛乱,这是"斯图亚特王室最后一次大规模尝试复辟,引起很多恐慌,但最终以失败告终"。参见汉斯-克里斯托弗·施罗德:《英国史》,刘秋叶译,上海三联书店2020年版,第39页。

④ 有些人可能会将其视作具有无产阶级"革命"性质的活动,但实质上它仅仅是一场普通的政治运动。虽然其间难免夹杂着一些冲突,可是和革命血腥的暴力性相比,仍旧是相去甚远。当时英国对宪章运动的具体应对状况可参见约翰·K.沃尔顿:《宪章运动》,祁阿红译,上海译文出版社2003年版,第94—106页。

⑤ H.T.狄金森:《大不列颠与古今世界》,袁利宏、李安君译,商务印书馆2019年版,第152页。

综上所述，虽不能当然地由英国的政治实践得出这样一个结论，即"统权"与治权分离运行的模式是适用于所有国家的，[①] 但这至少表明了"统权"是可以在不依附于其他权力的情况下，被独立运用的。这也为下文将"统权"作为一个在学理上值得重视的政治语词加以分析铺平了道路。

二、"统权"内涵的界定

本节内容立足于对"统权"涉及的中西文词项进行的梳理与综合，并作出语义上的精细分析，力求一窥其所对应的确切含义和真实意旨。

（一）"统权"的基本定义

前文所述的"统权"表征着"意志"，但这只是其作用或功能，而此部分是针对其词汇本义展开论述。"统权"在最抽象意义上主要指的是"统合之权"，[②] 而"统权"作为一种权力的概念已在前一部分中予以明晰，此处无须赘言，因此对"统权"定义的分解，便集中在"统"字之上，在汉语里对"统"的解释大体有六种，"1. 丝绪的总束。2. 一脉相承的系统。3. 统一。4. 纲纪、法制。5. 主管、综理。6. 从全局出发、全面"。[③] 从中可以看出，"统"在本义上就是把事物条分缕析地总合在一起，而从政治与法律的角度去解读其衍生义，则涵盖了三点要旨。首先，它意味着一种历史意义上的传承，亦即能够作为政治国家之"统"的对象的区域，一定是具有某些历史文化方面的承续性的，如欧洲许多国家（意大利、德国等）在近代的统一，都是根据其民族文化的关联性，虽然在中世纪的欧洲，很多封建领主都各自为政，但难免在民族情感和风俗习惯上有着共通之处，因此本就具备着心理上的互相认同，这也使得"统"的存在暗含着固定的界限和范围，脱离这一界限的政治行动便不能被称为统一；其次，这种"统"具有国家意义上的全面性，延续前一点所言，它要求将所有有着共同文化特质的部分全面纳入自身的统辖范畴内，这

[①] "统权"与"治权"无论在学理或实践中都是可以分离的，各个国家间对待此二权态度的唯一区别在于，将二者集合在一起行使还是分由不同的掌权者行使。

[②] 假如我们将统与治的权力概念作出区分，前者指统合之权，后者指规范之权。胡佛：《政治学的科学探究》（五），第274页。

[③] 参见辞海编辑委员会编：《辞海》，上海辞书出版社1979年版，第2690页。

不是由地域远近决定的,而是基于文化的同质性;①最后,"统"蕴含着政治上的权威性与法律上的正当性,"纲纪"在古汉语中指向的就是一种具有权威性的正当约束,②并且通过这样的约束去划定行为的边界,从而规制人们的言行。

在西语的语境中,对"统权"概念的界定则略显困难一些,这主要是因为没有与其完全对应的西语词汇,与它相近的只有 unite 和 union,而本部分作为政治哲学上单纯的文本分析,选取名词 union 作为分析客体更为合适。从词义上来看,uinon 的内容相当丰富,它在原义上指的是"将一个事物加入另一个事物当中去,或者与其他事物合并,从而形成一个整全实体的活动",③在此基础上,它所涵摄的倾向于政治层面的意旨约略有三点,"1. 将相关的人或国家联结到一起的行动、政策。2. 把不同的(政治)单元、党派或者个人结合成一个国家、民族或其他的共同体,而塑造出的共同体可以形成具有一致性的普遍意见。3. 一种联合举动,指称被并入某一政治共同体的事实或状况,例如组成或合并为一个单独的国家、王国、政治实体等,同时在他们之中通常会有一个中央的立法机关"。④可以发现,在西文中所谓的 union,即"统"的权力必定是表征着一个独立的政治实体的,无论其政体形式如何,都能够在这些实体中间产生某些共通的意愿,以此维持政治体的稳固;其次,被"统一"的人或土地是有某种程度上的联系的,这种联系可能是文化上的、人种上的等;最后,union 往往意味着集中的立法权和建基于其上的权威性。

综合比较"统权"所牵涉的中西语义里的共同点,可以归纳出它的定义如下:"统权"乃是将具有文化或民族上的关联性的人或地区,凝聚和塑造为实在的共同体(内含成员的合意),并以维护该共同体的独立性、自主性为宗旨,以统一的法律作为其意志最根本的权威性表达方式,且主要功能定位于国家整体而非个别治理问题的一种政治性权力。

(二)"统权"的特征

从现有的研究和实践经验来看,"统权"主要囊括了以下三项特征。

---

① 按照西方学者的划分,民族建国运动分为两类:第一类是以德国和意大利为代表的,从"文化民族"走向"政治民族"的"领土收复主义"(Irridentism);第二类是摆脱异族统治,建立独立国家的分裂主义(Separatism)。田德文:《国家转型视角下的欧洲民族国家研究》,《欧洲研究》2012 年第 2 期。本文的"统一"所指的便是前者。
② 如《汉书·礼乐志第二》中"夫立君臣,等上下,使纲纪有序,六亲和睦"的用法,参见班固撰,颜师古注:《汉书》(第四册),中华书局 1962 年版。
③ *The Oxford English Dictionary* (Volume XI), Clarendon Press, 1989, p. 232.
④ Ibid.

1. "统权"不是一个实体性的权力,更多的是一种代表性的权力。

"统权"很少会直接发出政治性的命令,但这并不意味着它失去了权力所具有的控制能力,只是其功用大多集中在政治仪式上。首先,"统权"代表了共同体成员集体的一致意志。根据经典的社会契约论,政治共同体的形成总是基于其成员共同的同意之上的,① 卢梭称之为公意(la volonté générale)。无论这一学说能否获得广泛的认可,但从常识上来看,政治国家的产生都必然要得到全体成员的大致认同,② 否则便无以维系,仅孕育于内部的不合与冲突就可能造成共同体的崩塌,这种对于民众共同意愿的表述,原本也是内含在"统权"定义的要求当中的。不过,"统权"的特点恰恰在于,它的功能止步于代表这样的合意,而并不负责具体地执行相关内容。其次,"统权""代表统合的整体,对政体的组合及施政加以确认"。③ 亦即"统权"的存在象征着共同体的统一施政,但它通常不会直接干预治权(施政措施),如中国的"国家主席作为国家的最高代表,主要参与的是礼仪性、程序性的活动,一般不行使重大决策",④ 又或"德国的国家元首为总统(Bundespräsident),总统不是联邦政府成员,地位相当于立宪制国家的君主,只拥有形式上的权力,不直接领导内阁(政府),不负行政责任"。⑤ 需要注意的是,在类似美国的总统制国家中,"总统身兼'国家元首'与'政府首长'两种不同角色,'既统且治',也就是既要承担国家元首的统合性任务,也要负责政体的实际施政",⑥ 因此总统对治权的干涉能力来源于其享有完整的统治权,而非"统权"本身。最后,在对外的问题上,"统权"代表了独立的国家。这是"一国宪法或者法律所确定的地位,也是国际法公认的准则",⑦ 与对内代表"统一"的政治共同体相比,它更侧重于"独立性",这一点主要体现在外交权的行使上。

---

① 社会公约可以简化为如下的词句:我们每个人都以其自身及其全部的力量共同置于公意的最高指导之下,并且我们在共同体中接纳每一个成员作为全体之不可分割的一部分。卢梭:《社会契约论》,何兆武译,商务印书馆2003年版,第20页。

② 这与权力代表统治阶级意志的作用并不矛盾,这一作用主要展现在政治社会具体的运行方面,而该处的全体成员共同认同的意志则是指向于共同体的成立。

③ 胡佛:《政治学的科学探究》(五),第274页。

④ 参见李凤斌、丁瑞雪等:《传统政治文化与当代中国政治制度》,中国社会科学出版社2015年版,第198页。但在我国的实际政治过程中,国家主席看似覆盖了诸多的国家治理权力,这主要是因为在实践中,国家主席往往同时是党的总书记,或者还兼任党和国家的重要领导职务,所以这些权力并非全部源于国家元首制度,而是来源于国家主席在国家体制中其他党政部门的职位。具体可参见前书同页。

⑤ 肖洋:《德国政治经济与外交》,知识产权出版社2014年版,第73—74页。

⑥ 胡佛:《政治学的科学探究》(五),第280页。

⑦ 许崇德:《国家元首》,江苏人民出版社2016年版,第8页。

上述的这些代表作用，无论是对内还是对外，都是具有约束力的，对内危害统一会受到法律的制裁，而主权国家对外的独立则受到国际法的保护，只要承认该国的独立，就必须以认可其统一为前提条件，同时挑拨别国分裂也是国际社会不能容忍的行为。

2. "统权"的践行者，通常是具体的个人或小集体。

相异于主权在民，"统权"的掌握者往往是单个的人或者少数人群，而不是全体国民，单个者如总统制、半总统制、议会制国家或（奉行人大制的）中国的国家元首等，小集体掌权的则如委员会制的瑞士，其"国务委员会由七位部长组成，国家元首系七位部长中的四位轮流出任，权力与其他委员完全相等"。① 之所以只能由少数人践履"统权"，主要是基于两方面的原因。一是对手握"统权"者个人能力的需求。根据现代宪法学基本原理，主权是归属于全体国民的，对应地，立法权、"统权"等权力事项自然也应当属于全部国民所有。不过，卢梭曾在《社会契约论》中就立法者的问题阐述过，"人民永远是愿望自己幸福的，但是人民却不能永远都看得出什么是幸福……正是因此，才必须要有一个立法者"，② 言下之意，立法者一定要"在一切方面都是国家中的一个非凡人物"，③ 而不是所有人都可以行使国家重大权力。同理，"统权"也只能由一个国家最为杰出的人去行使，他们在国内必得有足够的威信，足以使整个国家与社会凝聚在一起，而在国外则可以维护本国的良好形象。二是政治上的仪式性要求。如前所述，"统权"在国家政治生活中，担负着关键的仪式性功能，很多时候，它不仅仅是通过固有的强制性去维系国家的统一，还通过激发民众相应情感，使他们心中对本国产生深深的认同感④，自然地聚集在祖国的旗帜下。这当中就隐含着对具有权威性的政治领袖的诉求，并由他（们）来带领民众完成这一情感建构的任务，因此这些领袖必然是一国之中的少数群体。

除了以上两点特征之外，"统权"还有一个极易被人忽略的特点，那就是"统权"并不是一种至上的权力。实际上，由于"统权"所带有的国家统一方面的神圣性色彩与绝对的威严性，很容易被人想象为国家的最高权力，但其实在一国之内的最高权力只有主权一种，"统权"是从属于主权的一项权力，不能超脱于它的范畴

---

① 胡佛：《政治学的科学探究》（五），第282页。
② 卢梭：《社会契约论》，第48页。
③ 同上，第51页。
④ 仪式不仅在认知层面上对人们界定政治现实产生影响，而且在情感上也具有重要的影响力。大卫·科泽：《仪式、政治与权力》，王海洲译，江苏人民出版社2015年版，第19页。

之外。故而,"统权"在整体上呈现出的特征就是一种由少数人执行、主要肩负着代表性任务的、非至上的政治性权力。

三、"统权"的内部结构与行使

"统权"不仅仅是停留在纸面上的概念,更是一个具有可执行性的真实权力,因此本节将要着重研讨的是,"统权"的结构化属性有哪些,包含的核心权力又是什么,以及行使主体和践行方式的问题。

(一)"统权"的结构化属性

"统权"的构建具有三重属性,分别是象征性、延续性和绝对性。首先是象征性。"统权"在很大程度上起着国家象征的作用,并且国家也主要通过这一政治象征去维护国内的统一稳定、谋求对外的一致性。以明代的"土木堡之变"为例,明英宗被瓦剌俘获的事件甫一发生,当时的朝廷便迅速拥立了后来的代宗朱祁钰即位,[①]之所以如此,乃是因为皇帝是理所当然支配着"统权"的,一旦"蒙尘"就意味着"统权"的丧失,若未在短时间内完成接替,则很可能导致"统权"无法施展或者出现更加严重的危机。而彼时立朱祁钰为帝,便象征着国家仍然是统一的,这种象征能够满足前文提及的政治情感上的诉求,并使国内民众获得内心的安抚,最终推动国内政局的稳定化;同时无论在御敌还是其他的外事交往方面,都能保持较为一致的态度。这也是缘何在"庚子西狩"的前夕,朝臣恽毓鼎会上奏到,"风闻銮舆有西幸之说,根本重地,一举足,天下动摇",[②]这里仅是风闻便足以造成民众政治情感的波动和内心的惶恐,可见只要一国之内握有"统权"的核心领袖作为象征存在于此,不论遇到何种困难,至少都可以保持国家的相对稳定,而如若失去作为政治象征的主心骨,则国家在对内对外的问题上都会旋即变成一盘散沙。

其次是延续性。胡佛认为,"统权"的"主要作用在达成国家认同的统摄,使国家的统合能够永续"。[③]这当中的"永续"包含了接续和继承两个方面,接续是

[①] "正统十四年秋八月,英宗北狩,皇太后命王监国……九月癸未,王即皇帝位,遥尊皇帝为太上皇帝,以明年为景泰元年。"参见万斯同:《明史·卷十一》,清钞本。这里的王就是成王朱祁钰。从英宗北狩被俘到成王登基仅一个月左右,可见时间之快。

[②] 恽毓鼎:《恽毓鼎澄斋日记》(第2册),浙江古籍出版社2004年版,第786页。

[③] 胡佛:《政治学的科学探究》(五),第274页。

由当代的统治者传承给下一代统治者,表示某一政权在一个时期内的绵延不断。继承则是对前代政权所掌握"统权"的继受,关乎的是继受者代表统一国家的正当性问题。譬如中国古代在不同王朝交替之际,新立王朝总要以"天命"为依托,宣扬是天命转移到了本朝,只有承受了天命,才能享有合法的"统权"去统领百姓。因此,"统权"不是由某一时段兴起的政权创设的,① 而是从国家出现之后就产生的,除了第一代君主直接受命于天,后代的君王通常需要承袭前代的天命。这里值得注意的是,基于"统权"的这一性质,历代政权的合法性都需要通过承认前代政权的合法性来取得。② 从中国古代八议制度的"议宾"中,便可看出新朝对前朝掌握"统权"者的尊敬态度,③ "议宾"里的"宾"就是"承先代之后"④ 者,亦即前代皇室的后人,如果这类人"犯死罪,议定奏裁,皆须取决宸衷",⑤ 足可见其重视程度,⑥ 这种尊重的态度本身就是对前朝皇室合法性的一种肯定。即使在主张一切国家权力来源于人民的当代,这一逻辑理路仍然是相似的,自人民创建国家之后,"统权"就一直存在,政权的变换可以改变"统权"的执行者,但并不能变更国家的统一性,下一届政府统领国家的合法性必然源于对前一届政府"统权"的延续。

最后是绝对性。与统治权相异,"统权"是不可分割的。"统权"可以传承,但不能直接被转让或是割裂,它在这一点上和主权是类似的。⑦ 较为突出的例证是,法国的一些海外省,虽然享有十分充分的自治权,但因为没有"统权",只能作为法国领土的一部分,而不能被视作独立的国家。如法属波利尼西亚,虽然"2004年立法使得法波地区获得了高度自治,然而,在公共安全、国际关系等高敏感领域,(法国)共和国仍保留了国家权力",⑧ 上述事宜均关系到一国的统一和独立,对这些事项没有决定权就意味着"统权"的缺失。因此对一个国家来说,"统权"

---

① 最高统治者称为"天子",天子"受命于天",是上天委任的人间代理人。杨志刚:《中国天命观的历史演进与作用述论》,《东北师大学报(哲学社会科学版)》2017 年第 1 期。因此统治者只是代理上天行使"统权",代表统一的国家,而非"统权"的创制者。

② 换言之,如不认可前朝的合法性,那么自身统治的合法性根基也会发生动荡。

③ 有学者认为,八议制度成形于汉代,具体内容可参见龙大轩:《八议成制于汉论考》,《法学研究》2012 年第 2 期。但据《唐律疏议》所载,"昔武王克商,封夏后氏之后于杞"。参见长孙无忌等:《唐律疏议·卷第一》,宋刊本。说明彼时已有尊崇前代君主的"统权"传承观念。

④ 长孙无忌等:《唐律疏议·卷第一》,宋刊本。

⑤ 同上。

⑥ 更为具体的减免措施可参见长孙无忌等:《唐律疏议·卷第二》,宋刊本。

⑦ 主权是不可转让、不可分割的。让·博丹:《主权论》,李卫海、钱俊文译,北京大学出版社 2008 年版,第 146 页。

⑧ 付琴雯:《二战后法国海外领土的法律治理——以法属波利尼西亚和新喀里多尼亚为例》,《边界与海洋研究》2018 年第 1 期。

是无法被分离行使的，只能统一和完整地使用。与其相反的是，治权可以按照具体事务范围，分为"中央事权（如各国宪法确定的由中央政府负责的国防和货币发行等权力）、地方事权以及中央和地方共同事权"，①也就是在实践之中，国家治理方面的事项无须不论巨细都收归中央国家机关，而是可以给予地方相当大的自主性，最多只能说在理论上，地方的治权是源于国家最高统治权的。在当代，最高统治权则又是源自全体人民的。"统权"的这种绝对性，也是许多国家允许地方拥有自治权，②却不能与其分享"统权"的根本原因所在，这些自治区域在涉及领土统一等事项时必须完全服从本国中央。

（二）"统权"内含的最核心权力

在现代政治中，外交权乃是"统权"所内含的最核心权力。对于外交权的早期表述，可以追溯至博丹所论述的战争与媾和权，因为这涉及国家的生死存亡，所以他将其视为重要的主权性特征之一。③而在权力分化愈趋复杂和精细的今天，类似战争等方面的权力已经被外交权吸收，并归属于"统权"的权限之下，外交权对"统权"建构的核心意义大致体现在两个方面。

第一，外交权是"统权"绝对性的主要表现，同时"统权"代表国家统一和独立性的任务，也主要通过更加具体的外交权来完成。正是基于其绝对性，外交权是不能被分散执行的，世界各国几乎都将外交权收归中央统一行使，即使地方的权力再大，也不能将该项权力让渡给地方政府，如我国香港和澳门特别行政区的《基本法》均规定，由我国的中央政府设立相应机构，统一管理当地的外交事务。④如前所述，外交权实际上源于战争与媾和的权力，这是它牵涉的最本质事项，因此一旦将外交权下放到地方，后果便不堪设想。从东周的经验可以看出，虽然当年还没有外交权的概念，但并不妨碍将彼时的交战与结盟看作外交的最古老形式，在那种情况下，各个地方都有向其余任何一个地方政治实体开战的可能性，很显然这样一种可能性的存在，随时会导致国家"统权"的名存实亡，故而"统权"若想保持完整，就必须规避这一危险的可能，牢牢掌控单一的外交权。

第二，外交权关系着国家的现实政治状态。外交权下辖的权力主要包括"接受

---

① 参见倪斐：《地方法治概念证成——基于治权自主的法理阐释》，《法学家》2017年第4期。
② 除了法国的海外省，还有中国的民族自治区、特别行政区等。
③ 宣战和媾和经常会关涉国家的生死存亡，因此它们是主权中最重要的权力之一。参见让·博丹：《主权论》，第146页。
④ 具体可参见《中华人民共和国香港特别行政区基本法》第13条和《中华人民共和国澳门特别行政区基本法》第13条。

并派遣外交代表和领事,即使节权;缔结国际条约,即缔约权;宣战与媾和等",①其中的宣战在很多时候都决定着国家能否统一,亦即"统权"能否保持完备,尤其是在遭受侵略或是在战败后,都面临着国家领土丧失、"'统权'不统一"的风险,所以外交的斡旋在此间就处于关键性的地位。而缔约和派驻使节则关涉着一国和其他国家和平交往的关系,就"独立统一国家"这一短语来看,它不仅仅是一个静态的语句,在国际政治中更表征着动态的政治行动,很少有国家可以真正闭关锁国而完全不与周边国家有丝毫的交往,缔约和遣使可以说本身就彰显着国家独立的政治状态和"统权"的整全性,因为只有独立国家才能在国际交往中平等地开展类似活动。

(三)"统权"的行使

"统权"多由国家"元首",而非政府首脑予以行使,其原因在于国家元首"不局限于一般的党派政治,能够以国家整体领导的角色,成为政治权威的一个主要凭借,也就是代表国家发挥'统权'的效用"。②进一步来讲,无论是在古代或者现代政治中,我们所言及的国家治理与统治阶级,都难免会带有阶级利益、派系斗争等内容,这是统治之"治"无法回避的一个问题,而统治之"统"表征着的是将这些矛盾调和、压缩在最低的限度内,保持国家相对的统一和谐,并有力地区分了内部矛盾与外部矛盾。"统权"的这种超然性质,也决定了它的行使者在一国之中超越性的政治地位,它不能仅仅代表某一政治派别的诉求,而必须代表经过"统权"协调之后,国内各阶层都能同意并接受的共同诉求,因此只能由代表国家全体(或者说持有国家立场)的国家元首去践行。

大多数国家把"统""治"二权分开,并将"统权"赋予国家元首专一执行的意义在于,在国家的"关键时刻或危机发生时,更能发挥'统权'的稳定性作用,使国家主权的统合与全民团结的共识不致产生动摇。以泰国为例,军力干政、党派倾轧与流血政变的事例屡见不鲜,但对泰王(国家)元首的效忠,确是巩固泰国国家稳定的重要支柱"。相对地,"在'统''治'合一的国家,政权一旦更迭,国家元首亦随之易位,进而造成国家结构的不稳定"。③简言之,政府作为庞大的行政机构,人员变动频繁,让国家元首紧握"统权",可以保证在面对政府行政人员的

---

① 许崇德:《国家元首》,江苏人民出版社2016年,第69页。
② 参见胡佛:《政治学的科学探究》(五),第274页。虽然中国的国家元首通常是中共中央总书记,但是仅就国家主席这一职务的履行而言,在中国共产党领导的多党合作与政治协商制度下,他代表的一定是所有民主党派与无党派人士、各界群众的共同政治意愿。
③ 胡佛:《政治学的科学探究》(五),第275页。

调动变化时，国家的政治凝聚力也不会受到任何消极影响。

最后，"统权"的履行方式一般为"签署"国家重大的政治性、法律性文件或"宣布"这些文件的效力及其他一些重大事态。如前文所言，"统权"是一种代表性权力，往往不负责具体事务的执行，但鉴于"统权"代表的是整个国家，不局限于某一届政府或某一个党派，国家重要情况变更就必须经由"统权"的程序来确定，以示国家全体的同意，因此"签署"和"宣布"这两个"统而不治"（不作政务决定，仅对已有决定表示认可）的措施便成为"统权"执行的最佳方案。比如中国的国家主席"具有公布法律、发布命令的权限，但没有法律否决权，凡全国人大及其常委会通过的法律，国家主席必须公布。同时，国家主席根据全国人大或者全国人大常委会的决定，发布特赦令、戒严令、动员令、宣布战争状态等"。[①] 又如德国"总统最主要的职责是：签署并公布由联邦议院和联邦参议院通过的由联邦总理和有关联邦政府部长副署的法律法令，但对其没有否决权"。[②] 这些都是"统权"行使方式的深刻体现。

四、"统权"与治权的关系

"统权"和治权作为统治权的两大组成部分，在政治生活领域中各司其职，鉴于以往聚焦于"统权"的文献较少，本文既然将"统权"专门列出加以论述，就要厘清二者的关系，借此明晰"统权"在统治权内部所担负的功能，对其展开详尽阐释。

（一）"统权"是治权的逻辑前提

任何一个国家的整体治权或地方治权，都需要以"统权"为前提性条件。一个"统权"分裂或者不完整的国家，是无法保有充分与合法的治权的，"统权"对治权的这种先决性作用主要体现在以下两个方面。

一是"统权"为治权确立了服从基础。相比于"统权"，专注于国家具体事务的治权在某种程度上更贴近民众生活，也更能彰显政治权力的强制性。在现实生活中，无论民众的内心意愿是否接受，治权都会将他们强行纳入政治社会的管理范围内，但不得不承认的是，"民众对政府行为的认可、支持和服从，往往并不仅仅是

[①] 李凤斌、丁瑞雪等：《传统政治文化与当代中国政治制度》，中国社会科学出版社2015年版，第197页。

[②] 肖洋：《德国政治经济与外交》，知识产权出版社2014年版，第74页。

因为政府行为有着暴力作为后盾，反倒是出于对政府行为正确性和适宜性的内心认同与肯定",① 而这样的认可与服从恰恰来源于"统权"的规制。事实上，一个国家如果想要长久与合法地施行统治，就必须具备三重要素，包括"建立一套明确的运行规则；统治者和民众之间拥有广泛一致的价值共识；民众深信既定的运行规则充分体现着（了）价值共识"。② 规则的订立和执行属于治权的范畴，而体现价值共识，并使民众确信这些共识已然在生活中得到了完全意义上的贯彻，则是"统权"的工作。因此它本身标志着的，更多是对民众心灵与政治意愿的管理，负责让人们相信自己是共同体中不可忽略的一员，同时现行治理规则至少能够反映人们一部分的政治诉求、保障人们的相关利益，这缓和了治权的"强迫"色彩，且为治权在国内的有力推进扫清了障碍。其实"统""治"二权的这种关系在我国古代的政治思想中亦早有流露，《孟子·离娄章句上》有言："得天下有道，得其民，斯得天下矣。得其民有道，得其心，斯得民矣，得其心有道，所欲与之聚之，所恶勿施尔。"③ 这当中蕴藏的政治逻辑便是，只有尊重民众的利益要求，才能得到他们发自心底的拥护，也只有在这一前提的支撑下，方可真正地一"统"天下，否则仅靠武力夺取实际的"治"权，无法受到人们的真正爱戴，政权也难以长久。

二是"统权"可以剥夺治权。从中国古代政治中的分封和削藩现象中能够观察到，中央政权既可授予地方高度的自治权，亦可合法地取缔其治权。《孟子·告子章句下》曾对周天子与诸侯之间的朝贡关系描述道，"一不朝则贬其爵，再不朝则削其地，三不朝则六师移之"，④ 其中深刻表明了周王在地方出现不安定、不服从的因素时，随时可以削减地方的治权，甚或剥夺封地，乃至直接正当地清除地方诸侯。从形式上来看，周天子作为天下的共主，享有最高的治权，但是朝贡制度的支撑并非依托于治权，与此相反，周天子的治权对地方治权的干预恰恰是有限的。一般而言，对地方进行分封，就意味着授土授民，⑤ 诸侯对封地内的人和事往往有着最高的决定权，周王很少干涉较为具体的事务，因此对地方治权的管控基本是通过"统权"来进行的。周代的这种实践⑥ 也为后世的削藩提供了依据，虽然削藩的过程中可能会伴随着动荡，如汉代的七国之乱，但就削藩这一政治行动本身来看，是

---

① 沈岿：《公法变迁与合法性》，法律出版社 2010 年版，第 11 页。
② 岳天明：《政治合法性问题研究——基于多民族国家的政治社会学分析》，中国社会科学出版社 2006 年版，第 42 页。
③ 焦循撰，沈文倬点校：《孟子正义》（上），中华书局 2017 年版，第 541 页。
④ 焦循撰，沈文倬点校：《孟子正义》（下），中华书局 2017 年版，第 905 页。
⑤ 葛志毅：《周代分封制度研究》，黑龙江人民出版社 2005 年版，第 117 页。
⑥ 中央治权可以不直接插手地方事务，但地方治权的存在和确认，必须经过"统权"的程序。

完全正当合理的，不仅是针对正式列土分封的诸侯国，"统权"的存在也使得任何地方割据势力的产生都不被认可。很多时候，由于"统权"的控制力不强，某些占山为王或因其他历史因素形成的政治势力（民国的军阀等）会直接篡夺治权，在这种情况下，"统权"可以名正言顺地加以讨伐，[①]维护国家的统一和稳定。

（二）"统权"为治权划定权力范围

当言及一国的"统权"时，根据其内在含义的设定，一定是有其统一的、无可争议的区域，而治权只能在这一限定区间中开展活动，因此"统权"在本质上就为治权标明了权力界限，这包括了三个层面上的边界。

首先是地域国家意义上的治权疆界。"统权"为治权划定的第一条、也是最根本的界限便是自然地理上的空间界线，亦即国家领土。前文已阐明，"统权"是与国家的出现相伴而生的，而在国家诞生的早期，只有"土地"才是其必备要素，[②]至于其他的一些政治观念（如民族）在彼时还尚未形成，[③]因此古代君王统治之"统"大多局限于地域的视野内，即在特定的地理空间中，他是国家的象征和代表，并借此在这一空间展开治理活动。即使在国家结构愈趋复杂、国家功能日臻细化的今天，这一古老的传统仍然延续了下来，在人们的日常话语中，每当提及某个国家时，优先指向的一定是具体地域层面上的政治国家，而非主权或其他抽象意义上的国家。与此同时，"统权"在一国政治生活中的情感凝聚任务，也在相当程度通过领土的划定来予以分担，海外游子所谓的"乡愁"，其内涵便是祖国家乡土地上发生的一切，例如饮食、风俗等由专门的地理环境所构筑的内容，这些内容所具有的统一性、稳定性、传承性，塑造出了浓厚的"乡土"情结，并使国内民众产生了对土地的眷念，[④]自愿服从于这片土地上的管理者，为治权的行使大开方便之门。

其次是民族国家意义上的治权畛域。"统权"对于民众政治情感的建构，不仅仅局限于自然的土地之上，更有超脱于土地本身的民族文化层面的情感凝聚，同时

[①] 这里有两点值得注意，一是不能因为"统权"的强制性体现得不明显而忽略其强制性的存在，二是"统权"对地方治权的剥夺有时会借由中央的治权进行，但此时治权只是在"统权"的名义下分担"统权"的任务，作为更高一级的治权，并不能单独以自身名义去消灭低一级的地方治权。

[②] 人口虽然也是必备要素，但并不作为国界的区分，故其不纳入此处的探讨。

[③] 历史上，由一个中央集权政府来进行管理和控制的，拥有明确定义的地理领土的国家的形成，要先于各种民族观念的出现。转引自斯图尔特·埃尔登：《领土论》，冬初阳译，时代文艺出版社2017年版，第339页。

[④] 公民通过与特定领土的互动而将自身与领土密切联系起来，进而形成一种在场的情境依恋和归属感：我热爱甚至属于这片土地。参见周辉、李虎：《领土认同：国家认同的基础——构建一种更完备的国家认同理论》，《中国社会科学》2016年第7期。

还会唤醒民族意识,[①] 并依托这一情感和意识的培育来推动原本分裂的国家走向统一,重新收回早已散乱不堪的治权,欧洲近代民族国家的统一如此,中国古代由乱向治的大一统亦是如此。虽然"民族国家"这一概念舶来于西方,且其形成是十分晚近的事情,但抛开语词本身,就其所指的确切内涵而言,中国古代很早就有了类似的观念,秦始皇对六国的征服也完全可以看作是一种民族国家意义上的统一,秦王朝的建立,实际上蕴含了两点要义。一是秦统一六国,在本质上是一个"统权"转移的过程,周的"统权"旁落了,最终由秦接替它行使"统权"的工作;[②] 二是"统权"限制了秦的统一范围,应当看到的是秦在统一之后修筑了长城,以防范北方游牧民族的侵袭,由先前的攻伐姿态转变为防守姿态,而不是持续地向北扩张,这正是"统权"依据文化、情感等因素[③]为治权设下的界线,以此区分"我族"和"异族",只有对本族的治理才是合法合理的。事实上,"统权"的存在还在一定程度上区别了战争的"义"与"不义",只有那些保全"统权"范围内的治权的战争,才能称得上是正义的战争,而跳过"统权"的约束去抢夺他国治权的行为则是明显的侵略战争。

最后是抽象国家意义上的治权范畴。随着信息科学的发展,国家的活动早已不再囿于传统的现实场景之中,还包括虚拟的网络空间等。目前也有越来越多的国家开始关注和强调互联网的治理,而主权国家应当对信息活动和信息通信平台进行管辖亦成为各国的共识,[④] 不过,要承认政府对网络领域享有治理权,就必须将网络视为国家本身统一和不可分割的一部分,国家对其优先享有"统权"。简言之,"统权"为治权在虚拟空间中划定的具体界线包括,"1. 国家有权建立一套行之有效的网络审查机制,就该国网络空间中所有自然人和法人的行为加以监管。2. 国家还有权针对那些(在本国互联网内)传播煽动暴力仇恨的行为,进行定罪和处罚。

[①] 如当年德意志文化的勃兴,滋生了日益强烈的自豪感,导致了某种德意志民族意识的产生,并形成了统一民族的趋势。参见斯图尔特·埃尔登:《领土论》,第125页。

[②] 在公众的一般认识中,秦始皇是第一个统一中国的君主,这样的看法是相当片面的,单单因为周代实行分封制、对地方治理的控制力不如中央集权制那么强,就将其视作"不统一",这在学理上是无法成立的。因为"第一个统一中国"本身就暗含着之前的中国是不完整的这一层意思,然而当时确乎存在着周王室作为唯一的中央政府,也就是所谓的"天下共主",这两者显然是矛盾的,承认前者,便意味着很难再将周王朝认定为"中国"历史上的一个正统王朝。

[③] 从《左传》对"华夏"一词的疏解可以发现,民族意识主要依靠于礼义、文字等文化性内容,从中也能看到华夏民族意识的产生之早。与此同时,这当中还隐藏着另一层含义,即凡是愿意归顺、接受华夏文化教化的,皆可以看作是本族,这也从侧面反映了中华文化的包容性。"中国而谓之华夏者,夏,大也,言有礼仪之大,文章之华也。"左丘明原著,杜预注,孔颖达疏:《春秋左传正义·卷第十一》,宋庆元六年绍兴府刻宋元递修本。

[④] 赵宏瑞:《网络主权论》,九州出版社2019年版,第75—77页。

3. 国家有权限制该国网络空间中的某些特定内容的访问权限。部分国家政府还可以和社交媒体合作,限制本国网民浏览特定网站"。[①]

结 语

"统权"对于统治本身具有关键性的意义。首先,"统权"奠定了统治的合法性根基,为统治者的施政提供了必要理据,并促使本国民众从内心意愿上自觉接受一系列的统治政策;其次,"统权"的诞生为一个国家注入了相应的凝聚力,在现实层面上稳固了国家的统一,在历史层面上则确保了国家的延续;最后,"统权"还在对外事项上,保持了一国的独立性,即使是再羸弱的国家,只要正当地拥有"统权",在国际社会中就应享有平等的国际地位,并且免于被他国干涉国内的统治事务。综上所述,作为先决性要素的"统权"在根本上塑造了统治,即无统之权,则难有统治之实。

[①] 王小伟、姚禹:《网络主权与全球互联网治理》,《哲学分析》2018 年第 1 期。

法理学的概念*

罗伯特·阿列克西　拉尔夫·德莱尔** 著

翁壮壮*** 译

陶鹏远**** 校

摘　要　这篇文章的第一部分包括：(1)对法理学与法教义学、法哲学和法社会学关系的考察；(2)对作为元理论和对象理论(object-theory)的法理学的考察，并提出法理学应当被定义为关于法和法律科学的一般法学理论(a general juristic theory of law and legal science)。在第二部分中，这些特征与要素得到了系统性的解释。这篇文章的主要观点是：法理学之所以与法哲学和法社会学不同，并非由于其主题或方法，而是由其所依据的特殊的法学(juristic)[①] 研究面向或视角决定的。

关键词　法理学　分析维度　经验维度　规范维度　综合学科

---

* 作者向以下几位表达深切谢意：苏珊妮·加斯克(Susanne Gaschke)小姐对德语原文的翻译工作提供了帮助，尼尔·麦考密克(Neil MacCormick)教授和泽农·班科夫斯基(Zenon Bankowski)先生对最终英文版本提出了修改建议。

** 罗伯特·阿列克西(Robert Alexy)，德国基尔大学教授。拉尔夫·德莱尔(Ralf Dreier)，德国哥廷根大学法哲学教授。

*** 翁壮壮，华东政法大学法律学院2019级法学理论专业硕士研究生。本文关键词为译者所加。特别感谢季卫东教授对本文关键术语的翻译建议。

**** 陶鹏远，北京大学法学院2019级法学理论专业硕士研究生。

① 为了表示juristic与legal的区别，将前者统一译为"法学的"，juristic theory也随之译为"法学说"，后者译为"法律的"。——译者

一、问题的开始

法理学①的概念是富有争议的，主要问题就是需要澄清法教义学、法哲学和法社会学这三者与法理学分别有什么关系。它们使法理论（the theory of law）与法律科学理论（the theory of legal science）的关系问题变得更为复杂。

（一）法理学和法教义学

法教义学（legal dogmatics）可被定义为关于某个法律体系中实在法的法学理论。在所有发达地区的法律体系之中，它被分别归到各部门法的教义学之中，例如民法教义学、刑法教义学、行政法教义学和宪法教义学等。这些部门又可以再划分为更细的部分。这个事实体现出对实在法的一般法学说（a general juristic theory of positive law）的需求，也被称为一般法学说②（general theory of law/Allgemeine Rechtslehre）。正是因为这个需求，法理学依据自身力量成为基础的体系性理论。

实在法的一般法学说（a general juristic theory of positive law）可以考虑将一个、多个或所有法律体系的实在法作为对象。只要涉及一个被给定的法律体系的实在法，例如德意志联邦共和国的实在法，就其定义而言，它就是一般法教义学（general legal dogmatics）。它的主要关注点是该法律体系（system）的所有特殊法教义学（the specialist dogmatics）共有的基本概念。通过参照这些概念，特殊法教义学可以被归入一般法教义学之中。在参照适用多个单一法律体系的概念时，一般法教义学可以被包含到一种更一般的理论之中。由于该理论考虑的不只是一个单一的法律体系，因此不再是定义意义上的法教义学。

传统上，这种一般理论（a general theory）有如下构想：它在几个相关体系中探究实在法的基本概念，而这些体系通常属于"西方"文化的社会。有充分理由

---

① 在本文中，可能会使用"jurisprudence"一词来代替"legal theory"一词。就目前而言，这两个术语被视为同义词。

② 在德语中，Lehre 和 Theorie 是两个不同的表述，Lehre 虽然可以被翻译为 theory，但是更为精准的对译应该是 doctrine。虽然 theory 和 doctrine 在含义上也无太大差别，但是如果将 Lehre 翻译成"理论"，就会出现"一般法理论"（Allgemeine Rechtslehre）与"法理论"（Rechtstheorie）混同的情况。在目前学界，Allgemeine Rechtslehre 经常被译为"一般法学说"。作者自己也在本文的第二部分提及，尤其是在较旧的德国文献之中，经常使用"法理论"（Rechtstheorie）一词，其含义仅是理论上对法律的追求，而不是法律的实际应用，这也印证了前述区别。因此，译者采取此种"一般法学说"的译法。——译者

要求一些基本概念出现在所有实在的和所有可能的法律体系中，比如法律、法律规范、有效性和法律适用，每个局部的理论都被归为法的一般法学理论（a general juristic theory of law）。以这种方式被理解的法理论是一种法学理论，是法律科学基本的体系性学科。然而，作为一种一般法学说（a general legal theory），它侵占了法哲学和法社会学的领地，由此产生了关于这些学科的划界问题。

（二）法理学与法哲学

为了确定法学与法哲学之间的界限，可以考虑三个标准：主题（subject）、方法（method）与面向（aspect）。

（a）传统法哲学一直关注自然法理论和/或（and/or）理性法的理论，即权利（right）或正当法（the just law）①的伦理学理论。与此相反，正如前文所指出的那样，法理学是为满足对实在法的一般法学说的需求而生。根据主题区分，法理学成为一种实在法理论，法哲学成为权利或正当法理论。

对于这种区别存在两个反对意见。第一，法哲学作为一种权利或正当法理论，一直而且必然包括对一般法律基本概念的概念分析，其中有法律规范、法律义务和有效性之类的实在法的概念。至少在此程度上，它吞噬了法理学。第二，只有在将法理学定义为实在法的一般理论时才可以保持这种区别，不包括对正义问题的任何关注。这种概念的前提是，法律本身（即实在法）与应然法（即自然法或理性法）在概念上没有必要的联系，这也是法律实证主义的主要命题。但是，对此可以提出重要的反对意见，对它们进行讨论是法理学的主要任务之一。该观点反对以预先确定解决主要问题的方式来界定法理学主题。

（b）从方法论上看，法理学可以通过多种方式进行研究。其中一条主线是分析法理学，它从方法论上将自己限制在对法律及其概念的结构分析之中，因此这区别于本质上运用规范方式进行研究的法哲学。这种方法上的差异反映了两者涉及主题的差异。上述理由进一步反对将方法标准作为法理学定义的基础。

这些理由不能被这一事实所消除——分析法学使用分析哲学和科学哲学的方法论工具，以实现接近严格科学的目标。首先，这些工具可以用来解决规范性问题。其次，即使考虑规范性问题意味着准确性的丧失，但只要能保证最低的合理性标准，就法理学而言，这也必须被视为涉及实践问题（practical problems）的法律学科。

---

① 在同时出现 right 和 the just law 的场合，统一将前者译为"权利"，后者译为"正当法"。——译者

（c）法律可以从不同面向（aspects）或视角（perspectives）切入而成为科学研究的主题。例如历史、逻辑、伦理、社会、经济和法学视角。根据学科旨趣区分，是不同面向或视角的基础。此外，必须区分研究的主观面向和客观面向。一方面，研究具有主观性，它是由单个研究人员根据其个人兴趣选择的。另一方面，研究又具有客观性，因为研究在制度意义上是确定的。研究的面向在制度意义上首先由惯例所确定，即由科学界的有效社会规范确定。但在某种程度上这也由调控科学的有效规范确定。研究的客观面向是科学学科的统一原则，它可以用来为学科下定义。

在历史上以及目前的实践中，被当成理想的理性（ideal rationality）追求的法理学，一般都是基于特定的法学研究面向。因此，它是法学（或"法律人的"）学科，这一事实也可以通过将其纳入法学院和法律研究机构的方式得到验证。与其他法学学科共享的法学研究的特点是，整个法学（直接或间接）与确立特定案件下的人在法律上有义务、被禁止、被允许或被允许去做什么的范式有关。另一方面，从柏拉图、亚里士多德到康德、黑格尔，在法哲学的全盛时期，它一直被哲学家而不是被法学家追求，传统上是基于专门研究哲学的面向，例如对法律结构的审视。这是为了从整体上了解实在（reality）的某个部分和/或详细阐述有关法律的伦理正当性（ethical rightness）的标准。

对一般法学说特别是法理学来说，哲学家在这些方面所阐述的法律理论在过去到现在一直都很重要。这对于哲学家可能建立的任何结构性的以及道德性的理论都是有效的。上述区分似乎被这个事实破坏。它没有提供任何标准，可以使有关法律的陈述系统（a system of statements about the law）被限定为绝对属于法哲学或法理学。在哲学研究方面发展起来的理论很可能会非常详细地处理法律的基本概念，例如，法律适用或财产概念，即特殊法律利益的概念。另一方面，在法学研究方面被发展的理论完全有可能涉及一般的结构分析，例如规范和个人权利以及它们之间的关系，也就是说，这可能是对哲学非常重要的分析。到目前为止，就其可能的内容而言，法哲学和法理学中的陈述系统是相同的。除此之外，从制度上看，后黑格尔主义法哲学已经从哲学系转移到法学系，并因此导致了法哲学被法学家而不是哲学家奉行，这一事实加剧了学科划界问题。直到晚近二三十年这一发展态势才开始被扭转。

尽管如此，仍然有充分的理由支持区分法理学和法哲学的观点。法理学不直接涉及作为陈述系统的理论，而是涉及作为行动系统（systems of action）的学科。这无疑是一种差异，它通常对不同面向的研究中不同行动系统中创建的陈述系统产生一些影响。一般而言，法学理论与法哲学理论的区别在于，法理学更密切地关注司法和其他形式的法律决策领域中的主题。因此，划分一般基于陈述系统外部的标准，但具有内部的后果；后果并不总是必然发生，但这一发生往往可以说是正常和普遍的。

法理学与法哲学在上述方面的差异，导致它们有关法律陈述系统的差异很大。出于实用主义的原因，这使得出于实用原因区分这两个学科的经验法则（a rule of thumb distinction）成为可能，这抓住了研究中传统上着重强调的线索。以此检验，一般法学说（general theory of law）、法学方法论、法律科学理论（the theory of legal sciences）都属于法学，而法哲学史和法伦理学都属于法哲学。然而，这只是一种未开发的粗略区分，并不影响此处建议的区分的合理性。

就法学家所从事的法哲学而言，作为主观方面的哲学和法学研究往往是相互关联的。然而，这类作品的学科地位既不是由它的名字决定的，也不是由作者的主观兴趣与专业能力决定的，而是由研究视角的主导地位决定的。

（三）法学与法社会学

在本文所考虑的学科中，法社会学是最年轻的。就像社会学本身一样，它出现在19世纪下半叶，直到20世纪才成为一门学科。法社会学理论旨在生成法律的社会学理论，将其作为社会系统结构的核心要素。因此，它是一般理论社会学的一部分。法律社会学的经验研究会研究法律体系的各个方面，例如，通过经验社会科学手段来研究规范的社会效力或规范的复杂体。因此，它是许多特殊的社会学之一。然而，由于法律社会学的经验研究也关注法律社会学理论提出的关于法律的假设，因此将法律的经验社会学和理论社会学作为一个学科单元是合理的。为了将本学科与法理学区分开来，可以再次按主题、方法和研究面向这三个标准。

（a）初看法理学和法律社会学就其主题而言是相同的，因为在这两种情况下都是法律。再想一想，主题上其实存在差异性，因为在法律社会学中，将法律作为一种社会现象（即社会有效规范的整体），而法理学将法律作为一种法学现象（即具有法律效力的规范的整体）来关注。这种差异已经揭示了面向或视角的要素，反映在法律的各种社会学和法学定义中。然而，法律的法学定义与关于其内容的社会学定义相一致，并且有法学概念表明它对社会学自我评估的敏感性。这些定义和概念的适当性是有争议的。规范和规范体系的社会实效是界定法学概念的必要要素，但这还不够。这意味着法律，在它是法律社会学的主题的意义上，确实也属于法理学领域，但二者出发角度有所不同。法理学和法社会学以及它们的主题的关系问题，实质上是两门学科的关系问题。因此，它们的主题本身不足以区分它们。

（b）在方法论意义上，不论是法律社会学理论研究，还是法律社会学经验研究，都是一门主要凭经验方法或"经验-分析"方法工作的学科。仅在有些情况下，例如在批判性社会理论的背景下，它才采用规范方法。这将在之后加以阐述。法理学首先是一门以分析或"分析-规范"的方式展开的学科，但同时也涵盖了经验层面。因此，这两个学科的方法论层面的重点是不同的，但是存在方法论上的重叠，因此在这方面不可能进行严格的界定。

（c）区分的决定性标准还是视角标准。法理学作为法学学科的研究视角已经被表征。法社会学作为一种社会学学科的研究视角在于，其制度目的是将法律描述和解释为一种社会现象，特别是揭示法律体系的实际结构以及社会内部法律体系的功能。

这种视角或面向的差异并不意味着法社会学对法理学来说并不重要。相反，经验法社会学，对法律基本概念的社会学分析以及与法律有关的社会学理论对法理学的各个方面都有真实的影响。从这个意义上讲，法理学与法社会学之间的关系类似于法理学与法哲学之间的关系。这两种关系中的划界都是由外在于陈述系统的标准决定的，该标准仅对划界产生间接的内部影响。正如法理学和法哲学的陈述系统在内容方面可以相同，法理学和法律社会学的陈述也可以如此。不同于法哲学和法社会学，法理学的学科特殊性表现在它与法教义学有着更密切的关系，并由此与法律实践的关系更加密切。

另一个相似之处在于，法社会学部分由社会学家研究并为社会学家所追求，部分由法学家研究并为法学家所追求，正如法哲学涉及哲学家和法学家一样。为了区分，我们必须再次决定哪个研究视角占主导地位，专业能力的权重主要占多少。区分的遗留问题在于主题的性质。鉴于这些遗留问题，很明显，科学学科体系在历史上是偶然的，在时间上是开放的。但这并没有减损通过参考法理学与法社会学之间的关系中对实用主义的强调来进行区分的可能性，正如之前对法理学与法哲学之间的关系所做的那样。

（四）法理论与法律科学理论

与法教义学、法哲学和法社会学不同，法理学已经被界定为法的一般法学理论。至今，对法理学的定义还不是一个可以被完全接受的定义，这源于一个偶然提及的事实：传统法理学还应当包括法律方法论和法律科学理论。

作为一种法的一般理论，法理学具有特定的主题（即法律）。作为一种理论，它以特定方式被予以特征化，即具有"一般的"和"法律的"属性。就此而言，它具有对象理论的地位。另一方面，法学方法论和法律科学理论具有元理论（meta-theories）的地位。它们不与法律理论直接相关，而是关于法律识别（recognition）的理论。法理学的研究视角侧重于确定特定案件中与具体的个人相关的法律内容是什么，这要求将法理学领域扩展到一个元层次。的确在多数情况下，可以不经元理论反思，就找到法律系统在个案中所需的强制性规定，或者更直观地说，可以凭直觉找到。但是，在疑难案件之中，如果不进行方法论的探讨，就几乎不可能找到一个正确的答案。方法论上的考虑也可以使在简易案件中找到正确答案的可能性更大。

其结果似乎表明法理学由三个组成部分组成：(1) 一般法学说（a general juristic theory of the law），该理论的分析部分主要是法律基本概念，因而延续了一般法学说的传统；(2) 法学方法论，强调司法决策的规范性理论；(3) 法律科学理论。然而仔细检查，似乎应该将三元论简化为二元论/两分法。法律科学的中心学科是法教义学，其主要任务是指导和控制法律决策，这意味着法教义学的方法论包含了法律决策的方法论。因此，法律方法论是法律科学理论的一部分。因此，法理学可以定义为法的一般法学说和法律科学理论。

这种二元论的模型可以进一步简化为一元论的模型。这样一种定义法律概念的方式是可能的，即这种方式不仅涵盖规范体系，而且涵盖其识别和适用的过程。由于法律方法论和法律科学理论是关于这些过程的理论，故而从本质上看，它们是法理论。因此，可以将包含这个元层次的法理简单地定义为"法的一般法学说"（general juristic theory of law）。此外，在不改变其实质内容的情况下，可以用不同的方式表述该定义。如果法律的承认和适用属于更广泛的法律概念，那么它们就是法律的基本概念。因此，法理学可以被定义为关于法律基本概念的法理论。

这些思考证明了定义的相对性，并表明了在建立（法理学的）定义的过程中，基于适当性的反思扮演了重要角色，此反思支持了二元论的定义。尽管它们之间存在各种联系，但可以区分为对象层次和元层次（object- and meta-level），区分它们对于法理学的系统性处理非常重要。基于此，本文推荐二元论的定义，将法理学定义为法的一般法学说和法律科学理论。

二、作为法和法律科学的一般法学说的法理学

接下来是对以上定义的系统解释。

(一) 定义的状况

被给出的定义有一部分是规范性的,有一部分是描述性的。它在性质上具有描述性,因为它告诉人们通常如何理解和追求法理学。而就应当如何正确理解法理学和如何实践法理学而言,它是规范性的。

该定义排除了"法理学"(jurisprudence)(相同的表达还有 legal theory 或 Rechtstheorie)的非学科性的和非特殊的使用。如果该表述是指关于法律的陈述系统,而不论这些陈述在学科上属于法教义学、法理学、法哲学、法社会学还是任何其他学科,那么非学科的使用就存在争议。如果有人谈论例如康德、黑格尔、马克思或马克斯·韦伯的"法理论"(Rechtstheorie 或 legal theory),那么这种非学科性的使用就将发挥作用。这种德语单词的相当普遍的使用并不受上述定义的影响。由此产生的含糊不清的术语"Rechtstheorie"是无害的,因为在一定程度上,相应的上下文可以使想表达的意义变得明晰。

尤其是较旧的德国文献之中,经常使用"法理论"(Rechtstheorie)一词,其含义仅是理论上对法律的追求,而不是法律的实际应用。该术语的使用是基于理论/实践二分法的,是未被作特殊说明的,因为它既允许参照科学学科,也可以参照个别作者,因此,有关法律陈述系统的分类是开放的。它今天很少出现,在此不予考虑。

(二) 定义的详细说明

为了阐明当前的法理学定义,有必要考虑其四个要素:(A)"理论"的概念(theory),(B)"法学的"一词的指代(juristic),(C)"一般性"的概念(generality),(D)"法与法律科学"的连词(law and legal science)。

(A) 作为法和法律科学的理论(theory of law and legal science),法理学是一个陈述系统。这表示该陈述系统属于作为科学学科的法理学。作为一门科学学科,法理学是一个行动系统,也是一个陈述系统。只有后者受相关定义的约束。

(B) 作为一种法学的(juristic)理论,法理学和"法和法律科学的非法学的理论"(non-juristic theories of law and legal science)有所区别。

(1) 如果理论的面向是由法学研究的视角或面向决定的,那么它就是法学的。在特定情况下,法律的内容直接或间接地与个案之中受法律约束的个人相关。这意味着，理论可以凭借其与法律决策尤其是与司法决策的关系，从而算作法学的。由于现在定义的主题是作为一门科学学科的法理学，因此这里的问题是客观的，即这是从制度上确定的研究视角或面向。

（2）正如某种意义上的法学的理论所解释的那样，法理学必然是三维学科。它具有这三个维度：分析维度、经验维度和规范维度。就其系统地构建属于任何一个层面的陈述而言，它同时也是一门综合学科。

（2.1）分析维度与法和法律科学基本概念的逻辑和概念分析有关。传统上一直把重点放在学科的分析层面，这也是合理的。但是，仅将法学定义为分析性学科的尝试必然会失败。这是不够的，因为如果法理学要满足其法学研究观点的要求，就会面临将经验和规范性维度相结合的任务。此外，对法律概念、法律效力、法律制度和法律适用等方面的分析表明，如果不考虑经验和规范性因素，就无法令人满意地实现这些目标。

（2.2）法理学的经验维度与三个方面有关：第一，对实在、有效的法（positively valid law）的承认态度以及法学的现实实践；第二，在规范论证框架内使用经验前提；第三，审查法律的事实结构和功能。

关于第一方面，承认实在法是法教义学的任务。法理学需要以法教义学的分析和知识作为起点和素材，就此而言，它涉及法教义学。除此之外，它还可以专门适用于法理学的面向，以寻求有关实在有效法律的更多信息。由于法律方法论和法律科学理论的元理论地位，就像它被实践的那样，任何关于法律科学实践的发现都具有真正的法学特征。有关法律科学实践的陈述是在法教义学的语境下（例如在方法论的命题之中）作出的，法理学是在法教义学的学科框架内被实践的。

法理学的研究视角包括了为"法律应当如何"这一问题提供答案的雄心。由此可以得出与经验层面有关的第二方面：法理学必须在规范和描述层面上去论证。尽管规范论证与经验论证不同，但经验前提与它们所依据的经验论证一样重要。因此，如果没有关于心理、社会和经济事实的经验假设，就不可能有正义国家的理性理论。通过这种方式，法理学可以与心理学、社会学和经济学等学科联系起来。

关于第三方面，法理学取决于对法律事实结构和功能的审查，这有利于尽可能全面地了解其主题。此外，在某种程度上，要想在规范性层面的工作上取得成功，必须要有足够数量的此类知识。分析性层面也是如此。对法律事实结构和功能的探索基本上是法社会学的一项任务，同时（尽管存在争议的划界）也是法律心理学和政治社会学以及（有关以前的法律制度的）法律历史和（以便系统地比较不同的法律体系的）比较法的任务。在某种程度上，这些部分是法学的子学科；在某种程度上，它们是独立的相邻科学的局部学科，在第二方面，它们在经验层面上与第三方面不同；第二方面涉及在规范性争论中起作用的一般社会科学规律，而第三方面则针对与法学本身相关的邻近科学的发现。在这两个方面，法理学都必须检验相邻科学的科学研究结果（以及其他法学的分支学科得出的结果）对法和法律科学的一般法学说的重要性，并根据它们的关联来进行整合。此外，在特定法理学视角下进行的经验检验也属于法理学的任务之一。

（2.3）规范维度关心法律应当如何，以及法律科学应当如何被实践。因此，一方面，这需要一种权利或正当法的理论；而另一方面，需要一种良好的法律科学的理论。

权利或正当法的法理学理论首先是正义的理论，它隐含在法律的基本概念中。为此，它必须包含一种正义理论，因为无论这种隐含的正义在何种程度上属于具有合法效力的法（legally valid law），正义理论都是法学的必要要素。同时，正义是作为法律伦理学的法哲学的主体。作为法律伦理学的法哲学是一门哲学学科，是实践哲学的子学科。根据这一事实，得出了相互参照和科学分工的问题，但这并不能免除/摒弃法理学与正义理论相关的任务。

作为法律科学的规范理论，法理学基本上与标准的详细阐述有关，这些标准告诉法律科学必须如何进行才能获得正确的结果。在这个程度上，它属于规范性的科学哲学。此外，关于良好的法律科学的问题，包括如何负责任地追求法律科学的问题，是法律科学的伦理学问题，是科学的一般伦理学里局部的问题。

（C）作为法和法律科学的一般法学说，法理学并不将其主题局限于特定法律体系的实在法及其法教义学，而是涉及法和法律科学（law and legal science）本身。

（1）从一般性的特点来看，一些学科界定也是如此。

（1.1）前面已经解释过，法理学不同于法教义学，因为后者涉及某个法律体系的法律，而前者涉及所有实在的和所有可能的法律体系的法律。作为一种元理论的法教义学理论也是如此。作为一种元理论，法理学不仅关注在某个法律体系中被实际追求的法教义学，而且还关注在所有实在和所有可能的法律体系中被实施的法教义学。但是，有充分的理由将法理学作为一种元理论，其主要关注某个法律体系中被实际追求的法教义学，而不只是关注"仅仅在概念上可能的法律体系的法教义学"。一方面，实际上在某个法律体系中被实施的法教义学为法学提供了实质性内容，从而降低了仅仅进行抽象和推测性陈述的风险。另一方面，实际上追求的任何法教义学和实际上存在的任何法律体系，都以具有法教义学和法律体系所必需的所有结构为特色，而其中一部分结构对它们仅仅是可能的。

（1.2）作为所有实在的和所有可能的法律体系的理论，法理学也不同于法律史和比较法学。前者在时间维度上处理实际的法律体系，后者在空间维度上处理实际的法律体系。尽管存在这种差异和不同的方法论压力，但二者仍然存在相同之处。它们没有建立学科身份，但它们确实构成了相互参照点。

（1.3）此外，法理学与国家理论有重叠之处。这主要是基于以下事实：国家是大多数法律体系的必要组成部分，如果不考虑法律体系主要是以国家身份来组织，就不能对其进行分析、进行经验或规范研究。同样，国家的一般学说（the general theory of state）与一般法学说（general theory of law）一样，在20世纪已经成为一门学科，它与法理学一起分享了法律研究的视角和一般性的特征。作为一般法学说，它与法理学相反，以有限的主题为特点。法理学关于是所有现实状态和所有可能状态的理论。就所有实际的法律体系和所有可能的法律体系的理论而言，可以说法理学包含国家理论。有时，特别是在马克思主义领域，两者在学科上是相同的。其学科独立性在不同传统的研究重点中都有其原因。如果仅仅是为了完整起见，这里也应该提到政治学，但其学科地位尚未被明确定义。在某种程度上，它是以与一般国家学（general doctrine of the state）相同的方式进行的。但是，它主要被确立为社会科学的一门分支，因此具有社会科学的研究视角，这与法学的研究视角不同。

（2）一般性概念在法理学的三个维度中以不同的方式呈现。

（2.1）在分析维度上，一般性意味着概念上的必然性（conceptual necessity）。必须区分术语"必然"（necessary）的两种用法。

在第一种用法中，它用于陈述必须存在的内容，以便人们完全可以谈论"法律"（law）和"法律科学"（legal science）。在这种用法中，没有法律规范就不可能有法律，或者法律总是以某种方式与正义相关，这两个论断是对概念必然性的正确或错误主张。从这个意义上讲，一般性是指法和法律科学的必要的概念结构，因此是指法和法律科学作为一个整体的必要性质。

在第二种用法中，"必要的"一词不是用来标记法或整个法律科学的特征，而是用来标记某些法律概念的结构，例如规范、许可、义务、禁止、正确衡量和小前提的概念。研究者必须区分两者，因为在法律领域中，根本就没有概念上必要的结构来谈论"法律"和"法律科学"。因此，一方面，存在着权利和权衡概念上的必要结构；另一方面，从概念上讲，一种法律体系可能不包含权利和权衡。

对概念上必要结构的详细说明可以被称为"结构分析"，或者在广义的逻辑概念中，可以被称为"法律的逻辑分析"。力求理解被解释的含义中的概念必要性的逻辑分析，总是会产生对概念上不可能的和仅在概念上可能的理解，后者不只是副产品。对概念上必然（conceptually necessary）、概念上不可能（impossible）和仅在概念上可能（merely possible）的事物的透彻介绍，提供了法律和法律科学逻辑空间的模型。

（2.2）在经验维度，一般性不是基于概念上的必要性，而是基于经验上的概括（generalization）。这意味着属于经验层面的一般法理学的陈述需要进行经验检验和确证（corroboration）。

（2.3）在规范维度，必须再次区分一般性概念的两种含义。在第一种含义中，这个概念指的是关于权利或正当法的规范性陈述，声称其对所有法律体系都有效。因此，一般性意味着普遍有效性。在这种意义上的一般的规范陈述是否可以证明其合理性，或者它们是否始终与所涉法律体系所依据的文化相关，这是一个悬而未决的问题。在第二种含义中，一般性指的是作为理性正当化标准的普遍性，因此也是规范性陈述正确与否的标准。两种含义都由以下事实联系在一起：在理性正当化标准意义上的普遍性成为支持普遍有效性的有力论证。

（3）最后，一般性特征引出了法理学中一般性与特殊性的关系的问题。作为一门学科，法理学从定义上讲是一种法和法律科学的综合理论。但是，这并不排除在一般理论和特殊理论之间，或在作为完整学科的法理学与法理学的子学科之间的区别。在这种意义上，法理学传统包括（如上所述）一般法学说（general theory of law）、法学方法论和法律科学理论三个子学科。较新的子学科是道义逻辑和法学的计算机科学。要完全掌握这些知识，就需要高度专业化，以至没有人可以再成为所有法理学领域的权威。法理学的主要流派——分析法学、经验法学和规范法学（以及马克思主义法学）——是该学科内部的特殊领域，对它们的正确处理也需要专业的特殊化。

（D）作为法和法律科学的一般法学理论，法理学就其主题而言，有两个部分。但是，正如已经表明的那样，法和法律科学这两个主题通过法律适用理论系统来建立必要的联系。一般法学说要求有一种可以用来消除法律体系中的模糊性、漏洞和冲突的程序理论，而法律科学的一般法学说则需要一种与法律科学制度性相关的法律体系结构的理论。

正当权威[*]

约瑟夫·拉兹[**] 著

杨蕙铭[***] 译

成 亮[****] 校

一、悖 论

权威是法哲学和政治哲学领域中最富有争议的概念之一,这并不令人感到惊讶。在任何关于正当社会组织形式与正当政治行动形式的讨论中,权威都扮演着核心角色,这使得这种争议不可避免地无限延续下去。权威问题和当前许多有争议的话题直接相关,这使得对这个主题进行冷静的研究变得更加困难。但除了这些外在

---

[*] 本文首次发表于 Richard Bronaugh(ed.), *Philosophical Law* (Westport, Connecticut, 1978)。感谢 J. E. J. AlthamK, Antley, L. J. Cohen, Philippa Foot, P. M. S. Hacker, and P. H. Nowell-Smith 对本文早期版本所提出的批评意见。

本译文所对应的原文收录于 Joseph Raz, *The Authority of Law*, Oxford University Press, 2009, pp. 3-27。感谢约瑟夫·拉兹教授给予我翻译本文的权限许可。感谢我的师兄成亮对照原文进行了详尽的校对,更正了译文的诸多错误。感谢复旦大学叶会成老师、我的师兄张峰铭对翻译工作提供的诸多宝贵意见与帮助。当然,译文的疏漏由我个人负责。——译者

[**] 约瑟夫·拉兹(Joseph Raz),牛津大学名誉教授、哥伦比亚大学法学院名誉教授、伦敦国王学院兼职教授。

[***] 杨蕙铭,中国政法大学法学院 2019 级法学理论专业硕士研究生。

[****] 成亮,中国人民大学法学院 2020 级法学理论专业博士研究生。

的困难之外，对权威概念的研究还必须面对两个主要的思想根源问题：方法论问题（如何避免混淆涉及权威概念的各种截然不同的问题）以及权威悖论问题。

权威悖论可以呈现为不同形式，但都会涉及权威和理性或自治的不相容。有人认为，服从权威与理性是不相容的，因为理性要求人们总是根据对自己所知理由的权衡采取行动。① 权威的本质是，即便人们认为权威提出的要求违背理性，他们依然得服从权威。因此，服从权威是不理性的。同样，自治原则要求人们在所有道德问题上都根据自己的判断采取行动。由于权威有时会要求一些违背人们自己判断的行动，那么它就要求人们抛弃道德自治。由于所有的实践问题可能都会涉及道德考量，那么所有的实践权威就都否认了道德自治，因而是不道德的。②

按照这种思路提出的主张并不是要挑战权威概念的融贯性，也不是要否定有些人被认为拥有权威或实际上拥有事实权威（de facto authority）。这种主张要挑战的是正当的（legitimate）、被证成的（justified）、合法的（de jure）权威的可能性。这些主张自相矛盾的本质并非因为他们否认了正当权威，而是因为这种否认源于道德本质或理性基本原则。此外，这些主张不仅对政治权威的正当性提出了挑战，而且对凌驾于理性人之上的所有权威的正当性都提出了挑战。③ 如果权威的本质与道德和理性的概念都不相容，那么，那些相信正当权威的人就不仅仅是在自己的某一个道德信念上失误或犯错。他们所坚持的是一种不理性的信念，或者他们对道德或权威概念存在根本性的误解。这使得这些主张具有更加强大的力量。比如，可以免于大多数怀疑论主张的批评。因为即便没办法区分实质性道德信念的对错，至少我们可以澄清道德概念，并确立它们之间蕴含（entailment）和不相容（incompatibility）的关系。如果道德和理性的概念都与权威的概念不相容，那么即使是怀疑论者也能知道一切权威都是不道德的，受制于权威是不理性的。

吊诡的是，这些主张的有力之处也正是它们的弱点所在。很多人可能愿意接受对正当权威较小的挑战，却不愿接受这个最彻底的挑战。很多人可能愿意接受许多权威都是不正当的，甚至同意没有任何政治权威是正当的，但是，这些人会被任何权威都不可能是正当的这一想法吓倒。很多人可能愿意承认，那些相信存在正当权威的人是错误的，但是，他们会羞于承认那些人都是不理性的，或者说他们对于道

---

① 关于这个理性原则的一个版本，见戴维森在 "How Is Weakness of the Will Possible?", in *Moral Concepts*, J. Feinberg (ed.)(Oxford, 1969) 里提到的节制原则（the principle of continence）。

② 这个主张不适用于理论权威。只要人们把在如何烹饪、编程、减少货币供应量等事务中所拥有的那种权威仅仅视为理论权威，就没有什么是不道德的。然而，受制于理论权威可能是不理性的，因为权威和理性之间的冲突并不局限于实践权威领域。

③ 这些主张可能与凌驾于儿童和某些精神病人之上的权威是相容的。

德是什么一无所知。

我的目标并非对捍卫或攻击权威的方式进行研究。但由于作为权威悖论基础的那些主张都来自对权威、道德和理性的概念分析，所以对悖论的研究与澄清权威概念的尝试之间是相关联的。我将在这篇文章中关注权威的本质。我会试图解释，为什么权威概念会引发表面的悖论，以及为什么这种悖论仅仅是表面的而已。我不是第一个试图化解这些悖论的人，并且我也不认为所有前人的努力都失败了。然而，我认为我接下来的分析即便是在证明一个众所周知的真理，也是以一种新颖的方式展开的，这种分析会将悖论的诱惑力和谬误都展现到极致。

二、方法论上的弯路

有些传统学者试图通过解释人们接受个体或群体权威的方式来解释权威的本质。关于这一概念的讨论往往与对社会演化、征服或社会契约的描述混在一起。现代学者已经避免了这种混淆，但关于这个主题的讨论仍然存在许多方法论上的困扰。下面我将简单介绍四种常见的解释方式，并尝试着指出它们的缺陷，以从中吸取教训。

1. 第一种通常的解释方式会列举实际上拥有事实权威（effective / *de facto* authority）的必要或充分条件，但这种解释根本无法阐明权威的本质。可以肯定的是，说清楚在什么条件下人们可以获得或拥有权威，在什么情况下一个社群很可能去接受某些人的权威，这些是社会学理论的重要组成部分。但这完全没有解释这些条件是什么意思，以及拥有权威（have authority）或作为权威（be in authority）到底意味着什么。

2. 第二种解释方式试图通过描述拥有正当权威（legitimate / *de jure* authority）的必要或充分条件来阐明权威的本质。

第二种解释方式看上去更有希望。据此，要解释权威的概念，就要解释针对权威的主张（claims to authority）如何才能被正当化。这种解释的力量是显而易见的，此解释并不预设针对权威的主张事实上总是可以被正当化，仅仅指出这些主张可以如何被正当化。根据主张权威是证成行动的方式之一这个合理假设，就所涉及的证成性论证类型而言，主张权威似乎必然不同于其他证成行动的方式。但实际上，这一结论远非必然。证成性主张不仅可能在所援引的证成论证的性质上不同，还可能在被证成行动的性质上也不同。

有一种想法是相当可信的,那就是,权威要参照它所证成的行动类型才能得以解释,例如,它所证成的一个主张。我们当然需要借助权威来实施某些特定行为而非其他行为,至少初步看来,某人拥有一定的权威就意味着那个人可能有理由或有能力实施特定行为,而不用对这种理由的性质作出任何承诺。

这就显现出对权威进行证成性分析的主要问题。迄今为止,还没有人成功发展出一种论证类型,只要援引它就相当于一个权威的主张。几乎在人类活动的每一个领域内都有许多不同类型的权威,这一事实使人几乎要放弃描述权威的希望。我们可以通过考察近来的一个对权威进行证成性分析的有趣尝试来呈现这个困难。理查德·塔克(Richard Tuck)认为,援引政治权威的主张旨在扼杀对某项政治行动的批评,而非真正的证成。这种主张的依据是:(1)如果某人实施了某行为,这个被计划或被实施的行为就是对的;(2)权威所要求的人应当是那个实施行为的人,这既不对,也不错;(3)那个人事实上已经实施了这个行为,或打算这么做。

很多人都会赞同塔克的观点,认为任何人都无权获得(政治)权威的地位,而证成政治权威的唯一途径就是使用他所列出的那种论证方式。但我们都知道,很多学者认为有些人本质上就是奴隶,而那些本性自由的人对他们拥有权威。还有些人相信君权神授,一直以来都有一种理论,主张有些人因为本性或理性生来就有统治的权利和义务。我们假定这些人是错的。但正如塔克的方法所表明的那样,他们是否也犯了误用语言的错误呢?[①] 这个错误是一种道德和政治理论上的错误,还是说这也是一种关于语词含义、权威概念的错误呢?

所有其他的证成性解释都必须克服同样的困难。确定只有某些类型的主张可以证成权威是不够的。还必须要表明,在其他任何基础上主张权威都是对于语言的误用。

对前两种解释方式的批评指出了一个相当清楚的教训:对权威的分析不能仅仅是描述一个人拥有正当权威或事实权威的条件。这种分析还必须解释,当一个人具有权威时,他所拥有的是什么。这强烈表明,权威是一种实施特定种类行为的能力。[②] 我在本文中所作的分析都旨在证实这个主张。

3. 有一种流行的理论将权威视为实施特定种类行为的能力,认为事实权威是对

[①] Richard Tuck, "Why Is Authority Such a Problem?", in *Philosophy, Politics and Society*, 4th series, P. Laslett, W. G. Runciman, and Quentin Skinnerb (eds.)(Oxford, 1972).

[②] 我区分证成类型和被证成的行为类型的解释本身就是有问题的。将拥有权威描绘为实施得到证成的行为的能力,而非实施特定种类行为的能力,是一个证成性解释。

人享有的权力（power）。我将在后文提出，拥有对人的权力是指拥有规范性权力（normative power），但这里所说的是一种不同的权力概念。根据这种理论，拥有权力就是拥有影响力，能够影响他人的行动和命运。如果一个人有权力，能够影响他人的命运和选择，他就拥有了事实权威。① 那么，正当权威可以被定义为得到证成的事实权威（justified effective authority）。② 这是一种应当得到维护或服从（取决于各种条件和资格）的事实权威。

然而，出于下述原因，这种理论似乎是本末倒置了。实际上，正当权威的概念是基础性的。首先，并非所有正当权威都具有实效。此外（正如我稍后将要主张的那样），如果不参照正当权威，事实权威的概念就无法得到解释。我们应当将如下几点考虑铭记在心。

虽然我们关注的是实践权威而非理论权威，但在其他条件相同的情况下，分析行动上的权威和信念上的权威之间的最大相似性，是比较可取的做法。显然，科学天才有可能得不到承认，而一个事实上是某个领域中权威的人，也可能在自己擅长的范围内，对人们的研究或人们关于这些问题的信念几乎没有产生任何影响。

无论孩子实际上是否承认父母的权威，父母都对孩子拥有权威。诚然，父母的权威往往会得到其他成年人的承认，但从承认理论的视角来看，这并不属于承认。承认理论认为，重要的是受治者（the subject）的承认。但父母的权威并不取决于承认。

如果理论权威不需要得到承认或实施，那么也一定存在某些实践权威不需要得到承认或实施。有些实践权威的权威性，完全建立在他们是一种理论权威的基础之上：专业的医生不仅是病因方面的权威，也是治病的权威。证券交易专家、航海专家以及其他许多专家，尽管他们的权威可能没有得到承认或实施，他们仍然是各自领域内的行动权威。

我赞成这样的观点，正当的政治权威至少必须在某种程度上具有实效。但这是实质性政治原则的结果（比如，对于拥有政治权威的最主要证成方式之一就是指出它在保障社会合作方面的作用，知识和专业性并不会赋予人统治权，这些东西仅仅在政治权威的证成中起着辅助作用）。对权威概念的概念分析，甚至对政治权威概念的概念分析，都并不蕴含这一点。

---

① 对于作为影响的权力概念，有一些令人兴奋的讨论，见 S. Lukes, *Power: A Radical View*, (London, 1974).
② 正当权威有时被定义为这样一种事实权威，这种事实权威被受治者接受，或建立在其同意的基础上。然而，即使存在这些事实，这些事实也仅仅在显示出权威正当性的程度上来说时才有意义。

对正当权威所作的分析本身并不足以解释我们的权威概念，一个完整的解释还必须囊括对事实权威的分析。我已经表明，正当权威的概念并不以事实权威为前提，① 但或许值得指出的是，反之则不然。事实权威的概念以正当权威的概念为前提。一个拥有事实权威的人，需要拥有比作为影响力的权力（power）更多的东西。他必须要么声称（claim）自己拥有正当权威，要么他会被其他人视为拥有正当权威。举例来说，蛮横地使用强力（force）去随心所欲地行动，与声称拥有随心所欲地行动的权力之间，有着重要的差别。只有后者才有资格成为实效（effective）权威，或者说事实（de facto）权威。不过，这个问题此处无法深究。

4. 有些人认为，必须要参照规则来界定权威：一个人拥有权威，就意味着有一套授予他权威的规则体系。这种解释方式实际上是第一种和第二种解释方式的变体，也面临着同样的反对意见。这种解释以一种关于人们何时拥有权威的判断，代替了对拥有权威是什么的恰当解释。它指出，只有在某些规则授予人们权威时，人们才拥有权威，但并没有提供任何方法来决定哪些规则能授予权威，哪些规则不能授予。的确，有些规则会十分明确地授予权威。这种规则是权威性的、有约束力的表述（如已颁布的规则），这种权威性表述明确授予某人权威。但是，这样的定义并不能阐明权威的含义和作用。

主张所有的权威都由规则授予，这个说法本身就值得商榷。当一个人在紧急情况下（比如剧院发生火灾）充当权威时，很难说他的权威来自某项规则。但我在这里的目的并不是要讨论获得或维护权威的方式。关于这种定义，还有其他反对意见。如果这种定义不受到恰当限制，就会产生矛盾。如果有两套规则体系，某人根据其中一套体系享有权威，但根据另一套规则体系却不享有权威，那么，他就会既有权威，又没权威。为避免此类矛盾，这种定义必须作相对化处理。它不是对于拥有权威的定义，而是关于拥有权威的相对化观念的定义，即当 S 是一套规则体系时，根据 S 拥有那种权威。但是，相对化权威的观念切断了权威和实践理性之间的关联。

权威是个实践概念。这意味着，谁对谁拥有权威的问题是实践问题，关系到人们应该做什么。换言之，某些人拥有权威的陈述可以作为实践推理的前提。对权威的解释必须阐发这个概念的实践意涵，阐明它如何在实践推理中发挥作用。

人应该做什么，取决于谁拥有非相对化意义上的权威。人们根据某个规则体系

---

① 这不应导致人们将权威和拥有权威的权利混为一谈。一个人可能具备拥有权威的资格，但并不拥有权威：他可能有资格拥有权威，并有资格得到议会授予他的权威，但直到得到这种授权之前，他都并不拥有权威。

拥有权威，这本身是缺乏实践关联性的。正如人们无法从某个人把权威归于议会的事实中得出应该做什么的结论一样，人们也无法仅仅从某些规则把权威归于议会的事实中得出任何这样的结论。某些进一步的假设可能意味着，如果某人认为议会有权威，那么议会就确实有权威。同样，进一步的假设可能会允许权威论述的转变，从根据某些规则得出的论述，转向非相对化的论述。然而，如果把这些进一步的条件放到"根据某种规则而成立的权威"的定义中，转而认为"非相对化的权威论述总是可能的"，这是错误的。除非存在进一步的假设，谈论相对化权威的全部目的就是阻断这种转变的可能。我们需要这样一种手段，以便能够根据某些被社会接受的规则或某些人提出的规则来谈论其他人对权威的看法和相关情况。为了做到这一点，我们已经讨论了相对化权威指的是这些人或社会所接受或主张为正当权威的东西，同时这些人不需要赞成这些观点。为了做到这一点，在谈论相对化的权威时，我们必须谈及这些人或社会所接受或提出的正当权威是什么，而无须认可这些观点。我们只是从某种角度解释谁有什么权威。① 在某些情形下，有些人持有某些观点或赞同某些规则，就足以授予一个人权威。在其他情况下则不然。从相对化的权威论述转向非相对化的论述从来都不是自然而然的，也不一定是能做到的。

这些考量表明，非相对化概念是首要的。相对化概念之所以有用处，是因为它揭示了人们或社会对于非相对化权威的看法。相对化概念的解释以非相对化概念为前提，而解释非相对化概念则不以相对化概念为前提。因此，我们的任务是解释正当的、非相对化的权威概念，以此表明它与实践推理的关联。

三、简单解释

有些作者已经按照我刚刚所提出的思路对权威进行了分析。总体而言，他们在方法上具有很大程度的共识，但在重要的细节上则大相径庭。举一个众所周知的例子，罗伯特·保罗·沃尔夫（Robert Paul Wolff）说，"权威是发布命令的权利，以及得到相应服从的权利"。② 他的定义基本上是有道理的，但既不精确也不清晰。这个定义之所以不精确，是因为权威也可以是做其他事情的权利。权威可以是立法、授权、提供权威性建议、裁决等权利。认为这些都属于命令是错误的。沃尔夫的定义

---

① 使用诸如"根据法律"的表达，只是表明该陈述是单从某个角度作出的解释。通常，表达的语境足以表明这一点。

② Robert Paul Wolff, *In Defense of Anarchism* (New York, 1970), p. 4.

也并不清晰，因为权利的概念甚至比权威的概念还要复杂，更加可能引发问题。

为了让权威成为一个有所助益的概念，必须使用相对简单的概念作分析。从这个角度来看，我认为约翰·卢卡斯（John Lucas）提出的权威概念是目前对权威的最佳解释："一个人，或人的团体，如果因为他说'让X发生！'，X就应当发生，那么这个人或这个团体就拥有权威。"[①] 这个定义既是明确的，也是一般化的，适用于所有针对人的实践权威，而不仅仅是政治权威。显然，一个人不仅可以通过发布命令的方式来行使权威，还可以通过其他方式行使权威。[②]

卢卡斯将权威解释为一种实施某项行为的能力，他将相应的行为视为规范性状况的改变。我假设，如果X应该做φ，那么他有理由做φ；如果他有理由做φ，那么他应该做φ。根据这个假设，卢卡斯的定义意味着，如果一个人说"让X发生"，他这样说本身就是X发生的理由，那么这个人就拥有权威。这听上去有些不协调。原因在于，卢卡斯没有明确指出他所定义的权威是针对人的权威。为了让这个假设清晰化，我们可以进一步改进他的定义，即如果X说"让Y做φ"，这样说本身就是Y做φ的理由，那么X对Y享有权威。让我们把这称为简单分析（simple analysis）。

我在此作两点评论。首先，我并不认为只能用理由来解释权威。我之所以偏好以理由为基础的解释，是因为这样一个信念，即理由是解释所有实践概念的最终依据，也就是说，所有对实践概念的解释都必须表明它与实践推理的相关性。对权威的理由式解释的偏好，是一种试图直接展现权威论述在实践推理中所起的作用的方式，而不用借助于其他概念（如权利）的中间作用。第二，大量东西都被称为理由。例如，下雨是带伞的理由。同样，人们想要出门，并且不被淋湿也是理由。但在完全直接的意义上来看，两者都只是理由的一部分。我们可以将部分理由和作为部分理由的完整理由区分开来。分析权威的尝试会牵涉完整理由。[③] 我会在下文中主张，简单解释未能充分区分权威的意向性行使（intentional exercise）和非意向性行使（non-intentional exercise），也没有注意到作为权威和拥有权威之间的区别。简单解释还忽略了一个事实，即人们需要用权威来授予许可和权力。但我首先要考

---

① John Lucas, *The Principles of Politics,* (Oxford, 1966), p. 16.
② 他的定义把权威的运用限于祈使句。权威似乎也可以通过无言辞的行为和交流的方式来行使。但我在此并不关心对于运用权威的不同方式的研究。
③ 在这一点上，完整理由并不必然是一个不证自明的证成。我承诺实施某个行为是指，我相信我有履行它的完整理由。但这当然有可能遭到挑战，人们得去证成这种信念，并且必须准备好要去证成这种信念。换言之，人们必须为允诺是行动理由这一信念辩护。关于我使用"理由"所依据的前提的进一步讨论，见 Joseph Raz, *Practical Reason and Norms* (2nd ed.), Oxford University Press, 1999, ch. 1.

察一些影响更大的反对意见。

四、针对简单解释的第一个反对意见

权威的表达对于按照其要求所做的事情来说，是绝对理由（absolute reason）还是初确理由（prima facie reason）？如果我们假定它是绝对理由，那么似乎不太可能存在任何正当权威，事实权威也几乎不存在。例如，我认为我将某些人提出的建议、命令、规则当成行动理由，这是可证成的，但我不认为将任何人所说的话当成在一切情况下都要遵从的绝对理由是正确的。在我看来，这似乎是一种广泛的共识，即大多数人都认为，在某些情况下，权威的指示是不需要遵从的。因此，如果把权威解释成一种能够发布具有绝对约束力的命令的能力，那么世界上似乎很少有得到承认的权威，也没有哪个权威是正当的。

但权威的表达是初确理由吗？把命令（order）与请求（request）相比，把这两者与建议（advice）相比，三者都是通过其来源者的态度、信念和意图被识别的，而非通过接收者获悉的方式。一个人被命令、请求或建议采取某项行动这一事实，可能是采取该行动的理由，也可能被接收者认为如此。在不同情况下，作出这种表达的事实并不是采取行动的理由，或者说不会被认为是行动理由。从接收者的角度来看，在被命令、被请求和被建议之间没有必然区别，除非它们涉及或隐含了发布者不同的意图、信念或态度。

其中一个区别是，建议的主要意图是传达信息，如什么是道德上的对错、什么是合法或违法的、什么是否符合人们的利益等，或仅仅是传达纯粹的事实。如果有影响接收者（不一定有）的意图，那么建议者就要通过让接收者了解情况（例如，他应当做 φ，或做 φ 可以在这种情况下保障他的最大收益）的方式来影响他。

简言之，建议者必然具有使得自己所提供的建议被采纳为理由的意图，这种理由是一种相信他所说的东西是真实的、正确的或合理的理由。但即使他所给出的建议对于接受者而言可能是有效的行动理由，他也并不一定会想要使自己的建议被采纳为行动理由。①

另一方面，发出请求和命令，则是意图发出请求或命令这一行为被当作实施命

---

① 这些话很自然地适用于"建议 P"的情形。然而，这真的意味着"建议做 φ"吗？这是有争议的问题。但在我看来，当把"我建议你申请去牛津大学巴利奥尔学院（Balliol）"这句话用于提出建议时，就像经常用"巴利奥尔是你的最佳选择"或"通过权衡，我认为申请巴利奥尔优于其他的替代选择"一样。"建议做 φ"可以还原为"建议 P"，但我不会在此论证这点。

令或请求之行动的理由。那么，它们之间的区别是什么呢？其中一个区别与我们的目的有关。假设有人提出了一项请求，被回复道他的请求已经被考虑过了，但经过权衡，反对他所请求之行动的理由，推翻了包括请求本身在内的支持性理由。那么他无疑会感到沮丧，但他不会觉得自己的请求被忽略了，他也没什么可抱怨的。他必须承认，无论他的期望是什么，他的意图不外乎是当基于对各种理由的权衡而采取行动时，自己的请求能成为其中的一个理由。① 如果他发布的是命令，情况则不是这样。一个对他人下达命令的人，并不认为自己的命令对于接收者而言，仅仅是在决定做什么的权衡中加入的又一个理由。他的意图是使接收者把他的命令看作这样一个理由，即不论其他与之相冲突的理由是什么（简单来说，通常是紧急情况或其他极端情况），② 接收者都应当根据命令采取行动。

对这个差异的解释似乎是，发出命令的人总是想要使自己的命令成为一个分量很重的理由，但当人们提出请求时，情况则并不总是如此。除去有些请求出于这种意图发出之外，这个解释似乎并不能令人满意，因为它依赖于所谓的程度差异。然而，如果本文已经指出的这个差异对于命令和请求的区别而言是关键的，那这就不太可能只是一种程度上的差异。

这一反对意见的要点是，发布命令是需要权威的，但提出请求却不需要权威。我的意思不是说每个人都有权提出请求，真实情况是否如此是一个道德问题，而非概念问题。请求的概念并不意味着每个人都有请求权。我的意思是，一个人有权提出请求的事实，并不意味着他对请求的接收者享有权威。相反，一个人有权发布命令，则意味着他对命令的接收者享有权威。一个有权提出请求的人所提出的请求，对于接收者来说是一个有效的（初步的）理由。同样，由有权发布命令的人所发布的命令也是有效的。如果我们只是说，一个有效的命令是接收者的理由，那我们就没能解释命令和请求之间存在的差异，也不能解释为什么只有发布命令才需要拥有

---

① 有些请求，如恳求和乞求，也是为了诱发新的自发欲望来使其得到回应。一个"纯粹的"请求会诉诸同情心，还会诉诸足以使其成为接收者的行动理由的理由。然而，认为请求的意图仅仅是通过告知接收人请求对象的需要或欲望的方式，来"激发"他的理由（他的同情心或承认义务），这是错误的。关于某人需求的信息，即使有意通过激发现有理由的方式传达，以促使接收者采取行动，这也不能算是一个请求。只有当交流行为本身旨在构成理由的情况下，一个人才会提出请求。在特殊情形中，人们可能有使自己的请求得到答应的权利。对请求和命令（command）的区分是很单薄的（thin），有时会归结为语言的选择。

② 如果要适用于在制度性安排（如军队）中发出的命令（或请求），就必须修改这种说法。在这种情况下，惯例性的命令（或请求）方式通常有助于识别行动者的意图，这一看法得到了加强。无论行动者的真实意图如何，行动者援引惯例的行为都会被算作命令。这种惯例的前提是，通常它们会被以恰当的意图来使用。但当这个前提不成立时，它们就不再能被视为命令（或请求）的惯例了。

权威。说一个有效的命令相对于一个有效的请求而言是分量更重的理由，这是错误的，也不足以解释这种不单是程度之别的差异。

五、针对简单解释的第二个反对意见

第一个反对意见建立在这样一个观点的基础上，即如果权威是通过某种表达来改变理由的能力，那么权威的表达就比初确理由要更多，但比绝对理由要更少。然而，这是不可能的。第二个反对意见基于另一个观点，这个观点的大意是（正当）权威的表达虽然往往是行动的理由，但不一定总是如此。这种反对意见诉诸我们基于反例的直觉，让我们考虑如下情形：我开车行进在平坦的乡村道路上，视野非常开阔，几英里内都没有人，也没有动物或车辆。这时，我遇见了红灯，我是否有理由停车呢？在这种情况下，我不会对任何人造成危险，无论我做什么都不会被别人知道，也不会影响我自己未来对于权威所持有的态度、感觉或信念。很多人会说，在这种情况下，甚至不存在一丁点儿遇到红灯停下来的理由。[①] 他们坚持认为，这种说法与自己承认交通规则制定者所享有的正当权威之间没有任何矛盾。这个例子似乎足以使人相信，在这种情况或类似情况中，权威的表达可以被认为是正当的，同时不会被认为构成了行动理由。

我认为这些反对意见足以削弱简单解释，但简单解释的基本见解是对的，即权威是一种改变行动理由的能力。无论是简单解释还是反对它的意见，都建立在对行动理由过度限制的观点的基础上。我会主张，如果我们把权威看作是改变某种类型的理由的能力，反对意见很容易就能得到解决。

六、规范性权力

让我们想想，在任何情况下，如果权威让受治者去遵从另一个权威的指示（instruction），而另一个权威却并不来源于第一个权威。父亲让儿子服从母亲就属于这样的情形。这与父亲让儿子服从保姆是不同的，因为保姆的权威来源于父母的

[①] 还需要进一步的假设来证明我知道自己没有理由停车。就我的目标而言，只需要证明事实上我没有停车的理由就足够了。但在很多情况下，这些进一步的假设是可以实现的，而且就我所知，我并没有停车的理由。

权威。我们假设，让儿子服从保姆的这个指示是她唯一的权威来源。而母亲的指示在任何情况下都是权威性的。母亲的指示是儿子的行动理由，父亲的指示也是如此。因此，父亲让儿子服从母亲的指示是一个行动理由。这项指示既是根据母亲的指示采取行动的理由，它本身也是一个理由。我会把根据某个理由而采取行动的理由，称为积极的二阶理由（positive second-order reason）。此外也存在消极的二阶理由（negative second-order reason），即避免根据某个理由采取行动的理由。我把消极的二阶理由称为排他性理由（exclusionary reason）。要想举出一个排他性理由的例子，我们只需要把父亲的那个指示倒过来就行了。让我们假设父亲命令儿子不要根据母亲的命令采取行动，① 现在儿子就有了不根据某些理由而采取行动的理由。

关于二阶理由，有一点需要注意：二阶理由是行动理由（reason for action），这里所关切的那种行动，既包括根据某些理由而行动，也包括不根据某些理由而行动。如果 P 是做 φ 的理由，那么根据理由 P 采取行动，就是根据理由 P 做 φ。不根据 P 而行动，就是不根据 P 做 φ。这与根据其他理由做 φ，以及根本不做 φ，是相容的。我并不是说，每当一个人没有根据某个理由而采取行动时，他就是故意这样做的。一个人没有根据某个理由而行动，可能是因为他不知道这个理由的存在。这些澄清使我们明白，在假设父亲让儿子服从母亲的例子中，父亲不仅仅是让儿子去做母亲吩咐他做的事，而且要求儿子根据母亲所说的理由采取这样的行动。同样地，我假设当父亲让孩子不要服从母亲时，并不是要求他永远不要做他母亲让他去做的那些事，而只是告诉他，永远不要将母亲的指示当成行动理由。

有时，人们可能有实施某个行动的理由，也有不按照反对那个特定行动的某些理由而采取行动的理由。在我们的例子中，儿子可能觉得他唯一的外套很丑，这是一个反对穿外套的理由。这种考虑与他母亲让他晚上外出时穿上外套的指示有所冲突。但反对穿外套的理由，被父亲让他忽略母亲指示的那个命令所间接地强化了。在这种情况以及许多其他情况下，无视某些做 φ（穿外套）的理由（母亲的指示）的理由（父亲的指示），不同于不做 φ 的理由（外套很丑）。但有时同样的事实既是一个行动理由，又是一个无视（disregard）反对理由的（排他性）理由。我把这种事实称为受保护的行动理由（protected reasons for an action）。

我把规范性权力定义为改变受保护理由的能力。更准确地说，如果一个人可以通过自己的行为行使规范性权力，他就拥有规范性权力。如果有充分的理由把一个行为视为受保护的理由，或者取消受保护的理由，并且之所以这么做完全是因为如

---

① 我假设他有权下达这样的命令——这个问题有争议的空间，但本文不必在此过多停留。

下事实是可欲的，即只要人们想要，就能够通过这样的行为改变受保护的理由，那么，这个行为就是在行使一项规范性权力。① 我假定（规范性）权力用于发出被我称为"权力表达（power-utterances）"的东西。权力持有者可以通过三种方式改变受保护的理由，这对我们的目的而言是很重要的。第一种方式是发布排他性指示，也就是用权力去让别人做 φ，权力表达是那个人做 φ 的理由，也是不根据（一切或某些）不做 φ 的理由采取行动的二阶理由。因此，排他性指示就是受保护的理由。行使权力的第二种方式是发出权力表达，对目前被排他性指示禁止的行动给予许可的授权。我把这种许可称为"取消性许可"，因为这种许可取消了排他性理由。对权力的第三种运用形式是把权力授予某人。这本身不会改变受保护的理由，但会使得一个人有能力去改变这些理由。一个人所拥有的权力可以在许多方面受到限制，如行使的方式、对哪些人拥有权力、拥有权力的人可以在哪些行动上发出权力表达，等等。

鉴于上述澄清，很明显，规范性权力和权威之间存在着密切的关联。在对权威的简单解释中，权力是权威的一种特殊情况。权威是一种改变理由的能力。权力是改变一种特殊类型理由的能力，即受保护的理由。然而，根据对简单解释的反对意见，我们应该将权威主要视为权力的一种类型。要为这一观点提供全面辩护，就需要表明规则和命令是受保护的理由，以及所有的权威性表达都是权力表达。这不是本文所能完成的任务。相反，我试图提供一个有说服力的案例，首先表明否定这一观点的两个反对意见都失败了，然后主张悖论可以由此得到解释。

七、权力和权威

我们应当把对人权威（authority over persons）和实施某些行动的权威（authority to perform certain actions）区分开来，两者之间有所重合，但又是截然不同的概念。每个作为权威的人都拥有对人权威，但并非每个拥有权威的人都是权威。这个区别在哲学上并不重要，但对这点的忽视可能正是无尽的混乱的来源。如果一个人拥有

---

① 参见本人的文章：Joseph Raz, "Voluntary Obligations and Normative Powers", in *Proceedings of the Aristotelian Society*, Supp. Vol. 46, pp. 79-102 (1972); Joseph Raz, *Practical Reason and Norms* (2nd ed.), Oxford University Press, 1999, section 8. 在这一节中，我对这一概念作了更充分的解释，并给出了更具普遍性的定义。然而，我在这本书中主张规范性权力是一种改变排他性理由的能力，这是错的。菲莉帕·富特（Philippa Foot）对此的评论迫使我意识到，这是一种改变受保护理由（或排他性许可）的能力。所有的强制性规则都是受保护的理由。

相对持续且普遍的对人权威，那么他就是权威，也就是说，要么对一大群人拥有权威，要么对一系列活动拥有权威，或两者兼而有之。

由于权力是改变受保护行动理由的能力，而且作为行动理由的权力对于某些人或其他人而言是理由，所以我们可以将权力划分为对自己的权力和对他人的权力。最重要的对己权力的类型就是承担自愿义务的权力，对他人的权力就是对他们的权威。这种界定存在一个例外。有时候我们说，一个人对自己拥有权威，这是一个退化的权威情形，是对他人的权威这一核心情形的类推扩展。有趣的是，当谈到一个人的对己权威时，我们总是会提到他授予自己许可或权力。分析权威的主要障碍就是我们经常无法区分实施行动的权威和对人权威。[①] 如果被给予实施某项行为的许可，或被某些有权力的人给予实施这个行动的权力，一个人就拥有了实施某项行为的权威。因此，如果邮件检查员给予我许可（假定他有这样做的权力），我就拥有了打开你邮箱的权威。

我打开你邮箱的权威并不是凌驾于你的权威。我无法以任何方式改变你的规范性处境，尽管检查员通过给予我打开你邮箱的权威来削弱你的隐私权，从而改变了你的规范性处境。我也可以拥有以你的名义签署支票的权威，这是一种因为你的给予才会使我拥有的权力。最后一个例子表明，一个人实施某项行动的权威，其来源必须拥有授予这项行动的权力，但他不必对于他所授予权威的对象拥有对人权威。为了给予我用你的名字签署支票的权威，你需要有权力，但你拥有这样的权力并不意味着你对我享有任何权威，也很可能你并不享有对我的权威。

然而，行动权威与对人权威密切相关，尽管在某种程度上比较间接。当我们设想我们被授予许可或权力的情形时，显然，并非所有情况都可以被描述为拥有采取行动的权威。只有当另一个人的利益会受到这个行动的影响时，我们才会说它被授予了权威。但这不是一个充分条件。我被许可开一家会导致某人破产的超市，但这并不是说我拥有开超市的权威。我被许可这样做，只是因为没有、也从来不会有反对这样做的禁令。一个人有权威做的仅仅是他被许可去做的那些事情，而给予他许可的那个人，对于利益会受到影响的人享有权威。

我们可以将 X 拥有做 φ 的权威定义为：有一些这样的 Y 和 Z，

（1）Y 许可 X 去做 φ，或者给了 X 这样做的权力；

（2）Y 有这样做的权力；

[①] 这个混淆瓦解了理查德·塔克在 "Why Is Authority Such a Problem?" 一文中的许多分析。

（3）X实施φ行为会影响到Z的利益，而Y对Z享有权威。①

八、反驳反对意见

作为权威和拥有权威，行动权威和对人权威，以及我所说的对人权威，三者的基础概念是一种规范性权力，而三者之间并无直接联系。这些区别必须在任何对权威的解释中都能够得以保持。对权威进行权力分析的优势在于，这成功处理了针对简单解释的反对意见，并消解了权威悖论。

首先处理第一个反对意见。命令和请求的区别是什么？对人权威是一种改变他们受保护行动理由的能力。大多数对权威概念的讨论，注意力都集中于发布命令和制定规则，这些是权威的典型表现形式。这些的确是权威意向性行使的典型情形。然而，重要的是，权威在未曾拥有权威的人打算去调用它的情况下也可以运行。这对于政治权威和其他类型的权威来说都是正确的，是一个非常重要的影响权威被感知的途径。我会以权威给出的建议作为范例。

无论建议者期望什么，他们给出建议时都带着这样一种意图，即使得自己的表达被当成信念理由，而不是行动理由。②但建议的接收者可能会认为建议既是行动理由，也是无视冲突性理由的排他性理由。想想寻求建议的典型基础是什么。寻求建议往往是为了获得针对人们所面临的实践问题的解决方案的相关信息，或是为了比较自己和他人对于各种因素的分量和重要性所作出的评价，以此作为检验自己的看法和权衡的一种手段。但有时寻求建议也可以是出于完全不同的理由。某人可能会面临一个问题，这个问题涉及他几乎完全不了解或不理解的一些因素。他可以向专家、权威寻求建议，尽管事实是他并没有办法对照他自己可能了解的其他冲突性理由来评估权威所给出的理由。他可能会决定遵从被给予的建议，而不用试图去弄清这个建议是否给出了打破平衡的理由。如果他这样做，实际上就是排除了从自己的考量中发现的所有冲突性理由。他认为该建议既是一个实施他被建议去实施的那个行动的理由，也是一个不根据冲突性理由采取行动的理由。一个人可能有正当理

---

① 通常，X、Y、Z会是不同的人。但是，一个人可以授予他人影响自己利益的权威，也可以授予自己影响他人利益的权威。

② 建议与其他信息传达方式的不同之处主要在于，提供建议伴随着这样一种信念，即建议可能与接收者自己所估计的，或建议者所认为的某个真实或假定的问题有关，建议者或接收者都打算或期待在决定实践问题时将其纳入考量。

由认为，他所收到的建议是一个受保护的理由，即使提出建议的人并没有使其成为受保护理由的意图。

另一方面，下达命令的目的是让接收者将其当作受保护的理由。很多人都可以在缺乏这种资格的情况中下达命令。只有当他们对接收者拥有关于这个命令所涉事务的权威（权力）时，他们才有资格这样做。即使该命令并非一个不根据冲突性理由采取行动的有效排他性理由，即使发出命令的人没有这么做的权威，它也可能是实施这个行动的有效一阶理由，或两者兼而有之。但是，如果他拥有发布命令的权威，命令就总是有效的一阶理由和排他性理由。

排他性理由可以排除根据一切或某些类型的冲突性理由采取行动。排他性理由在范围上有所不同，即在排除不同类型的冲突性理由的程度上有所不同。因此，坚持认为命令既是一阶理由又是排他性理由，并不等于要坚持认为命令都是绝对理由。命令可能并不排除某些冲突性理由，在这种情况下，人们必须在权衡未被排除的一阶理由的基础上决定如何行动，这种权衡包括作为实施命令所要求行为的初确理由的命令本身。

排他性理由和一阶理由（分量足以压倒所有被排他性理由所排除的冲突性理由的一阶理由）之间的区别是什么？对于这个关键问题，有两种答案。首先，排他性理由是按照类型而非分量进行排除的。排他性理由可能会排除所有特定类型的理由（如对经济福利的考量），包括分量非常重的理由，但不排除属于另一种类型的非常不重要的考量（如对荣誉的考量）。第二，不管排他性理由和分量性理由在通盘考量中对于应当做什么有何不同影响，我们看待两者的方式都是有所不同的。有些事实是压倒冲突性理由的分量性理由；另一些事实则不与冲突性理由进行比较，这种事实不是通过改变对理由的权衡发挥作用的，而是排除根据理由权衡来采取行动。

在经过通盘考虑后，指令和请求对于应当做什么可能存在任何差异，这种功能上的差异就可以说明指令和请求之间的差异了。有效的命令不一定是比有效的请求分量更重或更为重要的理由。可能有一些命令可以排除很少的冲突性考量，同时也存在一些不能排除冲突性考量的命令，这种命令可能会被某些请求压倒。请求可以是一个以充足分量来证成牺牲某人生命的理由。命令和请求之间的区别不在于重要性，而在于运作模式。提出请求的目的是，使它被当作只有在改变权衡时才会被加入考量的行动理由。发布命令的目的则是，即使命令不能决定权衡，也应当在特定情形里占上风。这些命令旨在被视为排除某些其他理由的理由，那些理由可能会改变反对实施那个行动的权衡。

换言之，对于每一个命令而言，如果我们知道命令发布者心中所想的就是可能涉及的所有可能的实践冲突的正确结果，我们就可以认为他的命令具有可以证成所有这些结果的恰当分量。但这并不会让我们在对命令和请求的一般差别的解释上有所推进。如果所有命令都有某种恒定的分量或分量范围，并且能够与请求产生区隔，命令和请求的差别就能得到解释了。但实际上在发布者和其他人眼中，命令和请求都跨越了所有可能的分量范围。假定两者之间的区别在于实践影响，我认为它们的区别在于这一事实，即命令是受保护理由，而请求不是。

命令必须排除一个最小值才能称其为命令。它必须至少排除对接收者当前欲望的考量。除此之外，命令往往会排除更多，而非更少。在适当情况下，人们可以用命令无意适用于这种情形为由，来证成自己不遵从命令的行为。人们可以声称，命令的意图从来就不是如此：即使存在很强的不服从命令的道德理由，或者如果服从命令会严重损害到接收者的利益或违反法律时，人们仍然应当服从命令。[①] 当这样的考量相当于一种证成，导致行动者不遵从命令时，我们不能说他已经服从了命令，也不能说他没有服从命令。命令的意图并非使行动者在这种况下仍然应当遵从命令。但这样的考量从来都不是对于行动者具有某个与遵从命令不一致的欲望所进行的证成，无论这种欲望有多么强烈。鉴于孩子实施或避免某些行动的强烈欲望，许多父母的命令非常接近最小排除（minimum exclusion），目的只是排除考虑孩子的当前欲望，以避免何为最佳的争论。但是，父母的命令往往会排除对于孩子自身利益的考量，或排除更多。

这阐明了命令比请求更为专横的事实。如果你提出请求，你就会接受接收者基于理由权衡的判断，同时试图在权衡的一侧添加一个理由。但一个发布命令的人不仅仅想要通过增加行动理由的方式去改变权衡。他还试图创造一种处境，在这种处境下，接收者根据对理由的权衡采取行动是错的。发布命令的人试图用自己的权威去取代接收者基于权衡的判断。

类似的考量反驳了第二种反对意见，即否认了权威性指示总是行动理由。有种感觉是，如果有人接受了某个权威的正当性，他就会盲目地服从权威。人们可能会对权威不能逾越权限这一点十分警觉，并对未被排除的因素保持敏感。但除去这些可能性，人们都要遵从权威（也就是说，盲目地遵从），无论自己对具体情况的对

---

① 这并不总是一个可接受的证成。例如，很多法律命令的目的是，在面临反对实施被命令行为的决定性道德理由时，人们仍然应当遵从这些命令。或许人们从来就不应该认为这样的命令具有拘束力，也没人拥有发布这些命令的正当权威。但这丝毫不会影响我的观点，即这种命令经常发布。命令下达者的意图是，其命令甚至能够排除道德考量。

错怎么看。人们可以形成是非对错的判断，但只要遵从了权威，这就只是一种不具备实践重要性的理论活动而已。我们可以更进一步地说，有时候，证成设立权威的特别理由，也证成了在一种更强的意义上盲目遵从权威的做法——也就是说，甚至不再试图形成关于是非的判断就遵从权威。例如，一些交通规则就属于这种情况。我们都知道用交通灯来规范人的行为，而不是自行判断采取行动的好处是什么。但我们往往会忽略一个重要的好处，即我们不再尝试形成自己的判断。当我遇到红灯时，我会停下来，而不会试图计算在这种情况下我是否有理由停下来。基于我们自身的优势地位，我们已经创造了一个例子，在这个例子中，问题（即是否有理由停下来）并没有出现，因为答案（没有理由）是显而易见的。但对于我们例子中的那个人来说，问题的确出现了，他必须去探究是否没有理由停下来。如果他要在这种情况中刨根问底，他也必须要在很多其他情况中进行探寻。对我们而言，听他说出"不管个案的是非对错如何，我都有义务遵从权威"是很可笑的。因为我们事先知道这些是非对错是什么，而忽略了他必须要去弄清楚这一点，而且不仅仅是现在，在很多其他情况中也是如此。只有当防止这种情况发生的做法是正当的时，接受这方面的权威也才可能是正当的，即使这一度使人显得很可笑。

九、化解权威悖论

我最后关于针对简单观点的反对意见发表一些评论，这既有助于解释悖论的力量，也有助于解释克服悖论的方法。我想说的是，悖论对于权威的简单观点并不会造成威胁。根据这种观点，正当权威的命令是存在于这个世界上的事实，是行动理由。这本质上就如同天气和股票交易的事实那样，是支持某些行动的理由和反对其他行动的理由的事实。如果一个人遵从权威的命令，那么比起遵从股票交易的趋势，他并不会更多地放弃理性或丧失自治。

这个解决方案不仅摆脱了悖论，还把悖论呈现为一种简单错误。然而，如果对人权威是加诸其身的规范性权力，那我们就可以解释悖论所呈现出的诱惑力，而不必屈从于它。我会考察由罗伯特·保罗·沃尔夫所提出的那种悖论，他说："人可以任意抛弃自己的自治。也就是说，一个人可以决定服从另一个人的命令，不再试图自己决定被命令的事情是否是好的或明智的。"[①] 无论第二句话与自治问题如何关

---

① Robert Paul Wolff, *In Defense of Anarchism* (n. 10 above), p. 14.

联,接受权威的确不可避免地会涉及人们放弃根据自己对理由权衡的判断而采取行动的权利。这意味着接受排他性理由。①

沃尔夫强调,他的观点并不要求人们完全无视指令和命令。下面的引文既呈现出了沃尔夫所持立场的有力之处,也将其立场的脆弱之处展现了出来。

> 对于自治的人而言,严格来说并不存在命令这种东西。如果有人在我所处的环境中发布了旨在作为命令的东西,如果他或其他人期待这些命令会得到服从,那么我就会把这一事实放入我的考量中进行深思熟虑。我可能会决定,我应当做那个人命令我去做的事情,甚至可能是,他发出了命令就是在这种情况下使这样做对我来说是可欲的要素。例如,如果我身处一艘正在沉没的船上,船长发出了配置救生艇的命令,如果其他人都因为他是船长而服从他,我可能会决定在这种情况下我最好按他说的去做,因为不服从他而造成的混乱一般来说是有害的。但是,只要我做了这样的决定,我就并不是在服从他的命令;也就是说,我并没有承认他对我具有权威。在混乱中,如果一个乘客开始发布"命令"并得到服从,我会做出同样的决定,确切地说还是基于同样的理由。②

沃尔夫在此提出了两个有效而重要的观点。(1)由于一项命令的发布总是有意使其被当作排他性理由和一阶理由,所以,其接收者有更多的选择,而不是要么完全无视该命令,要么根据他自己的意图服从该命令。根据表达的情况,接收者可能会把命令当成一个有效的一阶理由,同时否认这是一个排他性理由。(2)这意味着,一个无政府主义者可以在认为一切权威都不具备正当性的同时,给予事实权威的指示以一定分量。他可以将这种指示当成一阶理由,但不承认权威的正当性。因为只有承认这种指示也是有效的排他性理由,人们才能接受发出指示的权威具有正当性。只有这样的承认才是服从权威,因为这才包含了否认人们根据自己的价值判断采取行动的权利的要素。

通过这种方式重构沃尔夫的主张,的确表明他的主张中有更多值得注意的地方,而不仅仅是一种简单的混乱而已。他正确地指出,正当权威否认了人们根据具体情况的对错采取行动的权利。但这个重构也表明了他的错误所在。他默示地、正确地认为,抛弃了人的自治(即一个人在经过通盘考虑后,根据自己对于应该做什

---

① 沃尔夫错误地认为,接受权威意味着放弃权利或放弃试图根据对理由的权衡来形成判断。只有基于该判断而采取的行动才会被排除在外(如果它依赖于未被推翻的被排除的理由)。

② Robert Paul Wolff, *In Defense of Anarchism*, pp. 15–16.

么的判断而采取行动的权利和义务）的理由是不可能得到证成的。我将此称为自治原则。① 他默示地、错误地认为，这与不存在有效排他性理由这条错误的道德原则是相同的，也就是说，人们不根据对一阶理由的权衡去做自己应该做的事情，这种做法是不可能得到证成的。我将此称为对权威的否认（the rejection of authority）。

如果有人认为，所有理由本质上都是一阶理由，而忽略了二阶理由存在的可能性，那么这种混淆就是自然而然的。如果所有有效的理由都是一阶理由，那么自治原则要求否认权威就是必然的，因为这样一来，根据通盘考虑应当做什么，就等同于根据对于一阶理由的权衡应当做什么。但是，既然原则上可能存在有效的二阶理由，那么自治原则就无法要求否定一切权威。

正当权威的问题一直以来都以这种形式呈现：对证成在某些情况下将某人的表达当成排他性理由的根据进行检视。用正当权威的概念与我们的理性或道德概念之间的互不相容，来主张以上探究是多余的，这种捷径并不存在。

---

① 显然自治原则不是一条真正的道德原则，而是一条理性原则。

理解司法裁量*

巴里·霍福玛斯特** 著

孙嘉奇*** 译

摘　要　本文的主要目的是以区分司法裁量是如何在不同的意义上被理解的，研究其中不同诠释之论证的方式来澄清有关司法裁量的争议。其中，有三个不同层面的争议需要被注意到：第一个是关于法官是否真正实践了裁量；第二个是法官是否真的被授权去进行裁量；第三个是关于法官恰当之制度性角色的问题。在此背景之下，德沃金、拉兹、佩里、格林沃尔特和萨托里斯的观点得到了考察。最后，本文得出结论：司法裁量争议的解决需要一个"令人满意"之司法判决证立理论的出场。

关键词　司法裁量　司法证立　司法义务　制度性角色　法官造法

---

* 本文原载于 *Law and Philosophy* 1(1982), pp. 21–55。译者要感谢霍福玛斯特教授对于文章版权的慷慨奉送与热心帮助，另外还要特别感谢孙海波老师对于译文给出的修改意见，当然，译文文责皆由译者承担。原文无关键词，为阅读方便，译文关键词系译者所加。——译者
** 巴里·霍福玛斯特，加拿大韦仕敦大学哲学系教授。
*** 孙嘉奇，中国政法大学中欧法学院 2021 级法学理论专业博士研究生。

关于司法裁量存在与否的争论充满了无休止的、"哲学的"（philosophica）的印记。虽然"司法裁量"①（judicial discretion）这个语汇是晚近②才出现的，但有关"法官之恰当角色"的议题却已有了很长的历史。例如，朗·富勒（Lon Fuller）就曾评议道："自从原始社会类似于司法权力的东西出现以来，关于裁判的可行之形式与恰当之限制的问题可能就一直处在争议之中。"③正式的讨论至少可以追溯到亚里士多德（Aristotle）。在区分成文法与衡平法时，亚里士多德曾言："……仲裁人依照案件之衡平行事，而法官则需严格依法裁判。"④对于亚里士多德来说，法官无权去追求"个人化的正义"（individualization of justice），而这正是罗斯科·庞德⑤（Roscoe Pound）等现代法学家对于法官的期许。因此，裁量的概念仅仅是对于"法官之恰当角色"这一古老争议的最新表达。

当代法学家可以被分为三个阵营。一个认为法官在事实上可以造法、创法、立

---

① 需要注意的是，"discretion"这个词通常有两种译法：自由裁量与自由裁量权。这与多数理论家将裁量与权力（power）、权威（authority）相连接有关。在他们看来："（1）裁量是为行动者的部分行动选择标准的权力；（2）是相对于其他人的法律主体单方面作成；（3）该选择的权力是由法律授权或合法化。"（John Bell, "Discretionary Decision-Making: A Jurisprudential View", in Kith Hawkins (ed.), *The Use of Discretion*, Clarendon Press, 1992, p. 92.）"最为中心的意义是权威体系中授予官员或整个政府机关的权力，在该权力中，存在着一些能让其安置理由和标准、并在个案决定中适用的空间，而官员必须体现出其决定政策和策略的目的。"（D. J. Galligan, *Discretionary Powers: A Legal Study of Official Discretion View*, Clarendon Press, 1986, pp. 8–9.）但是这是否意味着裁量本身是一项权力或权威呢？其实，裁量是一个代表范畴或场域的中性概念，也就是说，它是权力或权威产生作用的范畴或场域，而不是说它本身就是一种权力或权威。所以我们可以在某些场合说"裁量的权力或权威"（discretionary power/authority），但不能说"作为权力或权威的裁量"（discretion as power/authority）。前者发生作用的场域往往在立法与行政法领域，且常有法律的明确规定予以授权，但在司法推理的领域内较为恰当的称谓是"裁量"，理由有两个：第一，discretion 并不意味着人们可以自由地、无拘无束地任意选择，而"自由裁量"的译法很容易过分显现 discretion 之下自由、武断之选择的意思；第二，"自由裁量权"这个译法很容易将法官的裁量混同于行政人员按照基准在做出具体行政行为时的最终决定权，进而混淆了法官与行政人员的身份与地位，因为法官的裁量是将理由具体化为行动的过程，没有基准，并不会径直影响人们的行为选择，一般通过最终的裁决间接地体现出来。就此可参见陈景辉：《实践理由与法律推理》，北京大学出版社 2012 年版，第 73 页。所以，基于此，译者在此主张将"discretion"译为"裁量"，将"judicial discretion"译为"司法裁量"。中文法学理论界已经有人认识到了这一点，例如台湾大学庄世同教授指导的一篇硕士毕业论文的题目就将 judicial discretion 处理为司法裁量，就此可参见：庄季凡：《司法裁量不可避免？——以德沃金法理论反思台湾司法判决》，台湾大学 2016 年硕士学位论文。——译者
② 这个术语的普及可能可以追溯到罗纳德·德沃金，就此可参见 Ronald Dworkin, "Judicial Discretion", *Jowrnal of Philosophy* 60(1963), pp. 624–638。
③ Lon L. Fuller, "The Forms and Limits of Adjudication", *Harvard Law Review* 92(1978), p. 355.
④ Aristotle, *Rhetoric*, Book I, translated by J. H. Freese, Harvard University Press, 1926, Chapter 13, 1374 b, pp. 20–21.
⑤ Roscoe Pound, *An Introduction to the Philosophy of Law*, Yale Univ. Press, 1922, Chapter 3. 庞德将对"个人化的正义"的追求限制在刑法和侵权法等领域，而排除了财产法和商法等领域。

法、制定政策或者进行裁量。因此法官是被授权去进行裁量，处于裁量实践中的法官应当是一位能动主义者或者工具主义者。另一个阵营中的理论家们认为法官在事实上适用法律、发现法律、宣告法律、解释法律，但并不能立法、裁断或裁量，因此法官并没有被授权去从事裁量行为，因此，法官应该是形式主义者、保守主义者或严格的解释主义者。最后，还有一些理论家兼采了上述两种立场中的要素。他们认为，虽然法官在事实上造法、创法、立法、制定政策或进行裁量，且被授权从事裁量行为，但法官在进行裁量时仍应该是一位形式主义者、保守主义者或严格的解释论者。

  在这一领域中持续共识与明显进展的缺乏，自然会导致一些人认为此种争议只是一种语义上的争议。例如尼尔·麦考密克（Neil MacCormick）断言："看来我们可以说，那种关于法官是否能够（或者应当）'造法'或'立法'的争论，实质上是一个语言或者修辞问题，它们常常热火朝天，但也总是无功而返。"①

  本文的目的是通过对争议的仔细"诊断"来消除一些理论上的贫瘠。据此，文章提出了两个主要观点。第一个观点是，因为每个理论家都在不同的意义上理解裁量的问题，所以目前的争论是无休止的。从以上对相互竞争之阵营的描绘来看，争议至少可能发生在三个不同的层面。第一个层面是法官是否实际上真正进行了裁量；另一个层面涉及法官是否被授权从事裁量行为；第三个层面则与法官恰当之制度性角色有关，即法官应如何看待他们的工作。那么，首要的一项任务就是澄清这些理论家如何使用"裁量"这一术语。第二个主要观点是司法裁量议题可能化解的前提是拥有一套"令人满意"（satisfactory）的司法判决证立理论，至于说为什么裁量的议题会寄生在司法证立的理论之上，这一点将随着对司法裁量分析的展开而逐渐显现。

一、普遍性论证

  反对司法裁量的论据往往有四个。其中有三个将司法裁量等同于"立法"或"造法"，接着义无反顾地反对法官充当"立法者"。第一个论据认为，法官不能"立法"，因为他们这样做违反了权力分立的基本政治教义。对这一论据的直接解

---

① Neil MacCormick, *Legal Reasoning and Legal Theory*, Clarendon Press, 1978, p. 188. 就文本中所涉麦考密克的原文，译者参考了姜峰老师的译文，就此可参见尼尔·麦考密克：《法律推理与法律理论》，姜峰译，法律出版社 2018 年版，第 227 页。——译者

读就是因为它威胁到了被权力分立保护的制衡体系,所以要反对司法裁量。这一论据的一个变种将这种"造法"权威与选民的责任联系在一起。用罗纳德·德沃金的话来说,"……一个社群应该由被大多数人选举产生并对他们负责的男人和女人来管理。由于法官在大多数情况下不是由选举产生的,而且因为他们实际上并不需要像立法者那样对选民负责,所以当法官造法时,这一主张似乎就被损害了"。[1] 第三个论据反对司法裁量的原因是它蕴含了"新法"溯及既往适用的问题。再次引用德沃金的话来说,"……如果一位法官造法并将其追溯适用于他所审理的案件,那么败诉方将受到惩罚,其中的缘由并不是他违背了什么曾应有之责任,而是在那件事情发生之后产生的新责任"。[2] 最后,司法裁量的存在似乎破坏了法律制度所期望的(desiderata)确定性与可预测性。

这些论据可以通过罗斯科·庞德提供的有关司法裁量的五个论据来加以驳斥。第一,在庞德看来,权力分立之教义并不是一成不变的,庞德说道:

> 司法,行政和裁判间不能硬性地将一个与另一个区隔开来,并将它们每一个作为专属领域移交给一个独立机构。相反,要就典型案件进行分工,对于其他案件进行实际的或历史性的分配。[3]

因此,司法职能有时会溢出到立法或行政职能当中。第二,庞德承认在法律制度当中存有四种不同类型的要素——规则、原则、观念、标准[4]——同时他认为法律标准的引入正是为了给法官一个"裁量的空间与余地"。第三,庞德列举了"个人化的正义"被引介入英美法律的七种方式:

> (1)通过法院在适用衡平法上的救济而裁量;(2)通过将法律标准适用于造成伤害的一般行为以及特定法律关系和职业(而裁量);(3)通过陪审团作出一般裁决的权力(而裁量);(4)通过司法适用中法律发现的空间(而裁量);(5)通过针对个别罪犯调整刑事待遇的"装置"(devices)(而裁量);(6)通过小型法院的非正式司法行政手段(而裁量);(7)通过行政法庭(而

---

[1] Ronald Dworkin, *Taking Rights Seriously*, Harvard University Press, 1977, p. 84.
[2] Ibid.
[3] Pound, p. 50.
[4] Ibid., pp. 56–57.

裁量)。①

鉴于裁量在法律制度中的普遍性，如果司法裁量在事实上与七种裁量情形中的一种或多种不同，那么还有什么特别的理由来反对它呢？第四，对于庞德来说，在法律中谈论确定性和可预测性是一个神话，所以司法裁量并不能够在这方面作出什么"相当的"牺牲。用庞德的话来说，"……追求'个人化的正义'对于确定性的牺牲比实际当中要明显得多。因为机械地将既有规则适用到人类行为中去所获得的确定性一直就是一种幻觉"。②最后，对于庞德来说，"个人化的正义"并不是什么令人遗憾或不得不容忍的事情，而是司法系统的一项可欲特征。庞德指出，在某些特定的法律领域中，如财产法和商法，它们的立法是有效的，机械地适用法规是可能的。但在其他一些法律领域中，如侵权法和刑法，立法或者编纂法典是不可能的，因为这里牵涉"对人类行为的权衡与对其道德方面的评价"。③而在这后一领域中，道德行为需要被评价，此时，于法官而言广泛的裁量空间就不仅是必要的，也是可欲的。正如庞德所说：

> ……在司法行政的这一部分，法官训练有素的直觉和严谨的判断力必须是我们的保证，即个中原因将根据理性的原则而非任意的偶然指令来决定，并将在总体安全与个人生活之间保持适当的平衡。④

因此，对于庞德以及其他许多当代法学家而言，根本问题在于司法体系内规则导引（rule-dictated）与裁量决定（discretionary decisions）之间的适切匹配。鉴于双方都有合理的论据，我们似乎陷入了僵局。然而这样一个结论其实是不成熟的。在普遍性的层面，我们可说的似乎并不太多，因为关键的概念，如"立法"、"新"法和法律"标准"仍旧不清晰。关于存在独特的、相互排斥的立法与司法职能的说法也需要澄清。谈论这种（the）司法或这种（the）立法职能是否有意义？如果有，这种意义是什么？如果我们仔细研究理论家们在使用"裁量"术语时的含义，或许就能够取得一些进展，至少在某种程度上可以观察到是否有真正的分歧存在，以及如果存在，这些分歧的内容是什么。

---

① Pound, p. 64.
② Ibid., p. 71.
③ Ibid., p. 69.
④ Ibid., p. 70.

二、迈向澄清

　　几乎每一位讨论司法裁量的理论家都会开始澄清这个问题。这种尝试是有帮助的，但他们走得还不够远。正如一开始所建议的，他们必须认识到司法裁量议题可能出现的三个层次。第一个层次可以被称作事实（宽泛意义上的"事实"概念）层次。其中所涉及的问题是：事实上是否存在法官确实或必须进行裁量的情形？第二个层次能够被称为规范层次，因为这里的问题是法官是否曾被授权或被允许去进行裁量？第三个层次是制度层次，这里的问题是法官应该如何构想他们的工作或他们在制度中的角色。为了将制度层次与规范层次区分开来，问题并不在于法官是否被授权去进行裁量，而是法官是否应该将其自身视作被授权去进行裁量。

　　我认为，这些问题往往没有被区分开来，因为它们之间的关系被认为是直截了当的，如果事实上真的存在法官毋宁要进行裁量的案件，那么法官当然必须被授权在这些案件中进行裁量。如果法官被授权在某些案件中进行裁量，那么合理的制度设计原则当然必须承认这一点，并同时将其纳入法官的制度性角色当中。

　　从事实层次到规范层次，似乎只需要"应当"蕴含着"能够"的原则。我们可以暂时假设，对法官而言，事实上存在着法律"用尽"或"枯竭"的案件。在这种案件中，法官必须而且确实要进行裁量。"应当"蕴含"能够"是说，不能要求一个人去做不可能的事情。说 P 应当做 X 的前提是 P 能够做 X。这个原则的反命题是，如果 P 不能做 X，那么 P 就不应当做 X。说 P 应当做 X 的前提是 P 能够做 X。因此，如果一位法官不能避免进行裁量，那么这位法官不应当不进行裁量。排除双重否定，我们可以得到：如果法官不能不进行裁量，法官就（应当）被允许去进行裁量。因此，司法裁量的支持者关注的是如何证明在事实上存有"疑难"案件（"hard" case），即法官必须和确实要进行裁量的案件，因为关于法官在"疑难"案件中应当被允许做什么的规范性结论被认为是直接从事实主张和"应当"蕴含着"能够"的原则中得出的。

　　一旦法官被授权进行裁量的规范性主张得以确立，那么鉴于罗尔夫·萨托里斯（Rolf Sartorius）所称的"反思原则"（the reflection principle），法官应当将自己视作被授权去进行裁量的制度性主张自然也能够获得支持。反思原则意为："如果一个人正确地决定他应当去做 X，那么任何关于他去做 X 的决定或他实际上做 X 行为的高阶判断都应当被许可或保证，而非不予保证或惩罚该决定和/或该行为本身。"[①] 因此，如果法官真的被授权去进行裁量，那么关于法官适当角色的制度性高

---

① Rolf Sartorius, *Individual Conduct and Social Norms*, Dickenson Pub. Co., 1975, pp. 56–57.

阶判断应当许可或认可裁量的实践。

这一系列论据的关键在于出发点，即主张实际上存在着一些案件，在这些案件中法官必须进行裁量。这种主张是否正确？为了评估它，我们必须理解法官进行裁量到底意味着什么。作为迈向澄清的一个步骤，需要考虑以下几组可能的阐释。

Ⅰ.
（a）法官事实上从不需要进行裁量。
（b）法官事实上有时必须需要进行裁量。
（c）法官事实上总是需要进行裁量。

Ⅱ.
（a）诉讼当事人总是有权得到法官的特定判决。
（b）诉讼当事人有时有权得到法官的特定判决。
（c）诉讼当事人从未有权得到法官的特定判决。

Ⅲ.
（a）在任何案件中，法官都必须不以不属于法律的理由来证立其判决。
（b）在某些案件中，法官必须以不属于法律的理由来证立其判决。
（c）在每一个案件中，法官都必须以不属于法律的理由来证立其判决。

Ⅳ.
（a）在每一个案件中，一份判决都能以先前存在的法律标准来证立。
（b）在某些案件中，一份判决不能以先前存在的法律标准来证立。
（c）在任何案件中，一份判决都不能以先前存在的法律标准来证立。

Ⅴ.
（a）法官在事实上从来不需要作判断。
（b）法官在事实上有时需要作判断。
（c）法官在事实上总是需要作判断。

Ⅵ.
（a）法官从来没有自由选择他们将在一个案件中作出何种判决。
（b）法官有时可以自由选择他们将在一个案件中作出何种判决。
（c）法官总是可以自由选择他们将在一个案件中作出何种判决。

Ⅶ.
（a）对于每个案件，法律专家都能够对该案件的判决有不同意见。
（b）对于某些案件，法律专家能够对该案件的判决有不同意见。

（c）对于任何案件，法律专家都不能对该案件的判决有不同意见。

Ⅷ.

（a）对于每个案件，原则上都有一个唯一正确判决。

（b）对于某些案件，原则上没有一个唯一正确判决。

（c）对于任何案件，原则上都没有一个唯一正确判决。

Ⅸ.

（a）对于每个案件，原则上都有一个可识别的唯一正确判决。

（b）对于某些案件，原则上没有一个可识别的唯一正确判决。

（c）对于任何案件，原则上都没有可识别的唯一正确判决。

Ⅹ.

（a）对于每个案件，实际上都有一个唯一正确判决。

（b）对于某些案件，实际上没有一个唯一正确判决。

（c）对于任何案件，实际上都没有一个唯一正确判决。

Ⅺ.

（a）在每个案件中，实际上都有一个可识别的唯一正解。

（b）在某些案件中，实际上没有一个可识别的唯一正解。

（c）在任何案件中，实际上都没有一个可识别的唯一正解。

Ⅻ.

（a）法官在每个案件中在法律上都有义务作出唯一正确判决。

（b）法官只在某些案件中在法律上有义务作出唯一正确判决。

（c）法官在任何案件中在法律上都没有义务作出唯一正确判决。

ⅩⅢ.

（a）法官的责任是将每个案件都视作有唯一正确判决的案件。

（b）法官的责任是只将某些案件视作有唯一正确判决的案件。

（c）法官的责任是不将任何案件视作是有唯一正确判决的案件。

ⅩⅣ.

虽然法官在事实上（总是？有时？）需要进行裁量，但如果每个人都假装法官从不需要进行裁量就更好了。

Ⅰ中的陈述只是阐述了人们在事实层次上对裁量的存在所采取的不同观点。其他几组多是为了解释Ⅰ中的陈述。然而，有些是制度层面的主张，例如Ⅻ和ⅩⅢ。此中的基本问题是要理解各组主张之间存有什么关系（如果有的话）。例如某项特定陈述是对法官有裁量空间这一主张的解释（interpretation），那么它是主张法官有裁量空间的理由（reason），还是主张法官有裁量空间的结果（consequence）？有些可能既是法官有裁量空间这一观点的理由，也是结果。例如，Ⅴ（b）可能是对法官进行裁量的含义的解释；Ⅺ（b）可能是主张法官进行裁量的理由；Ⅶ（b）可能既是主张法官进行裁量的理由，也是其后果。这些关系将不会再被详尽地究问。区分这些陈述的目的在于阐明接下来要"出场"的诸位理论家是如何以不同的方式理解裁量这一议题的。

然而，为了达到这个目的，需要解释其中几组主张之间的差异。首先，考虑一下Ⅲ和Ⅳ中的陈述。Ⅲ（b）说，当法官根据非法律或超法的理由证立一项判决的时候，法官在进行裁量。Ⅳ（b）说，当法官必须创造一个新的标准，无论是法律的还是超法的，来证立一个判决的时候，他就会进行裁量。因此，如果法官在重新解释或重组之前存在的先例的基础上制定一个新的法律原则，并将这一法律原则适用于当前的待决个案，这将是在Ⅳ（b）的意义上进行裁量，而不是在Ⅲ（b）意义上进行。当然，在本案之前业已存在的法律标准与展开裁量等同于回溯性造法的这样一种异议有关。同样，Ⅷ、Ⅸ、Ⅹ和Ⅺ中的主张也都是不同的。Ⅷ和Ⅸ之间的不同仅仅是存在（existence）和识别（identification）之间的区别。可以想象，人们能够构建一个存在之证据去证明一个或一组案件中存在一个唯一正确判决，但人们甚至可能在原则上根本无法识别那个唯一正确判决或一组判决。Ⅸ和Ⅹ之间的区别取决于是否有一个实际的证明程序或算法（algorithm），法官可以用它来得出唯一正确判决。对于经验性的主张，也可以作出同样的区分。例如，对于"此刻冥王星（Pluto）表面的温度是多少？"这个问题原则上有一个唯一正解，但实际上并没有切实可行的方法来确定这个答案。Ⅹ和Ⅺ之间的区别在于证明程序应用中内在的可谬性（fallibility）。在实践中可能有一个唯一正确判决，但法官无法找到它，因为，比如他感到困惑或茫然。所以，证明程序是存在的，但它并不总是被正确适用。换句话说，Ⅺ中的主张承认了一种可能的可谬性之来源，这种可谬性应该反映在司法裁判的制度中。我们将看到，当研究萨托里斯关于法官的恰切之制度性角色的论据时，司法可谬性之可能是如何产生影响的。

三、司法裁量的诸立场

（一）罗纳德·德沃金 I

德沃金侧重的是为外行（layman）的审判观念辩护，据此，法官总是能够通过适用既存的法律标准来裁决案件。① 从外行的角度观察，法律制度就是一个充斥着授权的体系，因此诉讼参与人总是有权——哪怕在所谓的"疑难"案件中——从法官处获得"正确的"判决。②

德沃金试图首先澄清司法裁量的概念。他将"弱"意义上的裁量与"强"意义上的裁量区分开来，他认为，这种"强"意义上的裁量在司法语境中才具有相当的意义。③ 根据第一种弱意义裁量，当一位法官的判决具有终局意义的时候，其能够进行裁量。根据另一种弱意义裁量，当一位法官必须使用判断去裁决案件的时候，其能够进行裁量。只有当他的判决不受任何权威性法律标准"束缚"、"导引"或"控制"时，法官才可以进行强意义上的裁量。

强意义上的司法裁量是一种具有相关性的概念（relevant），并不仅是德沃金本人的首创（stipulation）。为了捍卫此种主张，他通过类比提供了一些论据。④ 其论据的要点能够通过将法官比作棒球裁判员来进行重构，因为棒球裁判员必须吹罚"坏球"（ball）与"好球"（strikes）。本垒裁判员对于投手某一投球（pitch）是坏球还是好球的判罚是最终的，投手不能够向裁判组的其他成员申诉。本垒裁判员在判定一个特定的投球是否在好球区（strike zone）时往往必须使用他的判断，因为所投之球的球速可能很快（90英里/小时），可能有曲线，可能会下落，可能会上升。此外，他的判罚也可能是有争议的。一个特别关键的判罚可能会让比利·马丁（Billy Martin）⑤暴跳如雷地从场边的休息区（dugout）冲出来。然而，德沃金的观点是这些都不会导致人们说本垒裁判在吹罚坏球和好球时有裁量的空间。只有在本垒裁判可以任意地吹罚坏球与好球时，人们才会说他有裁量空间。让我们试想一个除没有关于好球区的定义以外都与棒球比赛规则相同的游戏。击球手走到本垒，投手在他头上两英尺处投出一个球，裁判员说："好球。"下一次投球则正好在本垒上

---

① Dworkin, "Judicial Discretion", pp. 624–625.

② Ibid., p. 636.

③ 参见德沃金的《司法裁量》（"Judicial Discretion"），特别是第627页中首次提出了两种"弱"意义裁量；以及他的《认真对待权利》（*Taking Rights Seriously*）第31—32页。

④ 参见德沃金在《司法裁量》与《认真对待权利》第31—33页中对"评分者的裁量"、"有限评分者的裁量"与"政策"的比较。

⑤ 比利·马丁（Billy Martin）是美国职棒大联盟1950年代的当家二垒手，退休后担任过五次洋基队总教练，曾三次带领洋基队斩获美国联盟冠军和两次世界大赛冠军，无论是球员还是教练生涯，比利·马丁都以拼劲和火爆的脾气著称。他鲜明的领军风格虽具争议，但他带领的球队往往战绩优异。颇能体现其性格的一件轶事是：在1977年6月18日洋基对阵红袜队的比赛中，本队球员雷吉·杰克逊（Reggie Jackson）在强势击出二垒打后就被比利·马丁教练换下场，两人随后在休息室内发生肢体冲突。作者在这里想要传达的意思其实就是以比利·马丁教练的火爆性格来说明裁判员关键时刻的判罚可能产生的巨大争议性。——译者

方,裁判将之吹罚为坏球。第三次投球又在击球手头上两英尺处,但裁判员这一次将之判定为坏球。第四次投球落在泥土区,被判作二击(垒)(strike two)。① 在本场比赛中,裁判员在判罚坏球与好球时进行了裁量,因为他的判罚并不会被某些权威性标准规制,完全是临时(ad hoc)作出的。德沃金的论据的基础是对在日常语言中如何使用"裁量"一词来描述官员裁定的一种诉诸。

针对"裁量"的这一定义,德沃金反对裁量的论证大致分为以下四步:②
(1)规则和原则之间存在区别。
(2)原则在事实上被法官用来证立其裁决。
(3)有"制度支持"的原则是有约束力的法律标准。
(4)承认原则是有约束力的法律标准,就消除了强意义上的司法裁量。

这一论证旨在对法律实证主义进行批评。根据德沃金的说法,法律实证主义者致力于捍卫法官在强意义上进行裁量的观点。在德沃金对法律实证主义的描绘中,一个实证主义者将法律看作是由所有唯一的规则组成。因此,当一个案件无法通过明确、直接地适用法律规则予以安置的时候,法律体系为法官提供的权威性指引就会"耗尽",而法官唯一的办法就是通过进行强意义上的裁量来裁决案件。③ 德沃金对此的回应是,法律体系中所包含的不仅有规则,更有原则,由于法律原则也能为法官提供权威性指引,故法官并不能够在强意义上进行裁量。

必须认识到,德沃金和一个法律实证主义者之间的分歧并不在于法官实际上做什么,他们都会同意法官将会使用规则以外的标准来裁判案件。分歧在于如何解释(interpret)这一事实,而这一解释将取决于人们对裁量的定义,以及人们是否想赋予原则以法律地位。④ 德沃金认为,一位法律实证主义者根本无法构建起一个能够囊括原则的法律基本检验标准,⑤ 因此这位实证主义者毋宁将法官对于原则的适用视作诉诸法外的标准来裁判案件。因为超法考量并非权威性的法律标准,所以使用原则对裁判进行证立的法官就被说成是在强意义上进行裁量。

有人可能会反对说我对德沃金论证进行的四步骤重构忽略了一个重要环节:

---

① 在棒球比赛中,当投手将球投出,打者(即击球员)击出界外球且守备球员没有机会接杀时,如果此时没满两个好球(即二击),则算投手投出一个好球;如果此时已满两个好球,则不计入好球数,但会计入投手的投球数。——译者
② 这是对于《认真对待权利》第二章中德沃金论证的重构。
③ Dworkin, *Taking Rights Seriously*, p. 17.
④ 在这一方面,裁量的议题与法律的界限有关,也就是说,人们可以构建一个基本检验标准,如哈特的承认规则,将所有合法的法律标准、所有超法的标准与虚假的法律标准区分开来。
⑤ Dworkin, *Taking Rights Seriously*, pp. 39–44.

（3'）一个原则或一组原则能够向法官"导引"一项裁决。

此外，德沃金本人似乎认为这一步骤至关重要，因为他付出了相当的时间为其辩护。① 这是一个重要的反对意见，因为它提出了一个有关德沃金到底如何认识裁量的问题，从而使我们回到第二节的区分。

德沃金在这里对裁量的讨论是处在一个法官是否事实上进行裁量的层次上。他是为Ⅰ（a）而论证的。而Ⅱ（a）则似乎既是其立场的理由，也是结果。他也拒绝Ⅴ与Ⅵ中的陈述，认为它们与司法裁量的议题并不相干。他对强意义上的裁量的否定体现在Ⅲ（a）中，而Ⅵ（a）则似乎是Ⅲ（a）的结果。鉴于德沃金以溯及既往的理由反对裁量，那么他应该支持Ⅳ（a），但我仍怀疑Ⅳ（a）是否与他的观点有融通性。Ⅷ、Ⅸ、Ⅹ和Ⅺ中的主张的相关性，迫使我们考虑步骤3'在他的论证中的作用。如果德沃金坚持他对强意义上的裁量的定义，即捍卫Ⅲ（a），他就不需要步骤3'。然而，如果他想捍卫Ⅷ（a）、Ⅸ（a）、Ⅹ（a）或Ⅺ（a）中的任何一项，则他需要步骤3'。而我并不认为步骤3'是他的论据，所以我将德沃金诠释为只为Ⅲ（a）辩护。但他似乎确实从一个立场滑向了另外一个，而且很容易这样，这是因为Ⅲ中的主张与Ⅷ、Ⅸ、Ⅹ和Ⅺ中的主张之间存在着明显的联系。无论是在原则上还是在实践中，一个唯一正确的法律判决都只有能够在法律标准的基础上得以证立的时候才存在。所以Ⅲ（a）是Ⅷ（a）、Ⅸ（a）、Ⅹ（a）和Ⅺ（a）的一个必要条件，而不是Ⅷ（a）、Ⅸ（a）、Ⅹ（a）或Ⅺ（a）的充分条件。因为它不是，也因为德沃金没有关于步骤3'的论证，所以他应该保持他原来关于强裁量的陈述。不过，正如我们将看到的，当德沃金被追问时，他被迫在对司法裁量的理解上转变了立场。

（二）约瑟夫·拉兹

拉兹对裁量的观点出现在他对德沃金反对裁量四步论证的批判中。拉兹对此有一个自然而强有力的反对意见，因为它可以承认德沃金对强意义裁量的定义和前三个步骤，并且依然表明，即使考虑到所有这些，德沃金仍旧没能立住最后一个步骤。拉兹指出，从法官在适用有约束力的法律原则时不能行使强裁量的说法，到法官从不（never）行使强裁量的说法，是一种不合理的推论（non-sequitur）：

该论证的关键在于论断道，既然一些原则是法律，那么司法裁量就不存

---

① Dworkin, *Taking Rights Seriously*, pp. 35–36.

在……正如德沃金教授提醒我们的那样，"一组原则能够导引一个结果。"但有时可能并不意味着它总是如此。德沃金教授正是要通过证立这一点来反对司法裁量。不幸的是，他甚至没有试图去证立。[1]

拉兹将德沃金强的意义上的裁量与唯一正确判决的存在联系在一起，因为他强调德沃金声称原则能够指引判决。我抵制德沃金的这种诠释，但无论采取哪种诠释，拉兹的批评都能够成立。批评的重点是，德沃金不能从对可能发生之事的谈论转向对总是发生之事的谈论。这个反对意见可以用我对德沃金的诠释来重新说明。即使德沃金已经表明，在没有法律规则的情况下，有约束力的法律原则能够为法官提供权威性指引的情况是存在的（因此也可能存在）；他也没有表明，只要法律规则不能为法官提供权威性指引，总是会有具有约束力的法律原则来填补这一空缺。因此，德沃金最多只能表明，在某些情况下，在某些不谙世事的人看来法官正是在进行裁量，但他们确实没有在进行裁量，至少在其强意义上是如此。然而，德沃金并没有确立其提出的Ⅰ（a）为真。

从这一批评可以看出，拉兹对司法裁量有不同的理解。在拉兹看来，当一个案件没有唯一正确判决时，就存在司法裁量的空间。拉兹将强意义上裁量的存在诠释为："……有些案件他们（法官）在法律上被授权去作出决定，在这些案件中，没有一个正确判决是由法律标准所决定的……唯一的主张是，法律并不能确定任何判决就是正确的那一个。"[2] 如上所述，尽管德沃金的话语表明了这种诠释，但我认为德沃金应该放弃这种诠释。拉兹之所以被引导到这一点，就是因为他认识到了上文讨论过的Ⅲ中的陈述与Ⅷ、Ⅸ、Ⅹ和Ⅺ中的陈述之间的关系。他说："如果法院永远无法被授权去进行裁量……那么他们被授权所倚重的所有理由、规则和原则都是法律的一部分。"[3] 拉兹在这里从谈论法官在事实上是否进行裁量滑落到法官是否有权进行裁量，但我们在上文中已经看到了这为什么是个容易出现的错误。

尽管提到了法官被授权做什么，但此一议题仍然停留在这样一个层面上：是否只要一个案件没有唯一正确判决，法官在事实上就会进行裁量。拉兹列举了这种裁量的三个来源：模糊性、分量与裁量之规定。[4] 任何法律标准都可能包含模糊的语言，原则的相对分量也无法精准锚定，而且大多数法律体系包含着明确授权法官进

---

[1] Joseph Raz, "Legal Principles and the Limits of Law", *Yale Law Journal* 81(1972), p. 845.
[2] Ibid., p. 843.
[3] Ibid., p. 844.
[4] Ibid., p. 846.

行裁量的规定，准许他们诉诸没有法律约束力的理由。拉兹对第三点的想法并不清晰。甚至德沃金也没有质疑"授权"裁量的存在性与合法性问题。如果一项法律明确允许法官进行判断，例如在判刑时，或者使用某种特定的理由去证立一项判决，就很难想见这怎么会有争议。在后一种情形中，人们自然可以质疑拉兹的说法，即理由是超法之物或是没有法律约束力的。困扰拉兹的似乎是可能被引介入的理由的性质。理由可能是模糊的或是分量不定的，但这又把我们拉回了前两点。拉兹似乎认为，对模糊语言的解释与对分量的判断是主观的意见问题。这里没有正确答案，自然也不会有唯一正确判决。因此，我们又回到了这样的观点：只要一个案件没有唯一正确判决，法官就会在事实上进行裁量。拉兹并没有考虑在原则上和实践中存有唯一正确判决之间的区别，可能是因为他不认为这是一个重要的区别。我怀疑他将接受X（b）和XI（b）为真，而将Ⅷ（b）和IX（b）视为是不相关的，即使它们是真的。他致力于将Ⅲ（b）作为X（b）和XI（b）的结果，尽管他可能将Ⅲ（b）视为X（b）和XI（b）的一个理由。拉兹说得并没有充分到让人能够重建对X（b）和XI（b）的论证，但我怀疑他认为它们是由V（b）和Ⅶ（b）这样的主张引起的。无论如何，拉兹清楚地拒绝了Ⅰ（a），接受了Ⅰ（b）。

（三）托马斯·佩里

与拉兹一样，佩里从一个案件是否存在唯一正确判决的角度来理解裁量的议题。然而正如我们所看到的，关于唯一正确判决存在的主张可以以各种方式被诠释。那么，佩里的观点是什么？

佩里采用了一种实用的方法，他反对唯一正确判决仅仅在原则上存在这一观点是无关紧要的。对他而言，唯一正确判决的概念只有在实际可能确定时才有意义。这一立场将佩里引向了司法证立的共识性理论（consensus theory of judicial justification）：

> 如果我们可以说，在与逻辑上得以适用的规范发生冲突的情况下，或者在对相互竞争的哪一个规范能在逻辑上适用存有严重疑问的情况下，只有一种法律上正确的理论与结果，这难道不是因为绝大多数有能力和无私的法律人发现在该案件中，某种来自原则和政策的论证是让人信服的吗？如果我们要在这种情况下谈论唯一正确判决，有能力的法律人的共识概念似乎是必不可少的。[①]
> ……我们所说的唯一正确的评价（evaluation）……只能是指在相关法律领

---

① Thomas D. Perry, "Judicial Method and the Concept of Reasoning", *Ethics* 80(1969), p.5.

域中的所有或大部分有能力和无利益的法律人都同意的评价。总而言之，我们只能通过了解专家们确实或将要同意的该案件的某些特定结果，才能知道涉及冲突或适用存疑的法律标准的案件有一个独特的正确结果。

现在，我认为实际上可以肯定的是，有许多疑难案件并不会有这种共识。如果是这样的话，那么就意味着在这种情况下，不可能有办法确定唯一正确或最佳的判决，且此时即便谈论这种判决也没有什么意义。①

佩里认为，在不存在共识的情况下，法官只能采用"司法视点"（judicial point of view）来作出相应的判决。司法视点要求法官精研案件，密切关注相关的法律标准和具有法律意义的事实，做到不偏不倚，如果存在任何利益冲突，就要主动回避（disqualify himself），并且要真诚地保持理性。②最后一项要求意味着法官"……不是只要他能给出一些在法律上有说服力的论据，就能自由地得出他喜欢的任何结果"，而是"……必须给出他真诚地认为是最好的判决，以及他真诚地认为是他能（able）给出的最好的理由"。③在这种情况下，法律上正确判决的概念只能是指一个判决"并非绝对的不正确"，以及法官符合司法视点的要求。④因此，在不存在共识的情况下，佩里最终得到的是一套司法证立的程序性理论。如果法官在作出裁判时遵循了规定的程序，那么该决定就是得以证立的。

因此，佩里会接受Ⅷ（b）、Ⅸ（b）、Ⅹ（b）和Ⅺ（b），而不认为它们之间有区分的必要。从实际角度来看，这些主张之间的差异并不重要。他将接受Ⅴ（b）作为其立场的一个结果。然而，他不会接受Ⅵ（b）作为任何强意义上"自由选择"的结果，因为司法视点对法官施加了限制，甚至在没有形成共识的情形中也是如此。Ⅶ（b）似乎是作为他接受Ⅰ（b）的一个理由而发挥作用。换句话说，佩里的论证似乎是按照以下思路进行的。有些司法判决事实上是有争议的。佩里说：

> ……我试着让法律专业的学生回答，在许多涉及法律标准尖锐冲突的案件中，或者在案件应根据哪种相互竞争的标准来处理时，是否存在严重的专家意

---

① Thomas D. Perry, "Judicial Method and the Concept of Reasoning", *Ethics* 80(1969), pp. 5–6. 对于佩里的观点，最近的说法参见 Thomas D. Perry, *Moral Reasoning and Truth*, Clarendon Press, 1976, 尤其是第四章。
② Perry, "Judicial Method and the Concept of Reasoning", pp. 8–9.
③ Ibid., p. 9.
④ Ibid.

见分歧。我对他们的答案没有什么怀疑。①

如果一个案件的判决是有争议的，那么在实践中该案件就根本不存在可识别的的唯一正确判决。如果在实践中一个案件没有可识别的唯一正确判决，那么，法官在事实上裁判该案件时就需要进行裁量。

（四）肯特·格林沃尔特

格林沃尔特也采取了实用主义的进路理解司法裁量。格林沃尔特做了两件事情：他批评了一种观点，他将这种观点归于德沃金和萨托里斯，即否认裁量的存在；他提出了对裁量议题的另一种理解，即法官在裁判某些案件时要进行裁量。两者的依据都是对"裁量"一词的"日常"或"通常"用法的诉诸。

格林沃尔特将其所要批评的观点阐述如下：

> 从本质上讲，德沃金和萨托里斯否认法官强意义上的裁量，因为他们说，一位法官总是有义务（duty）去作出依据最为合理的法律理论或在与权威性法律标准最为融贯时才能得出的裁判。两人都认为，在理论上有一个客观的标准，即什么是"最为合理的法理论"或"最为融贯的裁判"，因此这里有一个最终的正确性标准来衡量裁判。②

萨托里斯的观点将在下一部分进行讨论。格林沃尔特在这里归结为德沃金的观点与第三节 A 部分所讨论的并不相同，这是德沃金修订后的观点，而这将在本节 F 部分进行讨论。不过这无伤大雅，因为格林沃尔特忽视了德沃金与萨托里斯捍卫其司法义务的观点。此外，我将不再讨论格林沃尔特对德沃金的诸种批评，因为这些批评根本没有认识到德沃金观点的转变。

格林沃尔特批评德沃金和萨托里斯对司法义务的立场，因为他声称，这与"裁量"一词的日常用法并不一致：

> 德沃金和萨托里斯的方法的根本问题在于，他们只强调尽责的义务和客观

---

① Perry, "Judicial Method and the Concept of Reasoning", p. 6.
② Kent Greenawalt, "Discretion and Judicial Decision: The Elusive Quest for the Fetters that Bind Judges", *Columbia Law Review* 75(1975), p. 367. 最近的讨论可参见 Kent Greenawalt, "Policy, Rights, and Judicial Decision", *Georgia Law Review* 11(1977), pp. 991–1053.

地确定一个判决是否正确的某种标准的可能性。他们得出的结论是这种标准的存在意味着（法官）有义务以正确的方式作出判决，并消除强意义上的裁量。当我们认为检验某项判决是否正确的理由非常复杂，以至于我们无法有把握地说某项判决是否正确时；当我们甚至不知道实际上如何检验正确性时；当我们认为行为人自己没有坚实的基础来选择一种判决而非另一种时；我们通常不会说某人有义务达成某个判决。①

这种批评完全没有击中要害，因为它是针对一个过于简单的论点而展开。格林沃尔特认为德沃金和萨托里斯的论点是，在每一个案件中寻找唯一正确判决的司法义务仅仅来自在原则上每个案件都存在所谓的唯一正确判决。而格林沃尔特的反对意见是，仅仅在理论上存在一个唯一正确判决的可能性，并不足以构成此种司法义务的基础。他认为，这种义务所需要的是确定唯一正确判决有实际可能性。但德沃金和萨托里斯都没有这样论证。正如我们很快就会看到的，他们的论点要复杂得多，也合理得多。

格林沃尔特自己对裁量的理解也依赖于实际的可能性与对日常话语的诉诸：

> ……在日常话语体系之中，裁量的存在取决于那些对决定负责的人所认为的适当的活动范围。它并不取决于决定者凭借在理论上可能存在客观正确答案的标准就自觉地作出最佳决定。自觉决定义务和正确决定的外部标准的存在本身并不足以表明没有裁量空间。对于拥有广泛裁量空间的官员来说，这些条件往往都能满足。在日常话语体系中，如果有一个以上的决定会被负责决定者认为是正确的，而且无论什么外部标准都可能适用；这种情况表明要么决定者无法发现（正确决定），要么待决之问题根本就没有产生明确的答案，那么，此时裁量就存在。如果我对日常话语体系的观察是正确的，就没有充分的理由在描述法律案件中法官的责任时以不同的方式适用"裁量"一词。②

格林沃尔特显然赞同佩里对实践中存在唯一正确判决的强调。然而，我认为他对日常话语和义务概念的诉诸是具有误导性的。格林沃尔特的日常话语论证，不是

---

① Kent Greenawalt, "Discretion and Judicial Decision: The Elusive Quest for the Fetters that Bind Judges", *Columbia Law Review* 75(1975), p. 374.

② Ibid., p. 368.

标准的日常话语类型的论证,因为他没有提供关于普通人、普通法律人或普通法官实际上如何使用"裁量"的经验性依据。当然,这只是我目前的一种猜测,但我认为日常话语对他而言可能并不是指普通人实际上确实说了什么,而是指普通人如果真的理解后应该或应当说的话。下面这段话支持了这样一种诠释:

> 当权威性标准无法对明确答案的浮现产生助益的时候,当法官必须依靠有争议的个人判断去裁决案件的时候,以及当不只一种结果会被广泛认为是对其司法责任的圆满履行时,说法官有责任得出一种结果而不是另外一种结果是没有意义的。就法律而言,他有在两者之间作出裁决的裁量空间。①

请注意,格林沃尔特在这里并没有谈及实际上要如何,而是谈及了怎么样才有意义,也就是说,应该或应当如何。应该说,当唯一正确判决在实际中不存在时,法官就没有义务作出唯一正确判决,因为反过来说就是强加给法官一个做不可能之事的义务。换句话说,格林沃尔特的立场不过是对第二节中讨论的"应当"蕴含着"能够"这一论点的隐微表达。因此,在我看来,格林沃尔特使用"义务"一词的意思不过是表达应当做什么。谈论司法义务就是去谈论法官应当做什么。而德沃金和萨托里斯则是将义务的概念与法官的恰当角色联系起来使用。换句话说,格林沃尔特对司法义务的讨论是在规范层面,而德沃金和萨托里斯的讨论则是在制度层面。

总之,格林沃尔特对司法裁量的理解与上面所考察的观点并无本质区别。他对萨托里斯与后期德沃金立场的讨论及由此生发的批判是错误的,而这可以通过转向对此立场的说明来加以纠正。

(五)罗尔夫·萨托里斯

罗尔夫·萨托里斯将法官是否曾在事实上进行裁量的问题与法官的制度性角色是否曾使他被授权去进行裁量的问题区分得最为清晰。萨托里斯承认,在一些案件中,相互竞争的法律标准是平衡或是具有同等分量的,因此,在这种案件中,没有唯一正确判决,这注定了裁决此种案件的法官必须要进行裁量。质言之,他承认Ⅷ(b)、Ⅸ(b)、Ⅹ(b)和Ⅺ(b)为真。然而,对萨托里斯来说,真正相关的议题其实是法官适当的制度性角色。他说,司法裁量所要争论的问题是"……法官如何

---

① Kent Greenawalt, "Discretion and Judicial Decision: The Elusive Quest for the Fetters that Bind Judges", *Columbia Law Review* 75(1975), p. 378.

看待他们的职责，而不是他们的成就，争论的焦点是制度性角色授予他们权限以明确支持其判决的性质"。① 萨托里斯想说的关键一点是，Ⅷ（b）、Ⅸ（b）、Ⅹ（b）或Ⅺ（b）为真并不意味着Ⅻ（b）或ⅩⅢ（b）为真。换句话说，认可没有唯一正确判决的案件可能存在，并不意味着法官有权将任何特定案件视为允许他进行裁量的案件。这显然与第二节中讨论的"应当"意味着"可能"的说法相矛盾。

萨托里斯主张用以下论据来支持他的观点：

> 即使对司法裁判过程的正确的哲学解释意味着可能会出现一个案件，其中的问题是如此精细地平衡，法官将被授权像没有唯一正确判决存在一样行事。因为除非有某种标准允许法官将一个案件识别为没有唯一正确结果的案件，否则他的制度性角色将迫使他将每一个案件都视作诉讼当事人有权获得此正确裁判的案件。但据我所知，并不存在这样的标准。尽管人们可以描述此种案件是什么样的，……由于在绝大多数案件中都有唯一正确判决，因此缺乏一个识别那些没有唯一正确结果的案件的司法标准，这意味着法官将永远无权将面前的案件视为没有唯一正确结果的案件，因为在所有可能中（in all probability），都不会有唯一正确的结果。换句话说，法律有不确定理论茁生的可能性，这并不意味着在对法官的要求方面有任何相应的不确定。②

为了使这一论证更加清晰，可以用如下方式进行重构：
（1）在大多数案件中，都有一个唯一正确判决。
（2）在某些案件中，没有唯一正确判决。
（3）没有可靠的标准来识别那些其中没有唯一正确判决的案件。
（4）因此，大多数试图识别没有唯一正确判决的案件的努力是错误的。
（5）因此，法官无权将任何特定案件视为不存在唯一正确判决的案件。③

法官的目标是使他作出的正确判决的数量及前提的真实性最大化，这是一个有

---

① Rolf Sartorius, "Social Policy and Judicial Legislation", *American Philosophical Quarterly* 8(1971), p. 159.
② Ibid., pp. 158-159. 对于同一论点的其他陈述，参见 Rolf Sartorius, *Individual Conduct and Social Norms*, Dickenson Pub. Co., 1975, pp. 199-204；"Individual Conduct and Social Norms", *Ethics* 82(1972), pp. 217-218；"The Justification of the Judicial Decision", *Ethics* 78(1968), p. 185；"Review of Gottlieb, The Logic of Chocice", *Harvard Law Review* 82(1969), p. 1792.
③ 这一重构参见我的"The Reliable Criterion Argument and Social Policy", *Social Theory and Practice* 5(1978), p. 78. 在这篇文章中，我对论证的一般形式进行了一些详细分析。

说服力的论点。像本杰明·卡多佐（Benjamin Cardozo）这样杰出的法学家的论证可以被用来支持前提（1）和（2）中所反映的关于有唯一正确判决的案件比例的主张。在他的《司法过程的性质》(*The Nature of the Judicial Process*)一书中，卡多佐法官评论道："在无数诉讼中，法律是如此的清晰，以至于法官根本不需要进行裁量。"① 而有些理论家则接受前提（3）中的主张，即没有唯一正确判决的案件（所谓的"疑难"案件）无法与有唯一正确判决的案件（所谓的"简单"案件）可靠地区分开来。例如尼尔·麦考密克所说："……事实上，在清晰案件与疑难案件之间没有明确的分界线。"② 以及：

> 当然，有一些公开和明确的案件，当我们看到它们时，我们都知道它们。但在从清晰明了的案件到长枪短炮的试探性案件的范围内，没有人能够真正自信地（除非他是个傻瓜）声称能够分辨出清晰案件的终止点和疑难案件的起始点。③

此外，萨托里斯最近指出，不能将"疑难"案件定性为法官需要进行裁量或有争议的案件，即使将所有（all）上诉案件或所有（all）涉及宪法问题的案件都视作"疑难"案件，仍然可以通过贝叶斯定理（Bayes' Theorem）的适用来为此论点辩护。④

关于该论证的另一个值得注意的要点是，萨托里斯明确地将其与一个特定的司

---

① Benjamin Cardozo, *The Nature of the Judicial Process*, Yale University Press, 1921, p. 129.
② MacCormick, *Legal Reasoning and Legal Theory*, p. 197.
③ Ibid., p. 228.
④ Rolf Sartorius, "Bayes Theorem, Hard Cases, and Judicial Discretion", *Georgia Law Review* 11(1977), pp. 1269–1275.
   贝叶斯定理：贝叶斯定理又被称为贝叶斯公式、贝叶斯规则，是概率统计中应用所观察到的现象对有关概率分布的主观判断（即先验概率）进行修正的标准方法。尽管它是一个数学公式，但其原理无需数字也可明了。如果你看到一个人总是做一些好事，则那个人多半会是一个好人。这就是说，当你不能准确知悉一个事物的本质时，你可以依靠与事物特定本质相关的事件出现的多少去判断其本质属性的概率。用数学语言表达就是：支持某项属性的事件发生得愈多，则该属性成立的可能性就愈大。萨托里斯在这篇文章中就是通过此种概率推理的方式来否定司法裁量的必要性。具言之，作者首先审查了疑难案件中没有唯一正确判决的先验概率是多少；其次，又明确了在没有正确判决的情形下，法官正确/错误地裁判案件的概率是多少；再次，得出了被认为没有正确判决的案件事实上真的是没有唯一正确判决的案件类型的后验概率是多少；最后将其概率进行比较发现后验概率小于50%，也就是说，不值得为法官开放裁量的空间，因为那样将会造成更多的错案判决。但这种公式或定理并非万无一失，比如，行为经济学家就发现，人们在决策过程中往往并不遵循贝叶斯规律，而是给予最近发生的事件和最新的经验以更多的权值，在决策和作出判断时过分看重近期的事件。面对复杂而笼统的问题，人们往往走捷径，依据可能性而非概率来决策。这种对经典模型的系统性偏离称为"偏差"。——译者

法证立理论联系起来。在阐述德沃金的"制度性支持"概念时，萨托里斯采用了一种司法证立的融贯性理论：

> ……法官被授权去权衡一项法律标准的唯一相关意义是在于确定什么是德沃金所言的其他既定标准方面的"制度性支持"。任何司法判决都是在整个法律体系的背景下进行的，其中包含了各种相互关联和相互依赖的裁决、规则、原则、政策等。可以说，在任何情况下，法官的义务是作出与他必须使用的全部权威性法律标准最为融贯的判决。在一个特定的案件中，正确的判决是在正式确定的体系内实现与现有标准相融贯的"最佳解决方案"（the best resolution），而不是由一些最高的实质性原则或法官自己的价值安排决定。①

萨托里斯认为，处在如此位置的法官永远不可能说一个案件没有唯一正确判决，因为他需要考虑到这种司法证立的融贯性理论，这相当于说是两个互相竞争的裁决都能够与整个相关法律标准之体系融贯。而在萨托里斯看来，这是一个**在实际上**（practically）根本无法实现的判断。

> 依托于制度性融贯的证立模式明确地将呈体系样态输入的司法判决与庞大而复杂的相互关联之权威性法律标准勾连起来。在转向他自己的价值安排之前，法官必须要证立这样一种主张：综合考虑所有（all）方面，在这个庞大的法律体系中，没有任何东西能够为识别一项判决的正确性提供依据。但这样的主张真的能够被证明吗？②

尽管在理论上（in theory）可能如此，但在实践中（in practice）绝不可能。

这是一个强有力的论据，因为它承认在"事实"层面上存在裁量，但在制度层面上却不承认。此外，人们现在可以观察到为什么Ⅷ、Ⅸ、Ⅹ和Ⅺ之间的区别如此重要。萨托里斯需要唯一正确判决在原则上存在（in principle）（即那些与全部权威性法律标准最为融贯的判决），以使其论证能够成立。如果这样的判决即使在原则上也不存在，那么法官就没什么可寻找的。但萨托里斯还需要司法可谬性（judicial fallibility）的存在才能够使前提（3）成立，且司法可谬性的来源多多益善。因此，

---

① Sartorius, "Social Policy and Judicial Legislation", p. 158.
② Ibid.

唯一正确判决在实践中并不存在，或者在实践中根本无法识别。如果不是这样的话，就可以构建出一个可靠的标准来挑选出唯一正确的判决。而人们越是有理由认为这样一个可靠的（reliable）标准能够被建构且可靠地（reliably）适用，萨托里斯的论证就越是薄弱。总而言之，萨托里斯的观点是对司法证立的理论与实践维度的巧妙综合，它使那些以在实践中不可能总找到以唯一正确判决作为理由来论证司法裁量存在的人反败为胜。

（六）罗纳德·德沃金 II

德沃金针对拉兹就其论点所予之批评的回应是什么？首先，他阐述了其认为的拉兹对其论点的诠释：

> （i）当法官们都同意某套原则是决定性的，他们对某项判决就没有裁量空间；（ii）当有时没有法律规则解决该案时，就是这种情况；（iii）因此，当没有规则解决该案时，法官永远不会有裁量空间。①

德沃金认为这是一个错误的论证，接着便迅速地否认这是自己的本意。重要的一点是，当德沃金试图去解释他的论证是什么时，接下来将发生些什么？他开始谈论司法义务与司法责任了。但是一旦他这样做，他就转移了议题。现在的议题不再是关于法官是否在事实上进行裁量，而是转移到了制度层面。德沃金开始谈论法官有义务做什么，以及法官是否认为他们自己有裁量空间。这并不奇怪，因为即使在德沃金早期的"司法裁量"一文中，他也没有区分这个问题的不同层次。因为他的论文大部分涉及的是法官事实上是否进行裁量的问题，也有一些关于法官义务和适当之司法角色的讨论。② 当然，这表明德沃金本人从未充分阐明过司法裁量此一议题的内涵。

作为对拉兹的回应，德沃金考虑了法官在面对案件时的认识论立场：

> 法官面对疑难裁判时，在他开始研究案件之前，他必须假设原则上有三种可能的结果。在综合考量之后，他必须纳入考量的那些标准可能要求他判决原告胜诉、被告胜诉，或都不要求但都允许。但对第三种可能来说，它与前二者面临的不确定性应该一样；法律可能赋予他作出任何一种判决的、第三种意义

---

① Dworkin, *Taking Rights Seriously*, p. 69.
② Dworkin, "Judicial Discretion", p. 637.

上的裁量空间。但是不是真的这样取决于在综合考量法律材料之后会得到怎样的结果，而这些材料是不是能证立那项结论，和它不能证立其他两项一样，可能同样是不确定的。①

德沃金在后面重申了这一论点，他指出，对一个案件没有正确答案（没有唯一正确判决）的判断与对原告有更好的法律地位（因此正确答案是原告获胜）或被告有更好的法律地位（因此正确答案是被告获胜）的判断具有完全相同的地位。②换句话说，没有正确答案的判断本身就是一个关于该案件的正确答案的判断，它与其他两种可能性一样都有可能是错误的。德沃金在这里提出的观点只是萨托里斯无可靠标准论证中的前提（3）。德沃金是说，法官永远无法确定在一个特定案件或疑难案件中没有唯一正确判决。

正如萨托里斯所说的，③德沃金也承认此论证的其余部分。在讨论法官是否可以得出结论：在一个案件中存在着相互竞争的判决之间平手（tie）的情况，因此该案没有唯一正确答案。德沃金承认这样的判断在一个原始的或不成熟的法律体系中是可能的。他继续说道：

> 但另一方面，假设这些法官操作的法律体系非常先进，还有繁盛的宪法规则与实践，以及浓密的判决先例与制定法，平手的事前可能性就非常低。事实上，可能低到足以证立这项事业的一条更深入的基本规则，这条规则指示法官，将平手排除在他们可能给出的答案范围之外。那项指示并未否认平手案件在理论上的可能性，但它确实假设，就手上的法律材料的复杂性而言，如果法官想得够久也够努力，他们就会认为，在一切考量之下，在边际上，其中的一边论点较佳。如果司法判决中，错误的事前可能性看似大过某个案件确实是平手案件的事前可能性，而且否认法律上平手案件发生的可能性能够定分止争，或在政治上有其他好处，那么这进一步的指示就是理性的。当然，如果法律体系没有复杂到能够证立对这种事前可能性的计算，那么这项指示就不会是理性

---

① Dworkin, *Taking Rights Seriously*, p. 70.
  就文本中所涉德沃金的原文，译者参考了孙健智老师的译文，略有改动，就此可参见朗诺·德沃金：《认真对待权利》，孙健智译，五南图书出版股份有限公司2013年版，第128页。——译者

② Ibid., p. 285.

③ Sartorius, "Bayes Theorem, Hard Cases, and Judicial Discretion", p. 1269.

的，而会是愚蠢的。①

这只是萨托里斯的说法。理论上（in theory）可能存在平手，但由于问题的复杂性，一位法官在实践中（in practice）永远无法得出存在平手的结论。根据不存在平手（有正确答案）和存在平手（无正确答案）的相对概率，法官应该将每个案件都视为不存在平手的案件（有正确答案）。

然而，就各自所接受的司法证立理论而言，萨托里斯的观点和德沃金修正后的观点间存在重要区别。虽说两者都利用了制度支持的概念，但对它的理解不同。德沃金说，为了在一个"疑难"案件中确定唯一正确判决，法官必须构建起"最为合理之法理论"（soundest theory of law），以"证立"现有法律标准之体系。然而，与萨托里斯的观点不同，这并不是一种形式性（formal）的证立理论：

> 如果法理论要为司法义务提供基础，它所提出的原则就必须借由鉴别——在抱持这套理论的法律人看来，事实上支持这些规则的——社群在政治上或道德上的关切与传统，以试着证立（justify）既存规则。证立的过程必然带着法律人深入的政治与道德理论……②

由于德沃金的新论点与萨托里斯相同，所以德沃金也必须接受在原则上存在唯一正确判决的观点。这就意味着，德沃金的司法证立理论要求法官在原则上必须能够评估相互竞争的法理论，并决定哪一个更合理些。那么，唯一正确判决就是来自那个更合理的法理论。他很乐意接受这个结果，因为他说："……既然我拒绝那种裁量的学说……我就认为可以（can）提出有说服力的论据来认定其中一种（法）理论优于别种理论。"③但是，这又使人远离了萨托里斯的形式的制度性支持概念，因为德沃金继续说：

> 但这些论据必须包括规范性政治理论议题的论据，像是社会平等义务的本质，而这会超越实证主义者在判断法律是什么之后，对相关考量所受限制抱持的概念观。制度性支持的判准没有提供任何能用来判定某种法理论最有道理的机械性、历史性或道德中立的基础。事实上，它甚至不允许哪个法律人从他广

---

① Dworkin, *Taking Rights Seriously*, pp. 286–287.（中文版，第 124 页）
② Ibid., p. 67.（中文版，第 124 页）
③ Ibid., p. 68.（中文版，第 125 页）

泛的道德或政治原则中区分出一组法律原则。他的法理论通常几乎包括他所赞同的整组政治或道德原则。事实上，除了被宪法上的考量排除，很难想到哪条社会或政治道德原则，会既在他的社群里流通，被他个人接受，却又在证立法律实体所必要的详尽方案中没有一席之地。①

因此，尽管萨托里斯和被裁减的德沃金之观点都接受 XIII（a）[所以可能同样也接受 XII（a）]，但他们的共同观点终究有不同的基础。

总之，德沃金只有通过转移议题才能逃避拉兹的批评。事实上，他进行了两次转移。在法官是否在事实上进行裁量的层面上，他的理解从裁量是指一项判决是否存在法律上（legal）的理由的理解，转向对裁量是指一个案件是否存在唯一正确判决的理解。接着，因为我认为他意识到自己没有论据来支持他的假说（assumption），即存在某种方法来评估相互竞争的法理论并决定哪种理论更合理，所以他又将整个裁量的议题转移到法官的适当制度性角色的层面。

结　论

从对司法裁量这一议题的分析中可以得出什么总体结论？首先，对"裁量"一词的普遍用法而言，无论是在格林沃尔特的意义上赞成裁量，抑或在德沃金的意义上反对裁量，都是于事无补的。普通意义上的裁量概念本身就是模糊不清的。例如，《牛津英语词典节本》（*The Shorter Oxford English Dictionary*）将"辨别或判断的行为；判断"（第五章）和"决定的自由或权力，或根据自己的判断行事；不受控制的处置权"（第三、第四和第六章，以及第八、第九、第十和第十一章的部分含义）作为该词的用法。有趣的是，法律中使用的"裁量"被定义为"在积极的法律规则所允许的范围内决定惩罚、补救或费用的权力，以及一般地规范程序和行政事务的权力"。然而这又是"授权"的裁量，如前所述，这并不是司法裁量所要争议的内容。但问题是，它可以为"裁量"的大多数含义找到普遍用法的支持。因此，以该术语在日常或法律之外语境的使用方式为依据反复纠缠，必然是没有结果的。

其次，人们需要问此项争议的意义何在？在法官事实上进行裁量的层面中，争

---

① Dworkin, *Taking Rights Seriously*, p. 68.（中文版，第 125 页）

议的解决（如果可能的话）并不会改变法官在事实中的做法。这里的议题并不尽然是事实或经验层面的（尽管我贴了标签）；也就是说，这个层面的议题与法官的实际行为几无联系，而是与如何诠释（interpret）法官在事实上的作为有关。因此，无论人们是否将判断力的使用称为裁量的试炼，法官在裁判案件时都会继续使用判断力。

在我看来，当萨托里斯将这个问题的关键归结为法官的适当角色时，他是正确的。但正如我们所看到的，在这个层面上解决问题的前提是要存在一个有关司法证立的一般性理论。每位理论家都将裁量的存在直接或间接地与唯一正确判决关联起来。然而，为了确定一项判决是否正确，我们需要一个司法判决的证立理论。那些相信裁量存在的理论家通常所采取的做法是，从一个判决有争议论证到没有唯一正确判决，再到裁量的存在。我认为德沃金正确地批评了这种观点。① 而这种论证的根本缺陷在于它建立在一个过分简化的司法证立理论之上。例如，在数学和科学等领域中，人们不会仅仅因为所提出的答案有争议而得出"此问题根本没有正确答案"的结论。那么，法律有什么不同呢？为什么这个论点在法律中成立，而在数学或科学中不能成立呢？不同之处似乎在于，科学和数学中有广为接受的证立理论，但法律中却没有。接受这一论点的人所采用的司法证立理论是非常简单的。该模式的核心就是演绎。将一个案件的相关事实涵摄（subsumed）到一项法律标准之下，从而在逻辑上导出一个判决。这种模式对"简单"案件非常奏效。然而，在遇到"疑难"案件时——有一个以上的相关法律标准（可被适用），或法律标准模糊不清或不确定——此种模式将会崩溃。（那时的）法官只剩下他们如何"平衡"或"权衡"相互竞争之标准以及如何解释一个字或词的直觉。在"疑难"案件中判决是有争议的，因为每个人的直觉不同，被采用的证立模式无法确定哪种直觉会更好，且没有唯一正确判决，所以法官必须进行裁量。有鉴于这种简单化的证立模式，此种争议是没有唯一正确判决的标志，也因此是裁量的标志。

但为什么一定要限制在这样一个简单化的证立模型中呢？就此，德沃金和萨托里斯都提出了更为深入的理论，他们反对裁量论证的成功与否就取决于这种理论的可行性。他们对于"制度性支持"的共同关注是有提示性意义的，但正如我们所观察到的那样，他们对此概念的发展有很大的差异。他们都指向法官在"疑难"案件中一个额外的权威性导引来源，而这个来源被简单化的模式忽视。简单

---

① Dworkin, *Taking Rights Seriously*, ch. 13; Ronald Dworkin, "No Right Answer?" in P. M. S. Hacker and J. Raz (eds.), *Law, Morality, and Society*, Clarendon Press, 1977, pp. 58–84.

化的模式忽视了这一点，因为它将法律标准与法律体系的其他部分隔离开来。（其实），研究一个法律体系的结构和既定标准在此项结构中的位置，甚至能够为一个可以处理"疑难"案件的司法证立理论提供基础。此外，这种司法证立理论的方法已经有了大量的实质性支援，哈特（H. L. A. Hart）将其归功于卡尔·卢埃林（Karl Llewellyn）的讨论：

> ……（他）认为，如果某条法律规则在某一案件中是不确定的，以至于法院根本无法证明其判决是以法律规则为主要前提的三段论（syllogism）严格演绎出的结论，那么法官作出的判决就只能是其不受法律约束的选择。卢埃林抨击了这种说法，他在为司法判决的"庄重风格"（grand style）辩护时，谴责这种假设是一种盲目的错误，即如果一个法律案件的结果不是他所说的"在逻辑上注定的"，它就只能是法官不受控制之意志的产物。因此，面对某一特定法律规则的不确定性，法官并没有霍姆斯所说的"至高无上的选择特权"（sovereign prerogative of choice）可以作为其唯一的求助手段。他并不是一下子就被逼到了立法者的位置，他甚至是一个间歇性立法者（interstitial lawmaker）。会出现他是被逼迫的这样一种错觉的原因是没有适当重视这一事实，即法律裁判不是凭空（in vacuo）进行的，而是以相对完善的规则、原则、标准和价值体系为背景的。就其本身而言，某项法律规定在纸面上的表述可能没有提供确定的导引，但在将该规定作为成员的整个体系中，可能存在着明确或潜在的原则，这些原则如果得到一致的应用，就将产生一个确定的结果。①

哈特在罗斯科·庞德的著作中也发现了同样的方法。他对庞德的观点的总结让人惊讶地想起了德沃金和萨托里斯的论点：

---

① H. L. A. Hart, "American Jurisprudence Through English Eyes: The Nightmare and the Noble Dream", *Georgia Law Review* 11(1977), p. 979. 在卢埃林看来，所谓的庄重风格（"grand style"，又可称为理性形态），主要是指诉诸理性而不是死板地服从前例，用他的话来说，这种风格的实质是"每一个现在的判决都应根据生活智慧来检验"，法律规则也应根据生活智慧加以改造。但同时，庄重风格也要求"认真考虑前例"，但如果它已没有意义，就应经常重新探讨。还应公开研究"政策"。合适的原则必须考虑智慧和秩序。"无论是判例法或制定法，没有理性，就没有规则，法院对制定法的正常任务不仅是阅读法律，而且要根据目的和理性来实施法律。"总之，法院判案，不能仅依靠规则，而且要依靠智慧、理性和环境感。就此参见 Karl Llewellyn, *Jurisprudence: Realism in Theory and Practice*, University of Chicago Press, 1962, p. 217. 中文引介参见沈宗灵：《卢埃林的现实主义法学》，《法学研究》1990 年第 5 期。——译者

> 有什么理由认为必须有一些独特的解决……冲突的办法去等待法官发现，而不是要求他个人作出选择？为了对庞德公平起见，必须说他可能设想了这样的想法：当特定的法律规则用完时，整个体系及其原则和公认的价值将提供一个确定、独特的答案，（也就是说）它不是有关法律体系的字面真理，而是作为法官所必须追求的规范性理想；这个过程呈现了司法判决的有益风格，并对司法选择形成强有力的约束，而不是完全消灭作出此种选择的需求。①

此外，这种方法可以很好地理解在法官头脑和书面意见中都非常重要的一致性和融贯性的要求。② 鉴于这一切，令人惊讶的是这种司法证立方法并没有收获足够多的探讨。这里的理论议题和司法判决的实际后果太重要了，以至于人们不能因为一个直觉主义司法证立理论的存在而高枕无忧。遗憾的是，萨托里斯只提供了一个理论的草图，③ 德沃金也从未解释一个法理论与现有的法律标准之体系间的"证立"关系（到底为何）。而在对司法证立理论进行更多的研究之前，陪审团（jury）必须对司法裁量议题保持足够的关注。

---

① H. L. A. Hart, "American Jurisprudence Through English Eyes: The Nightmare and the Noble Dream", *Georgia Law Review* 11(1977), p. 981.
② 关于这两项要求的讨论，见 MacCormick, *Legal Reasoning and Legal Theory*, chs. VII and VIII。
③ 关于沿着萨托里斯所倡导的路线发展一个形式的、整体的司法证立理论的关键步骤（halting step），可以参见我的"A Holistic Approach to Judicial Justification", *Erkenntnis* 15(1980), pp. 159–181。

何为公司？[*]

——自由主义、儒家主义和社会主义理论下的企业（国家、家庭及人格）

络德睦[**] 著

薛前强　泽让磋[***] 译

把现代西方法律制度归为资本主义意识形态的反映，未免过于简单化。许

---

[*] 作者向阿道夫·A.（Adolf A.）、小伯勒（Berle Jr.）和"资本市场、公司和亚洲世纪研讨会"（Symposium on Capital Markets, the Corporation, and the Asian Century）的组织者邀请他于2013年5月在新南威尔士大学（the University of New South Wales）发表这篇文章表示感谢。同时也非常感谢在法国沃顿商学院（Insead-Wharton）举行的"枫丹白露公司的道德责任"（The Moral Responsibility of Firms at Fontainebleau）会议上，有机会介绍作者的早期观点以及其后续版本。并感谢在赫尔辛基大学举行的"国际劳工标准在中国的实施研讨会"（Implementation of International Labor Standards in the PRC），乔治城大学法律中心的"商业机构斯隆-乔治城项目"（Sloan-Georgetown Project on Business Institutions at Georgetown University Law Center），以及杜克大学法学院的"比较法学方法研讨会"（Comparative Law Method）上各位来宾提出的问题和建议。此外，作者表示特别感谢玛格丽特·布莱尔（Margaret Blair），比尔·布拉顿（Bill Bratton），陈逸峰（音译，Chen Yifeng），唐·克拉克（Don Clarke），大卫·英（David Eng），玛莎·费曼（Martha Fineman），道格·豪兰（Doug Howland），唐·朗格沃特（Don Langevoort），乌拉·柳库宁（Ulla Liukkunen），拉尔夫·迈克尔斯（Ralf Michaels），尼科·豪森（Nico Howson），查克·奥凯利（Chuck O'Kelley），贾斯汀·奥布莱恩（Justin O'Brien），埃里克·奥尔茨（Eric Orts），杰德·拉科夫（Jed Rakoff），克雷格·史密斯（Craig Smith），林恩·斯托特（Lynn Stout）等人。本研究得到了芬兰科学院项目："中国劳工标准实施：法律架构与文化逻辑"（the Academy of Finland's project on Labor Standards Implementation in China: Legal Architecture and Cultural Logic）的部分支持。

[**] 络德睦（Teemu Ruscola），美国埃默里大学法学教授。

[***] 薛前强，中央民族大学法学院讲师。泽让磋，中央民族大学法学院学生。本文系司法部2021年度法治建设与法学理论研究部级科研项目"后疫情时代公司应急治理法律问题研究"（21SFB4050）的阶段性成果。

多现代法律的性质是封建主义的,而不是资本主义的。这无法从社会经济学的角度进行描述。我们需要一个更复杂的分类和描述系统,它将不仅涉及经济和政治形态类型的标准,还涉及哲学、宗教和其他类型的标准。①

——哈罗德·伯曼

契约,这个最贪婪的法律类别,曾想吞噬国家,现在却因为被告知其不能毫无痛苦地消化一家股份公司而感到愤怒。②

——弗雷德里克·梅特兰

一、绪 论

何为公司?一个相对容易却又不正式的回答:它是"人"——一个法人(a legal person)。更实质上的回答是,它是一个道德人,一个人或是一件事,一个生产团队,一套私人契约束,一座城市,一个半自治的国家,一个(世俗)上帝,甚至还可能是一只企鹅(在某种程度上)。③令人惊奇的是,尽管经济因素、政治因素以及社会因素对企业形态至关重要,但是我们通常不会接受一个法律上有疑问的判断——即公司是"人",而去接受另一个公认的理论。在这个范围内,法学学者主要借鉴经济学上的"企业"(firm)来构建公司法理论——亦即属于经济学家保护伞下的"工商企业"(企业)。④

---

① HAROLD J. BERMAN, LAW AND REVOLUTION: THE FORMATION OF THE WESTERN LEGAL TRADITION 557 (1983).

② Frederic W. Maitland, *Introduction* to OTTO GIERKE, POLITICAL THEORIES OF THE MIDDLE AGE xxiv-xxv (Frederic W. Mait land trans., Cambridge Univ. Press 1987).

③ Yochai Benkler, *Coase's Penguin, or, Linux and the Nature of the Firm*, 112 YALE L. J. 3629 (2002); Margaret M. Blair & Lynn A. Stout, *A Team Production Theory of CorporateLaw*, 85 VA. L. REV. 248 (1999); Claire Moore Dickerson, *CorporationsAs Cities: Targeting the Nodes in Overlapping Networks*, 29 J. CORP. L. 533 (2004); Peter A. French, *The Corporation As a Moral Person*, 16 AM. PHIL. Q. 207 (1979); Katsuhito Iwai, *Persons, Things, and Corporations: The Corporate Personality Controversy and Comparative Corporate Governance*, 47 AM. J. COMP. L. 583 (1999); Michael C. Jensen & William H. Meckling, *Theory of the Firm*, 3 J. FIN. ECON. 3056 (1976); Douglas Litowitz, *The Corporation As God*, 30 J. CORP. L. 501 (2005); Daniel Greenwood, *The Semi-Sovereign Corporation* (Utah Legal Studies Paper No. 05-04, 2005), available at http://papers.ssrn.com/sol3/papers.cfm?abstract-id=757315.

④ 在最近对公司经济理论的批评中,埃里克·奥里茨(Eric Orts)坚持认为,这些理论是不充分的,因为它们没有考虑到法律制度。他自己的分析论证了法律在公司组织中的关键作用,这最好被视为跨学科的分析,而不是单纯的法律分析(这是奥里茨方法的优点,而不是缺点)。ERIC W. ORTS, BUSINESS PERSONS: A LEGAL THEORY OF THE FIRM(2013). 虽然公司的经济理论在公司法

在本文中，笔者希望在比较的语境下解读观念上及法律上的企业，紧随英国法律历史学家梅特兰（Frederic Maitland）的脚步，认为公司法是一个来自道德思考与法学边界的主题。① 笔者此举并非质疑经济学原理在分析公司时的效用，而是想要在更为宽泛的概念视域下——如更为普遍的企业经济组织——进行思考，将其嵌入更为宽泛的政治经济语境之中，由此我们将看到任何特定理论在此问题上的效用与边界。②

下面，笔者将勾勒出企业组织三个理想且典型的世界—分别称为自由主义、儒家主义和社会主义。在这个意义上，笔者的自由主义模板是美国，而儒家主义和社会主义政治的理想化概念的来源则分别是晚清帝国和1978年之前尚未开始进行经济改革的中华人民共和国。它们体现了独特的政治和道德经济，能帮助我们更清楚地看到对美国公司法的一些假设。首先，需要声明的是，笔者在这里的目的绝不是提倡或者捍卫下面概述的三个理论中的任何一个，相反，笔者认为，在以公司实体形式来为经济组织辩护方面，每一个理论都会有不合理（显著性）的观念困境。③ 总地来说，它们提供了一系列不同的可能性，具有独特的社会、政治和道德愿景。对企业组织的不同理论进行比较分析可以关注到每种企业的文化特殊性。经济学家通常所说的公司理论实际上是作为公司的自由主义理论，该理论反过来假定市场机构、国家和家庭之间存在特定的劳动分工。从经济学的视角来看，不仅物质类型的机构组织存在路径依赖，甚至我们关于这些机构组织的研究理论同样也会存在路径依赖，忽视所试图分析的现象的历史偶

分析中占主导地位，但笔者不想说它们占据整个领域。Susan J. Stabile, *A Catholic Vision of the Corporation*, 4 SEATTLE J. SOC. JUSTICE 181 (2005); Gunther Teubner, *Enterprise Corporatism : New Industrial Policy and the "Essence" of the Legal Person*, 36 AM. J. COMP. L. 130 (1988); James Boyd White, *How Should We Talk About Corporations? The Languages of Economics and of Citizenship*, 94 YALE L. J. 1416(1985).

① 3 FREDERIC MAITLAND, *Moral Personality and Legal Personality*, in THE COLLECTED PAPERS 304, 304 (H. A. L. Fisher ed. 1911).

② 笔者表示自己绝对不是唯一一个主张建立更广泛的理论框架的学者。HENRY HANSMANN, THE OWNERSHIP OF ENTERPRISE (1996); KATHERINE S. NEWMAN, LAW AND ECONOMIC ORGANIZATION: A COMPARATIVE STUDY OF PREINDUSTRIAL STUDIES (1983). 关于明确比较框架下的广义功能主义方法，参见 REINER H. KRAAKMAN ET AL., THE ANATOMY OF CORPORATE LAW: A COMPARATIVE AND FUNCTIONAL APPROACH (Reiner H. Kraakman et al. eds., 2004)。

③ 在此笔者所使用的公司极简主义定义，借鉴了 SHAW LIVERMORE, EARLY AMERICAN LAND COMPANIES: THEIR INFLUENCE ON CORPORATE DEVELOPMENT (Beard Books 2000) (1939)。在利弗莫尔（Livermore）看来，一个企业只要在独自作为投资者参与企业的个人和作为企业管理者的个人之间实行劳动分工，就具有了"公司"的特征，也就是说，所有权和管理权得以分离。这种情况通常会随着企业规模和复杂性的增加而发生。

然性。

在第二部分，笔者简要概述了自由主义、儒家主义和社会主义的意识形态轮廓；第三部分将验证各个理论的地位以及在各自理论下如何解读经济组织；第四部分分析三种公司组织保持独特的思想拟制以维持它们内部连贯性的一些路径：分别是公司人格拟制，创新亲属关系以及社会主义理想中的"人民"团结；第五部分审议了前述分析对中国国有企业改革的实际意义；第六部分进行总结。

二、意识形态和政治经济

对于国家、市场和家庭之间的关系，自由资本主义、儒家主义的政治理论和社会主义，三者存在何种重要的假设？毋庸置疑，自由主义、儒家主义、社会主义等存在多种类型。笔者试图在下面阐明某种特定类型的自由主义（美国自由资本主义）、儒家主义（晚清帝国的意识形态）和社会主义（中国改革开放之前）的关键术语。我之所以选择此三者，并不是因为这三种思想是意识形态中特别有价值的例子，而是因为这三者代表了各自的时代背景及历史意义。

同样重要的是，鉴于下文的叙述与意识形态有关，所以它们不能与关于它们所提到的任何组织是如何实际运行的描述相混淆。[①] 此外，作为理想的典型结构，它们甚至也不是对各自社会的意识形态的完全准确的历史描述。相反，它们关注各自的某些突出方面，以便于更好地进行比较分析。

（一）自由主义：国家、市场及家庭

社会互动的适当调整方式取决于所要进行调整的互动之性质，这是现代自由国家的一个重要前提。[②] 正如美国所设想的，所有的社会生活都可被分割为自治的领域，以独特的理性相对独立地相互运作——这是一个自洽的管理逻辑。在最高的概括层面进行类型化，存在三个不同的领域：国家的政治领域、市场

[①] 笔者对意识形态的定义是阿尔都塞式的，即代表个人与他们真实存在的条件之间的假想关系。LOUIS ALTHUSSER, *Ideology and Ideological State Apparatuses, in* LENIN AND PHILOSOPHY, AND OTHER ESSAYS 162 (1971).

[②] MICHAEL WALZER, SPHERES OF JUSTICE: A DEFENSE OF PLURALISM AND EQUALITY (1983).

的经济领域和人际亲密关系的剩余领域。① 显而易见，最后的领域边界是最不明确的，甚至描述它的政治和经济词汇也不像其他两个领域那么发达，虽然它包括基于血缘产生的亲密关系及广泛联系，但就目前而言，笔者将其简称为家庭领域。②

每一个领域都有其独特的治理逻辑。国家的政治领域主要是作为一种权威结构组织运行起来的。国家借助对暴力的合法垄断，进而可以从社会中提取资源，并根据政治决定对这些资源进行重新分配。国家有权力命令不情愿的纳税人支付税款，利用土地征用权把居住者从其住宅上赶走，甚至剥夺人的自由或生命。相反，在市场经济领域中，私人行动者之间的资源分配是在协商一致的交换基础上进行的，市场的主要支配逻辑是契约。在理想的情况下，家庭的范围只应该受到最低限度的管制，以便不扰乱巩固家庭的亲密关系。当经济转移发生在所爱的人之间时（比如配偶无偿家务劳动），这样的交易至少在理想情况下被归因于利他主义动机（以劳动换取爱）。故可以这样认为，亲密领域依赖于分享和人际信任而非利己主义的交换。

权力、契约和信任这三大主要逻辑应该相互独立地运作。例如，国家在政治领域行使权力具有必要性和适当性之地位。然而，除非监管对维持不同领域的边界和维护整体系统的完整性至关重要，否则如果把政府权力直接适用于市场，就会变得十分可疑，尤其当监管对象是家庭或者其他亲密关系时便更是如此。同样，把市场的经济逻辑套用在政治领域和亲密关系领域都是不适当的：正如政治选票和婴儿都不应该被售卖。最后，亲密关系领域的治理逻辑或者更为确切地说是一种缺乏理性的逻辑，对爱和信任的依赖也最好保持在其自身的领地之内——即家庭和朋友之

---

① 笔者指出，在这个模式中，现代生活的主要方面之一：文化，似乎完全消失。如果这个词指代的是高雅的文物，我们可能会把它定位在亲密领域，即作为情感体验和主观意义产生的特权场所。在商业化的大众文化形式中，我们可以把它定位在市场和亲密领域的联系中，作为一种商品（在市场中）和一种休闲（在亲密领域中）。然而，我们也可以说，实际上是最广义的文化决定了不同领域之间的边界：在每个领域内运作的逻辑最终是文化逻辑。同样，人们可能会问，公民社会在这幅图中属于什么。如果我们把这一术语定义得如此宽泛，以至它泛指非国家机构，那么它将既存在于市场领域，也存在于私人领域。然而，值得注意的是，"公民社会"一词本身的定义不如"国家"或"经济"那么明确，事实上，我们很难确定它在这个（诚然过于简单）自由模式中的确切位置，这可能告诉我们，公民社会本身的模糊地位，至少在古典自由主义中是这样的。如果我们考虑到宗教地位的变化，模式的历史性就更加明显了。曾几何时，宗教本身肯定是一个主要的社会政治领域，但今天我们把宗教看作是大部分属于亲密体验剩余领域的私人事务。

② 笔者在另一作品中对这三方面模式及其历史发展进行了较长的概述，参见 Teemu Ruskola, *Home Economics: What Is the Difference Between a Family and a Corporation?*, in RETHINKING COMMODIFICATION 324, 335-37 (Martha M. Ertman & Joan C. Williams eds., 2005).

间。对于政治家过于信任是存在风险的，市场上过于便宜、低廉的交易通常也是致命性的，而以上的治理模式可以概括为表1：

表1

	政治领域	经济领域	亲密领域
制度结构	国家	市场	家庭
管理逻辑	权力	契约	信任

需要重申的是，表1勾勒出的是一个意识形态的理想轮廓。没有任何一个国家可以仅仅依靠暴力来进行统治，市场不能在完全缺乏信任的情况下运作，家庭也可以成为战场——经济和物质统治的战场而不是爱和信任的避风港。至少在某种程度上，笔者所提出的这个模型不是要描述自由资本主义在美国（或地球上任何地方）的实际运行情况，而是要捕捉一套重要的自由主义直觉，其由我们大多数人共享，至少在某种程度上是这样。

在表1中，经济企业应身处何处？值得注意的是，尽管公司形式的企业是目前自由资本主义社会中的主要经济参与者，但它们在自由主义经济、政治和法律理论中是一种不稳定的存在。政治和经济领域的范式的主题是个人。即使相较于个人，国家处于权威关系之中，但个人也保留着对国家的某些权利。同样地，在市场上，我们作为个人签订了合同。相比之下，家庭是我们期望摆脱自私的个人动机而与他人聚在一起的地方。但在其中似乎没有公司的位置。一方面，作为一个经济实体，公司似乎是市场中典型的行动者；另一方面，公司显然也是一个集体实体，而市场则是典型的利己主义个体之间互动的舞台。

事实上，公司在很大程度上一直是法律理论家们面临的一个问题，因为我们生活在一个以"人"的角度来思考的法律体系之中。美国法律要如何证明符合自由个人主义的集体实体的存在，一直是一个法理上的难题。如果所有的合法权利和义务都必须由一个人来承担，那么每一个法律行为人都必须是一个人。无论这可能导致什么概念上的武断，但正是这种逻辑产生了公司作为一个人本身的法律虚构，就好像它是一个人一样。

这是一个只有律师（或诗人）才会满意的解决方案。这在理论上几乎是不充分的。历史上，关于公司是否是"真实"的人的形而上学猜想不断涌现。[①] 如今，有许多经济理论可以解释为什么即使在假定的个人主义的市场领域，实际上

---

① Max Radin, *The Endless Problem of Corporate Personality*, 32 COLUM. L. REV. 643 (1932).

也有公司这种集体实体存在。笔者将在第三部分中考虑这些分析及其充分性。然而，首先，让我们将自由主义的一些关键思想前提与儒家主义和社会主义思想进行比较。

（二）儒家主义：自上而下的亲属关系

"儒家"一词就像"自由主义"一样，被用来指广泛的思想和制度。笔者在这里用它来指为科举制度所渗透的晚清帝国末期意识形态的一般特征。① 这种正统的儒家思想形式比它起源的儒家哲学形式更加僵化。同时，晚清帝国的意识形态声明也不能被误认为是儒家的官方政策。下面的重点不是对中国社会曾经存在过的情况的描述；相反，它是对历史上占主导地位的国家意识形态的概述。

也许自由主义和（特定意义上的）儒家世界观之间最显著的区别是，前者寻求将社会生活划分为不同的领域，而儒家的理想规范是统一，即社会生活的方方面面都要受到儒家亲属关系信义逻辑的制约。也就是说，所有的社会生活应该构成一个和谐的整体，由一种父权规范体系来管理，在这个体系中，下级亲属对上级亲属负有服从的义务，而上级亲属则对下级亲属负有照顾的义务。

反映这一观点的，不仅是县官在传统上被称为"父母官"，② 而且整个国家都被定义为一个家庭，皇帝也被称为一种家长。③ 正是因为这个原因，家庭中的不孝行为会受到国家的惩罚：对父权的蔑视必然意味着对国家权力的蔑视，因为两者是单一原则的最终表现。在理想情况下，即使是经济生产，也要尽可能地以尊重儒家亲属关系的信义规范的方式组织起来，即在家庭中进行经济生产。④ 如果在全面总结自由主义的图表中叠加上儒家的规范愿景，它看起来会是这样：

---

① ICHISADA MIYAZAKI, CHINA'S EXAMINATION HELL: THE CIVIL SERVICE EXAMINATIONS OF IMPERIAL CHINA (Conrad Schirokauer trans., Yale Univ. Press 1981) (1976).

② T'UNG-TSU CH'O, LOCAL GOVERNMENT IN CHINA UNDER THE CH'ING 14 (Harvard Univ. Press 1962).

③ 在一个经典的表述中，即"天子是人民的父母，因此就有了帝国的父母"。*The Shoo King, in* 3 THE CHINESE CLASSICS 333 (J. Legge ed. & trans., reprt ed. 1939) (1865). 虽然孔子本人并没有作出明确的"父母-统治者"的类比，但他的追随者孟子做到了，并且孟子的解释成为新儒家正统观念的基础。MENCIUS 1.A. 4, 3. A. 3 (D. C. Lau trans., Penguin Books 1970).

④ Teemu Ruskola, *Conceptualizing Corporations and Kinship: Comparative Law and Development Theory in a Chinese Perspective*, 52 STAN. L. REV. 1599 (2000); DAVID FAURE, CHINA AND CAPITALISM: A HISTORY OF BUSINESS ENTEPRISE IN MODERN CHINA 31-42 (2006); MADELINE ZELIN, THE MERCHANTS OF ZIGONG: INDUSTRIAL ENTRE-PRENEURSHIP IN EARLY MODERN CHINA 113-14 (2005).

表 2

	政治领域	经济领域	亲密领域
制度结构		家庭	
管理逻辑		信任	

简言之，儒家亲属关系的信托结构应适用于政治和经济领域的运作，以及在内在层次上同构这种亲密关系。理想情况下，这是一种自上而下的亲密关系。①

我们已经注意到自由主义理论在解释企业法人形式时遭遇的困境。公司的集体本性对儒学来说不是问题：不言而喻，在道德上集体优位于个人。因此，儒家法律传统中不需要诉诸虚构一个法律人格来证明由人类群体组成的实体之存在。成为人就是要与他人一起存在于一个统一的信义体中。更确切地说，在自私地追求金钱利益的过程中独自行动——像一个经济人一样行动——就是让自己不如他人，或者至少成为一个"小人物"（小人）②。在儒家政治道德本体论中，亲属群体——家庭——是"自然人"，而自我追求的个体则是对亲属规范的一种不自然的背离。③

虽然儒家主义作为晚清帝国的主导思想在适应由集体亲属单位所组成的生产经营方面毫无困难，但它的确给从事经济企业经营的非亲属实体带来了真正的意识形态问题，这将在第三部分进行阐述。

（三）社会主义：全部事物的人民共和国

如果自由主义和儒家主义由于其所承担的主要法律和道德主体的性质，在经济企业的概念化上都存在独特的思想问题，那么社会主义政治和法律理论的一般前提是否更容易适应，社会主义的政治与法律理念是否会更具有解释力？如果说自由主义的问题是把个体置于集体之上，那么儒家主义和社会主义则是认为集体在本体论

---

① 事实上，正如笔者在其他地方观察到的，亲属关系甚至代表了国家间交往的理想模式。TEEMU RUSKOLA, LEGAL ORIENTALISM: CHINA, THE UNITED STATES, AND MODERN LAW 106-107 (2013); Teemu Ruskola, *Raping Like a State*, 57 UCLA L. REV. 1477, 1486-1487 (2000).

② 对于"小人"，参见例如 A. C. GRAHAM, DISPUTERS OF THE TAO: PHILOSOPHICAL ARGUMENT IN ANCIENT CHINA 19-20 (1989)。

③ 笔者指出，这里需要强调的是，虽然作者用"家庭"这个单一术语来描述美国式自由主义、晚清帝国封建儒教以及中华人民共和国的社会主义下的亲属制度，但作者并不是说"家庭"这个词具有超越历史的意义。从定义上讲，若用自由的国家-市场-家庭模式来描述儒家的世界观，则需要在其上强加一套外国框架模式。作者用"家庭"这个词仅仅是指儒家思想中占据社会空间的一套制度，这些社会空间大致类似于自由主义中属于"家庭"的部分。儒家思想将家庭定义为社会组织的普遍原则，而不是与市场和国家对立的原则，这一事实必然标志着这一概念具有根本的不同。在本文中使用"国家"和"市场"时同样需要注意此点。

上优先于个人。当然，这两种意识形态所暗含的集体主体是完全不同的，在儒家政治秩序中，亲属全体是形而上学上唯一"真实"的主体，但在社会主义中则由"人民"扮演这一主体角色。

如果我们将社会主义的意识形态置于"自由国家-市场-家庭"的关系坐标之上，那么社会主义制度看起来将会怎么样？援引弗里德里希·恩格斯（Friedrich Engels）那句令人难忘的话，一旦人们在自由且和平的基础上组织生产关系，国家就会逐渐消失，最终到达归属于它的地方，"在古董博物馆里，在纺车和铜斧旁边"①。毋庸置疑，中华人民共和国（PRC）的政治经济制度及其混合的政治形态在理论上是合理的，因为在最终完全实现共产主义之前，国家都会是人民利益的临时占位者。

然而，除了革命的暴力行为之外，"人民"极少作为单一的主体来行动，从定义上讲，革命的暴力行为无法取代普通的政治行动。在现代中央集权国家中，雅典式的直接民主根本不可能实现，主流是必须采取制度化的形式。在中华人民共和国和苏联，人民代表的首要工具是共产党的领导。事实上，党是唯一低于国家或者与国家平行的合法实体，不仅仅是国家的延伸，还是代表人民的"人民先锋"。虽然党是人民中的一分子，但党比人民更了解人民的利益，因此它行使合法的权力来推进这些利益，即证实了建立以党和国家为代表的"人民民主专政"制度的理由。②

虽然儒家主义和社会主义在使用权威的意识形态——即在加强等级亲属关系规范和促进"人民"利益——上几乎没有太大的区别，但作为理性且典型的秩序，二者都应当坚持一种组织社会生活所有领域的单一逻辑。它不仅存在于党和国家直接以人民的名义行使权力的政治领域，在中央计划的基础之上代表人民作出分配决策的经济领域也同样适用。③

马克思对资产阶级的家庭制度、对国家一样冷漠。他声称家庭是一种代际财富传递工具，应该像父权制度下的"潜在奴隶制"一样被废除。④ 从心理学角度看，

---

① FRIEDRICH ENGELS, THE ORIGIN OF THE FAMILY, PRIVATE PROPERTY, AND THE STATE 232 (Eleanor Burke Leacock ed. & trans., Int'l Press 1972) (1884).
② MAO TSE-TUNG, *On the People's Democratic Dictatorship*, in 4 SELECTED WORKS 411 (Foreign Language Press 1975) (1960).
③ DOROTHY SOLINGER, CHINESE BUSINESS UNDER SOCIALISM (1984).
④ KARL MARX, THE GERMAN IDEOLOGY 52 (Prometheus Books 1998); ENGELS, *supra* note 20.（由于注释保留原文体例，原文采用注释连续编号，但我刊体例采用每页重新编号，故此前注20指本页注释①。——译者）

它偏离了促进所有人的福祉，构成了一个特殊依附的区域。中华人民共和国也从未试图废除家庭，只是在一段时期内，提倡过将同志们的情感重新从家庭转向政治，以有效地敦促他们爱人民多于爱自己的亲人。事实上，时至今日，在中国，甚至家庭计划也被视为国家计划的一个方面，没有什么事情可以或者应该背离家庭本身。[1] 基于这种国家作为人民代表的地位，按照单一的以国家为基础的逻辑组织起来的所有社会生活的意识形态愿景可以总结如下：

表 3

	政治领域	经济领域	亲密领域
制度结构		国家	
管理逻辑		权力	

在社会主义世界观中，"企业理论"是否有立足之地？与儒家主义不同的是，经济企业是一个集体机构，这一事实本身并不是问题。事实上，自1949年以来，中国就投入大量的资源来建立各种各样的大型国有企业（SOEs）。正如第三部分所解释的那样，社会主义之下的企业实体问题是如何确定国家和企业之间的边界。

三、企业组织的三种理论

在勾勒出美国式自由主义、晚清帝国的儒家主义以及中国的社会主义的典型整体形态后，现在是时候更加仔细地审视它们各自偏好的企业组织形式的合理性。在接下来的分析当中，自由主义占据很大一部分（第一部分），社会主义则只有一小部分（第三部分）。企业组织理论的理念就是在自由资本主义的背景下成长起来的。因此，笔者将在下文的研究中延伸大量自由主义项下的企业组织理论文献。社会主义以国家的意识形态为背景，对于企业组织也有自己的分析：不承认独立于国家的企业的政治合法性。至于后期的儒家主义（第二部分），还从来没有一个专门的经济学家致力于从该理论来分析企业。然而，根据笔者在其他地方更加详尽的分析，笔者认为伴随着亲属群体为企业组织化提供范式，儒家主义实际上确实有我们可以称之为"功能性"的企业理论。

---

[1] Population and Family Planning Law (promulgated by Standing Comm. Nat'l People's Cong., Dec. 29, 2001, effective Sept. 1, 2002) (China).

(一) 自由主义：企业的经济理论

法律称公司为"人"，但是却并不一定如此。国家和个人是现代法律世界中不可挑战的主角，我们把它们的存在当作既定事实。相反，公司等经济实体却占据了国家和个人之间模糊的中间地带。如霍布斯赤裸裸地指出的那样，国家内部的公司就像自然人内脏中的蠕虫。① 接纳它们存在的两种"简单"方式是将它们同化为国家，这是社会主义倾向的解决方案；或者将它们压缩为个人群体，这肯定了自由个人主义的前提（下面第二部分将分析儒家独特的解决方案）。

首先，转向谈及自由主义的解决方案。正如笔者已经指出的，重要的是，目前没有一个关于公司本身的"法律"理论，除了一个深刻但最终毫无指导意义的结论——公司是法律上的人。主导法律学术的理论主要是经济理论而不是法律理论。笔者将简要地讨论其中两种经济理论：新古典主义和制度主义理论。

新古典主义公司理论以方法论个人主义为前提得出其逻辑结论，坚持认为"公司"这个术语只是在合资企业中众多个体参与者之间的"契约联系"的简称。② 在那里实际上没有任何主体。公司法只是一套填补性的条款：缺省性条款，即当个人在集体经济活动（任务）中未能就完整的协议进行谈判时所适用的条款。这是一种简洁的，甚至是优雅的解决方案。值得注意的是，该理论很难解释公司法的各个方面，尤其是那些实际上带有强制性的规则，这些规则不受个人合同的约束。该理论将公司法的强制性规则合理化，即代表当事人将签订的"假设合同"，只要他们有机会掌握所有必要的信息。③

相比之下，制度经济学家试图分析公司的实际存在，即公司是协调经济活动的机构而不是离散的契约网络。制度主义者鉴于信息不对称或者其他高交易成本使得在事前协议成本过高或者不可能的情况下，对法律虚构或者假设的合同持中间立场。在制度主义者看来，这个问题有两个主要的解决方案，以信任或者权威而不是用契约来组织生产关系。④

信任是一种更简单、最便宜的解决方案。互相信任的人不需要花费时间和精力

---

① THOMAS HOBBES, LEVIATHAN 375 (Penguin 1968) (1651) (original spelling).
② 现代新古典主义企业理论的经典作品是 Jensen & Meckling, *supra* note 3。（由于注释保留原文体例，原文采用注释连续编号，但我刊体例采用每页重新编号，故此前注3指第269页注释③。——译者）
③ 这里的构想遵循了新古典经济理论在公司法分析中最广泛的应用，参见 FRANK H. EASTERBROOK & DANIEL R. FISCHEL, ECONOMIC STRUCTURE OF CORPORATE LAW (1996)。
④ 对公司的制度主义的分析存在大量的分支，总地来说都借鉴于罗纳德·科斯（Ronald Coase）的开创性著作。Ronald Coase, *The Nature of the Firm*, reprinted in R. H. COASE, THE FIRM, THE MARKET, AND THE LAW 33 (1988).

去谈判复杂的合同和监控彼此的表现。虽然信任是解决合同中高交易成本最有效的解决方案，但它也是最脆弱和最难以捉摸的。找到一个实际上可以信任的人并不容易，往往局限为家人和亲密朋友。虽然制度主义者认识到信任的存在和重要性，但当它确实存在时，他们往往又很难解释它。奥利弗·威廉姆森认为，人们相互信任是因为它"有回报"。然而，威廉姆森所假设的那种"计算性信任"[1]却相当违反直觉，甚至与一般意义上的信任完全相反。

雇佣工人和支付佣金代表了一种基于权威的解决方案。如果一个企业家不能事先准确地预测他需要什么以及什么时候需要，他就无法与外部供应商就他所需要的投入而签订多重合同。正如不是每个人都可以信任，也不是所有事情都可以外包。在这种情况下，企业家会雇佣员工直接在管理层的监管下工作，并且他也知道在此期间他有权在（劳动法）规定的范围内直接地控制员工。肯尼斯·阿罗将雇佣合同描述为员工出售他的"服从权威意愿"，因此"被买卖的不是一个明确的客观事物，而是一种个人关系"。[2]在这方面，劳动合同显然不同于作为市场交易的其他合同，而是具有本质上区别的一种权威结构。对于制度经济学家来说，公司和其他类似的商业组织显然不仅仅是契约联系，甚至在更广泛的契约网中，整个市场就是契约。相反，它们是在一个水平组织的市场中的垂直结构的等级体系。在一些重要意义上，它们不是市场的延伸而是市场的对立面。[3]

上述分析的亮点在于自由国家的政治经济，值得注意的是，它使用信任和权威来解释生产经济的单位，实际上借用了两个非经济社会领域的逻辑，即在信任情况下的家庭逻辑以及在权威情况下的国家逻辑。可以肯定的是（暂且把信任放在一边），当制度经济学家区分市场的水平结构和垂直组织的等级结构时，他们想到的是经济阶层而不是政治阶层。然而，作为一种权威机构，企业确实依赖于典型的国家逻辑，即用命令的权力来解释生产组织。作为一种小型国家，公司实际上是一种小规模的计划经济，在这种经济中，生产要素是通过法令分配的。[4]

值得注意的是，现代商业企业行使权力的机构本身的结构也是像国家一样的。现代中央集权国家的关键属性之一不仅包括它垄断行使合法暴力，还包括对其权力

---

[1] Oliver E. Williamson, *Calculativeness, Trust, and Economic Organization*, 36 J. L. & ECON. 453, 466 (1993).

[2] KENNETH ARROW, THE LIMITS OF ORGANIZATION 25, 64 (1974) (emphasis added).

[3] OLIVER E. WILLIAMSON, MARKETS AND HIERARCHIES: ANALYSIS AND ANTITRUST IMPLICATIONS (1983).

[4] ALFRED D. CHANDLER, JR., THE VISIBLE HAND: THE MANAGERIAL REVOLUTION IN AMERICAN BUSINESS (1977).

结构的正式合理化。[1] 权力的集中和合理化同时进行同样也是现代管理公司的一个显著特征，即使是私人公司，也是通过私人官僚机构来进行管理的。同样，当新古典主义有效地将公司简化为一套契约时，制度经济学家则借用国家的政治逻辑来解释，而不是简单地将现代公司解释为一种制度化的权力结构。

此外，商事企业（企业法人）是一种混合制度，它不仅体现了契约的经济逻辑和权力的政治逻辑，而且还包含了家庭的信托逻辑要素。考虑到公司法中所谓的"代理问题"，原则上，股东是公司的委托人，经理是他们的代理人，后者有责任为委托人的利益而不是自己的利益去管理公司。由此产生的代理问题是：在现代企业法人的所有权与经营权分离的情况下，股东如何有效地监督管理者？[2]

事实上，"代理问题"一词是一种法律上的误称，是从经济话语中借鉴而来。从法律意义上来讲，股东不是经理的委托人，因为他们不符合法定代理的定义的核心部分，即委托人对代理人的控制。事实上，代理问题的产生正是由于股东对管理者缺乏控制。[3] 相反，"经理-雇员"关系是一种"委托-代理"关系（因为经理对雇员有直接的权力），在这种关系中，股东不能简单地按照他们的意愿进行管理。相反，他们的追索权是投票罢免经理，而公司的日常经营权还是掌握在经理自己手中。

尽管如此，要求股东仅仅信任经理未免太过天真。换句话说，就股东和经理的关系而言，自由国家的三个主要运作逻辑似乎都不能够满足，亦即契约（市场逻辑）、权威（政治领域逻辑）以及信任（亲密关系领域）三者都不成立。公司法通过设立经理的信义义务来寻求实现公司的整体利益，从而使其进入真空状态。这种法律关系可以被视为一种建立或者至少在法律上模仿信任关系的尝试，但此种信任关系在社会学或者心理学方面是不存在的。在一种重要的意义上，这是一种将私人领域的操作移植到公司上的努力。从宏观角度看，在公司中看到的是自由主义的三种主要逻辑的汇合，以不同的形式在同一场所相遇，而不是停留在不同的领域。

---

[1] 2 MAX WEBER, ECONOMY AND SOCIETY ch. XI (Guenther Roth & Claus Wittich eds., 1968).

[2] 关于代理问题的经典陈述参见 ADOLF A. BERLE & GARDINER MEANS, THE MODERN CORPORATION AND PRIVATE PROPERTY (1932).

[3] 林恩·斯托特（LYNN STOUT）强调一个经常被忽略的观点，参见 LYNN STOUT, THE SHAREHOLDER VALUE MYTH: How PUTTING SHAREHOLDERS FIRST HARMS INVESTORS, CORPORATIONS, AND THE PUBLIC (2012)；也可参见 ORTS, *supra* note 4, at 60。（由于注释保留原文体例，原文采用注释连续编号，但我刊体例采用每页重新编号，故此前注 4 指第 269 页注释④。——译者）

（二）儒家主义：公司的亲属关系理论

在分析了自由政治理论和美国公司法理学的一些问题之后，让我们转向商事企业在儒家政治理论中的地位。与自由理论相反，对于儒家理论来说集体性质的公司实体不是一个问题，就像笔者已经指出的那样，集体在道德上优先于个体这是儒家公认的理念。相反，从历史上看，中国商事企业主要的意识形态问题是儒家官方的抑商态度及其理论上（尽管是典型的但不是实际上的）对追求利益的对抗。从儒家的道德前提出发，唯一合法的集体是亲属群体，一个人不应该利用自己的亲属。从历史上看，中国的团体组织花了大部分精力为国家（以及他们自己）、为一种实际上是以牺牲他人为代价而寻求利润的实体辩护。

这种意识形态上的亲属关系取向，至少有一个长期的学术传统可以追溯到马克斯·韦伯，他认为资本主义在中国没有独立发展的一个重要原因是缺乏西方法律传统意义上的公司。[1] 也就是说，在缺乏公司作为一个法律虚构的人的情况之下，大多数中国企业默认只是家族企业，业务范围必然有限，很少存活几代人以上。正如笔者在其他地方详尽描述的那样，在许多中国"家族"企业中，亲属关系的概念实际上不过是一种虚构，即用来证明笔者所谓的"宗族公司"的存在，就像美国企业的人格是一种法律虚构一样。在儒家政体中，一个被视为亲属群体的实体受到国家的承认，能够激励非亲属实体把自己当作建立在亲属关系之上的群体。[2]

简言之，从什么意义上来说宗族公司中的亲属关系是虚构的？中国的亲属习惯用语包含并经常用于比喻非亲属关系，以认识和培养亲密和信任的关系。然而，许多晚清帝国的宗族企业将亲属关系延伸得远远超出了通常使用的范围。虚构公司亲属关系的最突出的例子是两个或者多个宗族的合法"合并"。由于中国大概只有四百多个常用姓氏，在同一地方不相关的家庭有着相同的姓氏是很常见的。如果这样的企业想要集中他们的资金来建立一个新的企业，他们就需要追溯到一个逝世很久的祖先，然后双方开始为此祭祀，以此来结合他们的家谱。随后，"新"氏族将起草一份详细的合同，来确定如何经营合资企业。除了以氏族的名义履行祭奠职责

---

[1] 对于这些特征存在一个长期的争论，参见 Ruskola, *supra* note 16, at 1613-16.（由于注释保留原文体例，原文采用注释连续编号，但我刊体例采用每页重新编号，故此前注 16 指第 274 页注释④。——译者）

[2] 本节其余部分的叙述借鉴了一个更扩展的论点，*id.* at 1619-59, and RUSKOLA, *supra* note 17, at 60-107. 需要指出的是，笔者并不是说所有的中国企业都是以"氏族企业"的形式组织起来的，它们只是构成了一种具有最大合法性和法律承认的意识形态特权形式。从事各种业务和生产活动的其他企业组织形式，包括行会、修道院和多种商人网络。Ruskola, *supra* note 16, at 1633-34 n. 116.（由于注释保留原文体例，原文采用注释连续编号，但我刊体例采用每页重新编号，故此前注 17 指第 275 页注释①、此前注 16 指第 274 页注释④。——译者）

以外，这些合同通常还包括如何管理祖传信托资产的规范，如何选择全职管理人员及其职责，如何保存账簿和选择审计人员等。本质上，合同以信托指示的形式发挥公司章程的作用。事实上，双方通常会把合同交给地方法官，由地方法官盖章并统一执行合同条款，从而赋予其明确的法律效力。

收养是调整亲属关系的另一种契约方式。有个别氏族收养多达三百多名成员的例子。实际上，无法负担人力资本的贫穷家庭最终会把人力资本卖给富有的宗族公司。这些合同的经济效益是显而易见的，收养契约规定了应支付的价格，卖方则保证所有权（通过表示被收养人未被绑架或通过其他非法方式获得）并且保证如果被收养人随后发生什么事情，卖方将不再负责。同样，妻和妾室也以各种方式在市场上被交易，作为生产和生育工具。因此也需要一份书面契约，来规定包括聘礼在内的交易经济条件。

以儒家亲情形式组织的经济实体的效用并不局限于获得国家承认。由于宗族公司在法律上具有氏族的"自然人格"，其实际上由家庭法支配，这反过来又提供了一种所有权与管理权分离的公司治理模式。也就是说，在儒家亲属关系的治理规范下，一个宗族企业的所有财产都由作为一个整体的亲属集团所拥有，并且由年长成员管理。与此同时，至少在儒家理论上而言，年长成员作为管理者，有义务关心下属。从概念上讲，儒家的家事法反映了现代美国公司法的结构，即经理人有权经营公司，并且负有为公司整体利益而经营公司的受托义务。

简言之，在儒家的企业理论中，氏族是最受青睐的理论（事实上这也是一切理论）。即使是非亲属实体在追求利益时，也经常诉诸虚构的亲属关系，来使得自己在法律上被承认，在政治上具有合法性。

（三）社会主义：公司的政治理论

正统的社会主义观点在提出一个连贯一致的公司理论时遇到的困难并不比美国自由主义观点少，但在原因方面二者却截然相反。社会主义公司理论的概念化困境并不是来源于极端个人主义，而是来自与之截然不同的集体主义。最终，这两种假设都没有给公司的完整性留下足够的空间，集体主义的假设乍一看似乎更适合公司，毕竟它们是集体性的实体。然而，问题产生于这样一个事实，即在社会主义的愿景中，最终只有一个合法的集体实体——人民，是否维护人民利益是合法性与否的标准（维护人民的利益是合法性的最高以及最终的裁决者）。

如前所述，最初的社会主义愿景甚至希望废除家庭，尽管这一目标已被表明在实践中难以实现。尽管这在经济领域是很难废除的，但是也必须组织起来，以促进全体人民的利益。因此，最符合要求的社会主义企业形式就是国有企业（SOE），或者更为确切地说是"全民所有制工业企业"。在中国，国有企业的所有权形式是在法律上定义的。[1]

然而，重要的是，在计划经济中，即使是国企也几乎没有组织完整性，也就是公司律师所说的法律人格。归根结底，国有企业只不过是更大的国民经济中的一个行政单位，这在更大的集体利益的计算中被视为一种光荣的会计处理惯例。社会主义的企业组织理论最终只能容纳一个企业，用资本主义的说法来说就是"人民有限责任公司"（People，Inc），甚至最大的国有企业也仅仅是这一母公司的一部分。

四、经济理论与法律拟制

我们应该如何看待对不同经济企业概念化方式的比较考察，以及对它们所构成更大的规范体系的内部一致性所提出的不同类型问题？有一件事似乎证明了为达到意识形态的纯洁性，无论是企业人格的意识形态虚构，还是对亲属关系的捏造，更甚者对"人民"社会主义理想的渴望，我们所考虑的自由主义、儒家主义以及社会主义理论都诉诸虚构拟制。

生活不会屈服于意识形态，希望保持政治、经济和亲密领域的完整性的自由渴望，即使可能但也很难实现。与其试图用经济术语来解释公司中权威和信任关系的存在，不如简单地用政治和心理学的另一种模式来分析它们。[2] 事实上，在创造和维护市场的过程中，国家必须密切地参与其中。[3] 与此同时，即使以有组织暴力的垄断形式行使权威是国家区别于其他国家机构的地方，但是通过"社会契约"

---

[1] Industrial Enterprises Owned by the Whole People Law (promulgated by Standing Comm. Nat'l People's Cong., Apr. 13, 1988, effective Aug. 1, 1988) (China).

[2] 事实上，许多学者正在这样做。关于政治分析，参见例如 MARK J. ROE, STRONG MANAGERS, WEAK OWNERS: THE POLITICAL ROOTS OF AMERICAN CORPORATE FINANCE (Princeton Univ. Press 1994); David Ciepley, *Beyond Public and Private: Toward a Political Theory of the Corporation,* 107 AM. POL. Sci. REV. 139 (2013); John Pound, *The Rise of the Political Model of Corporate Governance and Corporate Control,* 68 N. Y. U. L. REV. 1003 (1993). 同样，整个行为经济学领域都在寻求将心理学的见解纳入经济分析。

[3] 这种见解至少和法律现实主义一样古老。BARBARA H. FRIED, THE PROGRESSIVE ASSAULT ON LAISSEZ-FAIRE: ROBERT HALE AND THE FIRST LAW AND ECONOMICS MOVEMENT (Harvard Univ. Press 1998).

（social contract）的隐喻性预测，我们甚至可以以契约互惠为基础，从而为国家辩护，这在意识形态上具有重大意义。然而，如果社会契约仅仅以个人利益为支撑，来避免短暂、肮脏和野蛮的生活，那么这样的社会契约不可持续。信任是必不可少的，从历史上来看，家庭的范围在构成上同样是多元的，就连一个孩子都知道，家庭不仅仅是从未改变的信任天堂，也是一个权威的机构，在这里父母对未成年的孩子进行控制（即约翰·洛克所说的父权管辖权）。① 同样重要的是，女权主义理论家们就政治和个人之间的区别提出挑战。国家在规范家庭方面的参与不亚于它在维护市场方面的参与。② 最后，亲密领域也是一个永无止境的谈判领域，在那里同样会进行谈判和促成谈判。③

如果说自由主义的困难在于维持权威、契约以及信任逻辑之间的分离，那么儒家共同体的问题则在于不可能使得生活符合单一的信任逻辑。晚清帝国主义和儒家家族对权威的依赖（理论上的）与对自我执行的信任逻辑的依赖一样多，这并不令人意外。与此同时，正如我们所看到的那样，作为被亲属信托规范整合在一起的自然单位，即使一个表面上正直的宗族企业也可能是一个"契约的联结"，亦即一种自愿的契约。

生活也同样可以用社会主义理论来解读。中国社会大型国有企业的工作单位可能是最接近社会主义实际所要实现的愿景。从历史上来看，它不仅仅是一个工作场所，还是一个从摇篮到坟墓的福利体系，有终身的工作保障、住房、儿童保育、学校、医院和退休福利。换句话说，它同时是国家的一个部门、一个经济单位、一个家庭。即使在社会主义体制下，单一的国家逻辑也不可能简单地取代相互竞争的经济逻辑和家庭逻辑。④

---

① JOHN LOCKE, THE SECOND TREATISE ON CIVIL GOVERNMENT 7, 38-39 (1986). 可以肯定的是，当洛克（Locke）使用政治类比来分析家庭关系时，他绝对不是想暗示家长制和政治权威是相同的。GORDON J. SCHOCHET, PATRIARCHALISM IN POLITICAL THOUGHT: THE AUTHORITARIAN FAMILY AND POLITICAL ATTITUDES ESPECIALLY IN SEVENTEENTH-CENTURY ENGLAND 245 (1988).

② CAROLE PATEMAN, THE SEXUAL CONTRACT (1988).

③ GARY S. BECKER, A TREATISE ON THE FAMILY (Harvard Univ. Press 1981). 对于交易成本经济学在家庭中的应用，即家庭是亲密领域的中心机构，并不一定局限于家庭，参见 ROBERT C. ELLICKSON, THE HOUSEHOLD: INFORMAL ORDER AROUND THE HEARTH (2008). 关于住宅社区公司化的分析，参见 NANCY L. ROSENBLUM, Corporate Culture and Community at Home, in MEMBERSHIP AND MORALS: THE USES OF PLURALISM IN AMERICA 112 (1998).

④ ANDREW WALDER, COMMUNIST NEO-TRADITIONALISM: WORK AND AUTHORITY IN CHINESE INDUSTRY (1988).

一个重要的结论是，我们在经济和法律分析中通常提到的企业理论，应该被称为自由理论，而不是普遍理论。这并不是要质疑这一理论，只是要点出它所作出的假设。我们的企业经济理论对关于美国的企业和法律政治系统确实有重要的解释力。然而，当我们转而分析植根于不同政治和道德经济中的其他法律体系时，就将意识到了解这些假设是至关重要的，因为它们可能阻碍分析，也可能有助于分析。

作为法律现实主义的继承者，法律和经济帮助我们将公司变为一个法律实体。这一观点与 19 世纪末的"实体理论"理论家的观点形成鲜明对比，后者认为公司实际上是一种超人（super person），本身就是一个形而上的实体，先于法律而存在，主要任务仅仅是宣布其社会存在。[1] 经济学家通过将争论降低到普通人的水平，帮助我们解开争论的神秘面纱。尽管我们把公司人格视为一种法律拟制，但就连公司律师都常常把公司具体化，说得好像它们确实是具有主观目的的个体行动者。无论其概念上的困难是什么，即使是对契约关系的分析也使得公司作为一个实体非自然化，并提醒我们公司本身什么也做不了，只能通过它的代理人来行动。最终，只有自然人才能签署合同、犯罪或解雇他人。

因此，经济分析的一个显著的优点就是将公司和其他形式的经济企业分解为一个单一的实体。然而，在这种分解当中，个体的人就成为物理学中最小的亚原子粒子的法律等价物，也就是说它们是系统的法律基础，是不能进一步分解的基本单位。尽管浪漫主义对形而上的"真正公司"的依恋已成为历史，但我们的分析仍然致力于"人"的范畴，这是自由个人主义的意识形态前提。也就是说，我们依旧坚持启蒙思想，即个人是一个连贯的、自我同一性的自由主体，即使这个主体在 20 世纪的哲学、心理学以及政治领域都受到了质疑。[2]

虽然对于自由资本主义而言，这仍旧可能是一个相对没有问题的假设，但它显然不是儒家或者社会主义世界观所认同的。因为在前述二者的世界观中，"真正的"主体分别是亲属群体和人民。就像经济学家严密地将个人主义倾向于把个体行为人归化到一种本体论范畴中，而不仅仅是一种方法论的假设，因此律师也习惯生活在一个（在民法术语中）只存在"人""事""行为"的世界之中。律师的"人"又可以分为"法人"和"自然人"，后者似乎是一个自然的范畴，相当于经济学家

---

[1] Mark M. Hager, *Bodies Politic: The Progressive History of Organizational 'Real Entity' Theory*, 50 U. PITT. L. REV. 575, 576 (1989).

[2] 挑战者从精神分析到后结构主义，再到分析哲学。SIGMUND FREUD, A GENERAL INTRODUCTION TO PSYCHOANALYSIS (Joan Riviere trans., Wash. Square Press 1968) (1924); MICHEL FOUCAULT, THE ORDER OF THINGS: THE ARCHAEOLOGY OF THE HUMAN SCIENCES (1970); DEREK PARFIT, REASONS AND PERSONS (1984).

的"个人"。然而，法律永远不能简单地描述一个超越法律或政治的现实。它不能超越自身去观察自然，因为"自然的"人并不比"不自然的"人多。虽然法律理论学家断言"唯一的自然人是人"，即使律师的"自然人"最终也是一个法律分类。[1] 正如汉斯·凯尔森指出的，即使是所谓的自然人，也是一种人为构建，因此实际上也只是一个法理上的人。[2]

这并不是要否认我们生来就具有与所处的环境相区别的身体。虽然可以清楚地知道我们的身体标志着"自然"自我的边界，但这一事实的存在或者其政治意义是什么，却远远不清楚。从自由主义的观点来看（脱胎于笛卡尔的从自我到世界，从主观到客观的对立观点），身体确实是将自我与世界和他人分隔开来的东西。然而，在儒家主义的观点中，身体是连接自我与他人以及周围世界的纽带。身体并不属于我们（鉴于到目前为止还没有人生下自己），我们都是一个更大的身体的一部分，将死者、生者和未出生者连接在一个代际实体当中。[3] 在社会主义的理解中，分析的基本范畴是政治集团，亦即由阶级纽带联合起来的工人。从这个更广泛的角度考虑，我们可能会说，经济分析通常会用自由个人主义这样一个较小的拟制来代替一个像法人人格一样较大的拟制。我们作为人类的"真正"本质是个性还是与他人的联系，这是一个至关重要的关于存在的主要问题，甚至在北大西洋世界也存在争议，更不用说跨越更大的文化鸿沟了，而且这个问题似乎不太可能有最终答案。

大约40年前，当贝叶斯·曼宁调查公司法领域时，他遗憾地指出，"规则，词汇，继承的符号都出了问题"。作为回应，他敦促我们超越"诗意"的隐喻。[4] 遗憾的是，我们别无选择，只能用隐喻来思考，有些可能比其他更贴切，但没有一个是简单的对或错、真或假。"公司"的概念没有跨历史性的意义，也没有一种正确的经济企业分析方法。实际上，从阿道夫·伯利和加德纳·米恩斯将现代公司的所有制视为社会化财产的方式来看，我们关于公司的概念是非常具有弹性的，因此美国在向一种更共产主义的所有制形式迈进。[5] 法律人类学家布罗尼斯瓦夫·马利诺

---

[1] David P. Derham, *Theories of Legal Personality*, in LEGAL PERSONALITY AND POLITICAL PLURALISM 1, 9 (Leicester C. Webb ed., Melbourne Univ. Press 1958) (Austl.).

[2] HANS KELSEN, THE PURE THEORY OF LAW 172 (Max Knight trans., Univ. Cal. Press 1970) (1967).

[3] 关于人类主体的自由主义观点和儒家观点的比较，参见 David L. Eng, Teemu Ruskola & Shuang Shen, *Introduction: China and the Human*, 29 SOCIAL TEXT, Winter 2012, at 1。

[4] Bayless Manning, *Corporate Power and Individual Freedom: Some General Analysis and Particular Reservations*, 55 Nw. U. L. REV. 38, 51 (1960).

[5] BERLE & MEANS, *supra* note 34.（由于注释保留原文体例，原文采用注释连续编号，但我刊体例采用每页重新编号，故此前注 34 指第 280 页注释②。——译者）卡尔·马克思（Karl Marx）本人就预见到了公司的作用。参见 III KARL MARX, CAPITAL (1984)；也可参见 WILLIAM G. ROY, SOCIALIZING CAPITAL: THE RISE OF THE LARGE INDUSTRIAL CORPORATION IN AMERICA (1997).

夫斯基（Bronislaw Malinowski）在他对美拉尼西亚岛民和特罗布里恩德人的人种志研究中，甚至把一群驾驶独木舟的渔民诗意地比作"股份公司"。① 经济企业最好被认为是个人自愿组成的协会，类似于家庭，还是要符合国家的逻辑，这些都是非常重要的问题。由此推论的问题是，家庭在多大程度上是一个公共机构，并由此受到国家权力的适当约束，以及国家本身最好是选择性的亲属关系和情感归属——或者只是一个巨大的计算器，通过选举民主来聚合民众的个人偏好。②

不过，这些问题的答案至少是不能从法律形式中推断出来的。美国的法律体系倾向于自治个体之间的特权交易（合同习惯合法化），而儒家主义和中国的社会主义都倾向于依赖社区成员之间的信任（家庭或人民的习惯合法化）。如果我们从个人作为基础单位开始，私人经济活动就显得很自然，而政治机构则需要（例如根据"社会契约"）被解释和证明。相反，如果我们从相反的假设开始，将集体视为基本单位，问题就变成了为什么以及什么时候应该允许个体行为者在没有道德监督和政治审查的情况下控制大量集中的经济资源——这是一个对晚清帝国和中华人民共和国而言都受到相当关注的问题。无论我们是适用社会、经济和政治组织中的个人模式，还是更偏爱家庭或国家模式，重要的是要认识到，选择本身最终反映了选择者意识形态的偏好。无论选择哪种模式，都不能将这种选择与本体论的发现相混淆。

五、什么是"公司自治"？

认识到企业组织作为更大的政治经济体系的一部分的必要性，不仅具有纯粹的

---

① BRONISLAW MALINOWSKI, CRIME AND CUSTOM IN SAVAGE SOCIETY 19-20 (Hartcourt, Brace & Co. 1926) (1984). 同样，当经济学家或者经济历史学家进行研究时，许多机构都可以被分析为"公司"，参见 ROBERT B. EKELUND, JR. ET AL., SACRED TRUST: THE MEDIEAVAL CHURCH AS AN ECONOMIC FIRM (1996).

② 事实上，在美国，市场和政府、市场和家庭之间的界限似乎越来越松散。在从自由主义向新自由主义过渡的过程中，政治权力在被称为"竞选资金"的合法贿赂下日益商品化，而许多传统的家庭职能正被外包给市场，包括托儿、做饭、清洁等。似乎有一种越来越单一的契约逻辑开始挑战权威和信任。如果是这样的话，我们的未来可能是这样的：

表 4

	政治领域	经济领域	亲密领域
制度结构		市场	
管理逻辑		契约	

理论重要性，而且对分析当今中国的公司组织具有重要的意义和启示。1980年代，中国首次开始进行企业改革，其主要目标之一是建立"公司自治权"。虽然不可能提供非国有的所有权，但国家希望为国有企业管理者建立一个重要的自主权空间。值得注意的是，最有助于解决中国国有企业问题的办法，恰恰构成了美国公司法的主要问题，即所有者与管理者之间的劳动分工，以及由此产生的公司法试图克服的代理问题。①

人们可能认为这是一种完全落后的（西方）公司法的表现。但同样令人震惊的是，它也可以被视为对西方事物的盲目模仿和迷恋（如果美国的企业也有这样的问题，那么中国的公司也有这样的问题）。然而，从上述更广泛的角度来看，显然将所有权从管理层分离出来是解决中国企业所特有的实际问题的一个真正的答案，或者说至少是一个尝试。②让我们更详细地考虑一个中国国有企业的经典代理问题及其与国家之间的关系。③如果从后者开始，则应该注意到，中国的"党-国家"本身与公司有着惊人的相似之处，至少如果我们把所有权和管理层的分离作为一个关键性的标准的话。原则上，国有企业只是国家的行政分支机构。最终包括国有企业在内的所有公共资产都归于人民所有，而国家有义务为了人民的集体利益而管理这些财产。这种安排主要的结构性问题是缺乏执行国家信义义务的制度机制。

我们也可以从中国国家权力组织的历史延续性来分析这一制度。"党-国家"和"人民"的关系，与皇帝和臣民之间的关系的相似之处在于，二者都负有类似受托人的义务，而且二者都以类似的方式解决由此产生的代理问题，亦即坚持政府和民众在心理和政治上的统一，以使双方的利益不会分离。在被儒家思想统治的国家中，代理问题在家庭的隐喻下根本不成问题，因为皇帝像父亲一样值得信任；在社会主义的意识形态当中，"党-国家"理念主张支持人民，否认了国家作为代理人的利益和人民作为其主体的利益之间存在潜在的分歧。然而，"党-国家"的信义义务同家庭中的一样难以执行。当国家不能促进人民利益时，实际上就没有控制机制，比如像选举（和企业）民主那样，通过投票让掌权的人下台。然而，尽管把人

---

① Donald C. Clarke, *GATT Membership for China?*, 17 PUGET SOUND L. REv. 517, 545 (1994); William H. Simon, *The Legal Structure of the Chinese "Socialist Market" Enterprise*, 21 J. CORP. L. 267, 287 (1996).

② 事实上，一些参与国企重组的人士已经精通西方对企业组织的理论分析。QIN XIAO, THE THEORY OF THE FIRM AND CHINESE ENTERPRISE REFORM: THE CASE OF CHINA INTERNATIONAL TRUST AND INVESTMENT CORPORATION (2004).

③ 也就是说，下面的讨论属于"真正的"改革前的国有企业，与"公司化"的当代国有企业或根据《中华人民共和国公司法》正式转换为法定公司形式的国有企业形成对比。通俗地说，这些企业仍然经常被称为国企，尽管它们不再是"国有的"，而是"国有控股的"，国家是控股股东。

民看作国有企业的所有者在政治上可能是正确的,但在经济上把国家看作真正的所有者却更为现实,因为它是国有企业的剩余索赔人。在国有企业由国家拥有和管理的情况下,它们似乎没有任何代理问题。当然这是因为国家有能力监督和控制自己的行为。因此,将国有企业比作独资企业而不是企业,似乎更为恰当,因为国家对每家公司都行使完全所有权。

然而,独资企业的类推也不是至善至美。从某种意义上来说,中国政府并不是一个单一的实体,而是由众多相互重叠的官僚机构和监督机构组成,这些机构之间会争夺对公共企业(公开企业)的控制权。因此,从历史上看,中国国有企业的管理者一直受到多个主体的直接或者间接的控制,每个主体都试图利用其监管下的企业,为自己的政治和行政选区谋利。由此产生的问题不是缺乏主体的控制,而是众多国家监督机关在尝试控制时过多的不一致以及相互之间的矛盾。因此,解决这一特殊困境的办法是在更大程度上将所有权和控制权分离,以提供自主管理权。与此同时,让国家与国有企业保持距离不仅仅是管理上的当务之急。国家除了作为国有企业的剩余索赔人,还是剩余的雇主。从历史上看,在根据《中华人民共和国公司法》(1993年颁布,2005年修改)将社会主义国有企业改制为公司之前,当国有企业的经营支出超过收入时,国家有责任弥补差额。[①]因此,在1980年代,中国政府和中国法学家首次开始强调"公司自治"的重要性。"公司自治"一词是需要创建具有独立法人资格的企业的简称,亦即有限责任的公司实体,从而免除国家弥补国有部门损失的义务。在缺乏合法的(社会主义的)企业理论的情况下,"公司自治"的概念实际上代替了西方企业的主要结构和经营特点,包含集中管理(国有企业管理者的要求)和有限责任(国家的要求)。[②]当我们分析在不同的政治和意识形态约束下运行的不同政治经济现象时,确实有可能存在一种制度的问题可能是另一种制度的解决方案的现象。

六、结 语

撇开社会主义和儒家主义不谈,一个惊人的事实是,即使在美国,"法律界也

---

① Company Law (promulgated by Standing Comm. Nat'l People's Cong., Dec. 29, 1993, effective July 1, 1994; revised by Standing Comm. Nat'l People's Cong., Oct. 27, 2005, effective Jan. 2006) (China).

② Industrial Enterprises Owned by the Whole People Law, supra note 38, at art. 2(由于注释保留原文体例,原文采用注释连续编号,但刊体例采用每页重新编号,故此前注38指第283页注释①。——译者)(规定国有企业自负盈亏,具有独立法人资格,按照"所有权和经营权分离原则"管理)

没有就公司法为何规定受托责任或者公司受托责任的运营主体达成什么共识"。①如果没有其他因素的考量，那么这种分歧反映了公司法律形式的最终不确定性，这只是一种合法的形式。为了赋予它实质性的内容，必须有一个关于公司是什么或者应该是什么的理论。关于如何最好地理解和组织商事企业的理论的多样性这一问题，最终成为企业应该服务的社会和政治目的出现更大分歧的征兆。法律分析本身并不能告诉我们这些目的应该是什么——尽管曼宁衷心希望公司法的概念性词汇正确。

对确定性分析范畴的渴望绝不仅限于经济学家。1969 年，法律人类学家保罗·博安南（Paul Bohannan）曾预言，在 10 年或者 20 年内，比较法律师会想出一种方法，使我们能够用"一种全新的独立语言"来描述国外和国内的法律体系，类似于"公式转换语言或其他计算机语言"②。但至今，这个设想显然没有实现。另一个人类学家马歇尔·萨林斯（Marshall Sahlins）用谨慎的言语指出，在某种程度上，我们的公司理论最终是公司的自由理论，它们面临的风险仅限于西方"本土资产阶级类别的智慧"，有效地"作为国内的意识形态和国外的民族中心主义"而存在。③

将不经修改的自由主义经济分析应用于非自由主义的法律和政治秩序，有可能假设我们事先知道本不知道的事情。例如，如果想当然地认为某些现象最好被分析为经济现象，而不是政治现象时，我们便不能分析其中的主要对象是什么，亦即精确地确定在我们所研究的体制中政治和经济之间的边界在于何处。政治和经济力量的融合只可能是一种蓄意的融合，而不是一种混乱。④ 国家-市场-家庭的区别仅仅代表（或更少）自由资本主义的意识形态前提，而不是先验真理。正如制度经济学家所熟知的那样，即使是最优的制度也无法因为惯性（一种他们称之为路径依赖的现象）的原因而长期存在。⑤ 重要的是，物质类型的机构并不是成为路径依赖的唯

---

① William W. Bratton, *Self-Regulation, Normative Choice, and the Structure of Corporate Fiduciary Law*, 61 GEO. WASH. L. REv. 1084, 1084 (1993) (emphasis added).

② Paul Bohannan, *Ethnography and Comparison in Legal Anthropology*, in LAURA NADER, LAW INCULTURE AND SOCIETY 401, 415 (1969).

③ MARSHALL SAHLINS, STONE AGE ECONOMICS xii-xiv (Aldine Publ'g Co. 1972).

④ SONJA OPPER, ZWISCHEN POLITICAL GOVERNANCE UND CORPORATE GOVERNANCE: EINE INSTITUTIONELLE ANALYSE CHINESISCHER AKTIENGESELLSCHAFTEN (Baden Baden: Nomos Verlagsgesellschaft 2004) (Ger.).

⑤ DOUGLASS C. NORTH, INSTITUTIONS, INSTITUTIONAL CHANGE AND ECONOMIC PERFORMANCE (1990).

一主体,即使理论的解释力已经耗尽,它们也可以应用于某些领域。①

在经济企业生活中,最终的代理问题是谁得到什么?谁被当作委托人?为了充分了解在现代商业公司中经济、社会以及政治关系的组织方式,我们至少需要心理学、政治理论以及经济学的观点。与此同时,必须牢记,公司法所提出的问题没有最终答案,公司法没有历史的尽头,正如历史本身没有尽头。②故应该把公司内部和外部的界限划在哪里?时至今日,内部人包含股东和代理人,这就是为什么公司治理法侧重于所有权和控制权的困境。但是,在一家以会员所有制为基础的公司模式中,会不会把员工也包含进内部人员之列?甚至是广大的公众?也许甚至是环境?在定义这些限制时,公司法是关于人格(personhood)的宏大叙事中的一部分,亦即告诉我们:我们是谁,我们欠对方什么;以及"我们"实际上是谁,或者希望成为什么样的"人"。

---

① 理论同样存在路径依赖现象。——译者
② Henry Hansmann & Reinier Kraakman, *The End of History for Corporate Law*, 89 GEO. L. J. 439 (2001).

书评·纪念格雷伯

"纪念格雷伯"专题导引

朱明哲（中国政法大学比较法学研究院副教授、博士生导师）

大卫·格雷伯是已故的伦敦大学人类学家和无政府主义理论家。他代表了积极参与公共事务的学者群体。除了学术研究以外，他最为人所知的活动包括作为关键组织者参与"占领华尔街"运动和其他反对资本主义和官方暴力的活动。2020年9月，格雷伯在意大利因突发胰腺炎逝世。为了纪念这位知行合一的学者，也为了向法学界介绍他极富洞察力的学术成果，我们在此组织了两篇书评。

《债：5000年债务史》已经有中文译本，具体内容在葛嘉伟所撰写的书评中可以看到。在本书中，我看到了一种广泛存在于马克思主义文献中的脱嵌或异化的过程。在资本主义与国家的双重作用下，土地、资源、劳动力、物种都变得越来越抽象，越来越与其生长的具体环境脱嵌，并成为可以翻译成金钱的数字，进入一系列计算中。格雷伯称之为"把爱转化为债"的过程。W. 摩尔则在《生命之网中的资本主义》中把它描述成一个"把血变成钱"的过程。当我们对这种精密计算的功利主义思维习以为常，在讨论社会或生态问题时就会自然而然地使用一种代价-收益的分析法。然而，那些为了经济发展而丧失的土地、健康、生命并不仅仅是"代价"，更是人间惨剧。

《万物的黎明》则是对法史学和思想史研究更具有直接启发的作品。这部看似天马行空的作品用坚实的考古学和人类学证据反驳了很多人们习以为常的说法。举例而言，现代哲学家喜欢追随罗尔斯的步伐把"自然状态"说成是一种思想实验，并由此主张契约论只能通过逻辑理性反驳，却全然无视以下史实：早期契约论思想家确确实实认为自然状态是一种人类社会发展的阶段,而且他们对自然状态的描述来自殖民者对美洲原住民生活的污名化。和启蒙思想家的想象不同的是,一个不存在共同权威的"自然状态"可能仍然有很复杂的社会组织和交往。换言之,平等和自由并不是为了追求安全而必须付出的代价。除此之外,《万物的黎明》更颠覆了我们此前关于西方政治思想独立发展的神话。有没有可能启蒙思想只是对美洲原住民知识分子的低劣的剽窃呢?或者更进一步,如果前现代世界思想和观念上的交流远远比我们想象得更丰富,以至于根本不存在任何"本土"思想?有没有可能任何一种观念都只是一种洋泾浜哲学呢?又如果说,我们现在高度赞誉的罗马法只不过是强盗和征服者的规则?

除了上述两书,格雷伯的《狗屁工作》《规则的乌托邦》《无政府主义人类学碎片》都是十分精彩的作品。希望法学界能够从这种尊重历史事实和经验素材的著作中吸收到更多的养分。

通往奴役的资本之路

——评大卫·格雷伯《债：5000年债务史》

葛嘉伟[*]

摘　要　如今日益膨胀的市场道德及其交易逻辑逐渐简化了人们的正义观念与道德标准。最早可以追溯到斯密等早期自由主义思想家缔造的市场乌托邦及其"物物交换"的货币起源神话，延至资本主义时代的债务道德理念使之重塑为一种理性计算与奴役暴力相联结的人类关系。大卫·格雷伯借助人类信用经济与货币经济交替周期规律，还原了"债"在人类社会思想史上的重要地位：它关涉人类社会的信用形式、国家统治模式以及市场道德观念的塑造。其著作《债：5000年债务史》描述了从人性经济到商业经济的转换过程，反思了近代启蒙叙事中的国家与市场二元关系，并指出了交易逻辑下的债务与奴隶制下人类的非自由状态紧密相连，这是由于现代债务在塑造对人不平等的统治关系的正当性同时，也排除了人类对其自由状态另行选择的想象力。

关键词　债务观念　货币史　奴隶制　启蒙主义　市场交易

当劳动分工完全建立以后，个人自己劳动的产品只能满足其自身需要的极小部分。一个人的大部分需要是通过把自己劳动产品的剩余部分，与别人的劳动产品的

---

[*] 葛嘉伟，中国政法大学比较法学研究院2022级硕士研究生。

剩余部分交换而得到满足的。这样一来，每个人都是靠交换而生活，或者在某种程度上都变成了一个商人；而社会本身也变成了一个地道的商业社会。①

——亚当·斯密《国富论》

引　言

"欠债还钱，天经地义"的道德理念是何时产生的？负债状态是何时被纳入当代道德生活的负面评价的？经济债务和道德责任又是何时被混为一谈的？现代社会的人们在心底认同这样一种道德观念：道德即偿还自己的债务。

但美国人类学家大卫·格雷伯（David Graeber）从货币历史起源的角度证明了这一理念并非人类社会自古以来存在的道德观念。对于债务、货币以及国家金融机构等一系列的本质问题，在现代社会中其本质的预设都是以各式各样"交易"的形式为模板存在的，其结果就是当代人类社会生活的各种形式都被简化成了市场交易。②当市场的交易逻辑几乎垄断了现代道德的表达之时，相比于那种原初且无法精确定量的道德责任，现代人选择让经济债务成为道德责任的替代品——毕竟它是可以被金钱精确计算的、不特定主体之间无差别的偿还责任。市场中的人们更愿意清算债务而非其他社会关系，但在若干时代以前，人类并非把彼此间的债务视为一种清偿交易，在某些历史时期甚至货币也鲜为人所用。

格雷伯在《债：5000年债务史》（Debt: the first 5,000 years）中所从事的正是这样一种市场道德叙事的还原工作。在书中，他将欧亚大陆历史上实体货币与信用货币交替使用的周期，与国家战争、古代奴隶制、资本主义全球兴衰的历史周期紧密联系起来，断代为轴心时代（公元前800—公元600年）、中世纪（公元600—1450年）、资本主义帝国时代（1450—1971年）、新虚拟货币时代（1971年至今），以此四个时期作为他讨论人类债务关系的历史周期轴线。在其以缜密史料与人类学经验为基础的货币史叙事下，欧亚大陆过去五千年无非两种显著经济形态的交替变化：义务逻辑下的人性经济与信用货币，偿债逻辑下的商业经济与金属货币，以及在两者变化之间过渡的，呈现暴力、奴隶制等一系列与自由背道而驰的遗留意识形态。

---

① Adam Smith, "An Inquiry Into the Nature and Causes of the Wealth of Nations", edited by Edwin Cannan, *The Wealth of Nations: Book 1*, Chapter IV, University of Chicago Press, 1977, p. 41.
② 参见大卫·格雷伯：《债：5000年债务史》，孙碳、董子云译，中信出版集团2021年版，第21页。

格雷伯试图通过本书告诉我们，债务的历史不仅仅与市场诞生有关，还与维持人类普遍制度的暴力相关。毕竟，在诸多人类制度的发展过程中，战争、征服、奴役等非自由因素伴随着自由产生、发展与没落，债务的残酷现实与债务必然实现的道德理念是相互缠绕与伴生的一体两面。① 虽然交易逻辑下的人类关系始于何时很模糊，但可以明确的是，现代社会是从亚当·斯密（Adam Smith）使用"以物易物"逻辑叙述市场故事，逐步走向"有债必偿"的正当化叙事的历程。而这套"偿债即道德"的逻辑至今还在被现代人沿用。回顾"有债必偿"的社会意识形态印记，其实就是整个20世纪政治生活中的两种主流话语形态，即"对国家的债务无法偿还"与"市场中的平等个体在交易中永不亏欠"这两种债务逻辑，它们为现代市场经济与政治国家的关系建构了框架性的预设。② 有鉴于此，本文将对格雷伯所阐释的人类债务关系的起源史进行简要的回顾，着重提炼交易逻辑下的社会关系在政治法律思想史中若隐若现的叙事脉络，展现"虚拟信用货币—贵金属铸币—现代信用货币"背后的资本道德观念的漫长变迁，分享格雷伯留给我们的反思资本主义全球扩张的独特视野。

一、斯密为何从以物易物讲起？

亚当·斯密以降的自由主义经济学家们亟需一种为市场理论铺展道路的货币史叙事。而在这套叙事之中最重要的部分莫过于：市场与货币先于政治机构存在，经济生活的基础在于人类自然的交易习性。尤其在自由主义经济学家看来，随着人类社会的劳动分工，对于商品交换的便捷化计价、携带和保存的需求逐渐出现，传统经济学以"需求双重耦合"（double coincidence of wants）与"计价难题"来为货币获取理性的起源模型愈发具有合理性。③ 可事实上，16—17世纪的地理大发现时代，仍停留在以物易物的原始社会很难被欧洲人发现，更不要说在以物易物的世界中再自然出现某种政府，所有政府又必然都发行货币。④ 正是经济学家们早先默认了某种理性交易思维的强势存在，"从物物交换到货币"的市场诞生叙事就已经排斥了

---

① 参见大卫·格雷伯：《债：5000年债务史》，第6页。
② 同上书，第77页。
③ 关于"需求双重耦合"问题，即易货交易的困难在于要找到两个人的可支配的财产恰巧能够相互适合对方的需求，而这种情况很少发生，其解释最早见于 William Stanley Jevons, *Money and the Mechanism of Exchange*, Macmillan, 1875。
④ 参见大卫·格雷伯：《债：5000年债务史》，第27—28页。

非即时性交易的信贷史占据人类现代主流经济史的可能性了。

人类社会先出现以物易物，再出现货币，继而是借贷合约的这一历史顺序很有可能自第一步就是错误的。人们可能忽略了计价问题本身可以在信贷机制下获得解决，而信贷才是以货币为媒介进行商品交易的初始模型。早在人类道德文明成型之前，原始交易所共识性需要的那种商品——货币，或许本就是特殊情境下人类关于信任的想象。无论是巴西的南比克瓦拉人（Nambikwara）、巴基斯坦的普什图人（Pukhtun）还是处于澳大利亚阿纳姆地（Arnhem）的冈温古人（Gunwinggu），他们以物易物的仪式都并非一种与亲友日常社交的需要，而是一种陌生人间的社交礼仪——模拟战争的讨价还价、带有危险性质的舞乐、性吸引活动等游戏的因素穿插其中，每个人都参与其中并建立可能的信任关系。①大量现代人类学证据表明，"想象一种没有货币的社会"这种理想的经济学模式或想象出于人性自利动机的交易是人类关系的唯一形式，并不能与人类生活的其他部分所关联，这种想象本身就是经济学界定自己垄断知识地位的预设。"以物易物"本身在原始部落中可能就是一种欺诈陌生人或敌人的手段，而它们在日常邻里之间往往更喜欢以礼物等形式替换必需品。②

与欧洲道德哲学家的人性预设相反的真实故事在于，因纽特人在其狩猎的社群中并不进行经济计算，他们相信债务造就不平等的古老谚语："礼物造就奴隶，鞭子造就狗。"③在一种对礼物人情的算计之中，关于价值的换算已经折合成了货币，货币的使用与以物易物的等价交换其实是伴生存在的，并不存在一种"以物易物-货币"的历史进程。而真正的货币的诞生要晚于虚拟货币与信贷交易，历史上的以物易物反倒是货币交易成熟后的副产品。

那么可以继续追问，斯密为何要使用物物交换作为货币起源故事的开头呢？回顾斯密所缔造的自由市场理论，其实出版于 1776 年的《国富论》本身就充满隐喻与寓言。现代人所反复引用的"看不见的手"在斯密的论述中并非直接指代市场机制，而是指市场中的人类在上帝的操纵与分配中自发逐利与交换物品的天性，即"看不见的手指引他们对生活必需品做出几乎同土地在平均分配给全体居民的情况下所能做出的一样的分配，从而不知不觉地增进了社会利益，并为不断增多的人口提供生活资料"。④此时的货币仅仅是以一种被动商品的姿态在"无形之手"下被

---

① 参见大卫·格雷伯：《债：5000 年债务史》，第 32—37 页。
② 同上书，第 37 页。
③ 同上书，第 86 页。
④ 亚当·斯密：《道德情操论》，蒋自强等译，商务印书馆 2003 年版，第 230 页。

操纵与创生也就不足为奇，毕竟这种"无形之手"下的物物交换或许只是斯密等人虚构的教义与杜撰的历史，并且作为人性的根基被运用在实质论证中。何况在斯密所创造的乌托邦里，人们都会公平地进行交易，寻求自己利益最大化且在交易结束之时互不亏欠。①

同样类似于斯密时代的论述，尼采在其 1887 年出版的《论道德的谱系》（*On the Genealogy of Morals*）中就以一章节来回顾"罪恶感和个人责任感起源于最古老、最原始的人际关系，起源于买主与卖主的关系、债权人和债务人的关系"，而正是这类关系促成了人类社会的道德起源——"人反对人的现象第一次出现、人和人较量的现象第一次出现……我们对于'人'（manas）的称呼，也是出于这种自我感觉的直接表达：人类把自己看成衡量价值的生灵，他们认为自己有价值、会衡量，是本身会估价的动物"。②而这类古老的心理意识继而在人类形成社群的同时，形成了关于人类原始个人权利、义务、罪孽、责任在内的价值衡量习惯与道德清偿准则，这就是初始的正义与道德戒律。但与斯密相比，尼采唯一的差别在于他并不认为债务能被真正清偿或抵销。正如格雷伯对道德与经济关系的总结，如果道德责任是指某人认为自己应该以某种特定的方式行事的感觉，或者说是一个人欠另一个人东西的状态，那么量化并计算这类亏欠的关键就在于货币观念形成的早期历史。③

货币与债务似乎如孪生子般存于历史记录，而债务的历史反映了社会道德的历史。斯密意图使用以物易物及其延展的清偿交易作为人性预设，打造市场道德的根基，货币只能作为市场道德的衍生物存在，这无疑是对货币史背后真实道德意义的遮掩。早期的自由主义经济学者们所提及的货币所起到的一般等价物作用仅仅表明货币是特殊的商品，这种意义无法完全解释人类为何以交换的视角来对待其全部社会生活。因为货币本身并无价值，其如同中国古代的符木般唯依赖于信约产生的价值，而非由其自身商品价值来界定。货币的逻辑已经和市场交易紧密联系起来，斯密及其承继者们所创造的市场模型使得人们原本习以为常的欠债状态转为非道德的关系，而这种道德观念在后来又与其他的进步因素紧密捆绑，包括民主政治、科技

---

① 格雷伯在后记部分再一次归纳了斯密的财富观点，这也是本书对斯密货币史叙事的辩护。斯密认为财富并非人们所关注的目的本身，而是能够引起人类共情的注意目标；人取得一定优势地位之后没有必要继续追求财富，前者已足以支持人类共情的需求，而非财富本身无限积累的贪婪，参见大卫·格雷伯：《债：5000 年债务史》，第 413 页。

② 尼采：《论道德的谱系：一篇论战檄文》，周弘译，生活·读书·新知三联书店 2017 年版，第 61—62 页。

③ 参见大卫·格雷伯：《债：5000 年债务史》，第 24 页。

进步与资本主义经济模式,它们共同成为迈向人类进步的唯一解。①

二、从谎言到锁链的债务化过程

如果货币记录债务,而债务所代表的原始信贷及其经济体系早于货币进行资源配置,那么物物交换实则是货币制度退化的替代机制。格雷伯认为,之所以斯密等人提出物物交换早于货币交易的谎言,是因为他们希望刻意隐瞒的那一部分国家创生货币与市场的早期历史,它会严重损害市场道德预设的真实性与当然性。从物物交换自身所需要的信任前提出发,则交换根本不需要额外的信用,而货币却需要格外严苛的信用条件才会进入流通,而这一切往往借助于权威组织的签发和广泛的交易者的背书才能实现。于是,最初的市场势必要借助国家力量以货币方式进行组织。

在这种还原叙事中,格雷伯通过对人类"原始债务"的溯源,发现货币作为一种以数字比例衡量事物的人类思维至少可以溯及国家诞生之初。在大型古代文明的国家诞生史中,诸如美索不达米亚的苏美尔人的信贷体系记录表明,作为当权者的国家创造的货币并非前商业社会交易中的自然产物,而是为了记录资源分配与供需转移的计量工具。金属货币因其稀缺性并未在民间流通,而是被长久地保存于神庙宫殿之中,人们日常的交易反而以信贷销账的形式进行。②

另一方面,格雷伯也通过寻找宗教用语与债务之间在印欧语系中的词源联系来证实人类存在原始债务观念的可信叙事。例如有罪的(guilt)、牺牲(古英语 geild)、货币(德语 geld)、税收(哥特语 gild)间的相似词根,以及在宗教祭祀中使用金银祭品进行的供奉。以神圣上帝或世俗国家为面目的社会创造了人类,所以人类亏欠社会一份原始债务——祭祀抑或是税收,货币单位让这种债务数额得以具体化。③ 而当代的人类社会仍旧面临这种原始债务为何要偿还的问题:一方面是公共权威的逻辑,国家创造并养育了人民,使得他们真正成为他们,正如神明创造人类一样,人类以献祭或税收的方式支付利息,最终以自己的生命在战争中偿还本金;另一方面是市场的逻辑,作为独立个体的人类彼此之间并不亏欠任何东西。在这种人为创造的国家与市场的对立关系中,人们忽略了这两者的关系的真实历

---

① 参见大卫·格雷伯:《债:5000 年债务史》,第 368 页。
② 同上书,第 43 页。
③ 同上书,第 64—65 页。

史——国家创造了市场，而市场需要国家。①

对于国家之债，尤其是人民与国家的纳税关系，在人类早期历史上往往是以流通的债务形式创设，即被统治者被告知欠统治者一笔永远无法完全偿还的债款，而统治者利用纳税关系染指普通人民的日常交换——人民必须以向国家纳税的货币单位作为衡量交换价值的概念。古代统治者们通过制度设计使矿产、军队、赋税和食物等资源得以联系的秘诀就是让国家军队与市场供给完美配合，国家统治者往往人为地建立市场用以补给军队与配置资源，考底利耶（Kautilya）的《政事论》（Arthasasatra）、萨珊王朝时期的《君权循环》（Circle of Sovereignty）、中国汉代的《盐铁论》等古代文献中往往充斥着这样的人造市场的例证。②而近现代的殖民国家也往往通过征服原住民部落，在没有市场的殖民地开辟市场，使用西方货币进行纳税结算，凭空创造税务、市场、货币，并将这些与殖民地原住民的生活紧密联系起来。最终，他们将被债主拖入债务深渊而不得不依靠种植园经济或委身城市工厂，用其一生偿还征服者的债务。③可见，这类原始债务关系使得自上而下的统治及其从民间榨取资源的方式合法化，这也是整个轴心时代与殖民地时期关于货币的故事主线。而在中世纪的信用经济转向有息经济之前，货币原本也只在政府内部购买武器、发放薪水和纳税时使用，以及在犯罪阶层中被前者管理控制之人身上使用。在货币逻辑尚未染指的商品市场，交易仍以人与人之间的信用维系，作为宗教、道德关系的债务也尚未被商业贸易的用语腐化。

那么，轴心时代的货币思想为何在资本主义的时代复苏？它们又有何区别？自从德国存在主义哲学家卡尔·雅斯贝尔斯（Karl Theodor Jaspers）创造"轴心时代"概念以来，自公元前 800 年波斯先知的诞生到公元前 200 年穆罕默德与耶稣的心灵时代降临，使用理性原则探索人类存在的一种物质观点一直是铸币诞生的时代的主流——这意味着在以物质而非神圣力量组成的世界里，追逐利润的唯物论思想在货币起源中占有重要地位。④轴心时代鼓励用比例（ration）进行理性计算，利益、利润替换荣誉与尊严成为人类社会最真实的基础，而物质的理念论划分将利己的人性

---

① 参见大卫·格雷伯：《债：5000 年债务史》，第 76—77 页。
② 同上书，第 55 页。
③ 例如，法国殖民将军加列尼（Gallieni）在马达加斯加以税收赚取低生产与高消费之间差额的殖民陷阱便是这样一种债务剥削模式。同上书，第 56—57 页。
④ 同上书，第 240—241 页；雅斯贝尔斯提出轴心时代的特征是关于世俗自我的理性与宗教的精神信仰开始出现的人类时代，此时关于人之存在的反思对世界产生的影响较以往时代而言更深刻，参见卡尔·雅斯贝尔斯：《论历史的起源与目标》，李雪涛译，华东师范大学出版社 2018 年版，第 8 页。

观与利他的人性观对立起来，形成了物质市场与精神宗教的两分。在中世纪的精神宗教奉献信仰逐步祛魅之后，以自利为人性自然基础的战争暴力才将人类卷入了大资本主义帝国时代，人类大型的掠夺战争、高利贷的逐步自由化、债务奴隶及债务监狱的诞生让一切道德回归到轴心时代的判准。

到了17世纪，托马斯·霍布斯（Thomas Hobbes）全面地批判了以社区团结的纽带作为社会基础的观念，自利无情的物质主义让现代国家的创始者们确信，现代国家赖以成立的社会契约是一种自利的债务关系。此后的人们不得不承认，来源于罗马法中的指代利息支付术语 interesse 的"自利"（self-interest）无疑是霍布斯以降新哲学的关键概念，尽管彼时以"自利"替代"自爱"还被英格兰作家们认为是一种犬儒的、外来的、马基雅维利式的观念。[1] 直至中世纪末期，面对债务人逐利偿债所创造的战争社会里，人与人之间的战争似乎只有靠绝对的君权才得以解救。以至于霍布斯得出结论，理性主体间就短期利益而言，杀戮和掠夺是其最有利的手段，且能够造成秩序的不安和混乱。故而市场只有在一个绝对主权的护佑下才能存在，对失约的恐惧会强制我们遵守承诺与尊重彼此的财产权，而对权利的定义则应完全由主权者垄断。[2] 人民的纳税义务对应国家一方提供公共服务，这获得成员认同的原始社会契约似乎让纳税得以正当化，但这一切将会被国家先于市场诞生的事实颠覆。正是因为无人可以确认这样的社会契约是否存在，或者这一契约所界定的市场先于国家产生的预设是否正确，或许只有在准确界定彼此义务与责任的市场之中才能诞生这种社会契约的实验场。[3]

当然，现代国家的建立往往不同于轴心时代，名义上享有人民纳税义务的国家实际上却是以国家债务来维持其初始创设的。所以国家在构建其货币体系之初，就以人民预期的公共信用作为纸币的价值。例如，1694年英格兰王室以其欠下的120万英镑债务作为英国货币体系的初始力量，推动了以英格兰银行为代表的现代化中央银行控制的货币体系的诞生。[4] 但因为国家亏欠其国民某种义务在先，所以货币于国民而言不像是某种等价交换，而是随信用产生价值浮动的欠条。在世界上出现

---

[1] 参见大卫·格雷伯：《债：5000年债务史》，第345页。

[2] 参见霍布斯：《利维坦》，黎思复、黎廷弼译，商务印书馆2017年版，第139—140页。

[3] 这一论述参见 David Graeber, "Debt, Violence, and Impersonal Markets: Polanyian Meditations", in Chris Hann & Keith Hart (edt.), *Market and Society: The Great Transforamtion today*, Cambridge University Press, 2009, pp. 22-23；在格雷伯对莫斯的礼物经济学的分析中，亦将礼物与契约之间关于"自利"的道德分析追溯到一种类自由市场语境的利益计算之中，这种进路后续影响了格雷伯对交换契约的人性基础的理解，参见 David Graeber, *Toward An Anthropological Theory of Value: The False Coin of Our Dreams*, Palgrave, 2001, pp. 166-176。

[4] 参见大卫·格雷伯：《债：5000年债务史》，第54页。

了市场的地区，政府与商人之间往往将货币作为一种商品与债务代币功能间的博弈，因为货币正面的政治权威的标志及其背面在支付手段上的准确交换价值，表明它是一种具有市场交换与国家担保双重属性的信用货币。① 而国家在国际市场上运作其权威与信用又依赖流通的国家债券，以此维持其军事及政治力量，唯有国家才能垄断暴力且将负债定为犯罪，但这一举措所成就的或许只是"富人阶层的共产主义"，而人类的社会交往就变成了一切债权人对债务人的战争。②

为了避免上述国家与市场勾结的恶名，政治理论家们与经济学家们在现代国家的创始叙事中，竭力将货币政策与社会政策统一起来。其结果便是只有作为公民间债务信用担保人的政府有权为征税需要而创制货币，但避而不谈货币与市场是国家将公共债务继续细分至公民生活的偿债手段。实际上国家向其人民借来的原始债务并不能被偿还，有如我们对父母生育之债、社会教养之债一样无法变现。人民对于神明以及继受债权人身份的国王与国家政府的亏欠，只能以货币形式记录其债务的存在，而并非真的要一分一厘地去清偿。③ 尽管彼时谨慎的自由主义经济学者们仍将货币与贵金属金银的价值相联系，但同时期米切尔-英尼斯（A. Mitchell-Innes）等人所倡导的货币信用理论更被视为产生经济泡沫的道德根源。真实的历史可能恰恰如这些货币信用理论家所论述的，货币所衡量的其实仅是国家债务，无论是硬币还是纸币，其本质都是等价的描述国家债务的数量的欠条，尽管欠条背后空无一物。④ 的确，货币作为债务形式的证据往往在于其本身的金属材质更容易保存，但债务合约在经济学家的模型中必须借助经济动机才能够存在，对此抱有好奇心的人们仍会追问这种经济动机具体来源于哪里？

格雷伯认为它来源于某种利息递增式乐观主义的未来。如果说国家债务实际上意味着公共信用在透支未来，以及政府对其人民的某种亏欠，那么市场上流通的货币归根结底依旧是公共债务的延伸物，用以兑现政府持续上升的 GDP 增长率与 5% 的借贷年利率的承诺。而人民往往相信这种乐观主义的社会前景及其条件——某种社会所声称的进步、代议制的必要性、统治的合法性。⑤ 自利哲学的矛头最终将指向人民对其自由的出卖，这就是国家与市场合谋追逐利润增长所需的成本。至此，国家保护的"自利"与市场逻辑下可被拥有或处分的"自由"构成了霍布斯式的社

---

① 参见大卫·格雷伯：《债：5000 年债务史》，第 80—83 页。
② 同上书，第 358 页。
③ 同上书，第 71—73 页。
④ 同上书，第 50—51 页。
⑤ 同上书，第 371 页。

会契约国家成立的模式——公民自愿缔结协议放弃部分自由,以商业交易的思维建立国家。乐观于文明进步的人类所付出的代价在于,国家统治下的公民既是主人亦是奴隶,因为当我们声称自己拥有自由时,我们似乎也在宣称我们可以出卖、处分自己,以至于无往不在枷锁之中的人必须分裂其自身的构成,让思想统治身体,才能避免这种愈发矛盾的自我认知。①

三、私有财产权与奴隶制的亲缘关系

追溯现代私有财产制度的法律起源,我们不得不回到现代法律制度对财产权的初始定义。此时我们会发现,源自古罗马私有制与奴隶制的隐秘联结将会在人类债务史上留下永远无法抹去的不自由的烙印。尤其是在罗马法关于所有权(*dominium*)的定义中,认为财产所有权是人和物体之间的一种关系,是个人对该物体的绝对权力,即最一般或潜在的主宰力。②所谓"权力"或"关系"往往在人对人的社会事实中体现,但若一个人对物有何权利被定义,那么只有在人为构成的社会中才有意义——也就是说对一个无生命之物的权利来源于人们之间关系的特殊约定或仪式。③

所谓的对物的绝对权,尤其是大陆法系学者所言的物权的对世性仅仅是私有制下防止他人干涉的一种排他性的对人权利,因而所谓物权与债权本质上都是调整人与人关系的权利形态。④财产权定义的困难在于一个可确定的对世权利面对无数不特定他者的责任,德国法进一步抽象出来的物权概念便是这种思维困难的例子。但人类权利似乎变成了财产一样的物,拥有自由也变成了拥有某种物的特性,正是这一思维指引了近代政治思想家的自然权利理论。

但如果从词源上深究,罗马法正面概括一个人对其物品享有 *usus*(对物的使用)、*fructus*(对物的收益)与 *abusus*(对物的处分)的绝对支配关系。其并非历史上自然而然的私有制事实,而更多来自罗马共和国晚期的奴隶社会的影响——只

---

① 参见大卫·格雷伯:《债:5000 年债务史》,第 222 页。
② 参见彼德罗·彭梵得:《罗马法教科书》,黄风译,中国政法大学出版社 2017 年版,第 160 页。
③ 正如罗马法上,盖尤斯曾形容一种买卖奴隶的秤式行为/要式买卖(mancipatio),这种通过司秤来以铜块交换奴隶的仪式,是以现金等价交换交易取得对物或人的所有权的法律原型,参见盖尤斯:《盖尤斯法学阶梯》,黄风译,中国政法大学出版社 2007 年版,第 32 页;对此的解释可另见马克斯·卡泽尔、罗尔夫·克努特尔:《罗马私法》,田士永译,法律出版社 2018 年版,第 90 页。
④ 参见大卫·格雷伯:《债:5000 年债务史》,第 214 页。

有把奴隶，一种既视为人也视为物（res）的法律对象纳入考虑，人对物享有的权利才具有意义。因此，在家父（paterfamilias）制度下的罗马人家庭中，私有财产（dominium）来源于其词根的奴隶主（dominus）且联系于奴隶（famulus），这些家庭私有制概念的词根紧密地关联于奴隶制度。① 而罗马治下的奴隶并非天生被奴役，这早期源自战争征服的恶果，后来日益演变为初始正义的法律下的那些后天不幸的穷人与战争受害者。这种人为的奴隶制度仅仅是绝对政治权力关系的映射，且罗马人把通过战争征服的奴隶变为家庭私有生活中的奴隶——而这并非一种道德关系，仅仅是一种事实合理的法律原则。② 因此，在对人类的自由与私有制间的关系的理解中，罗马法学家也承认二者存在如下矛盾："自由就是只要不违反法律，一个人能够按照自己的希望做任何事的自然能力。奴隶制是根据国家的法律，一个人变成其他人私有财产（dominium）的体制，这是违背自然的。"③

古罗马法学家发现了自由包括私有财产、社会、国家等对自由施加限制的那种"不自然"。但是人类战争及接踵而至的国家法律确立了财产的不平等性，私有财产和政治权力直接建立在暴力之上，这样的"自由-权力"对应关系随即被中世纪的基督教神学颠覆了，中世纪的债务不再是一种对被统治者肆意而为的人身权力。④ 仍旧是这样一种法理传统奠定了近代罗马法复兴以来的自由意识：一方面，自由就是一个人可以随心所欲地处置自己的财产，它被假设是一种传统；另一方面，财产权作为权利像财产或"物"一样被拥有，实际上这忽视了自己拥有的基础在于他者的义务负担。⑤ 正如格雷伯所敏锐指出的那样，在这种"拥有即买卖处分能力"的思维下，现代雇佣劳动及其所依赖的契约自由基础，与古罗马奴隶制下出售自由的思维并无两样。⑥

格雷伯敏锐地发现罗马法概念下关于财产的基础概念构造，意味着古罗马人对政治活动背后的公民身份、权利和自由的特殊认识，国家统治下的人类失去的不仅仅是自己的自由，人类私有制与奴隶交易的逻辑紧密关联。由于成为奴隶意味着脱

---

① 参见大卫·格雷伯：《债：5000 年债务史》，第 216 页。
② 同上书，第 218 页。
③ 同上书，第 219 页；同格雷伯在这里所作的解释，所谓奴隶制对自然的违背实际是一种违背自然法的原罪情结。而奴隶（servus）作为"保留"（conservare）一词的拉丁词根亦能说明奴隶是基于战争手段以手（manus）从敌人那里掠夺而来的，是一种脱离原关系的物化。这里参见优士丁尼：《法学阶梯》，徐国栋译，中国政法大学出版社 2000 年版，第 22 页；评注见徐国栋：《优士丁尼〈法学阶梯〉评注》，北京大学出版社 2011 年版，第 55 页。
④ 同上书，第 219—220 页。
⑤ 同上书，第 220 页。
⑥ 同上书，第 221 页。

离道德关系而进入单纯的权力关系,所以奴隶制意味着消除所有的社会关系,并有能力再造它们。因此自由也就意味着作出并信守对他人的道德承诺的能力。但同时它也意味着在罗马社会中具有公民身份的基本权利与责任的背后是对底层奴隶阶层的剥削,建立在夺取他人荣誉之上的荣誉与身份权利及其所造就的自由思想,其实不过是不被奴役的最低限度的消极自由。

四、人类进步所需收取的"利息"

罗马法隐晦指涉奴隶制的术语支持着现代纷繁复杂的法律制度的构建,而财产与人如何与货币价值划等号则需要更多的说明。尤其在从人性经济迈向商业经济的资本扩张中,人类社会的进步伴随着在偿债与铸币的逻辑下被收取的高昂利息。即便在正式的奴隶制及其背后的暴力已经消弭的今天,我们依旧对权利与自身行使着占有且滥用的"自由"。被许可的任何被保护不被侵犯的自然权利与自由成为"拥有"的道德或法律框架下的特例,启蒙以来的社会契约作为唯一的方案堵住了人类想象社会的源泉,而我们却浑然不知这种文明扩张之代价。[①]

人们以出售、交换、借贷或自愿放弃的方式对待权利和自由,最早可以追溯至充斥暴力与战争的轴心时代及其"军事-奴隶-铸币制"的转换机制。彼时的黄金和白银作为贵金属仍是没有历史的商品,其价值在于物理特征,这种直接被剥离出信用社会的关系是人与人之间信用的通用实体价值,可以用以日常商业交易结算,在偿债逻辑下相当有效。在单纯权力支配的社会关系中,暴力消弭包括债务关系在内的其他一切平等关系,让一切奴隶、奴仆与国王在稳定的不等关系中被支配。[②]在原始社会中,正如蒂夫人、莱利人等原始部落里的人类学证据表明的,在表面的一切"以货币交换人"的部落交易女性或血仇代偿的过程中,并不存在一种实质债务清偿——赔偿只能被视为承认债务存在且无法被清偿的方式。由于每个人在人性经济中都是人际关系网中独一无二的节点,不可替代,故而不能与任何物品或人等价,货币并非一种购买的工具而是提醒无法交易的人类的亏欠符号。而伴随械斗、掳掠产生的暴力,其意义在于剥离女性原来生存的家庭环境,使其因原有关系网定义个人独特性的身份消失,而成为可被计算价值进而交易的

[①] 参见大卫·格雷伯:《债:5000 年债务史》,第 225 页。
[②] 同上书,第 224 页。

奴隶。这些古代的经验表明，暴力将被统治的女性以及战争产生的战俘剥离出人际关系网，使得人失去了一切荣誉与身份，而作为计数单位成为新主人的荣誉的一部分。①

进入中世纪的人性经济之后，社会货币使一切人的荣誉得以真正量化，国王、大主教、诗人在被冒犯后可以以自身荣誉的价格加以衡量并请求赔偿。这一切限定于社会货币用于特定社会目的而非单纯购买目的，因为此时的货币与人类尊严的挂钩是可以被接受的，货币可以购买除了荣誉以外的其他物品。因此，产生严重的道德危机不可避免，伴随市场崛起的商业货币腐蚀了荣誉及其阶层道德，继而道德语言被商业动机模糊了其原有的人性价值与道德思维。②荣誉一方面被看成是正直与公平交易的品质，另一方面也意味着积累与捍卫荣誉的代价，因为荣誉在人性经济中作为一种多余的尊严，是一种剥夺别人的尊严的能力。而奴隶则是其主人荣誉的代价，这意味着奴隶的荣誉降为没有任何人际联系的存在。而荣誉、货币、奴隶之间的关系就在于货币是一种衡量荣誉和降级的手段——"货币的价值就是在于将他人变成货币的那种权力的价值"。③

而在资本主义初始时代，围绕着价格革命与圈地运动展开的是一场人类浩劫。白银在全球贸易中源源不断输入中国，征服者所累积的财富以贩运的非洲奴隶的悲惨命运为代价，而高利贷的债务逻辑往往与基督教所宣扬的德性至上相悖——允许债权人以钱生钱，意味着负债者不计道德代价地将世间的一切作为用以还债的潜在商品的集合。④与中世纪负债的十字军远征类似，对美洲的远征也是一群甘冒任何风险又泯灭道德的冒险家，以及他们背后小心谨慎，以稳定、低风险的盈利为投资目的的金融家，他们的合谋造就了类似西班牙征服者荷南·科尔蒂斯（Hernán Cortés）这样的人物。冒险者远赴重洋在美洲的暴行足以表明被债务驱使之人的危险与残忍，他们以成本-收益的思维掠夺这个世界的其他人类以获取利润，血淋淋的骸骨之上摆满了文明与荣誉。尽管如此，远征之后的负债人仍旧负债累累，只有他们的债权人洗净了金银上的血污。⑤

在"人性经济"转向商业经济之后，有组织的大规模奴隶贸易使得资本扩张变得更加惨绝人寰。货币在资本主义时代的重组与其在轴心时代作为帝国统治的政治

---

① 参见大卫·格雷伯：《债：5000年债务史》，第222—223页。
② 同上书，第203页。
③ 同上书，第186页。
④ 同上书，第334页。
⑤ 同上书，第330—333页。

工具相比，明显的差异在于其拥有了自主的金融权力，尽管它依旧需要国家与军队的支持，但后者也可以围绕货币重组。① 伴随着欧洲资本主义的扩张，纸币就是债务货币，债务货币就是战争货币，武器、奴隶与瘾品构成的大西洋贸易体系本身就是巨大的债务链。在那些以债为名义的殖民活动中，有赖于贸易中间人的暴力与欺诈手段，债务使得原住民从其自身生存环境中剥离出来，成为某种他人债务中的商品，在债权人母国则使得债务盈利的幻想成为巨大的投机泡沫。

如今，这条捆绑着债务相对人及其自由的机制仍在"合法债务""雇佣劳动""投资利润"的幕布下运作，资本仍以债务的名义拴着无数的"自由劳动力"。可雇佣抑或奴役的债链两端之间存在的并非特定的不可替代的社会关系，只有上对下的命令，且对于这种非人格化关系的结算，无疑现金货币最为合适。②

五、货币历史的循环抑或其终结

现如今，伴随 1971 年尼克松宣布美元金本位时代的终结，自由浮动货币制下的现代信贷系统终于与贵金属黄金脱钩。中央银行的创立使军事与金融之间的利益联姻得以长久制度化地存在，虚拟货币的时代或许也不能重新带回前资本主义时代那种人与人间的荣誉与信任，但借记卡与信用卡垫砌的信用已经在凭借组织机构信誉的银行或企业中替代了人际关系。银行成为"懒惰的富人"向"勤劳的穷人"输送资源的机构。信用借贷天然的合法性实际上加剧了贫困，非勤劳致富的人缺乏支持其获得信贷的信任，而贫困者的债务则标示着其自我放纵的污名，其债务又往往是在缺乏社会保险与劳动保障的环境下亏欠的。③ 债务推导的一切道德使人只在意能够获利的行当，这种获利的基础是投机与消耗那些交易之外不在场者的利益，债务锁链实则依赖暴力将一切社会关系推向它的终点，在这一过程中人们将失去他们

---

① 参见大卫·格雷伯：《债：5000 年债务史》，第 335 页。

② 关于资本主义与奴隶制之间承继与转化关系的论述，格雷伯试图围绕生产方式（mode of production）阐述一种区别于传统马克思主义提取劳动成果盈余的纯粹物质关系的叙事来说明，以工薪债务关系维系的雇佣劳动实际也在压榨劳动者对创造力生产的自由。正是因为奴隶制与资本主义的相似点体现在社会生产场所的分离、社会人际关系的生产剥离、生产者与生产成果相关性的去除等因素，以至于最终资本使得普遍的抽象劳动与道德的服从相关联，契约自由使得个人自由成为被正当强制的对象。相关文献参见 David Graeber, "Turning Modes of Production Inside Out: Or, Why Capitalism is a Transformation of Slavery", in *Possibilities: Essays on Hierarchy, Rebellion, and Desire*, AK Press, 2007, pp. 104–112.

③ 参见大卫·格雷伯：《债：5000 年债务史》，第 403—404 页。

选择何种价值的想象力及其亏欠何人何物的自由。

既往的人性经济意味着货币将以社会货币使用的经济形式来创造、维持或者断绝人们之间的关系，而不是用来购买商品，而现代债务关系界定的人类关系则更具有阶级性，债权人和债务人不仅仅在经济阶级上被预设了，而且在社会道德地位上也存在相应的信用等级。信用并非纯粹的数字加减游戏，现代债务的背后存在着资本的强制。无论是在斯密式的债务乌托邦中，人们依靠互不亏欠的以物易物的方式来处理社会生活，还是人们对于彼此的债务责任建立在已经预设的原罪之上，支持国家以及市场的两种民粹主义者往往宣称反对某种机构的统治，一切反对的根基却无时无刻不在使用交易的资本逻辑以及市场之外的人性经济因素——荣誉和信任。

就像格雷伯在《万物的黎明》(the Dawn of Everything) 中所揶揄的，自启蒙时代以来，社会进化理论像魔咒般成为西方文明进步叙事的隐藏基调，但其本质只是向美洲原住民学习的复古运动。① 当代政治生活所普遍承认的启蒙就是根据某些理性自觉的计划来重塑社会，政治精英们相信以往的任何改革无一不是建立在社群传统、宗族权威和神圣王权之上，社会没有其自主性，只有现代启蒙运动的人才有能力自觉地干预历史并改变历史的进程。人类历史上只有以暴力、战争为动力的机器推动的所谓社会进步，将世界抽象成金钱货币的市场也让现代社会的人们忘记了暴力的起源，商业交易的逻辑直接通向了人类关系，并把人际关系中的人类也视为可计算的债务。而那些不断重复上演的奴役故事与晚近的金融危机在提醒我们，资本主义的本质不仅是一个支持自身持续无限扩张与膨胀的体系，也是将人类周遭一切作为利润来源来衡量人类公共健康程度的非人格机制。② 以至于现如今，任何宣称亏欠的人类反省往往仍是将硬币从左手交给右手的自我交易，资本主义本质的罪恶及其道德推论依旧固若磐石。③

但就如资本主义所允诺的不断增长的泡沫终将破裂一样，资本主义所亏欠的信用必然有其清偿的终点。因为资本主义本身就并非永恒存在的债务秩序，债务清偿逻辑创造了它自身，但也在不断催促它走向消亡。正如大陆法系法学院教授们在私法课堂上常常借鉴的那句古罗马法谚一样，今天仍旧可以听到它回荡在年轻法律人的耳边——"债是向死而生的"。

---

① 参见 David Graeber, David Wengrow, the Dawn of Everything, Farrar, Straus and Giroux, 2021, p. 37。这类神圣王权的人类学故事往往被遗落在希鲁克人（Shilluk）的古老族落神话中，参见 David Graeber, "The Divine Kingship of the Shlluk: On Violence, Utopia, and the Human Condition", in *Hau Books, Marshall Sahlins & David Graeber, On Kings*, Hau Books, 2017, pp. 127-138。
② 参见大卫·格雷伯：《债：5000 年债务史》，第 359 页。
③ 同上书，第 402 页。

结　语

　　作为人类学家与社会活动者的格雷伯生前留给我们的《债》，既是对债务历史也是对债务未来的一种省思——它不留情面地揭露了交易市场逻辑下的债务与人类的奴役状态紧密相连，人类为偿债与利率增长而失去了太多自由。自人类社会由人性经济跃迁至商业经济后，那些隐藏着人类计算狂热与暴力烙印的非道德本质已经被一种简化的偿债逻辑覆盖。而在启蒙时代以来的五个多世纪里，资本主义信誓旦旦地承诺了文明的进步，可伴随它在全球范围内的扩张，其使用经济债务对原本信用承诺所附加的剥离、提取方式也愈发隐蔽，人们愈发无法辨别自己是否身为债务人，及其脖颈与头脑上的锁链是否因债务而变得更加牢固。

　　市场发挥其公平交换资源的功能的前提是其是一个理想化的独立自由的市场，但格雷伯证明这个以债务清偿机制为预设的市场在人类历史上并不存在。几个世纪以来的资本运营逻辑未曾改变，无论是现代政府以举债方式进行的巨额融资，还是个人与银行机构之间的小额债务，债务清偿的每一次实现都是历史上资本对人类的施暴的再一次操演。资本让唯一的市场经济模式占据我们的头脑，让债务的数字成为控制人类行动的道德律令。最终，现代债务不仅仅建构了债权人对债务人正当的统治关系，也排除了大多数人类对其命运状态的自由选择权。

文明、理性与进步的迷思

——评《万物的黎明》

陈 欢[*]

摘 要 自启蒙时代以来,社会进化的叙事不断被重复。这个关于文明、理性和进步的宿命论故事暗示,除了资本主义和国家主义之外,我们别无选择。如果我们想生活在一个自由、平等的社会中,我们将不得不组成森林中的小型部落,时刻准备好进入所有人对所有人的战争中。但如果我们想享受现代文明,就必须同时忍受等级制度、官僚制度和不平等。我们能做的最多是确保某种形式的自由民主,对利维坦施加限制,然后拥抱新自由主义,相信自由市场是大多数、乃至所有问题的终极解决方案。大卫·格雷伯(David Graeber)和大卫·温格罗(David Wengrow)说,这根本不是真的。他们在新书《万物的黎明》(*The Dawn of Everything*)中分析了考古学和人类学的最新研究,证明这个叙事建立在人类历史的错误预设之上,并在以错误的方式讨论未来人类社会。人类的历史远比此更为复杂,更有创造力,也充满了游戏般的可能性。未来也应当如此。

关键词 社会进化论 启蒙运动 文明 理性

---

[*] 陈欢,德国明斯特大学法律史学研究所2019级法律史学专业博士研究生。

引　言

　　21 世纪，关于西方文明理性、进步的叙事已经破产。它曾经许诺，每个人的明天都会变得更好，人们将生活得更加安全、快乐、富裕，但此诺言并没有成真。有限的地球资源注定无法满足资本主义无限的发展需求，然而人们并不愿意直面现实。原因之一在于，我们未能摆脱宿命论的叙事。在《人类简史》(Sapiens: A Brief History of Humankind) 中，尤瓦尔·诺亚·赫拉利（Yuval Noah Harari）声称，人类不可能逃离被想象出来的秩序（imagined order）[1]。这恐怕是当今的共识。而既然宿命无法改变，那么清算并无意义。

　　今天我们在贾拉德·戴蒙德（Jared Diamond）、尤瓦尔·诺亚·赫拉利（Yuval Noah Harari）、史蒂芬·平克（Steven Pinker）、弗朗西斯·福山（Francis Yoshihiro Fukuyama）等作者处一再读到这个故事：很久以前，人们组成小型部落，人们捕猎、采集，过着平均、平等的生活。后来人类发明了农业，农业组织需要大规模合作，社会变得复杂，不可避免地造成分化，不同阶级就此诞生。在精密社会组织的运作下，人类才拥有了文明、科学、工业革命……据此，人类社会的发展是线性的、进步的、注定的。《历史的终结及最后之人》(The End of History and the Last Man) 一书中，福山甚至主张，当今西方的政治制度是人类社会演化的终点。

　　人类学家大卫·格雷伯和考古学家大卫·温格罗认为，这个宿命论的叙事可以追溯到卢梭。[2] 1754 年，卢梭在《论人类不平等的起源与基础》(Discours sur l'origine et les fondements de l'inégalité parmi les hommes) 中讲述了这个故事的原始版本：很久以前，人们组成小型部落，捕猎、采集，过着平均、平等的生活，拥有儿童般的纯真。后来发生了农业革命，私有财产制出现，人类的纯真童年终结。文字、科学和哲学诞生，随之而来的是父权统治、常备军、大屠杀和官僚主义。

　　时至今日，大多数人从未质疑过这个故事，尽管我们知道 18 世纪的人们对史前时代一无所知，卢梭也不例外。而试图从卢梭的伊甸园叙事中逃脱的人们，几乎不可避免地坠入霍布斯在《利维坦》(Leviathan) 中提供的另一个叙事：[3] 人类的自然状态绝非如童年般纯真，而是黑暗、混沌、残酷的，每个个体都陷于所有人对所有人的战争之中。恰恰是卢梭所攻击的政府、法院、官僚主义和警察，使人类得以

---

[1] Yuval Noah Harari, Sapiens, *A Brief History of Humankind*, Harvill Secker Press, 2014, p. 133.
[2] David Graeber, David Wengrow, *The Dawn of Everything*, Farrar, Straus and Giroux Press, 2021, p. 2.
[3] Ibid., p. 3.

从恐怖的自然状态中脱身。

格雷伯和温格罗说，这两个故事都不是真的。人类的历史更复杂，更有创造力，也更充满希望。他们用十年时间写就《万物的黎明》，综合考古学、人类学的最新研究，重新检视了过去三万年历史中人类的迷思。

一、社会进化论的源起

霍布斯从来没有声称所有人对所有人的战争发生过。正如卢梭从来没有主张人类的纯真童年真实存在过。相反，他强调，这只是一个思想实验。[1]格雷伯和温格罗认为，首次明确提出社会进化论的学者是安·罗伯特·雅各·图格（Anne Robert Jacques Turgot），其意在回应北美原住民对欧洲社会的批评。[2]这一切要从启蒙运动讲起。

启蒙时期的著作，很多以对话的形式写就。这个体裁始于1703年拉洪坦（Lahontan）出版的《与一个旅行过的智慧野蛮人的奇特对话》（*Curious Dialogues with a Savage of Good Sense Who Has Travelled*）。这本书记录了作者和休伦族领袖康地亚容克（Kandiaronk，在《对话》一书中化名为阿达里奥，Adario）的四次谈话。在康地亚容克眼中，18世纪的法国毫无自由可言，社会极其不公，人们自私、贪婪，时刻处于暴力的威胁之下。而在他们的社会中，人们自由、平等，相互关爱。尽管拉洪坦坚称，对欧洲文明的犀利批评出自这个北美原住民之口，但今天的知识界坚持认为，这只是他的托词。与其他启蒙运动时期书籍中的野蛮人一样，康地亚容克只不过是欧洲精英手下的木偶，让他们既能够表达自己渎神的观点和对现有体制的批判，又不用担心人身安全受到威胁。《万物的黎明》认为，包括康地亚容克在内的新大陆原住民绝非愚昧的野蛮人。恰恰相反，休伦族人一直在自觉、有意识地维护他们社会中的个体自由与政治平等。他们不仅能够理性地思考，还拥有极高的演讲技巧，他们对欧洲社会的批评充满洞见。事实上，当时的传教士和原住民都在学习彼此的语言，相互之间常常展开激烈的哲学辩论。原住民的观点往往被收入传教士们出版的旅行见闻，最终流入欧洲精英的书房。格雷伯和温格罗运用大量史料，证明了北美原住民（他们称其为美利坚知识分子）并不输于同时期的欧洲

---

[1] David Graeber, David Wengrow, *The Dawn of Everything*, Farrar, Straus and Giroux Press, 2021, p. 11.

[2] Ibid., p. 59.

精英。而很多启蒙运动思想家们之所以坚称自己对于个人自由、政治平等的思想受到北美原住民的启发，是因为这是真的。①

要重构思想的起源，当然是非常困难的。绝大部分时候，连我们自己都说不清楚自己的想法究竟从何而来。然而，《万物的黎明》为社会进化论的起源提供了一个可信的叙事：《对话》出版之后，涌现出一批著作，借助想象中的异邦人的目光来审视欧洲社会。这些著作中对欧洲社会的批评大多可以追溯到康地亚容克。其中最流行的一本发表于 1747 年，书名为《一个秘鲁女人的来信》（*Letters of a peruvian Women*）。当作者弗朗索瓦兹·德·格拉菲尼（Françoise de Graffigny）写信给朋友们寻求修改建议的时候，图格给她回信道：原则上，我们都热爱平等和自由。但野蛮人的平等和自由并非优越的表现，而是落后的表现。因为只有当家家户户自给自足的时候，人们才可能是平等的——大家都一样贫穷。我们的社会也曾经简单、原始，然而，随着社会进化、技术发展，每个人天赋上的差异变得举足轻重，不平等也就不可避免。② 几年后，图格发展出社会进化理论，主张一切社会可分为四个阶段：狩猎、畜牧、农业和商业城市文明。社会进化理论后被图格的朋友亚当·斯密采纳，并得以广泛传播。③

图格从来没有质疑过原住民社会的自由、平等真实存在，而只有通过污名化他们的自由、平等，才能延续欧洲文明的神话——只有欧洲社会有能力发展出优越的商业城市文明，原住民的自由、平等是他们在进化道路上停滞不前的明证。依照图格的逻辑，在启蒙运动高举理性、科学的旗帜，大革命高呼自由、平等、博爱之后，法国人应当为拿破仑一世喝彩；魏玛共和国的黄金年代之后，德意志民族也应当向第三帝国倒戈。正如他认为印加帝国才是北美社会的典范。这是文明唯一的出路，也是进步无法避免的代价。

二、理性、文明和法史的"鸭子"

受启蒙运动以来欧洲思潮的影响，当想到文明时，我们首先想到的会是城市、国家和法律，会是巴黎。拿破仑的陵墓圆顶教堂（Dôme des Invalides）中，有一个大型浮雕。拿破仑端坐在浮雕中心，目不斜视，身着罗马托加长袍，右手推开优士

---

① David Graeber, David Wengrow, *The Dawn of Everything*, Farrar, Straus and Giroux Press, 2021, p. 37.
② Ibid., p. 60.
③ Ibid., p. 61.

丁尼的《法学阶梯》，左手指向《拿破仑民法典》。浮雕的隐喻呼之欲出：《法国民法典》是法兰西第一帝国的《民法大全》，而拿破仑之于法兰西第一帝国，正如优士丁尼之于罗马帝国。[①]

《民法大全》颁行后的实施情况，我们不得而知。但可以确定的是，优士丁尼逝世百年之后，它已经完全被遗忘。直到11世纪，《学说汇纂》被重新发现，罗马法这只法史上的"鸭子"才再次浮出水面。在此之后，《民法大全》被视为成文理性（ratio scripta）的化身。因此德语地区14世纪以来继受罗马法的主流叙事，至今仍是一个进步的叙事。德语地区的本土法律，也就成为被污名化的对象。

德国北部城市吕贝克是汉萨同盟的中心，拥有近千年的贸易史，其商事法传统对19世纪的《德国商法典》影响深远。吕贝克的城市法诞生于13世纪末，后来经过多次修订，一直运行良好，直到被《德国民法典》取代。其中大多数条文是对程序法的规定，实体法规则主要由习惯法构成。20世纪罗马法学家弗朗茨·维亚克尔（Franz Wieacker）这样评价吕贝克的成文城市法（Stadtrecht）：内容保守，结构落后，虽然有罗马化的痕迹，但是学术水平比较落后。[②] 维亚克尔对吕贝克法律的实际运行恐怕一无所知，也毫无兴趣。在他眼里，理性是法律的最大德性，而罗马法是理性的唯一度量衡。这是先验的判断，本身不需要任何证据支持。

当代法学家艾伦·沃森（Alan Watson）一针见血地指出："欧洲被古罗马法的权威洗脑了。"[③] 连视罗马法为眼中钉的日耳曼法学家，也未能摆脱这个理性的神话。19世纪末的民族主义浪潮中，焦虑的德国法学家们坚信日耳曼法曾经的辉煌，又为它的没落感到痛心疾首：若非如此，异族的罗马法也不会有可乘之机。但他们相信，要考察某个民族法律的法律建构能力，就应当考察它的占有理论。[④] 理论越是精密，法律也就越具有理性，因而更为先进。于是他们费尽心机地建构了日耳曼法中的持有（gewere）理论，以便与罗马法的占有理论分庭抗礼，但他们并没有意识到，自己已经落入了罗马法的圈套。法律应当像数学一样抽象、准确、精密，这是19世纪德国的神话，既经不起社会学、人类学，也经不起当代认知神经科学的检验。

---

① 从某种程度上来说确实如此——《民法大全》的核心部分《学说汇纂》颁行不过7年，东罗马帝国就爆发了鼠疫，从此一蹶不振。30余年后优士丁尼逝世，没有留下子嗣。参见凯尔·哈珀：《罗马的命运》，李一帆译，北京联合出版公司2019年版，第253页以下；Cameron, A. (2001), *Justin I and Justinian*, in: A. Cameron, B. Ward-Perkins & M. Whitby (Eds.), *The Cambridge Ancient History*, Volume 14, Cambridge University Press, pp. 63–85。

② Franz Wieacker, *Privatrechtsgeschichte der Neuzeit*, Vandenhoeck und Ruprecht, 1967, S. 192.

③ Alan Watson, *Legal Transplant*, University of Georgia Press, 1993, p. 90.

④ Andreas Heusler, *Die Gewere*, Weimar, Hermann Böhlau, 1872, S. 109 f.

同样经不起推敲的是理性这个概念。格雷伯在《规则的乌托邦》(The Utopia of Rules)中梳理了西方哲学中理性的历史：自柏拉图和亚里士多德以来，西方知识分子认为理性是对人类本能的约束，是一种道德力量。而自西方官僚制度（bureaucracy）兴起以来，理性拥有了新的内涵。大卫·休谟总结道，"理性是且应当是激情的奴隶（reason is and ought only to be the slave of the passions）"①。休谟意义上的理性和道德无关，指的是一种技术和工具，用以计算如何能够最有效地实现某个目标，这个目标本身无须受到理性标准的检验。格雷伯写道，这两个相互矛盾的内涵相互纠缠，以至于我们很难说清楚理性到底是什么意思：有时候理性指的是实现某个目的的手段，有时候理性就是目的和价值本身；有时候理性与道德毫无关系，有时候理性本身就是一种价值判断；有时候理性是解答问题的一个方法，有时候理性本身是所有问题的解答。②

我们应该从保守派精英的主流叙事中夺回理性这个概念。格雷伯认为，一个理性的人，无非就是拥有基本逻辑，能够区分幻想和现实的人，也就是说不是个疯子。③理性本身并不是一种权威，并不意味着只有一套标准和唯一正确的结论。正如项飙在《跨越边界的社区》中写道："理性"意味着人的行为是"可以理解"的和具有推论的可能。④理性并不仅仅属于亚里士多德、西塞罗、亚当·斯密，无论是北美休伦族原住民，还是中世纪的日耳曼人，抑或是浙江村的女工，都共享着人类的理性。

事实上，11世纪重新发现《学说汇纂》大概并非偶然，而是世俗权力对教会势力兴起的回应。为了阻止教会垄断司法，世俗政权亟需能够与之抗衡的力量。罗马法被广泛继受，很大程度上因为它是教会法唯一的对手。

文明同样只是一个神话。细想之下不难发现，西方文明本质上是帝国君主的旧梦：宏伟的建筑、统一的法典、均质的子民。而19世纪的文明，只不过是殖民者大肆掠夺和屠杀的借口。我们至今确信，古罗马拥有伟大的文明，而中世纪的日耳曼人愚昧落后，原因恐怕在于，主流叙事总是惯于与强者共情，而有意无意地忽视弱者的苦难。尤其是这些苦难发生在过去，发生在遥远的地方，踪迹难寻。然而不难想象，古罗马斗兽场有多壮观，建造者的境遇就有多悲惨。因此德国诗人海因里希·海涅（Heinrich Heine）在耗时七年取得法学博士学位之后感慨道："民法大全

---

① 转引自 David Graeber, *The Utopia of Rules*, Melville Housep Press, 2015, p. 165。
② Ibid., p. 165.
③ Ibid., p. 38.
④ 项飙：《跨越边界的社区》（修订版），生活·读书·新知三联书店2018年版，第419页，脚注1。

是怎样一本可怕的书啊，是利己主义的圣经！我就像恨罗马人一样恨他们的法律。这些强盗用法律来保护自己用刀剑抢来的赃物，因此罗马人既是士兵，也是律师，是最令人厌恶的结合体。"①

第一部用德语写就的日耳曼民族法律汇纂，是13世纪成文的《萨克森明镜》(Der Sachsenspiegel)。作者艾克(Eike von Repgow)写道，即使奴隶在实践中真的存在，他也不能理解一个人如何能够成为他人的财产，这不符合真理(Wahrheit)。然而一个世纪之后，在博洛尼亚完成罗马法、教会法学业的日耳曼精英约翰（Johann von Buch）在他的《萨克森明镜》注释中评论艾克的观点：一派胡言。当代日耳曼法学家伯尔德·康诺夫斯基（Bernd Kannowski）在此处得出结论：罗马法这只"鸭子"浮出水面之际，自由沉入水底。②

如果残酷的罗马奴隶主拥有文明，而拒绝奴隶制的日耳曼人愚昧落后，那么文明究竟意味着什么？也许我们应该重新思考这个问题。

三、重新定义自由

格雷伯认为，西方思想史中的自由，深受古罗马法中"所有权"(dominium)概念的影响。③他同意奥兰多·帕特森(Orlando Patterson)的观点，即古罗马法中的所有权概念起源于奴隶制。④ "Dominium"这个词，诞生于罗马共和国晚期，数十万战争俘虏涌入罗马之际。"Dominium"的词源是"Dominus"，即主人、奴隶主。⑤绝对的所有权也就意味着，奴隶主可以对奴隶做任何事情。讽刺的是，在罗马共和国时期确实如此。第一个限制奴隶主任意处置奴隶的法律诞生于罗马帝国时期。⑥因此"自由"和"权力"这两个概念至今仍相互纠缠。中世纪政治理论家谈论"自由"的时候，指的往往是领主在其领地之内任意行使的权力。在重新发现罗马法之后，12世纪的教会拉丁语中，"Dominium"既指"统治"，也指"私人财

---

① Heinrich Heine, *Geständnisse, Memoiren und Kleinere autobiographische Schriften*, hrsg. von Manfred Windfuhr, *Hoffmann und Campe*, 1982, Bd. 15, S. 64.

② Bernd Kannowski, *Über Goethe, die Freiheit und die Ente in der Rechtsgeschichte*, in: Ünnepi kötet: *Dr. Blazovich László egyetemi tanár: 70. Szegedi Tudományegyetem*, 2013, S. 353.

③ David Graeber, *Debt: The First 5000 Years*, Melville House Press, 2011, p. 199.

④ Ibid., p. 199.

⑤ Ibid., p. 200.

⑥ Ibid., p. 202.

产"，而法学家们激烈地讨论这二者之间到底有没有区别。①格雷伯认为，这个思想史传统有助于理解亚当·斯密等自由主义者对世界的想象：自由意味着任意处置自己的个人财产。这同时意味着我们可以转让，甚至出售我们的自由。②这最终成为现代国家、劳动市场的基本逻辑：主权国家的基础，是国民通过契约让渡的自由；在劳动关系中，人们实际上是在出售自己的身体和时间。最终我们将彼此和自我都视为可以出售的商品。

格雷伯和温格罗抛弃了这个传统，重新总结出三类基本自由：其一是移动的自由（the freedom to move），其二是不服从命令的自由（the freedom to disobey orders），其三是创造另一种政治秩序的自由（the freedom to reorganize social relations）。这三种不同形式的自由，在人类的历史上均有迹可循。

移动的自由是移居的自由。今天的狩猎、采集部落，例如东非的哈扎（Hadza）部落或者澳大利亚的马图（Martu）部落，规模虽小，却并不以血缘为纽带。与此相反，彼此有血缘关系的成员平均只占部落总人数的十分之一。很多部落成员来自非常遥远的地区，拥有不同的母语。③前几个世纪，澳大利亚原住民可以穿越半个大陆，融入另一个社会，即使他们说着一门完全不同的语言。在五百年前的北美也是如此。五大湖（the Great Lakes）湖畔的居民可能移居至路易斯安那河口地区，并确信当地人会接纳他们。④讽刺的是，在全球化的商业文明社会，人们往往被困在原地，流动的只有资本、商品和被市场鉴定为有价值的劳动力。

移动的自由也指往返于不同社会结构的自由。例如，20世纪巴西原住民南比夸拉族（Nambikwara），拥有根据季节而变化的社会安排。几百个南比夸拉族人在雨季占领山顶的村庄，从事种植，其余时间则组成小型狩猎、采集部落，散落四方。他们的首领在旱季享有独裁的权威，负责下达命令、解决危机、赢取政治声誉。在雨季，首领们则依靠在旱季获得的声誉吸引族人定居在他们的村庄。而在定居期间，任何的独裁行为都不会被接受。首领只能够循循善诱，教导他的追随者建造房屋，照料作物，同时照顾病人和弱者，在发生争执的时候负责居中调停。他不能强迫任何人做任何事。⑤南比夸拉人能够在雨季自由选择自己追随的首领，因而有效制约了这些首领在旱季的独裁权力。这种季节性的政治制度安排显然是设计而

---

① David Graeber, *Debt: The First 5000 Years*, Melville House Press, 2011, p. 205.
② Ibid., p. 205.
③ David Graeber, David Wengrow, *The Dawn of Everything*, p. 121.
④ Ibid., p. 122.
⑤ Ibid., p. 98.

成的。

在移动的自由之外，人类也可以享有留下但不服从的自由。北美原住民正是有意识地在维护自己不服从的自由。北美传教士勒吉恩（Le Jeune）在1642年记录道，蒙塔格纳斯-纳斯卡皮人（Montagnais-Naskapi）相信他们生来自由，不需要服从任何人。他们无数次地辱骂勒吉恩，因为法国人惧怕、服从自己的首领。与之相反的是，蒙塔格纳斯-纳斯卡皮人嘲笑他们的首领以作消遣。他们首领的权威就在他的舌尖，他所有的力量都维系于他的口才，只有当他有能力取悦其他蒙塔格纳斯-纳斯卡皮人，他们才会听从他。①蒙塔格纳斯-纳斯卡皮人正是通过日常嘲笑首领的实践，来不断重申、内化个人自由的价值，通过辱骂对首领唯命是从的他者，来实现对自我社会群体的规训。只不过他们所欲实现的规训内容与我们所在的现代文明社会背道而驰。

最奢侈的一种自由，莫过于《万物的黎明》所提出的第三种自由：重新协商、重新创造另一种政治秩序的自由。人类并不是物质世界的奴隶。历史上的人们，从来都并非别无选择。公元300年前后（远早于哥伦布抵达美洲），特奥蒂瓦坎文明（Teotihuacan）就选择放弃人祭，不再建造纪念碑。取而代之的是高质量的石制建筑，数量多到足以容纳十万居民中的绝大多数。居住环境和饮食表明，这些居民过着人类历史上鲜有的平均、舒适、富足的生活。更令考古学家手足无措的是，没有任何迹象表明，这一时期的特奥蒂瓦坎文明中存在任何形式的政府，没有权威设计并执行了一套改革方案。②虽然其中的机制不得而知，但可以确定的是，一切都由人们有意识地自发组织，他们创造出了一个更令人向往的世界。

四、想象另一个世界的能力

在社会进化论裹挟之下，如今我们确信国家是高级复杂文明的唯一组织形式。然而，正如詹姆斯·C.斯科特（James C. Scott）所言："我们未来的自由依赖于驯化利维坦式的国家……这个任务让人望而生畏。"③新自由主义的信徒把自由市场、资本主义当作抵抗国家的工具：既然在高级复杂的文明中，国家统治和社会不平等

---

① David Graeber, David Wengrow, *The Dawn of Everything*, p. 41.
② Ibid., p. 328.
③ 詹姆斯·C.斯科特：《逃避统治的艺术》，王晓毅译，生活·读书·新知三联书店2016年版，第430页。

无法避免，那么出路只有限制政府管制，让理性的自由市场将资源最优化配置，最终经济、技术的发展将会使所有人受益。

这个的诺言当然并没有成真。事实上，把人类的未来框在"国家管制还是自由市场"这个讨论里，毫无意义。纵观历史，国家和市场从来都不是彼此的对立面。恰恰是帝国法典确立了经济自由主义，这绝非偶然——在君主的神圣意志面前，每个个体都平等得微不足道，而在履行对君主的义务之外，作为报酬，人们在与彼此的交往中享有一切自由。因此自由市场总是得到独裁者的支持，往往伴随着不同形式的帝国主义、官僚体制、战争、奴役和剥削。正如格雷伯在《债：5000 年债务史》（Debt: The First 5000 Years）和《规则的乌托邦》（The Utopia of Rules）中所论述的，自由市场只是一个神话，它不仅由政府创造，而且靠警察和监狱来维护。①也就是说，新自由主义建立在对人类社会的错误预设之上。在这个框架之下，我们不可能提出正确的问题，因此也不可能得到真正的答案。新自由主义注定无法兑现自己的诺言。面对当下人类社会的问题，用朱明哲的话说："现在，是时候考虑国家-资本主义之外的解决方案了。"②

因此笔者认为，《万物的黎明》是一本希望之作，综合了大量人类学、考古学研究。格雷伯和温格罗有力地质疑了启蒙运动以来的西方文明叙事，证明了人类社会并不是单向发展的，而是像钟摆一样来回摇荡。它简直像是一本关于人类历史的科幻小说，它向我们展示了，人类的过去、现在和未来都远比我们想象得更为复杂，充满着不同的可能性。事实上，人类历史上最早的很多城市中，根本没有行政等级制度，也没有独裁统治。例如黑海北岸地区的许多大型建筑遗址（mega-sites）可追溯至公元前 4100 年至公元前 3300 年左右，每个遗址容纳几千甚至上万人。其中的塔扬基（Taljanky）包括超过 1000 栋房屋，占地 300 公顷。居民们种植果树、畜牧，同时狩猎、采集。他们使用的盐来自喀尔巴阡山（Carpathians）和黑海沿海地区，而铜来自巴尔干地区。其中一户人家制造的陶器，属于史前时期最精美的一批。这个并不简单的社会中，同样不存在集权政府、防御工事和纪念碑式建筑。③正如主动放弃了统治阶级的特奥蒂瓦坎文明，人们并没有陷于所有人对所有人的战争中。

因此真正的问题是，我们为何困在了资本主义、新自由主义和国家主义之中，

---

① David Graeber, *The Utopia of Rules*, p. 31; David Graeber, *Debt: The First 5000 Years*, p. 282.
② 朱明哲：《2021 年不务正业的读书记忆》，2022 年 1 月 24 日，https://mp.weixin.qq.com/s/OlPoG-LAucYWWIEnKspemyg。
③ David Graeber, David Wengrow, *The Dawn of Everything*, p. 288.

为什么今天的人类失去了想象另一个世界的能力,以及我们如何能够重获这个能力。对此格雷伯和温格罗没有给出标准答案。

在很多的访谈中,格雷伯诚实地回答,他不知道未来会是什么样的,只知道资本主义不会永远存续下去。从定义上来说,一个无政府主义者不可能提出未来的蓝图,因为他相信未来由每个个体当下的实践所创造。我们总是把对未来确凿的许诺作为具体行动的前提,也许这正是我们被困住的原因之一。但历史学中存在一个有趣的悖论:我们总是将历史描述为不可避免,然而我们从来都不能预测未来。这说明历史和未来不过都是建构。就此而言,资本主义无非是另一个可以被取代的信仰。建构历史容易,因为我们知道历史事件的结局。如王明珂《反思史学与史学反思》一书中所言,之所以我们很难怀疑被建构出的历史,是因为我们每个人都活在历史所造成的现实之中。[1] 而面对未来,我们则不得不承认自己的无知。不过,现在我们知道了,过去人们曾经创造过不同的世界。我们没有理由认为,未来的人们不能够创造另一个世界。格雷伯相信,正如人们共同创造了资本主义世界,如果明天所有人一觉醒来,同时决定创造另一个世界,我们就会拥有另一个世界。《万物的黎明》为文明提供了另一种诠释:社会个体的互助、合作和对彼此的善意。作者们写道:若我们相信确实如此,那么文明的历史尚待书写。[2]

结　语

格雷伯和温格罗当然有可能犯错,这本书中的很多论断也将被未来的研究证伪,但《万物的黎明》的革命性贡献在于,它有力地挑战了被学术界、主流文化视为理所当然的观念和认知,为反思历史提供了一个全新的视角。这本书引发的争论,也成为我们重新审视文明、想象未来的契机:我们并不仅是给定系统中的行动者,而且也在通过自己的每一个行动塑造、改变这个系统。

那么我们要怎么做呢?和公元300年前后的特奥蒂瓦坎居民一样,我们手上没有可遵照执行的蓝图。也许改变的第一步,恰恰是放弃对蓝图的幻想与期待。在《无政府主义人类学碎片》(*Fragments of an Anarchist Anthropology*)一书中,格雷伯提供了很多想法,我想,我们可以从其中的一点开始。他在这本书的中文版自序

---

[1] 王明珂:《反思史学与史学反思》,上海人民出版社 2016 年版,第 104 页。

[2] David Graeber, David Wengrow, *The Dawn of Everything*, p. 432.

中写道:"如果你像对待小孩一样对待人们,那他们的举止便会和小孩一样。这便是为什么我们面临一个霍布斯式情景时,通常是一个极端的威权政府突然崩溃的时候。……如果你像对待成年人一样对待他人,那么——至少当他们弄清楚你真的是这样想时——他们会很快表现得像大人一样。"①

---

① 大卫·格雷伯:《无政府主义人类学碎片》,许煜译,广西师范大学出版社 2014 年版,xiii。

案 评

论股权回购型对赌中投资方回购决定权的规范模型

——以两则相异案例切入

姚一纯[*]

摘　要　股权回购型对赌交易的一个核心特征为，投资方在特定情形下享有要求融资方回购股权的决定权。司法实践对该权利的性质及适用规范看法不一，有认为系请求权并适用诉讼时效制度的，亦有认为系形成权并适用除斥期间制度的。其中分歧，本质上还是抽象层面缺乏规范模型所致，有鉴于此，本文尝试提出四种规范模型以供实践者适用：一是"择定权模式"——基于股权回购择定权的设立与行使；二是"不可撤销要约模式"——基于不可撤销的股权回购要约与承诺，该构造可变形为"附条件要约模式"；三是"附意愿条件模式"——基于股权回购合意附系于一方的意愿条件；四是"解除权模式"——基于增资协议解除权的设立与行使。在个案中，应当结合案情，通过意思表示解释将股权回购型对赌交易归入某种规范模型，并适用相应的权利行使规范。

关键词　股权回购　对赌交易　回购决定权

---

[*]　姚一纯，北京市天同律师事务所律师。

一、问题的提出：以两则相异案例切入

近年来，对赌在我国资本市场的股权投融资交易中颇为常见，其本质是一种估值调整机制（Valuation Adjustment Mechanism）。该机制的基本运作原理为，股权投融资双方约定当特定情事出现时，一方（通常系投资方）有权依约定的方式改变交易的内容。①对赌交易没有统一的模型，交易当事人可以根据具体交易情事作出合适的安排，实务中较为常见的一种模式为股权回购型对赌。②"瀚霖案"③ "华工案"④等著名案例均源于股权回购型对赌交易的投后纠纷。

无论是实务界还是学界，就对赌交易的研究几乎都集中于对赌协议的效力及其履行问题，涌现了诸多代表性文献。⑤2019年11月发布的《全国法院民商事审判工作会议纪要》第5条更是司法实践对这些问题的集中回应。⑥相较而言，既有研究似乎尚未涉及股权回购型对赌交易中一个更为根本的问题——投资方的股权回购决定权如何产生，又应当如何行使？具体而言，股权回购型对赌要实现的商业安排为，投资方能够在特定情形下要求融资方⑦回购股权且融资方不得拒绝（因而笔者将此称为股权回购决定权），但相反，若投资方决定继续持有股权则融资方无法要求投资方转让股权。何种法律构造能够在功能上满足这样的交易安排，实证法并无明确规定，理论研究亦有所缺失。司法实践中多数法院对该问题通常是一笔带过或干脆不着笔墨。有部分法院对该问题作出了一定的阐述，但其中见解并不一致，以下通过两个具有一定代表性的案例予以说明。

---

① 张先中：《私募股权投资中估值调整机制研究——以我国〈公司法〉资本规制为视角》，《法学论坛》2013年第5期。

② 实证研究表明，其他典型模式还包括股权调整型、现金补偿型、控制转移型、股权激励型、追加投资型以及股权优先型。详见吴子瑶：《私募股权投资中对赌协议的法律风险——对中国十大典型PE对赌案例的分析》，《金融理论探索》2017年第6期。

③ 详见最高人民法院（2016）最高法民再128号民事判决书。

④ 详见江苏省高级人民法院（2019）苏民再62号民事判决书。

⑤ 代表性文献（按照发表时间排序）包括俞秋玮、夏青：《对赌协定效力之争及其评价》，《法律适用》2015年第6期；潘林：《重新认识"合同"与"公司"：基于"对赌协议"类案的中美比较研究》，《中外法学》2017年第1期；刘燕：《"对赌协议"的裁判路径及政策选择——基于PE/VC与公司对赌场景的分析》，《法学研究》2020年第2期；贺剑：《对赌协议何以履行不能？——一个公司法与民法的交叉研究》，《法学家》2021年第1期；游冕：《对赌裁判的发展与思索：资本维持、同股同权与法定抗辩——从海富案、瀚霖案、华工案、银海通案评析切入》，载《法理》2021年第7卷第2辑。

⑥ 对该规范的进一步解释，参见最高人民法院民事审判第二庭编著：《〈全国法院民商事审判工作会议纪要〉理解与适用》，人民法院出版社2019年版，第112页以下。

⑦ 本文所指融资方即投资方的对赌对象，以下如无特别说明，则包括目标公司和目标公司股东。

在九江联豪九鼎投资中心与谢峰案①中，核心争议焦点为九江联豪九鼎投资中心（后文简称九鼎投资）请求谢峰回购股权的权利是否罹于诉讼时效。二审法院认为，根据案涉协议，②九鼎投资要实现其权利，一是须"向谢峰发出要求其回购股权的意思表示"，二是"谢峰履行回购义务支付股份转让款"，因而九鼎投资请求谢峰履行金钱给付义务的权利在性质上属于债权请求权，应当适用诉讼时效制度。最终，二审法院以九鼎投资的回购请求权"具备行使条件"之日作为诉讼时效的起算点，在综合考量诉讼时效中断等情形后，认定九鼎投资请求谢峰回购股权的权利并未罹于诉讼时效。③饶有趣味的是，法院一方面认定投资方权利的行使须包含"要求其回购股权的意思表示"，另一方面却未将该种意思赋予创设股权回购法律关系的功能，而是仅作为股权回购法律关系已经产生后得以中断诉讼时效的事由。并且，以回购事由发生作为股权回购法律关系下投资方债权请求权的产生时点，意味着投资方实际上并未享有股权回购的决定权——一旦回购事由发生，投资方与融资方便自动进入了股权回购法律关系，这似乎不符合股权回购型对赌交易的机制。

在吕华铭与蔡冰案④中，核心争议焦点与前案类似，即投资方（吕华铭）应当在何等期间内请求融资方（蔡冰）回购股权，若未在期间内行使，会产生怎样的法律效果。但本案中再审法院的思路与前案显著不同，再审法院认为投资方的"股权回购权"在性质上与撤销权、解除权同属形成权，因此不应适用诉讼时效的规定，在当事人未作约定时，回购权人应在合理期间内行使权利。此外，再审法院还指出，合理期间的范围应当依据诚实信用、公平等原则并综合考量公司经营管理的特性、股权价值的变动、合同的目的等因素来确定。最终，再审法院认为投资方未在回购事由发生之日后的合理期间内行使其回购权，该权利从而消灭。⑤该案中，法

---

① 详见北京市第三中级人民法院（2019）京03民终9876号民事判决书。
② 根据判决书"本院查明"部分记载，案涉《补充协议》就股权回购约定了一定的事由，并约定"甲方（即九鼎投资）有权选择在上述任一情况出现后要求乙方（即谢峰）购买甲方持有的全部乙方股权"。
③ 具体而言，二审法院认定九鼎投资的回购请求权于2015年8月13日"具备行使条件"，九鼎投资于2018年5月23日曾向北京市丰台区人民法院提起诉讼，该行为系以"起诉方式通知谢峰履行股份转让价款支付义务"，此时诉讼时效并未超过，虽九鼎投资后撤回该案起诉，但其起诉的行为构成诉讼时效中断事由，因而九鼎投资于2018年8月9日提起本案诉讼未超过诉讼时效。
④ 详见上海市高级人民法院（2020）沪民申1297号民事裁定书。
⑤ 根据上海市高级人民法院（2020）沪民申1297号民事裁定书记载，吕华铭与蔡冰签订的协议中约定"如标的公司一年半内上市无进展或没有任何并购和投资盈利，经双方协商，甲方（即蔡冰）按投资金额加上一年的贷款利息进行回购股权，乙方（即吕华铭）即退出"。再审认定吕华铭应当在2017年1月23日（即回购事由发生之日）后的合理期间内行使权利，但吕华铭提交的证据仅能显示其在2018年8月提出过回购请求，此时已超过合理期间。

院认为投资方对融资方享有的股权回购权利系形成权,应当与其他典型的形成权一样适用除斥期间制度,且以约定的回购事由发生为期间的起算时点。但值得关注的是,法院在其说理部分还指出"从权利的性质及行使的后果出发,股权回购权的行使期间应短于合同解除权的行使期间",却未说明其理由,不免让人疑惑。

上述两个案例所涉核心争议焦点表面上虽然都体现为权利行使期间问题,但实质上仍是投资方股权回购决定权的定性问题。两个案例中的法院均是先对投资方享有的权利作出了性质认定,再据此适用相应的制度规范,而也正是因为定性的差异,导致两案虽然案型相似但处理结果却截然不同。面对这样的分歧,与其在个案中分析其缘由,不如回归到抽象层面予以重塑。有鉴于此,本文尝试厘清股权回购型对赌交易中,投资方的股权回购决定权存在哪几种符合交易需求又与实证法及法学理论相融洽的规范模型,并在此基础之上明确相应的权利行使规范(尤其是权利行使期间)等周边问题。[1]

二、规范模型一:择定权模式

第一种规范模型为:投融资双方通过对赌协议确定了股权回购法律关系的内容,并约定若特定事由发生,则投资方得依其单方意思使股权回购法律关系成立。因该构造之核心系择定权的设立与行使,不妨称其为"择定权模式"。[2] 择定权(Optionsrecht)系德国法学理论中的一个术语,即指权利人具有依其单方意思而使得一个内容业已确定或客观可以确定的合同关系成立的权利。[3] 实际上德国实证法并未直接规定择定权,严格来说择定权并非一个概念,而是类型化思维的产物。[4] 具体而言,择定权属于形成权的一种类型,原则上应适用形成权的相关规范,只不过择定权行使的结果体现为成立一个内容已事先确定或客观可以确定的合同,而该

---

[1] 申言之,本文侧重于提出抽象的法律构造,具体至个案则仍须结合案情,通过意思表示解释来判断何种规范模型更为符合当事人的真实交易安排。

[2] 我国台湾地区"民法"中的"买回权"与德国法上的择定权具有一定的相似性,详见黄茂荣:《债法分则之一:让与之债》,厦门大学出版社 2020 年版,第 179 页。

[3] 卡尔·拉伦茨:《德国民法通论》,王晓晔等译,法律出版社 2013 年版,第 727 页。

[4] 所谓概念,是指法律事实的特征已被穷尽罗列,从而系证法律事实是否得涵摄于某一法律概念下,可单纯地通过逻辑推论加以确定。相较而言,类型并非借不可或缺的要素而被终局性确定的,而是只能被描述的且相对较具体的。参见卡尔·拉伦茨:《法学方法论》,陈爱娥译,商务印书馆 2003 年版,第 101 页;胡玉鸿:《韦伯的"理想类型"及其法学方法论意义——兼论法学中"类型"的建构》,《广西师范大学学报(哲学社会科学版)》2003 年第 2 期。

种现象具有经济生活上的普遍性，因而将其类型化并赋以特称，以区别于其他类型的形成权。

（一）投资方回购决定权系意定形成权

"择定权模式"下的投资方回购决定权系意定形成权。根据权利来源不同，形成权可分为意定形成权（例如意定合同解除权）及法定形成权（例如法定合同解除权及各类形成诉权）。① 择定权亦能作此区分，例如优先购买权可以分为法定优先购买权（例如《民法典》第726条规定的承租人优先购买权等）以及意定优先购买权。②

需要辨明的是，"择定权模式"下的投资方回购决定权不同于《民法典》第515条第1款规定的选择权。选择权与择定权虽然同属形成权，但两者仍具有一定差异，择定权的法律效果体现为成立预先确定了内容的法律关系（即决定了法律关系的"有或无"），而选择权的法律效果体现为从已成立的法律关系中的多项给付内容中择一以确定给付内容（即决定了给付内容的"此或彼"）。③ 因此，"择定权模式"下的投资方回购决定权不应直接适用实证法中关于选择之债的具体规范，例如《民法典》第515条第2款规定的权利移转规则就不应适用于择定权，即便投资方怠于行使其回购决定权，融资方亦无法取得该权利。

在"择定权模式"下，投资方的回购决定权须通过投融资双方的合意设定，该种合意通常被称为择定合同（Optionsvertrag）。④ 将其置于股权投融资交易背景下，便是投融资双方通过对赌协议这一载体来达成赋予投资方回购决定权的合意。当然，从理论上来说，形成权相对人通过单方法律行为亦能设定形成权，原因在于该场合下形成权相对人本身就参与了形成权的设定，而形成权权利人亦不会因被"授予"该形成权而有任何负担，因而不违背私法自治原则下的正当性。⑤

投融资双方通过对赌协议设立择定权的同时，也同时拟定了将来可能成立的股

---

① 朱庆育：《民法总论》，北京大学出版社2016年版，第518页。
② 常鹏翱：《论优先购买权的法律效力》，《中外法学》2014年第2期。
③ 关于选择之债中的选择权，详见郑玉波：《民法债编总论》（修订二版），中国政法大学出版社2004年版，第214页以下。
④ 本德·吕斯特、阿斯特丽德·施塔德勒：《德国民法总论》（第18版），于馨淼、张姝译，法律出版社2017年版，第253页；卡尔·拉伦茨：《德国民法通论》，王晓晔等译，法律出版社2013年版，第727页以下。
⑤ 朱庆育：《民法总论》，第518页。相类似的是，单方法律行为得以设定优先购买权，参见常鹏翱：《论优先购买权的法律效力》，《中外法学》2014年第2期。

权回购合同的内容。需要说明的是，在投资方行使回购决定权之前，股权回购合同尚未成立，因而也不具有任何拘束力，但是，由于对赌协议（择定合同）本身具有拘束力，因而当事人也不得随意变更尚未成立的股权回购合同的内容。总之，无论是择定权的设立还是将来可能成立的股权回购合同，均非孤立为之，而是服务于整个投融资交易，因此不同环节之间的体系关联、功能互助也自然顺理成章。

（二）"择定权模式"下投融资双方意定回购条件的法律构造

在股权回购型对赌交易中，为了避免投资方恣意要求融资方回购股权，融资方往往会设置一些回购条件，例如只有当标的公司的年度利润未达到一定指标时，投资方才能要求融资方回购股权。在"择定权模式"下，这样的回购条件系何种法律构造，值得辨析。

首先，投融资双方约定的回购条件不是股权回购合同所附停止条件。原因在于，在"择定权模式"下，该回购条件之功能在于避免投资方恣意行使其回购决定权，因此该回购条件应当直接作用于投资方的回购决定权而非作用于决定权行使之后才成立的股权回购合同。在九鼎投资与谢峰案中，二审法院将约定回购事由的发生作为投资方对融资方享有的金钱给付债权产生的时点，显然是将该回购事由直接认定为股权回购合同所附停止条件，但若如此，便会产生一个现象——股权回购合同自始便已成立只是尚未生效，且一旦约定的回购事由发生，投资方亦无法根据其商业上的决策继续持有股权，而是负担了已生效的股权回购合同项下转让股权的义务，这显然不符合股权回购型对赌交易通常的交易安排。[①]

其次，投融资双方约定的回购条件不是投资方回购决定权的行使所附条件。通说认为，为避免形成相对人的利益处于不确定状态，形成权的行使原则上不得附条件（或谓之形成表示不得附条件）。[②] 虽然学说也承认该原则存在一定的例外，但这些例外均以所附条件的效果符合形成相对人利益或相对人的利益没有保护的必要为标准，[③] 但是投融资双方约定的回购条件本身即是为保障融资方（形成权相对人）利益而设，显然不属于这些例外情形的涵摄范围。

排除前两种可能后可以得出，投融资双方约定的回购条件只能是投资方回购决

---

① 对此，下文将进一步阐述。
② 我国实证法上的例证为《民法典》第 568 条第 2 款的规定，即"抵销不得附条件或者附期限"。参见朱庆育：《民法总论》，北京大学出版社 2016 年版，第 519 页；翟远见：《〈合同法〉第 45 条（附条件合同）评注》，《法学家》2018 年第 5 期。
③ 申海恩：《私法中的权力：形成权理论之新开展》，北京大学出版社 2011 年版，第 214 页以下；翟远见：《〈合同法〉第 45 条（附条件合同）评注》。

定权产生的条件。有学者认为，就各种回购合同而言，若对回购权采意定形成权构造，则回购条件实为形成权产生的条件，其法律意义与约定解除权的产生事由相似。①这样的观点值得肯定，但仍存有疑问的是，《民法典》第562条第2款规定的约定解除权产生事由，其内涵是否有别于传统民法理论中的条件？相应地，事由能否适用或类推适用条件拟制规则？这些疑问不仅存在于意定解除权，也存在于所有类型的意定形成权。

有观点认为，事由不同于一般法律意义上的条件，原因在于该类事由发生的法律后果在于一方当事人取得某个形成权，而非某个法律行为自动发生或失去效果。②这虽有一定道理，但仍未正面说明事由的性质。笔者认为，与其强调两者的不同，不妨将意定形成权产生的事由解释为设定该形成权的法律行为所附停止条件。申言之，事由发生的法律效果并不直接指向形成权而是设立该形成权的法律行为。置于意定解除权语境，即当事人就设立解除权达成合意时，该设立解除权的法律行为成立，双方约定的事由系该法律行为所附停止条件，事由发生即条件成就，解除权进而产生。相应地，条件拟制规则、条件限定性理论等均能适用于这些事由。

在"择定权模式"下，投融资双方约定的回购条件系设定投资方回购决定权的法律行为所附停止条件，条件成就则投资方的回购决定权产生。当约定的回购条件为目标公司业绩不达标准时，融资方即使积极地追求业绩达标而使得条件不成就，此时亦不应适用条件拟制规则，原因在于融资方积极追求业绩达标的行为符合投资方的利益，并不违反诚实信用原则，不符合拟制规则中的不正当性要件。③

（三）投资方回购决定权的行使

1. 权利行使方式

形成权的行使行为属于需受领的意思表示。④因此，投资方行使其回购决定权，应当向融资方作出行权的意思表示，股权回购合同自意思表示到达融资方时生效。值得注意的是，交易实践中，投融资双方有时会采用"投资方通知融资方回购"等诸如此类的表述，在"择定权模式"下，此种通知实为形成权之行使，系法律行为而非准法律行为。

---

① 王文胜：《托底型回购合同的风险转嫁机理》，《法学研究》2020年第4期。
② 翟远见：《〈合同法〉第45条（附条件合同）评注》。
③ 关于不正当性，详见翟远见：《〈合同法〉第45条（附条件合同）评注》。
④ 朱庆育：《民法总论》，第519页。

当然，即便回购决定权已经产生，投资方亦能根据其经营战略而不行使其回购决定权，从而继续持有目标公司股权。就如同意定解除权那样，解除权虽然产生，但是否行使仍取决于解除权人的选择。在九鼎投资与谢峰案中，二审法院直接将九鼎投资（投资方）向谢峰主张股权回购的权利认定为债权请求权，实际上就是忽视了九鼎投资享有决定进入股权回购法律关系或不进入股权回购法律关系的权利，跳过了九鼎投资行使该决定权的过程，直接在股权回购法律关系下判断其请求谢峰给付股权转让价款的权利性质，这显然不符合当事人达成对赌交易时所确定的安排。在这样的错误判断下，法院即便意识到九鼎投资"向谢峰发出要求其回购股权的意思表示"系其权利行使的一个方面，却也未能正确认定该意思表示的法律效果。实际上，该意思表示便是股权回购决定权的行使表示，其法律效果应当为使得九鼎投资和谢峰成立股权回购法律关系。

2. 权利行使期限

投融资双方可以在设定投资方回购决定权的同时约定权利的行使期限，以避免投资方在获得决定权后长期不行使而使得融资方处于不稳定的地位。由于择定权属于形成权的一种类型，因而其权利行使期间之性质为除斥期间。[①] 值得进一步思考的是，双方未作约定时，应当如何确定投资方回购决定权的行使期限？在吕华铭与蔡冰案中，再审法院认为在当事人未约定"股权回购权"的权利行使期间的情况下，回购权人应在合理期间内行使权利，且该合理期间应当根据"公司经营管理的特性、股权价值的变动、合同的目的等因素"来确定。基于此，再审法院进一步指出，"从权利的性质及行使的后果出发，股权回购权的行使期间应短于合同解除权的行使期间"，但并未给出其理由，也未说明其认为的适用于本案的合理期间应为多久。[②] 这样的结论存在一定问题。

首先，择定权的权利行使期间原则上应当类推适用解除权的相关规范，在《民法典》施行之前，即类推适用《合同法》第95条的规定。类推适用系开放型法律漏洞填补的基本方法，即将实证法中对某事实构成所明定的法律效果，转移适用于实证法未予规范但与前述事实构成较为类似的事实构成之上，其背后的法理基础为同类事物相同对待的公正理念。[③] 虽然择定权以设立法律关系为目标，而解除权以

[①] 虽然有学者认为除斥期间的适用对象不局限于形成权，但至少均承认形成权的权利期间之性质为除斥期间。参见耿林：《论除斥期间》，《中外法学》2016年第3期。

[②] 详见上海市高级人民法院（2020）沪民申1297号民事裁定书。

[③] 卡尔·拉伦茨：《法学方法论》，黄家镇译，商务印书馆2020年版，第478页以下；王泽鉴：《民法思维：请求权基础理论体系》，北京大学出版社2009年版，第200页。

终止法律关系为目标，但两者本质均属于形成权，均旨在赋予一方当事人单方塑造双方私法关系的可能性，且均通过作出意思表示来行使权利。此外，择定权与解除权之所以会产生，往往是因为当事人间已经存在了一定的法律关系。既然在权利性质、规范意旨、权利行使手段以及发生场景上均具有相似性，那自无否定其类推适用之道理。并且，合同解除权作为一种实证法规定的典型形成权，在一定程度上统摄实证法未规定的其他类型形成权（尤其是意定形成权），也不会违反一般大众的预期。

其次，若类推适用《合同法》第95条，本案再审法院亦无须确定合理期间，原因在于，并不是在所有当事人未约定解除权行使期限的情况下，都要根据合理期间来确定权利行使期限。根据《合同法》第95条第2款的规定，只有在相对人催告的情形下，才需要在催告后确认一个合理期限，解除权人在合理期限内不行使解除权的，权利消灭。对此作反面解释应为，尽管当事人未约定解除权的行使期限，但相对人未催告的，就不应适用《合同法》第95条第2款的规定确认合理期限。在该情况下，多数观点认为应当类推适用《关于审理商品房买卖合同纠纷案件适用法律若干问题的解释》（法释〔2003〕7号，下称《商品房买卖司法解释》）第15条第2款的规定，将解除权的最长除斥期间限定为一年。① 因此，本案再审法院更为妥当的处理方式为，类推适用《合同法》第95条及《商品房买卖司法解释》第15条第2款的规定，认定投资方的"股权回购权"因未在权利产生后的一年内行使而消灭。②

《民法典》施行后，由于《民法典》第564条第2款已经吸纳了《商品房买卖司法解释》第15条第2款的规定，因此在"择定权模式"下，投资方回购决定权的权利行使期限首先应当遵从当事人的约定，若当事人未作约定，则投资方的回购决定权在权利产生后一年内未行使而消灭或经融资方催告后未在合理期限内行使而消灭。

三、规范模型二：不可撤销要约模式

第二种规范模型为：融资方通过对赌协议作出不可撤销的要约，要约内容为融

---

① 崔建远：《合同法总论》（中卷），中国人民大学出版社2012年版，第663页。此外，参见薛文成：《论合同解除及合同解除权的行使》，《东方法学》2008年第1期。
② 当然，从本案的个案情况而言，该种处理方式的结果与实际的再审结果并无不同。

资方希望与投资方订立股权回购合同且该合同附停止条件。因该构造之核心在于融资方所作要约之不可撤销性，不妨称其为"不可撤销要约模式"。在"不可撤销要约模式"下，投资方的股权回购决定权体现为投资方是否对融资方的要约作出承诺，而融资方要约中所附条件系拟订立的股权回购合同所附停止条件。

（一）融资方股权回购要约的不可撤销性

在股权回购型对赌交易中，若要通过"要约-承诺"的构造实现投资方的股权回购决定权，须使融资方的股权回购要约具有不可撤销性。要约原则上具有可撤销性，但在特定情形下，或基于要约人的意思自治，或基于对受要约人的信赖保护，要约被赋予不可撤销性。例如，依《民法典》第 476 条第 1 项的规定，要约人可以通过明示的方式使其所作要约具有不可撤销性。

但有疑问的是，要约人能否以默示甚至沉默的方式表示其要约不可撤销？所谓默示，是指通过特定行为间接推知行为人的意思表示，原则上默示与明示具有同等的表示价值。①《民法典》第 140 条明确地将意思表示的作出方式区分为明示、默示以及沉默。由此，从体系解释的角度来看，《民法典》第 476 条第 1 项规定明示即排除了默示与沉默的意思表示方式。另外，该条款规定明示还有以下立法目的：要约人受要约拘束却无任何对待给付，因此在要约人受要约之拘束的问题上，应当对要约人赋予一定的优待，以免利益失衡。至于受要约人的信赖利益保护，则由《民法典》第 476 条第 2 项调整。但是，有学者认为《民法典》第 476 条第 1 项（承袭《合同法》第 19 条第 1 项）中的"以其他形式明示"应当包含"默示"的方式。例如，崔建远教授结合对其他立法例的考察，认为要约不可撤销之意思甚至可以从要约人的行为中推定得出。②朱广新教授亦认为，明示要约不可撤销，包含"虽无明确表示，但依据个案实际及交易环境，通过解释要约人的言辞或行为，可推断出要约不可撤销"。③若坚持体系解释，前述观点实为指出《民法典》第 476 条第 1 项（《合同法》第 19 条第 1 项）存在法律漏洞，应予填补。填补之方式即将要约人以默示方式表示其要约不可撤销之情形类推适用《民法典》第 476 条第 1 项的规定。

---

① 王泽鉴：《民法总则》，北京大学出版社 2009 年版，第 320 页。
② 崔建远：《合同法总论》（上卷），中国人民大学出版社 2011 年版，第 136 页。
③ 《合同法》一定程度上借鉴了《联合国国际货物销售合同公约》及《国际商事合同通则》，而这些立法例相关条文的英文版中所采用的表述为"indicate"，中文版则为"表示"而非"明示"。参见朱广新：《要约不得撤销的法定事由与效果》，《环球法律评论》2012 年第 5 期。

另外，根据意思自治原则，要约人可以自定承诺期限。通常而言，这具有两方面的效果，一方面是使得要约于承诺期限内不可撤销，另一方面则是要约于承诺期限届满时失效。当然，要约人也能表示其要约始终不可撤销，即无承诺的最晚期限，受要约人即便长期不予理会，该要约也仍旧保持其形式拘束力。虽然如此对要约人明显不利，但从意思自治的角度来看，亦无不可。①

（二）"不可撤销要约模式"下投融资双方意定回购条件的法律构造

在"不可撤销要约模式"下，目标公司业绩不达标等回购条件系股权回购合同所附停止条件。申言之，在该模式下，回购条件并非附于要约本身，而是作为要约内容的一部分。若投资方未作承诺，则该回购条件成就与否均不直接发生法律后果；若投资方作出承诺，则股权回购合同成立，至于其是否生效则取决于回购条件的成就与否。

与前述"择定权模式"不同的是，"不可撤销要约模式"下投资方的决定权并不取决于回购条件的成就与否，因此，真实案型中可能会产生一种情况——投资方作出承诺时，股权回购合同所附条件已经成就。例如，投资方在审阅目标公司年度审计报告后，发现目标公司当年业绩未达一定标准，遂向融资方作出承诺，从而股权回购合同成立，而该股权回购合同所附停止条件恰恰就是目标公司当年业绩不达该标准。甚至可以说，这种情形更为符合交易现实，比投资方在不确定回购条件是否能成就时就作出承诺要更为常见。此类在法律行为作出时成就与否已经确定的条件，通常被称为既成条件。虽然实证法未明确规定既成条件的具体规则，但通说认为，若既成条件系停止条件且该条件已确定成就的，则视为未附加条件。② 于此，若投资方待条件成就后方作出承诺的，此时该条件已不再发挥其控制法律行为生效的阀门功能，投资方一旦作出承诺，股权回购合同即告成且生效。

（三）投资方回购决定权的行使

如前所述，投资方可以在承诺期间对融资方的股权回购要约作出承诺，使得股权回购合同成立，从而实现投资方的回购决定权。当然，投资方亦能根据其经营战略而不作出承诺，继续持有目标公司股权。投资方若向融资方作出拒绝要约的意思表示，则融资方的股权回购要约失效。该意思表示可以通过明示或默示的

---

① 贸易实践中，销售方作出"该发盘长期有效且不可撤销"的表示也属常见。
② 史尚宽：《民法总论》，中国政法大学出版社 2000 年版，第 482 页以下；朱庆育：《民法总论》，北京大学出版社 2016 年版，第 519 页；翟远见：《〈合同法〉第 45 条（附条件合同）评注》。

方式作出。①

　　有必要进一步说明的是，若融资方未对其股权回购要约附加承诺期间，则可能会陷于较为不利的地位，尤其是在当融资方要约中的回购条件因时间的经过或其他原因而转变为既成条件的情况下。例如，以目标公司五年内未上市作为条件的，在融资方要约没有附承诺期间的情况下，一旦目标公司五年内确未上市，则意味着投资方可以在此之后的第六年、第七年甚至在更晚的时间随时作出承诺而使得股权回购合同成立。

　　与前述"择定权模式"不同的是，在"不可撤销要约模式下"，融资方无法采用催告的方式促使投资方决定回购与否，亦没有实证法规范来填补承诺期间。因此，融资方若要确保其不会长期处于不稳定的地位，只能在其要约中附加一个承诺期间，且该承诺期间与回购条件存在一定交易上的关联性。例如，以目标公司五年内不上市作为回购合同所附停止条件的，融资方所作股权回购要约可以附加六年的承诺期间。如此，即便在停止条件转化为既成条件后（即五年后目标公司也仍未上市），投资方亦只有一年的时间得以作出有效的承诺，若投资方未在此期间作出承诺，则融资方之要约失效，投资方此后亦无法对此作出有效的承诺。

（四）"不可撤销要约模式"之变形："附条件要约模式"

　　前文已述，"不可撤销要约模式"下的回购条件实际为股权回购合同所附停止条件。该种模式存在一种变形的可能——将回购条件前置于融资方的股权回购要约之中。该种变形不妨称为"附条件要约模式"。"附条件要约模式"与"不可撤销要约模式"，总体上都采用了"要约-承诺"这一种最为普遍的合同订立模式，两者在构造上的核心区别在于，融资方作出的股权回购要约的生效时点不同，而这又进一步能影响到股权回购合同成立与生效的进程。具体而言，在"不可撤销要约模式"下，由于融资方所作要约中所附条件系拟订立的股权回购合同所附停止条件，因而融资方作出的股权回购要约自始便生效，投资方随时作出承诺，股权回购合同的成立也完全可能先于要约所附条件的成就。② 而在"附条件要约模式"下，由于融资方所作要约所附条件系该要约本身的停止条件，因而该要约须待条件成就之

---

① 王泽鉴：《债法原理》，北京大学出版社 2013 年版，第 186 页；韩世远：《合同法总论》，法律出版社 2018 年版，第 137 页。

② 当然，如前所述，投资方多数情况下会观望以待融资方所作要约中欲订立的股权回购合同所附停止条件变成既成条件后，再作出承诺使得股权回购合同成立，且同时生效。如此，投资方的利益能得到最大程度的保障。

后才发生效力,融资方才有可能作出有效的承诺,且承诺一旦作出,股权回购合同便成立且生效。相较而言,"附条件要约模式"具有更强的确定性,且使得回购条件与股权回购合同订立之间具有更强的联系。

虽然"附条件要约模式"看似逻辑顺畅,符合交易需求,但在这表象之下,"附条件要约模式"亦有其困境——要约本身可否附条件仍具有疑问。大陆法系通说认为要约仅系以缔约为目的的意思表示,其本身不构成(单方)法律行为,因而关于法律行为的相关规范无法适用于要约。①《民法典》第472条规定了要约系意思表示,而《民法典》总则编第六章第四节仅规定了"民事法律行为的附条件和附期限",因此,在我国实证法语境下,法律行为附条件的相关规范亦无法直接适用于要约,这似乎使得"附条件要约模式"犹如水中望月。但是,无论从理论还是实践来看,要约附条件似乎都有其正当性及合理性,绝非不可触碰之禁忌。②

第一,意思表示与法律行为于概念上的区分,并不能当然否定意思表示附条件的正当性。事实上,意思表示与法律行为这一对概念并非严格区分,《德国民法典》便常将这两者作为同义词使用。③至今德国法通说仍认为,意思表示与法律行为大体上可以作同义理解,其不同之处仅在于意思表示作为法律行为之要素,在使用意思表示术语时有侧重"意思之表达"的意义。④可见,仅以意思表示与法律行为于概念上的细微区分,并不足以直接否定意思表示附条件的正当性。

此外,以莱嫩(Leenen)教授为代表的新进观点则抛弃传统的"要素说",转而认为意思表示系法律行为的工具(即"工具说"),并进而提出"双层六阶段"理论,以区分意思表示的成立、生效、效果评价(第一层中的第一阶段至第三阶段)与法律行为的成立、生效、效果评价(第二层中的第四阶段至第六阶段),并将意思表示的效果限定于法律行为的成立。⑤可见,若采"工具说",意思表示附条件(尤其是附停止条件)更是能直接嵌入"双层六阶段"中的意思表示生效阶段(第一层中的第二阶段)。

---

① 维尔纳·弗卢梅:《法律行为论》,迟颖译,法律出版社2013年版,第162、758页;郑玉波:《民法债编总论》,陈荣隆修订,中国政法大学出版社2004年版,第39页;韩世远:《合同法总论》,法律出版社2018年版,第117页。
② 近来我国亦有学者在尝试论证要约附条件的正当性与可行性。参见姚明斌:《悬赏广告"合同说"之再构成——以〈民法典〉总分则的协调适用为中心》,《法商研究》2021年第3期。
③ 汉斯·布洛克斯、沃尔夫·迪特里希·瓦尔克:《德国民法总论》(第41版),张艳等译,中国人民大学出版社2019年版,第53页。
④ 维尔纳·弗卢梅:《法律行为论》,第189页;朱庆育:《民法总论》,第518页。
⑤ 关于莱嫩教授的"双层六阶段"理论,详见王琦:《德国法上意思表示和法律行为理论的新发展——兼论对中国民法总则立法的启示》,《清华法学》2016年第6期。

第二，对要约附加条件并不意味着要约人不具有约束意思，不会导致要约构成要件的缺失。依《民法典》第 472 条第 2 项的规定，要约的构成要件之一为表意人具有使其表达的内容发生法律约束力的意思（"约束意思"），欠缺约束意思的，则不构成要约。① 但是，要约附条件并不意味着约束意思的欠缺，而只是对于要约人受拘束的期间加以限制，在要约人意思自治范围之内。若要约人所附加之条件为停止条件的，则要约在停止条件成就后仍会发生其拘束力，仅当要约人所附之条件系不能条件或意愿条件时，才有可能借意思表示解释规范来否定其约束意思。② 若要约人所附加之条件为解除条件的，则这与承诺期限的功能相同，均旨在控制要约的失效，大致相当于法律行为附期限与附条件。在私法自治原则下，附期限与附条件是当事人控制其意志作出的法律行为何时发生私法上的效果的重要手段，③ 既然附期限这一手段与功能，借由"确定承诺期限"之形式嵌入要约规则之中，那么，似乎也就没有必要否认要约附条件。

第三，对要约附加条件并不减损要约的确定性，无须以保护受要约人的利益为由而对其作否定性评价。此处所检视的确定性并非《民法典》第 472 条第 1 项规定的、作为要约构成要件的"内容具体而确定"，而是指意思表示相对人的确定性利益。大陆法系通说认为单方法律行为原则上不得附条件的核心理由为，如果行为人已经能够通过其一方的意思而改变相对人的法律地位，那么，就不应当允许行为人再对其实施的法律行为附加（停止）条件，从而避免相对人处于过分不确定的状态。④ 因此，以抵销权为代表的诸多形成权的形式原则上不得附条件，但是，若相对人利益无保护之必要，则构成例外，应承认行为人得以对其单方法律行为附加条件，此类例外包括代理权授予行为或行为人为自己设定义务的单方法律行为（单方允诺）等。⑤ 若以此类比，要约显然处于例外情形涵摄范围之内，原因在于要约的效果仅在于赋予受要约人通过承诺而订立合同的地位，并不会使得受要约人负有任

---

① 杨代雄：《〈合同法〉第 14 条（要约的构成）评注》，《法学家》2018 年第 4 期。
② 意愿条件、不能条件之效力，本身便涉及意思表示解释问题，详见朱庆育：《民法总论》，第 128、132 页。
③ 翟远见：《〈合同法〉第 45 条（附条件合同）评注》；翟远见：《〈民法典〉第 160 条（附期限法律行为）评注》，《法学家》2020 年第 5 期；朱庆育：《民法总论》，第 125 页。
④ 迪特尔·梅迪库斯：《德国民法总论》，邵建东译，法律出版社 2013 年版，第 168 页；王泽鉴：《民法总则》，北京大学出版社 2009 年版，第 402 页；翟远见：《〈合同法〉第 45 条（附条件合同）评注》。
⑤ 许中缘：《论民法中单方法律行为的体系化调整》，《法学》2014 年第 7 期；朱庆育：《民法总论》第 126 页。

何义务，受要约人也就没有被特别保护之必要。①另外，依《民法典》第 476 条，生效的要约原则上亦得以撤销，也印证了法政策上并未过于保护受要约人的确定性利益。

第四，要约附条件符合商业实践需求。试举一例，甲公司于 2021 年 1 月 1 日向乙公司发送邮件，表示"若奥组委于 2021 年 3 月 1 日之前宣布东京奥运会将在 2021 年召开，则我司希望以 3 元 / 个的价格向贵司采购 10000 个 A 型号手挥奥运五环旗"。从一般商业理性来看，要约人甲公司和受要约人乙公司均应能理解，只有当"奥组委于 2021 年 3 月 1 日之前宣布东京奥运会将在 2021 年召开"这一事实发生，乙公司才可能与甲公司完成交易，而若这一事实尚未发生或确定不发生，则无交易之可能。此类交易安排较为常见，以"附条件要约"作为法律构造，并无不妥。

如前述论证不谬，"附条件要约模式"具有法律上的正当性，可类推适用条件拟制等法律行为附条件的具体规则。当然，在"附条件要约模式"下，投资方的回购决定权仍须通过承诺来实现。只不过，只有在融资方要约所附停止条件成就之后，投资方才可能作出一个有效的承诺，从而使得股权回购合同成立。若融资方要约所附停止条件未成就或确定不成就，则融资方即便作出类似于承诺的表示，也只能构成一个新的要约。

四、规范模型三：意愿条件模式及其转化

第三种规范模型为：融资方与投资方通过对赌协议成立股权回购合同，并约定合同附双重停止条件，其中一重条件为诸如目标公司业绩不达标准等通常交易条件，另一重条件则为系于融资方的意愿条件。因该构造之核心在于系于融资方的意愿条件，不妨称其为"意愿条件模式"。"意愿条件模式"的构造较为简洁、直接，股权回购合同所附双重条件即满足股权回购型对赌交易的两大核心机制——以通常交易条件来保障融资方不会轻易被拖入回购法律关系，以意愿条件来实现投资方的股权回购决定权。

（一）意愿条件的效力

意愿条件（Wollensbedingung），是指条件成就与否取决于一方当事人意志的

---

① 维尔纳·弗卢梅：《法律行为论》，第 758 页。

条件，又被称为纯粹随意条件或意志条件。[①] 易言之，附加意愿条件的法律行为，其生效或失效完全取决于当事人的意思表示。意愿条件是否可以作为法律意义上的条件颇具争议，限于篇幅，本文仅讨论负担行为附意愿停止条件的效力问题。对此，通说认为，负担行为以一方意愿作为停止条件的，则该法律行为不成立。[②] 其核心理由为，法律行为附意愿条件的效力问题实质上是意思表示解释问题，在负担行为中将一方意愿作为停止条件，即表明了设此条件之人实际上并无负担义务的意思（或谓之缺乏受义务约束的内心意思），法律行为自不成立。[③] 有少数观点借鉴我国台湾地区学说，将此进一步区分为两种情形，认为若意愿条件系于债务人一方意思的应为无效，而系于债权人一方意思的则有效。[④] 该观点值得商榷，原因在于，首先，若意愿条件系双务合同整体所附停止条件的，则债务人与债权人之区分并无意义，无法通过前述分类来判断条件的效力。其次，若意愿条件系双务合同中某个具体权利义务条款（在该条款语境下可以区分债权人与债务人），则所谓的意愿条件系于债权人一方，实际上只是债权人随时得以请求债务人履行，系合同履行问题而非条件问题。[⑤] 综合来看，单纯地通过附加系于投资方的意愿条件来实现其股权回购决定权，存在被认定为法律行为不成立的风险，似不可取。

（二）"意愿条件模式"之转化：回归"择定权模式"

其实，"意愿条件模式"完全可以通过意思表示解释转化为前述"择定权模式"。德国学界在对《德国民法典》第495条关于试用买卖的规定的讨论中，形成了两种意见，一种意见认为该条承认了以意愿条件作为法律行为的停止条件，另一种更具有代表性的意见则认为无须针对试用买卖合同的规定开此例外，而是可以在解释论上采用买受人选择权的路径来解决这一问题，即当事人通过合意赋予了买受

---

① 本德·吕斯特、阿斯特丽德·施塔德勒：《德国民法总论》（第18版），于馨淼、张姝译，法律出版社2017年版，第253页；王泽鉴：《民法总则》，北京大学出版社2009年版，第399页；朱庆育：《民法总论》，第129页；袁治杰：《法律行为的条件理论》，载《私法研究》第8卷，第65页。

② 朱庆育：《民法总论》，第130页；陈甦主编：《民法总则评注》，法律出版社2017年版，第1118页；翟远见：《〈合同法〉第45条（附条件合同）评注》。

③ 朱庆育：《民法总论》，第130页；翟远见：《〈合同法〉第45条（附条件合同）评注》。

④ 崔建远：《论法律行为或其条款附条件》，《法商研究》2015年第4期；王泽鉴：《民法总则》，北京大学出版社2009年版，第399页以下。此外，史尚宽先生认为双务合同中，意愿条件之成就系于债权人与债务人意思结合的，亦属有效，详见史尚宽：《民法总论》，中国政法大学出版社2000年版，第477页。黄茂荣教授则认为我国台湾地区"民法"第379条规定的买回权的构造即为附停止条件的买卖合同，且出卖人行使买回权之意思表示为停止条件之一，详见黄茂荣：《买卖法》（增订七版），自版2015年版，第748页。

⑤ 朱庆育：《民法总论》，第131页。

人一种选择权,买受人可以依其单方意思决定是否成立买卖合同。^①后一种意见实际上便是采用了择定权之构造,从而化解了不承认意愿条件就无法解释试用买卖合同相关法律规范的问题。简言之,即将"一方意思表示"的功能从条件成就的事实构成转化为择定权的行使。这种方式亦符合无效法律行为转化之宗旨,符合交易实践需求,可资参考。

因此,具体到股权回购型对赌交易,若对赌条款的设计体现为"意愿条件模式"的,在不承认意愿条件效力的情况下,可借由意思表示解释规则转化为"择定权模式",以保障当事人的交易安排不至于落空。

五、规范模型四:解除权模式

第四种规范模型为:投资方与融资方通过对赌协议约定投资方在特定事由发生时享有增资协议的解除权,并约定解除后各方权利义务的清理方式。因其核心在于投资方的解除权,不妨称其为"解除权模式"。与前述三种规范模型不同,"解除权模式"并不着力于构建一个具有回购特征的股权转让合意,相反,其核心在于通过解除增资协议来恢复原状,并通过特约来进一步调整解除效果使得投资方最终获得可能超出原状之回复效果。

(一)"解除权模式"的两个层次:解约与清理

精细化地来看,"解除权模式"可以划分为两个层次,即解约与清理,两者呈递进关系。相应地,若采用该模式,则对赌协议在解释上应由解约条款与清理条款这两部分组成。

首先,融资方与投资方在对赌协议中可以约定当特定事由发生时,投资方享有解除增资协议的权利。具体而言,第一,该意定解除权并非合同附解除条件,^②因此当约定的事由发生时,增资协议不会自然失去效力,而是须由投资方行使解除权方能产生解除效果。第二,意定解除权不以在拟解除的合同中约定为必要,

---

① 维尔纳·弗卢梅:《法律行为论》,迟颖译,法律出版社2013年版,第819页;本德·吕斯特、阿斯特丽德·施塔德勒:《德国民法总论》(第18版),于馨淼、张姝译,法律出版社2017年版,第263页;朱庆育:《民法总论》,第130页。

② 意定解除权与附解除条件之区别,详见崔建远:《合同法总论》(中卷),中国人民大学出版社2012年版,第583页。

也可以通过其他载体在事后另行设定,①因此,股权投融资交易当事人完全可以通过对赌协议等增资协议以外的文件来设定增资协议下投资方的解除权。第三,投资方解除权具有行使期限的限制,该行使期限可以由投资方与融资方自行约定,意定解除权等形成权发生的事由,可以类推适用条件拟制规则,这些前文已述,此处不赘。

其次,融资方与投资方可以约定合同解除后的法律效果,尤其是约定超额返还增资款。《民法典》第 566 条规定了合同解除的法律效果,即"尚未履行的,终止履行;已经履行的,根据履行情况和合同性质,当事人可以请求恢复原状或者采取其他补救措施,并有权请求赔偿损失"。就该条的法律效果,我国民法学说素来存在争议,其中最具有代表性的莫过于直接效果说与折中说。②但是,至少这两种学说均承认合同解除效果可由当事人意思自治,且属于《民法典》第 567 规定的"清理条款"范畴,在合同解除后得以有效存续。③只不过,两种学说对此存在解释论上的不同,直接效果说认为合同在解除后便溯及既往地消灭,而当事人约定的合同解除后的法律效果则作为一个独立的合同单独地存续,产生当事人所约定的法律效果。④折中说则认为当事人约定合同解除后的法律效果,在合同解除后,这种清算关系的约定自然转化为新的二次债务的内容。⑤

(二)"解除权模式"的困境

"解除权模式"看似合情合理,且其构造也较为简单,但实际上也面临诸多困境。首先,存在一定争议的是,在完全履行的情况下,增资协议是否仍能解除?有观点认为,意定解除不以合同尚未履行或尚未完全履行为必要,即便合同已经履

---

① 韩世远:《合同法总论》,法律出版社 2018 年版,第 657 页。
② 以崔建远教授为代表的直接效果说认为合同解除具有溯及力,尚未履行的债务免于履行,已经履行的部分则发生返还请求权。以韩世远教授为代表的折中说则认为尚未履行的债务免于履行(同直接效果说),但已经履行的部分则并不溯及地消灭,而是发生新的债务返还关系。参见崔建远:《合同法总论》(中卷),第 682 页以下;王利明:《合同法研究》(第二卷),中国人民大学出版社 2015 年版,第 360 页以下;韩世远:《合同法总论》,第 671 页;朱广新:《合同法总则研究》中国人民大学出版社 2018 年版,第 633 页。
③ 崔建远:《合同法总论》(中卷),第 710 页;韩世远:《合同法总论》,法律出版社 2018 年版,第 689 页以下。此外,关于解除效果的意思自治,详见陆青:《论解除效果的意思自治》,《西部法学评论》2012 年第 6 期。
④ 崔建远:《合同法总论》(中卷),第 710 页。
⑤ 韩世远:《合同法总论》,第 690 页。

行完毕，亦得解除。① 相反观点则认为，合同只有在履行完毕之前才可能被解除。② 总体而言，后者更符合体系解释，较为可取。根据《民法典》第 557 条第 1 款第 1 项的规定，债务的履行（清偿）可以导致债权债务的终止。据此，就合同这一债权债务之集合体而言，若合同项下的债务均已适当履行，则合同的权利义务终止，合同亦告消灭。此外，根据《民法典》第 557 条第 2 款的规定，合同解除亦可导致合同权利义务关系的终止，可见，合同解除与合同的适当履行作为合同权利义务关系终止的原因，处于并列的关系。并且，从一般逻辑来看，法律关系的终止应当具有终局性，在终止之后，即便再发生终止之事由，亦不会引发再次终止的法律效果。例如，甲负有向乙给付一定金钱之债务，若乙免除甲的债务，则该债务即告终止，即便此后甲再向乙给付金钱，该给付亦不发生清偿之法律效果。以此观之，因适当履行而终止的合同，并无被解除的可能。

可见，增资协议一旦因适当履行而终止，对赌协议所约定的投资方解除权就失去了实益。事实上，增资协议中的义务（例如融资方支付增资款、目标公司将融资方记载于股东名册并办理登记等）通常在增资协议订立后不久即得以履行，而对赌协议中约定的解除权事由是否能够发生，通常需要一定的时间才能确定（例如以目标公司业绩不达标作为事由），待确定之时，增资协议早已因履行完毕而终止，投资方的解除权即便产生也失去了用武之地。

其次，当对赌对象仅仅是目标公司股东而不包括目标公司本身时，依交易安排，应当由目标公司股东来回购股权，但这难以通过"解除权模式"实现。原因在于，第一，除非目标公司本身亦参与了对赌协议的合意，否则投资方与目标公司股东无法直接设定增资协议下的解除权。第二，增资协议解除后，应由受领了增资款的目标公司履行返还增资款的义务，若要在此情形下将增资款返还义务转移至目标公司股东，似乎只能通过债务承担来实现，且为了交易的确定性，投资方须预先同意将来可能的债务承担。如此，显然会使得交易结构过于复杂。

结　语

股权回购型对赌中投资方回购决定权具有四种规范模型，分别为"择定权模式"、"不可撤销要约模式"（包括其变形"附条件要约模式"）、"意愿条件模式"

---

① 韩世远：《合同法总论》，第 657 页。
② 王利明：《合同法研究》（第二卷），第 317 页。

以及"解除权模式",具体可见表1的总结。

表1 股权回购决定权的四种构造

序号	构造名称	对赌协议之性质	决定权的设立	决定权的行使	回购条件的设置	备注
1	择定权模式	设定择定权的合同	融资方与投资方通过对赌协议设立投资方择定权	行使择定权	择定权产生之事由	
2-a	不可撤销要约模式	要约	融资方通过对赌协议作出不可撤销之要约,从而使投资方获得可作出承诺之地位	作出承诺	股权回购合同附停止条件	
2-b	附条件要约模式	要约	融资方通过对赌协议作出不可撤销之要约,从而使投资方获得可作出承诺之地位	作出承诺	要约附停止条件	系不可撤销要约模式之变形,要约可否附条件仍有争议
3	意愿条件模式	成立但未生效的股权回购合同	融资方与投资方通过对赌协议成立股权回购合同,并约定系于投资方一方的意愿条件	作出意愿表示	股权回购合同附停止条件(意愿条件以外的另一重条件)	若不承认意愿条件之效力,则可转化为择定权模式
4	解除权模式	设定解除权的合同	融资方与投资方通过对赌协议设立投资方就增资协议所享有的解除权	行使解除权	解除权产生之事由	

"择定权模式"、"不可撤销要约模式"以及"附条件要约模式"虽然在具体构造上动用了不同的"法律工具"(择定权、要约-承诺、意愿条件),从而呈现了构造技术上的差别,但此中差异可能也未必那么明显。一方面,从理论上看,在大陆法系民法研究中,择定权、对长期有效要约之承诺以及意愿条件经常被用以比较,而此中缘由即是这几种结构在经济目的上的一致性,以及法律效果和权利行使上的相似性。① 另一方面,在实践中,交易文本语言很难直接体现构造所属,若怠于作

---

① 卡尔·拉伦茨:《德国民法通论》,王晓晔等译,法律出版社2013年版,第728页;维尔纳·弗卢梅:《法律行为论》,第819页;本德·吕斯特、阿斯特丽德·施塔德勒:《德国民法总论》(第18版),于馨淼、张姝译,法律出版社2017年版,第254页;史尚宽:《债法各论》,中国政法大学出版社2000年版,第74页;申海恩:《私法中的权力:形成权理论之新开展》,北京大学出版社2011年版,第48—49页;袁治杰:《法律行为的条件理论》,载《私法研究》第8卷,第66页。

意思表示解释，则往往可能会忽视权利构造的规范评价，而直奔法律效果，如此，则会降低构造区分之实益。

　　因此，在区分这四种基本构造的基础上，进一步的命题即为交易实践以及司法实践中的适用问题——无论是将其运用于拟发生的对赌交易实践，还是适用于已产生的对赌交易争议。笔者认为，九鼎投资与谢峰案、吕华铭与蔡冰案中的对赌交易构造更接近于"择定权模式"。只不过，九鼎投资与谢峰案的二审法院未能正确认识到投资方作出要求融资方回购股权的意思表示本质上是行使其通过对赌协议所获得的择定权。吕华铭与蔡冰案的再审法院虽然正确地认定了投资方的"股权回购权"在性质上属于形成权，但在该形成权的行使规范适用上存有一定偏差，未能准确类推适用意定解除权的相应规范。限于笔者学识，本文仅起到抛砖引玉之功用，愿理论界与实务界能协力从更多的角度进一步探讨与研究此问题。

论确定判决执行力与既判力在客观范围的关系

——基于两岸拆屋还地案件之比较

林 洧[*]

摘 要 既判力与执行力作为确定判决的实质效力，两者具有紧密的联系。其中，确定判决的执行力与既判力在客观范围的关系上，学界与实务中主要有"恒等说"与"非恒等说"两种见解。而我国台湾地区与我国大陆地区在非恒等说的背景下，对同样的拆屋还地案件，在民事执行实务中发展出限缩效与扩张效两种不同的相对效。这种差异虽源于各自司法制度与学说发展的迥异时空背景，但更是基于各自法域内不同的实体法、程序法与执行法的综合利益考量。随着我国大陆地区审执分离改革的推进，确定判决的执行力与既判力在客观范围的关系上呈现的相对化特征也将更为明显，执行法官需要对执行力的客观范围进行独立审查，继而基于公正与效率等理念，作出具体个案中两者关系究竟是一致效、限缩效或扩张效的审查判断。具体到拆屋还地案件，我国大陆地区拆屋的执行力将发生何种相对效，则需要依据相关执行法律规范，在兼顾公正与效率的理念下，结合债务人生存权、房屋的性质、房屋建造时点等具体事由进行执行法上的独立审查与判断。

关键词 民事强制执行 既判力的客观范围 执行力的客观范围 审执分离

---

[*] 林洧，台湾大学法律学院2019级民事诉讼法学专业硕士研究生。

一、前言：从实体法到程序法的不动产执行

　　土地与房屋是我国大陆地区民法典物权编中最重要的两种不动产，两者有联系又有区别。一方面，作为建筑物的房屋通常需要依附于土地，故在自然属性上两者具有紧密的联系，[①]且土地一部分的使用功能也体现在建造房屋上（民法典第344条）。另一方面，我国民法典继续采用"一物一权"的框架，即分离主义[②]的立法模式——土地与房屋是两种各自独立的不动产（民法典第249条、第260条、第266条）；但在不动产交易中，我国法律又规定土地与房屋需要遵循一致处分原则（民法典第356条、第357条）。[③]此种采分离主义的立法模式又在物权利用上采房地一体处分原则的制度设计，解决了我国房屋正当权原的问题；[④]同时也避免了不动产权利冲突，而在制度协同上只需进行房地统一登记即可保障制度实施无碍。[⑤]故而，房地关系在实操面上的重心应该是推进不动产登记簿册的实质统一，[⑥]即通过房地共享登记簿册以保障民法典物权编的实施。我国台湾地区在立法上同样采取分离主义（台湾地区"民法"第66条），但其土地允许为个人所有并进行买卖，未有房地一体处分的要求。所以，我国台湾地区土地与房屋不同属一人所有的情况与纷争时有发生，相关争议则是通过债权物权化（我国台湾地区"民法"第425条之一）、类推适用等法学方法以及诚实信用原则进行解决。[⑦]

　　上述为我国大陆地区与我国台湾地区对于房屋与土地的关系及权利义务内容的民事实体法规定；但是，房屋与土地的关系除了有实体之维，亦有程序之维。因为民事实体法与程序法有着不可分割的内在联系，民事实体法需要民事诉讼法的程序保障，而民事实体法与民事程序法各自目的的实现，也离不开相互关照与

[①] 赵红梅：《房地产法论》，中国政法大学出版社1995年版，第6页。

[②] 房地关系主要有结合主义与分离主义两种立法例，前者不承认作为建筑物的房屋是独立的不动产，后者则相反。参见江平主编：《中国土地立法研究》，中国政法大学出版社1999年版，第205页。

[③] 房绍坤：《物权法用益物权编》，中国人民大学出版社2007年版，第184—194页。

[④] 正当权原，指在法律上具有正当性的原因，房屋的正当权原即房屋附于土地上的正当性来源，其或为法律行为或为事实行为。参见朱柏松：《论房地异主时房屋所有人之土地使用权——评"最高法院"八十八年台上字第二一九三号判决》，《月旦法学杂志》2000年第57期。

[⑤] 高圣平：《土地与建筑物之间的物权利用关系辨析》，《法学》2012年第9期。

[⑥] 张双根：《论房地关系与统一不动产登记簿册——兼及不动产物权实体法与程序法间的交织关系》，《中外法学》2014年第4期。

[⑦] 吴从周：《"土地与房屋不同属一人所有"不宜类推适用"民法"第四二五条之一——"最高法院"九十六年度台上字第一三五九号判决在法学方法论上的再思考》，《月旦法学杂志》2009年第165期。

协调。① 并且，诉讼法作为实体法的保障，其有确定私权并且使得权利具体化予以实现的意义。② 在分离主义的立法例下，民事诉讼法关注的重点在于当事人对于房屋与土地不动产物权的保障与实现。质言之，在有关房地的民事诉讼程序中，房地关系的法律性质、请求权基础等为实体法的问题所在，其诉讼程序的提起、审理过程、判决效力与民事执行等，则素来为民事诉讼法的问题所在。在房地纷争事件中，当事人的诉讼请求经常会涉及"还地"（土地使用权或土地所有权返还请求权）与"拆屋"（排除妨害请求权或恢复原状请求权）两项内容。其中，两岸在不动产登记效力上并无区别：我国大陆地区民法典不动产物权采登记要件主义，有权利正确性推定之效，③ "还地"的民事强制执行主要以转移登记及解除占有的方式实现权利；我国台湾地区亦然，不动产登记也具有设权效力和对抗效力。④ "拆屋"的民事强制执行则如文义所示，即对建筑物进行依法拆除。同时，因为土地与房屋在民事实体法与物理结构上的紧密联系，民事诉讼法中的"还地"与"拆屋"也会因此有紧密而复杂的联系。在我国大陆地区与我国台湾地区的相关司法实践中，这两项请求间的复杂关系直接影响与发展了判决效力中既判力与执行力在客观范围的关系理论。本文列举下面两个涉及"还地"与"拆屋"的典型案例，从"还地"与"拆屋"的关系中重新检讨与审视民事确定判决的既判力与执行力两者在客观范围（客体范围）上的关系。

案例1【仅判决还地，执行还地与拆屋】原告甲与被告乙有土地所有权纠纷一案，经审判后甲得到胜诉判决，判令乙返还系争土地。判决生效后，乙又在系争土地上建造房屋，甲得以胜诉判决作为执行名义，请求强制执行返还土地所有权；同时，甲也可以请求强制执行拆除土地上的房屋，无论房屋是言词辩论终结前还是终结后所建。⑤

案例2【判决还地与拆屋，仅执行还地】原告甲与被告乙有物权保护纠纷一案，经审判后甲得到胜诉判决，判令乙退还甲0.2亩承包地并恢复承包地原状。判决生效后，甲以此判决申请强制执行，仅得强制执行土地承包经营权转移登记，承包地上的住房因为是乙唯一住房而不得强制执行。⑥

---

① 张卫平：《民法典与民事诉讼法的连接与统合——从民事诉讼法视角看民法典的编纂》，《法学研究》2016年第1期。
② 邱联恭：《口述民事诉讼法讲义（一）》，元照出版公司2017年笔记版，第76—77页。
③ 崔建远：《中国民法典所设不动产物权登记之我见》，《法学杂志》2020年第9期。
④ 谢哲胜：《不动产登记客体与效力的检讨》，《中原财经学》2011年第27期。
⑤ 我国台湾地区"最高法院"100年度台抗字第482号民事裁定。
⑥ 安徽省颍上县人民法院（2017）皖1226执651号裁定。

所谓确定判决，即发生法律效力的判决。判决效力作为裁判制度的核心内容，[①]一般被认为具有形式效力与实质效力，[②]其中实质效力包括既判力与执行力。在执行力上，我国大陆地区与台湾地区的民事诉讼法皆明文规定确定判决可以作为执行依据（执行名义）而有执行力，自无疑义。唯在既判力问题上，我国台湾地区明文规定确定判决具有既判力（台湾地区"民事诉讼法"第400条），我国大陆地区民事诉讼法及司法解释并未有既判力的明文规定。我国大陆地区有诸多重复起诉禁止的司法实践，虽主要从"一事不再理"原则角度予以说理论证，但实际上也是既判力原则的效果使然。[③]并且，在司法审判实务中，包括最高人民法院在内的法院在判决说理方面已经使用了既判力的概念及其法理，[④]故我国大陆地区判决效力实际上亦包括既判力。[⑤]在民事诉讼中，当事人提出作为诉讼标的具体化的诉讼请求，经过实体审理得到权利确认后，对造拒不履行则可以请求执行机关强制执行，此时当事人权利主张的具体对象则会变成执行标的。[⑥]因此，从某种意义上，执行标的仅限于生效判决所确认的诉讼标的，此为执行标的与诉讼标的之间的联系。换言之，执行的内容必须以判决的内容为限。基于此，在请求"还地"与"拆屋"的民事纷争案件中，若仅判决其中一项请求，原则上也只能对此项请求进行强制执行；若判决两项请求皆成立，原则上则可对两项请求进行强制执行。但是，我国台湾地区的案例1与我国大陆地区的案例2，似乎对上述原则有所突破，前者的执行内容超出了判决内容而发生扩张效果，后者的执行内容却不及判决内容而发生限缩效果。回归到作为程序法中最核心问题的判决效力上，上述两个案例的分歧主要是确定判决既判力的客观范围与执行力的客观范围两者的关系问题。

因此，本文将以拆屋还地案件为导引，重新检视确定判决既判力客观范围与执行力客观范围之间的关系。首先，通过比较分析我国大陆地区与我国台湾地区不同的司法情况，探究不同法域之中，对拆屋还地的确定判决进行民事强制执行的结果迥异的原因，并且在学理上重新反思确定判决既判力客观范围与执行力客观范围之间的关系。其次，反思在不动产强制执行中，拆屋还地案件中执行力客观范围进行扩张或者限缩的正当性问题。民事强制执行本身因有实体面和程序面而需适用对应

---

① 张卫平：《判决效力理论研究与制度建构》，《国家检察官学院学报》2016年第4期。
② 判决的形式效力为对法院的拘束力、形式上的确定力，判决的实质效力则包括既判力、执行力和形成力。参见江伟、肖建国：《论判决的效力》，《政法论坛》1996年第5期。
③ 张卫平：《重复诉讼规制研究：兼论"一事不再理"》，《中国法学》2015年第2期。
④ 张卫平：《既判力相对性原则：根据、例外与制度化》，《法学研究》2015年第1期。
⑤ 翁晓斌：《论既判力及执行力向第三人的扩张》，《浙江社会科学》2003年第3期。
⑥ 谭秋桂：《民事执行原理研究》，中国法制出版社2001年版，第204页。

的不同法理,① 而执行力扩张或限缩,除了应从实体正当性与程序正当性两方面予以探究外,更需要从强制执行法本身的独立性进行考量。最后,在既判力客观范围与执行力客观范围关系的重构问题上,重新回归实体法、程序法以及执行法三个面向的思考,探寻我国大陆地区未来处理拆屋还地民事案件的强制执行进路。

二、既判力客观范围=执行力客观范围:还地与拆屋泾渭分明

(一)恒等说:既判力客观范围=执行力客观范围

既判力的客观范围,即既判力的客体范围,指已经发生法律效力的确定终局判决中发生既判力部分的判断内容范围。② 其中,判决文书上有当事人与事实情况、判决理由、判决主文等,通说认为,既判力的客观范围一般仅限于判决主文③,即既判力的客观范围应为经过裁判的诉讼标的。而执行力的客观范围,即执行力的客体范围,指执行名义所示关于物之交付、作为与不作为、金钱给付等实体权利义务内容的范围。④ 同时,通说亦认为,执行力的客体范围即执行名义上已经明白表示、记载的给付请求权。⑤ 但是,关于既判力的客观范围与执行力的客观范围两者之间的关系问题,我国大陆地区与我国台湾地区皆未在法律中予以明文规定,故给了学界解释与实务运作的空间。

此外,执行力客观范围在没有法律明文规定时,通常认为既判力与执行力的主客观范围是一致的。⑥ 即使既判力的客观范围因为对诉讼标的见解不同而有争议,但"既判力的客观范围"="执行力的客观范围"这一恒等式的正当性已经成为学界的共识,⑦ 此即既判力与执行力在客观范围关系的向来见解——恒等说。在此见解下,执行力客观范围与既判力客观范围的一致性可作为前提条件,在法解释论上

---

① 许士宦:《强制执行法》,新学林出版股份有限公司2017年版,第21页。
② 许士宦:《民事诉讼法(下)》(增订版),新学林出版股份有限公司2019年版,第451页。
③ 江伟、肖建国:《论既判力的客观范围》,《法学研究》1996年第4期。
④ 张登科:《强制执行法》(修订版),三民书局有限公司2015年版,第96页。
⑤ 许士宦:《强制执行法》,新学林出版股份有限公司2017年版,第281页。
⑥ 日本学界通说认为,确定的给付判决的执行力与既判力在主观范围与客观范围上一致,兼子一『民事訴訟法体系(増訂版)』(酒井書店,1965年)351頁参照;菊井維大『強制執行法(総論)』(有斐閣,1976年)35頁参照。而日本学界的少数说则反对此见解,新堂幸司『新民事訴訟法』(弘文堂,2011年)733頁参照;三ケ月章『民事訴訟法』(有斐閣,1972年)41頁参照。
⑦ 中野貞一郎『民事訴訟・執行法の世界』(信山社,2016年)238頁参照。

有相当的效用。在执行力客观范围无法律明定时，执行力的客观范围可以通过既判力客观范围类推得出：执行力客观范围应该以判决的内容为准，不得超过判决主文的内容（既判力的客观范围）。① 同理，在给付确定判决中，不具有既判力的内容亦无执行力。② 事实上，在司法实践中，执行法院也是依照判决主文的内容进行民事强制执行，通常不会逾越其确定的权利界限，此种情况表明实务亦将既判力的客观范围等同于执行力的客观范围，并未对两者进行区分。③ 同时，虽然执行力本身有广义与狭义的区别，④ 但无论如何，至少在确定的给付判决中，其既判力的客观范围恒等于执行力的客观范围，已然成为学界与实务中的向来主张，后者也常依照前者予以划定。

诚然，既判力与执行力皆为确定判决所具有的实质效力，基于两者的内在联系，实务与学说上认为两者在客观范围上具有一致性，或有其合理性。在应然方面，从法律的实质角度上思考，经判决确定权利的当事人凭判决为依据取得其利益时，此时的既判力相当于判决的强制性，既判力的客体应能申请强制执行。⑤ 换言之，因为法律的本质属性是公平正义，但为了维护法律的权威性，需要将公平正义与国家强制力结合以达到法律的应然状态。⑥ 所以，确定的给付判决作为执行依据之时，执行力的客体即为判决的对象，由此保障判决中当事人实体权利的实现并维护法律的强制性，此时既判力与执行力在客体上皆为判决的对象。

另外，在实然方面，恒等说在实现民事强制执行的谦抑性、执行内容的明确性与制度实操的可行性上有较大的裨益。判决的执行力其实是公权对于私权的救济，这种救济应该发挥一种有限性的辅助作用。⑦ 恒等说限定了判决执行力的范围，达成了民事执行的救济须以民事权利实现为目的的目标。另一方面，恒等说亦表明了确定判决执行力的界限，给付内容及范围限于确定判决上所载明的内容。例如，判决若仅表明有本金而未有利息，即使实际上有利息的约定，也不

---

① 民事诉讼法研究会编：《民事诉讼法之研讨（二）》，三民书局有限公司1996年版，第539页。
② 骆永家：《既判力之研究》，三民书局有限公司1975年版，第101页。
③ 董少谋：《民事强制执行法学》，法律出版社2011年版，第14页。
④ 狭义的执行力仅指强制执行法律予以强制执行的效力，除了履行同居等不得强制执行之外，给付判决均有狭义的执行力；而形成判决和确定判决，不具有狭义的执行力，但是具有广义的执行力，取得此类判决后可以办理土地、户籍、离婚登记。参见邱联恭：《口述民事诉讼法讲义（三）》，元照出版公司2017年笔记版，第376—377页。
⑤ 叶自强：《论既判力的本质》，《法学研究》1995年第5期。
⑥ 杨显滨：《论当代中国法律本质的应然归属》，《法学论坛》2014年第1期。
⑦ 童兆洪：《民事执行权研究》，法律出版社2004年版，第28—29页。

得以判决为执行依据请求利息的强制执行。[①] 在现实中，执行法院对于执行力的客观范围也仅需审查判决中既判力的客体范围，倘若其不明确也可通过判决内容进行具体化。亦即，因执行力的客观范围与判决中记载的权利请求权内容是一致的，执行法院在法律技术上可以通过阅读判决主文和判决理由，进行文义解释和整体性理解来确定既判力的客观范围，[②] 进而根据等式关系来确定执行力的客观范围。

（二）"还地"与"拆屋"的判决与执行泾渭分明

在既判力的客观范围与执行力的客观范围一致时，还地与拆屋之间是不同而独立的请求，能否对其进行民事强制执行取决于判决主文中是否对其进行指明。其中已被法院判决的事项得以申请民事强制执行，法院未判决的事项则不得申请强制执行。具体到拆屋还地的判决，若判决主文没有宣示拆除房屋，而仅仅宣示交还土地，则执行法院不得依职权拆除房屋。[③] 在分离主义的立法例下，土地与房屋是不同的不动产，虽然现实中没有拆除房屋无法完全实现交付土地，但"拆屋"是行为执行，这与"还地"的执行性质不同，其并不在交还不动产执行名义范围内，故必须另有"拆屋"的执行名义方可予以执行。[④] 另外，若认为既判力的客观范围不仅仅局限于判决主文时，判决事项若仅仅是返还土地，只有在债务人房屋没有正当权原而占有土地的情形下，同时在判决成立过程中发生自认（或不争），或虽有争执但判决不采信的情况下，才能进行拆屋。[⑤]

同时，在主张既判力与执行力在客观范围一致的前提下，执行力的客观范围问题可转为既判力的客观范围问题，此时并不需要考虑执行力的独立性问题，执行力自然也无所谓扩张抑或限缩的效果。因而，拆屋还地的判决与执行界限也较为清楚，只要审查"还地"或者"拆屋"的请求是否落入既判力的客观范围即可，亦即落入者是谁，则可对谁申请强制执行。虽然各国对于重复起诉的看法不同，对于诉讼标的的识别不同，判决理由是否具有既判力见解也不同，但判决主文判断过的事

[①] 陈荣宗：《强制执行法》，三民书局有限公司1988年版，第74页。
[②] 齋藤隆＝飯塚宏编著『民事執行』（青林書院，2009年）34页参照。
[③] 陈荣宗：《强制执行法》，三民书局有限公司1988年版，第585页。
[④] 张登科：《强制执行法》，三民书局有限公司2015年版，第559页。
[⑤] 此见解依旧主张执行力与既判力的客观范围是恒等的观点。仅在判决还地事项时，只有经过两造攻防与法院实质审理而对拆屋事项有既判力的情形下，拆屋虽然未在判决主文出现，亦有得以执行拆屋的正当性。参见陈计男：《强制执行法》，元照出版有限公司2012年版，第547—548页。

项具有既判力向来没有争议。① 因此，判决主文判断过的事项为既判力的客观范围应属共识。在判断路径上，是否执行"还地"或"拆屋"，最重要的就是审查其是否为判决主文所明定事项。其次，若不在判决主文中，则再判断是否属于具有既判力的其他事项。

在恒等说的见解下，"还地"与"拆屋"作为两项不同类型的执行力客体，其在判决与执行之中并未有任何内在联系，两者关系可谓泾渭分明。即两者中有既判力者，方得以申请执行；无既判力者，不得申请执行。然而，该见解因"还地"与"拆屋"在表面上作为不同的执行标的，认为两者相互独立而对其予以人为割裂，有忽略土地与房屋之间的自然属性与实体法上牵连关系之嫌。同时，倘若纷争中的房地同属被告一人，原告起诉之时，则需要将"拆屋"与"还地"作为两项诉讼请求予以声明方得以在胜诉后申请执行两者，这种情形对于原告的起诉要求有过于严苛之嫌。若仅请求"还地"而无"拆屋"，则无法申请强制执行拆屋，需要另行起诉后以生效判决作为执行依据，该情形似乎亦有违公益与私益两个层面的诉讼经济。最后，恒等说在理论上还将造成一种思维定式，即执行力客观范围问题只需从既判力客观范围寻找答案，由此一定程度上否定了执行力的独立性。但既判力属于国家审判权的内容，执行力属于国家执行权的内容；其中，司法强制权与审判权为司法权的组成部分，而民事执行权则是作为司法强制权的下位概念，② 两者具有相互的独立性，不可混为一谈。

三、既判力客观范围≠执行力客观范围：还地与拆屋界限不清

（一）非恒等说：既判力与执行力在客观范围相异

执行力与既判力的联系在于：一般发生既判力后的判决才能强制执行。但是，执行力其实并不依赖于既判力而存在，既判力也不一定伴随执行力。德国法更是严格区分二者，既判力的发生需要有既判力证书予以证明，此证书对于强制执行并无

---

① 在重复起诉判断标准问题上，世界两大法系的主要国家采取"二同说"（当事人与诉讼标的相同）为主，我国大陆地区则采取"三同说"（当事人、诉讼标的与诉讼请求相同）。参见严仁群：《既判力客观范围之新进展》，《中外法学》2017年第2期。

② 肖建国：《民事审判权与执行权的分离研究》，《法制与社会发展》2016年第2期。

任何直接作用。① 由此，当确定判决作为执行依据的时候，既判力和执行力的客观范围其实并没有必然的联系，因为既判力与执行力本身的目的并不相同。既判力在于确保法的安定性而强调前诉法院对后诉法院审判的约束力，执行力则以实现确定判决中给付请求权为目的而强调强行改变事实状态。② 在既判力与执行力的旨趣和作用都不同时，他们的客观范围则有可能不同，执行力的客观范围无须恒等于既判力的客观范围（非恒等说）。所以，为了有效达成执行目的，只要符合实体与程序正当性要求，则可以扩张执行力的客观范围。③ 故而，非恒等说强调确定判决执行力的机能与意义，而主张执行力的客观范围的确定应该属于民事执行法的事项，其与民事审判后所确定的既判力的客观范围并不相同。这也表明，执行力作为判决效力中独立的一种效力，并非既判力的附随效力。

　　本文认为，非恒等说是执行力客观范围的本质说。在未来民事审判与民事执行分离的司法改革浪潮中，确定判决执行力的独立性将会愈加明显，非恒等说或将成为有力说。一方面，执行力的独立性已经逐渐为学界所认识：在目的独立性上，既判力处理前后诉关系，而执行力则是确权程序与执行程序的连接；在正当性基础的独立性上，执行力正当性基础与既判力正当性基础已经逐渐分离，原来执行力正当性附属于既判力的正当性，现在已经演变为具有程序保障、自我决定、效率优先的多元取向而成为一种独立的正当性基础。④ 既判力与执行力相互独立的背后，其实是民事诉讼与民事执行之间的相对独立。民事执行服务于权利事实的实现，民事诉讼则是服务于权利义务的存在，逻辑上存在时间先后的关联。但这种先后并非绝对的，在权利最初不存在的情形下，会发生执行程序之后还有确权程序的现象，或在临时保全措施（假处分）中，存在执行程序与确权程序并行的现象。⑤

　　另一方面，正如诉讼标的概念存在指示机能与体系机能一样，⑥ 在法学思维上，执行力也应该从指示性与体系性两方面予以认识，而非恒等说更加有利于这种认识。因为，在体系性机能上，恒等说抑或非恒等说，作为一种思考工具，两者都有

---

① 江必新：《比较强制执行法》，中国法制出版社2014年版，第147页。
② 中野貞一郎＝下村正明『民事執行法』（青林書院，2016年）158頁参照。
③ 许士宦：《执行力客观范围扩张之法律构造：兼论其与既判力客观范围之异同》，《台大法学论丛》2009年第1期。
④ 黄忠顺：《执行力的正当性基础及其制度展开》，《国家检察官学院学报》2016年第4期，第45页。
⑤ 三ケ月章『民事執行法』（弘文堂，2008年）3—4頁参照。
⑥ 诉讼标的概念的指示性机能主张提示审判对象的作用，在具体实务中呈现诉讼标的的相对化特征，强调诉讼标的概念内容的本质是实体法上权利之本身；而体系性机能则作为一种思考工具，诉讼标的的争论主要以"实体法说"与"诉讼法说"的对立为中心而在体系性机能上展开。三木浩一『民事訴訟における手続運営の理論』（有斐閣，2013年）78—92頁参照。

其合理性。但是，在指示性机能上，正如诉讼标的有确定既判力客观范围的作用，执行标的也有确定执行力客观范围的作用，执行标的的指示性机能即为提示民事强制执行的对象——而并非审判对象。从这个角度看，非恒等说更加符合指示性机能的要求，侧重于执行力的本质，既判力客观范围也与执行力客观范围呈现相对化的特征。并且，我国大陆地区与我国台湾地区司法实务中亦有执行力客观范围扩张抑或限缩的现象以呼应执行力的指示性意义。

（二）扩张效：执行力客观范围 > 既判力客观范围

案例1为我国台湾地区实际发生的案例，在这一裁定中，原判决的主文仅有还地的事项，但是对于拆屋事项却有执行力，且不论房屋是被执行人建造于判决之前或者之后。这是我国台湾地区司法实务中向来的主张——含拆屋效力说，即命返还土地的执行名义效力及于拆除地上建筑物，仅明示"还地"的判决也有"拆屋"的执行力。此实务见解最早可以追溯到民国时期的司法解释，1947年司法院回复四川高等法院的院解字第3583号文件中认为，判决主文中只有返还基地字样而并无拆除房屋字样，但依照"强制执行法"第125条所准用的第100条的法意推之，确定判决当然含有拆卸房屋的效力。[①]之后，我国台湾地区"最高法院"继续依照上述司法解释的观点，最早于1955年以民事判例确定此规则。在该判例中，法院认为，作为执行名义的调解笔录命债务人返还土地，虽然没有明白命其拆卸土地上的房屋；但是，由我国台湾地区"强制执行法"第125条[②]所准用之同法第100条[③]的法意推之，该执行名义当然含有使债务人拆卸房屋的效力。[④]此后，我国台湾地区司法实务便一直沿用判例旨意，诸多裁判皆认为，[⑤]仅明示返还土地的确定判决，

---

① 我国台湾地区"司法院"解释编辑委员会编《"司法院"解释汇编（第五册）》，我国台湾地区"司法院"秘书处1976年版，第351—352页。
② 我国台湾地区"强制执行法"第125条规定，关于动产、不动产执行之规定，于前二条情形准用之。
③ 我国台湾地区"强制执行法"第100条规定，房屋内或土地上之动产，除应与不动产同时强制执行外，应取去点交债务人或其代理人、家属或受雇人。
　　无前项之人接受点交时，应将动产暂付保管，向债务人为限期领取之通知，债务人逾限不领取时，得拍卖之而提存其价金，或为其他适当之处置。前二项规定，于前条之第三人适用之。
④ 此判例即为我国台湾地区"最高法院"44年台抗字第6号裁定，参见我国台湾地区"最高法院"编辑《"最高法院"判例全文汇编民事部分（第一册）》，我国台湾地区"最高法院"2009年版，第1028—1029页。
⑤ 我国台湾地区司法实务相关裁判有：我国台湾地区"最高法院"87年度台上字第1208号民事判决、我国台湾地区"最高法院"93年度台抗字第947号民事裁定、我国台湾地区"最高法院"98年度台抗字第655号民事裁定、我国台湾地区"最高法院"100年度台抗字第482号民事裁定、我国台湾地区"最高法院"101年度台抗字第137号民事裁定、我国台湾地区"最高法院"102年度台上字第188号民事判决、我国台湾地区"最高法院"104年度台抗字第937号民事裁定，等等。

其执行力客观范围包括拆除该土地上的房屋。

而案例1之裁判，除了沿用上述一贯的实务见解，还首次对于执行力的客观范围进行解释。其中，法院认为，因为债务人在地上所建房屋不能与土地分离而独立存在；所以，命债务人返还土地确定判决的执行力之客观范围，应及于强制执行时债权人在土地上有处分权的房屋，且不论房屋是在言词辩论终结之前建造还是言词辩论终结之后建造。依该案中法院的裁判理由，在言词辩论终结后所新建的房屋亦属于执行力的客观范围。同时，新建房屋是新事实且为不同于该案之新的法律关系，其未受法院审理，并不能被判决的既判力所及，但亦认可其有执行力。由此可见，此时法院认为执行力的客观范围与既判力的客观范围并不恒等。

然而，对于实务界所主张的含拆屋效力说，在理论证成上，我国台湾地区民事诉讼法学者有所批判。因为我国台湾地区"强制执行法"第125条准用同法第100条，是处理点交土地上存有债务人的动产问题，实务界用该项规定进行扩大解释并作为拆屋的依据，这样的做法不符合立法意旨，因为两者执行标的物不同，执行方法也应当不同。所以，在解释论上应该主张执行力客观范围扩张说，实务中执行力扩张的法理基础在于执行力的正当性：在实体上，债权人对债务人就房屋的妨害排除请求权存在的可能性相当大，债务人负有拆屋义务的盖然性甚高；在程序上，债权人起诉时未必知悉土地上另有债务人建筑物而不得期待起诉时一并主张，且有时拆屋事项两造并无争议，强行要求合并请求会增加法院和当事人的劳力、时间、费用，造成当事人的程序不利益。① 由此，应当摒弃"准用"的法学方法论，通过执行力客观范围扩张论正当化实务中的操作。

诚然，执行力客观范围扩张说主张，执行力的客观范围与既判力的客观范围并不需要完全一致。既判力扩张须看程序保障的充足程度，而执行力扩张则在于有无正当性（实体上的正当性与程序上的正当性）。其中，执行力扩张的必要性在于发挥原执行名义（确定判决）的实际效用，此时执行所实现的权利并非原执行名义所载的债权，而是新的执行权利，这种新的执行债权依旧在原执行名义所命给付利益范围之内。同时，执行法院经审查所为的判断不具有既判力，无论执行法院审查程序如何，债务人都可循债务人异议之诉（我国台湾地区"强制执行法"第14条之一第一项②）而得到救济，谋求事后的程序保障。③ 因此，执行力客观范围扩张说兼

---

① 许士宦：《命返还土地确定判决之执行力客观范围——"最高法院"100年度台抗字第482号裁定评释》，《台湾法学杂志》2013年第237期。

② 我国台湾地区"强制执行法"第14条之一第一项规定，债务人对于债权人依第四条之二规定声请强制执行，如主张非执行名义效力所及者，得于强制执行程序终结前，向执行法院对债权人提起异议之诉。

③ 许士宦：《执行力客观范围扩张论之生成》，《台湾法学杂志》2017年第329期。

顾了实体利益与程序利益，在实体利益上要求债权人对于债务人权利存在的概率极大，而在程序上避免了债权人需要另外取得新执行名义的繁琐，以高效地实现原执行名义的目的。进而，在提升原执行名义的利用程度下，合理地解释了实务中没有既判力的拆屋请求却得以执行的机理。

（三）限缩效：执行力客观范围 < 既判力客观范围

案例 2 为我国大陆地区实际发生的案例，在这一裁定中，原判决的主文含有还地（返还承包地）与拆屋（恢复原状）事项，但因为执行拆屋将会危及年老的债务人及其家人的生存而不予执行。此时，执行力客观范围相对既判力客观范围发生了限缩的效果，即执行效果未达到执行名义的全部，而仅对执行名义部分进行执行。此种限缩的正当性来源一般是当事人对权利的处分（执行和解）或者出现其他法定限缩的事由。[①] 本案中，因为房屋是债务人及其家人唯一的住所，而不得对判决中的拆屋事项予以执行，此向来为我国大陆地区法律所明定的内容。我国大陆地区素来重视在民事执行中践行比例原则的要求，在债权人的财产权与被执行人的生存权的利益平衡上，秉承着生存权大于财产权的观点。[②] 早在 2004 年，我国宪法就规定国家尊重和保障人权，民事诉讼与民事执行等相关法律规范亦体现着这一宪法精神，其中民事诉讼法第 250 条与第 251 条明文规定了，在民事执行过程中应保留被执行人及其所扶养家属的生活必需费用、生活必需品。《最高人民法院关于人民法院民事执行中查封、扣押、冻结财产的若干规定》的第 6 条，也明文规定了被执行人及其所扶养家属生活必需的居住房屋仅能查封而不得进行其他民事强制执行措施。

由此，在案例 2 中，基于民事强制执行的人道考量，虽然判决主文中有拆屋的事项，但这种执行债权无法对抗债务人的生存权。在司法实务中，我国大陆地区对于生活必需的居住房屋的查封方式也有严格限制，只能进行"活查封"的方式，以在最低限度内达成防止房屋权属恶意转移的执行目的。[③] 由此可见，我国大陆地区保障生存权与债权的规范主要包含三层结构，即债权实现的保障条款（强制执行程序）、制约债权实现条款（例如生活必需品、必需费用、必需居住房屋）以及对制约条款进行限制的条款（例如允许"活查封"生活必需居住房屋）。[④] 这种否定之

---

① 贺伟军：《论执行对既判力的扩张、限缩》，《杭州商学院学报》2004 年第 1 期。
② 黄莹、王厚伟：《生存权优于债权——评〈最高人民法院关于人民法院执行设定抵押的房屋的规定〉》，《法学评论》2006 年第 4 期。
③ 高海涛：《查封房产中对被执行人唯一居所的认定》，《人民法院报》2007 年 9 月 28 日。
④ 董彪、刘卫国：《民事强制执行中生存权与债权的冲突与平衡》，《法学论坛》2007 年第 4 期。

否定思维下的执行规范体系，体现了我国大陆地区在执行法上的现代法治理念，即执行法上的宪法关怀。

民事执行程序有很强的技术色彩，在现实中不可避免地会与宪法所规定的公民基本权利发生冲突。所以，需要在强制执行程序中考量处理这种冲突的宪法依据，如果强制执行行为落入宪法基本权利所保障的范围，则需要对执行进行限制。[①]拆屋的问题涉及债务人的居住基本权，基于上述强制执行与基本权关系处理的原理，我国大陆地区实务与学说发展出责任财产执行豁免制度（执行豁免说）。在强制执行法理论上，依据债务人责任财产执行豁免的原因，有法定豁免执行与依财产性质豁免执行两类。而案例2所涉及的房屋的执行豁免，属于法定豁免执行，而且是一种绝对豁免执行。[②]同时，在财产执行豁免的法理基础上，学界认为主要有三方面，即保障生存权的需要，应对执行程序中当事人地位不平等的现象，以及呼应学界执行标的有限制的共识。[③]综上所述，我国大陆地区的执行豁免说，是一种基于宪法、诉讼法等综合利益进行考量的结果，其在法律与法理上皆有正当性。

另外，本文认为，我国大陆地区的执行豁免说，实际上也是立足于非恒等说下的理论与实践。执行力客观范围进行限缩的原因，虽然本质上是基于宪法上的生存权保障之需要，但是更为直接的因素则涉及民事执行的法律以及相关司法解释中对于房屋强制执行的明文规定，这些规定应属于强制执行法律规范本身的特别规定。由此，对于拆屋案件的执行力客观范围，其必须立足于执行法律规范本身进行独立审查，此时并不遵循恒等说的观点，即不能采取仅审查既判力客观范围而划定执行力客观范围之范式。同时，法律明文规定的执行力客观范围的阻却事由亦表明，我国大陆地区在立法上并非严格遵循恒等说，而属于非恒等说的主张，即执行力客观范围应依执行法进行独立判断，而非仅以既判力客观范围为根据。当然，因执行阻却事由发生而现实中不执行的情况，恒等说的支持者或许会解释为执行力暂时被保留，其并非执行力客观范围所不及，待阻却事由消除后恢复执行力。但本文认为，执行力的客观范围，应以实务中得以强制执行之客体范围为基准，严格意义上仅存在执行客体得否执行之二分，并无所谓中间的保留形态。所谓的被保留之执行力客

[①] 石川明『ドイツ強制執行法と基本権』（信山社，2003年）9—10頁参照。

[②] 在法定豁免执行中，绝对豁免事项有四类：基于维护债务人的生存权、基于尊重债务人的著作人格权与促进文化教育发展、基于尊重债务人的荣誉与精神利益、基于公共安全；相对豁免事项有四类：社会保险基金、军人抚恤优待经费、最低生活保障资金、住房公积金。而依财产性质豁免执行主要有禁止流通物、专属性权利、不具有独立的财产利益价值的权利、需第三人同意才能让与的权利四类。参见江必新：《强制执行法理论与实务》，中国法制出版社2014年版，第179—191页。

[③] 张丽洁：《强制执行中财产豁免制度研究》，《河北法学》2018年第12期。

观范围，事实上在保留期间内并无执行力，也无法被强制执行。

（四）同与异：大陆地区限缩效与台湾地区扩张效

我国台湾地区与我国大陆地区对拆屋还地判决的强制执行效果，虽然有限缩效与扩张效的不同，但是两者就执行力与既判力在客观范围的关系上都主张非恒等说，肯认了执行力的相对独立性。这是因为两者在民事执行制度上有很大的共性。其中，德国与日本的通说采取恒等说，其实很大原因在于德日所采取的执行文付与制度。执行文付与制度最早起源于法国，后为德国所演进，为日本所继承。[1] 所谓执行文付与制度，即在执行上根据设立的形式审查程序，并由独立于法官的特定机构——书记官或公证员给出付与执行名义执行力的证明，且此程序为非讼程序——非执行程序亦非审判程序。[2] 故而，在执行文付与制度下，执行力的有无是由特定的程序公证机构给出，执行机构不能对执行力进行审查；在此情形下将执行力客观范围认为恒等于既判力客观范围，则有利于迅速、经济地落实执行政策。

同时，恒等说立足于诉讼与非讼程序二元分离的理念。即实体问题只能由法院进行审理判决，执行机构并不考虑实体争议，法院未予以审判部分，执行法院亦不得处理。此种二元分离理念的优势在于职权分工明确——法院确认执行名义的实体权利，书记官确定执行名义的执行力，而执行机构仅对有执行力的执行名义进行执行，其劣势则是司法效率不足。但是，我国台湾地区与我国大陆地区皆没有继受德日的执行文付与制度，且对执行名义的执行力有无进行审查与对有执行力的执行名义之执行等工作皆由执行法院进行。同时，两者的书记官也并非独立的程序公证机构，而是审判辅助人员，并无执行文付与制度所需的配套制度基础。由此，在执行制度及其配套制度上，我国台湾地区与我国大陆地区较为相近——两者与德日的司法实践有很大的不同。所以，两岸皆采取非恒等说有其执行制度的特殊背景。

然而，在拆屋还地的强制执行中，我国台湾地区的扩张效与我国大陆地区的限缩效却是走向了不等关系中相反的两极，此种差异也是两个地区司法制度的不同所导致。首先，我国台湾地区在民事执行实务中较少讨论拆屋与债务人生存权之间的问题，主要是因为这一问题通常在进行实体审判时就会予以解决。如果拆屋会危及被告的居住权，被告得以直接援引《公民权利和政治权利国际公约》第 17 条与

---

[1] 刘颖：《执行文的历史源流、制度模式与中国图景》，《中外法学》2020 年第 1 期。
[2] 张卫平：《执行救济制度的体系化》，《中外法学》2019 年第 4 期。

《经济、社会及文化权利国际公约》第 11 条中关于居住权的规定作为防御方法，法院会在个案中进行权衡斟酌，在保障被告居住权的前提下作出判决。① 因此，一般在拆屋的执行程序中并不会遇到强制执行拆除房屋与债务人居住权相冲突的问题，所以我国台湾学界也较少对此议题有所争论。同时，我国台湾学界素来强调程序保障的充分程度，在防止突袭性裁判的基础上，兼顾当事人的实体利益与程序利益，在保障听审请求权的基础上实现信赖真实的发现。② 基于此项主张，在拆屋的强制执行之中，执行力客观范围如果符合实体利益与程序利益的要求，则得以进行扩张。另外，在司法实务上，法院继续沿用民国时期司法解释的意旨，认为返还土地的确定判决执行力及于地上建筑物。在上述理论与实践的发展背景下，我国台湾地区在拆屋还地中主张执行力的客观范围扩张效则就不难理解了。

我国大陆地区并未沿用民国时期关于返还土地执行力及于房屋的规定，相反，实务中不仅没有扩张效，反而常常有限缩效的发生。一方面是因为房屋涉及生存权而对其强制执行需更加慎重，另一方面也是适应我国大陆地区整体司法制度的要求。我国大陆地区民事诉讼裁判既判力的实际约束力并不如我国台湾地区，因为依照我国大陆地区民事诉讼法的规定，提起民事再审的要求相对较为宽松，生效判决被更正的可能性更高；民事执行，尤其是对于拆屋的强制执行，关系到债务人的生存权，更应该谨慎为之。同时，我国大陆地区司法实务对于执行权与基本权利保障的问题，主要在执行程序中进行规定，实体审判中一般并不涉及。所以，执行力相对于既判力而发生在客观范围的限缩效，主要在于强调民事执行中的人权保障精神。并且，实务又对执行力客观范围扩张多采取谨慎的态度，③ 学界对于判决效力的扩张亦有批判，主张判决效力扩张需要有限度，即法无明文不扩张。④ 事实上，我国大陆地区法律除了在合伙财产清偿债务中对发生执行力扩张的现象有所规定外，其他情况下鲜见执行力扩张的规定，反而多规定执行力的限缩情况。此外，该问题还有保障民事实体法居住权的内涵考量。如今，我国大陆地区民法典已经设立居住权（民法典第 366 条至第 371 条），虽然此居住权多采用用益物权的视角，以增加建筑物多元利用价值为目的，但是它也有人役性特征，尤其是以身份为基础的

---

① 相关案例参见我国台湾地区"最高法院"109 年度台上字第 614 号民事判决。
② 邱联恭：《程序制度机能论》，台大出版中心 2018 年版，第 4—8 页。
③ 我国大陆地区司法实务认为，执行名义内容不明确且当事人未达成一致时，该问题属于实体问题，执行部门不宜径直对其进行认定，否则将不当扩张执行力的客观范围，也可能引起后续执行中的持续异议。参见福建省高级人民法院 2019 闽执复 92 号裁定、厦门市中级人民法院（2017）闽 02 执复 49 号裁定。
④ 廖浩：《论中国民事判决效力扩张之反思与限定》，《重庆大学学报（社会科学版）》2016 年第 3 期。

保障性居住权最为明显。[①] 居住权立法的精神，某种程度上亦表明民事实体法重视生存权，而执行法也应予以尊重。因此，在我国大陆地区的拆屋还地案件中，执行力不发生扩张反而是进行限缩。透过执行法律规范的规定可以看出，当房屋涉及债务人生存权时得以豁免执行，也有其法律与社会背景。

（五）"还地"与"拆屋"的判决与执行界限不清

在非恒等说的思维下，执行力客观范围较之既判力客观范围发生了扩张抑或限缩的现象。这表明，拆屋还地判决中拆屋是否有执行力，需要进行个别判断而难有统一的标准，由此导致在执行力客观范围的认定上有界限不清的感觉。拆屋能否进行强制执行，需要依据不同法域下各自的执行法规范以及过往的司法实践经验进行决定。正如基于发挥执行名义实效与提升执行效力的考虑，我国台湾地区发生了执行力客观范围扩张的现象，而基于保障执行中生存权的考虑，我国大陆地区的执行力客观范围发生了限缩的现象。由此，我国作为一个多法域的国家，在我国大陆地区与我国台湾地区两个不同的法域下，同样一个拆屋还地案件的执行程序中，产生了不同的基于本法域内主流价值取向的实务操作与学说见解。

诚然，非恒等说较之恒等说，在执行力客观范围判断上难有某一固定又明确的准绳，其原因是执行法规范与制度运行的固有特点不同。我国大陆地区与我国台湾地区本身的执行制度就并非如同执行文付与制度般界限与分工分明，故执行力的客观范围也应依照具体执行法规范进行判断。在此种情况下，拆屋得否进行民事强制执行并不完全依照判决主文，而需要依据执行法律与执行实务经验进行个案的审查。在执行力客观范围的判断上，判决主文固然是参考依据之一；但执行法院进行执行力客观范围审查之时，除了比照既判力的客观范围，在此类案件中更重要的是依据关于房屋的执行规定或向来的司法实务见解，独立地由执行法院判断此时的执行力客观范围是否应当较之既判力客观范围进行扩张或限缩。质言之，非恒等说在实务操作上除了进行恒等说的审查范式外，另外还要多加一道修正审查程序——限缩或扩张的执行力客观范围判断，这一程序是非恒等说在实务操作的关键所在。

在非恒等说的主张下，判断执行力的客观范围是一种灵活而又独立的执行审查判断，执行力的客观范围无须恒等于既判力的客观范围，而须依照执行的具体情况进行执行力有无之审查与判断。针对拆屋还地判决中执行力的客观范围，需要对拆屋事项执行力的有无进行独立判断。在此，不得不承认，非恒等说要求执行法院有

[①] 鲁晓明：《"居住权"之定位与规则设计》，《中国法学》2019年第3期。

更高的业务素养，执行法官不仅仅是执行者，也是执行力的判断者，由此需要对于执行力的客观范围进行基于执行法上的独立审查与判断。亦即，非恒等说使得司法实务在执行力客观范围的划定上具有一定的复杂性。但是，非恒等说的主张应为未来发展的新趋势，尤其在国家审判权与国家执行权界限日益明显的当下与未来，非恒等说更加有利于执行法院发挥其职能，有利于在执行程序中实现宪法、实体法、程序法的各种利益下的多元价值取向。另一方面，随着未来民事强制执行单行立法与执行机构设置改革的推进，执行法官作为核心的执行法院应有执行裁决权与执行命令权，亦可进行一些执行力有无的实质判断。[①] 在此视角下，执行力客观范围的判断应由执行法院的执行法官为之，由此落实执行法官的执行裁判权能。[②] 非恒等说可实质上落实上述理念，即判断执行力客观范围属于执行法官独立判断的事项，既判力的客观范围属于审判法官独立判断的事项，两者有联系但并非可一概而论者，也未必恒等。

四、客观范围关系重构：还地与拆屋中实体、程序、执行之思

（一）执行力较既判力在客观范围关系上的相对化

执行力与既判力在客观范围的关系上，素有恒等说与非恒等说的不同见解，而本文支持非恒等说的观点，即在客观范围关系上，执行力与既判力呈现相对化的特征，未必恒等。首先，执行力有自己的独立内涵与意义。执行力是具有给付内容的执行名义方附有的效力，其划定了强制执行的边界；同时，其也表明，执行名义中附有的给付内容，在私人权利实现上受国家强制力保障，是执行机构进行强制执行行为或行使执行权的正当性基础。[③] 虽然，过去常认为既判力与执行力之间具有因果关系；[④] 但是，彼时我国大陆地区的司法时空背景为执行权在法律上有缺位，故执行权只能被解释为审判权的派生，由此忽略了执行审判间的差异，导致审判与执

---

① 黄忠顺：《民事执行机构改革实践之反思》，《现代法学》2017 年第 2 期。
② 执行裁判权能，指执行法院对于执行过程中的程序争议、实体与程序结合的争议、因执行所致的实体争议进行裁判的权能。参见谭秋桂：《民事执行法学》，北京大学出版社 2015 年版，第 112—113 页。
③ 王亚新：《通过强制执行的权利实现——执行程序的实际操作及其功能》，《当代法学》2018 年第 1 期。
④ 吴英姿：《判决效力相对性及其对外效力》，《学海》2000 年第 4 期。

行原理混同的错误认识。① 今时不同往日，执行力与既判力作为执行与审判两个相对独立的司法程序之核心概念，具有不同的价值追求与机能，应当对其独立视之。

其次，非恒等说更加符合实务发展的要求。尤其是，我国大陆地区正在深化司法改革，为了解决"执行难"、"执行乱"与"执行腐败"等问题，审判执行逐渐分离已经成为大势所趋。"审执分离"也是尊重民事执行的司法属性与符合宪政精神的表现，有利于明确国家权力参与民事流转的边界，在维护执行当事人权利的同时提高司法权威。② 在执行实务中，执行法官的执行审查权也早在 2011 年最高人民法院印发的《关于执行权合理配置和科学运行的若干意见》中就予以确定，执行法官可以依职权对执行过程中程序性争议与部分实体争议进行处理；不同于审判权，这是纠正执行行为的一种执行权。③ 其中，执行力作为执行权的依据，对其进行审查与监督应属于执行法官的执行审查权的内容，即执行力客观范围应为执行法官独立判断，以发挥执行法官执行审查权的机能。这种执行审查权也要求采取非恒等说，因为在非恒等说的背景下，执行审查权才能更有实质性的意义与必要。随着审执分离改革的推进，执行与审判的差异性机理将愈发显著，强制执行强调效率取向、不平等性与形式化，审判强调公正取向、平等性与实体化。④ 由此，执行力的客观范围与既判力的客观范围在关系上呈现相对化也将更加明显。

再者，非恒等说下有扩张效与限缩效等不同情况，本文所主张的执行力较既判力在客观范围相对化，是一种包含扩张效、限缩效、一致效三者在内的相对效，即既判力的客观范围与执行力的客观范围呈现着小于、大于、等于三种情况。具体而言，基于执行力的谦抑性要求，执行力属于国家公权力的救济，应当以实体权利实现的实效性与必要性为原则。所以，在多数情况下，确定判决的执行力客观范围以既判力客观范围为限，此时体现两者的一致效。又因为民事强制执行带有公权力色彩，而实现私权时有可能导致公民基本权利受损，且我国宪法明文规定国家尊重和保障人权，在法律位阶层面，执行权应受宪法的规范自无疑义。其中，生存权作为宪法性基本权利，当执行行为有碍债务人的生存权时，有碍债务人生存权的部分应当不具有执行力，即执行力的客观范围发生限缩的情况。由此，执行力的客观范围相对于既判力的客观范围存在一致效与限缩效，是我国大陆地区向来的实务见解。

另外，我国大陆地区执行实务一般反对扩张效的发生。但是，本文认为，如果

---

① 肖建国：《审执关系的基本原理研究》，《现代法学》2004 年第 5 期。
② 朴顺善：《试论司法权控制下的审执分离模式选择》，《中国政法大学学报》2019 年第 3 期。
③ 高明：《错位与归位：审执分离改革中执行审查权的重构初探》，《法律适用》2017 年第 21 期。
④ 岳彩领：《论强制执行审执分离模式之新构建》，《当代法学》2016 年第 3 期。

无碍于债务人生存权与民事执行谦抑性的理念,同时加以严格的条件限制,那么执行力扩张效在一定程度上应当予以承认。其中,执行力客观范围扩张效在我国大陆地区当前的司法语境下有存在的空间:在节省当事人劳力、时间与费用上有其必要性;且在实体法上债务人负有排除妨碍义务的盖然性较高,程序法有提出债务人异议的救济,实体与程序上有其正当性;在立法与实务操作中,执行法官享有执行裁判的权能,为扩张效的适用提供了可能性。① 并且,扩张效更加体现程序利益的考量,符合民事诉讼中诉讼经济的理念。我国大陆地区过去存在重实体轻程序的观念,但随着法制的不断健全与司法水平的提升,民事诉讼的最大公约数已经变成公正、迅速、经济地解决民事纠纷,② 兼顾实体利益与程序利益。我国大陆地区民事诉讼法第 2 条也指出,民事诉讼法的任务除了查明事实且正确适用法律外,还需要及时审理民事案件。这也表明,民事诉讼法在保障当事人实体利益的同时,亦注重保障当事人程序利益。正如民事诉讼法于 2012 年修订之时在简易程序中新增加了小额程序,其旨在民事诉讼程序简约化、轻便化,以实现"程序分化"或"繁简分流"的立法和司法政策;③ 同时,2021 年对民事诉讼法的修正,也是针对繁简分流试点的专项修正,旨在进一步提升我国的审判效率。民事强制执行作为广义民事诉讼的一环,自然也应当遵循民事诉讼改革的趋势,在程序中实现诉讼经济的要求。正如执行力客观范围扩张效的正当性在于,在不损害公正的情况下尽可能实现一道执行程序解决所有纷争的目的,以此实现执行程序中的诉讼经济要求,提高执行的效率与执行名义的效用。

(二)拆屋还地中执行力客观范围的进路与正当性

在拆屋还地案件中,基于执行力客观范围相对化的理念以及比较法上之经验,本文主张执行力客观范围的相对效有一致效、限缩效与扩张效三种。其中,以一致效为原则,以限缩效与扩张效为例外。在拆屋还地案件中,拆屋是否得以执行需要比照判决主文的内容,通常,判决主文未指明则不得进行强制执行。其中,我国的司法实务中已经形成了"生存权高于一切"的见解,④ 以落实宪法所规定的人权保

---

① 王贵彬:《论执行力客观范围的扩张——以应还土地上拆除房屋之诉讼实现路径为视角》,《河北法学》2020 年第 6 期。
② 张卫平:《民事诉讼法》(第四版),法律出版社 2016 年版,第 9—10 页。
③ 王亚新、陈杭平、刘君博:《中国民事诉讼法重点讲义》,高等教育出版社 2017 年版,第 228—238 页。
④ 人的生存权高于一切,经常被我国大陆地区人民法院作为裁判文书说理依据。相关裁判参见北京市第三中级人民法院(2018)京 03 民终 12239 号判决、北京市高级人民法院(2019)京民申 1743 号裁定。

障条款。在拆屋的执行中,若判决主文明定有拆屋事项,则执行法官进行执行力客观范围审查时,需要考虑债务人生存权保障的问题:当该房屋属于债务人及其家人唯一的住所时,需要综合考察债务人家庭经济情况以作出此房屋是否为债务人及其家人的生活必需房屋的判断;若为生活必需房屋,则裁定此拆屋部分不具有执行力。由此亦可见,一致效体现了审判程序对于执行程序的监督,限缩效则体现了执行程序对于审判程序的监督,这两种相对效体现了执行与审判有监督与被监督的联系。

其次,则是执行力的客观范围扩张效适用的情形。本文认为,即使实务对执行力客观范围扩张效采取谨慎的态度,但理论上我国大陆地区宜在两种情形下适用扩张效:其一是判决基准时以后债务人在系争土地上新建的房屋适用执行力客观范围扩张效(绝对扩张效);其二是判决基准时之前债务人建造的房屋,仅在执行行为不侵害债务人基本生存权时,若房屋为违章建筑下则适用执行力客观范围扩张效(相对扩张效)。对于第一种情形,还地判决基准时以后债务人又在系争土地新建房屋的行为违反了民事诉讼诚实信用原则,违背民事诉讼诚实信用的当事人应当承担实体上侵权责任与程序上认定行为不合法而予以排除的责任。[①] 所以,应该赋予该情形下执行力绝对扩张的效力。具体而言,审判是确权程序,对于审判的过程及结果当事人应该予以尊重,基准时后再新建房屋的行为在实体法上为无权处分,且是一种违反诚信原则的恶意行为。法无须向不法妥协,故而,此时也无须考虑债务人的生存权问题,执行法官进行执行力客观范围审查时,可以径直判断该还地判决含有拆屋的执行效力。

对于第二种情形,因为债务人建造房屋时并不能明确其行为是恶意,不存在明显违反诚实信用原则的法对抗性。所以,在此情形下,依旧需要保障债务人的基本生存权。在不侵害债务人基本生存权的前提下,执行力的客观范围进行扩张有其实体上、程序上的必要性及执行上的实效性。违章建筑为公法上的法律概念,并非民法上的法律概念,一般违章建筑无法登记,也不能产生对外公示其所有权的效力,所有权人在民法上主张其所有权有所障碍。[②] 因此,违章建筑在实体法上没有完全的合法性,作为一种事实上的财产,法律上并不承认其不动产权利;在现实中,除非违章建筑进行改正后变为合法,否则国家机关对于非法的违章建筑将依法拆除与没收。[③] 本文认为,这种相对扩张效的正当性主要有三点。第一,在实体法上,违

---

① 王琦:《民事诉讼诚实信用原则的司法适用》,《中国法学》2014年第4期。
② 朱柏松:《民事法问题研究——物权法论》,元照出版有限公司2010年版,第122—129页。
③ 周友军:《违章建筑的物权法定位及其体系效应》,《法律适用》2010年第4期。

章建筑不具有完全的合法性，并非为民法所明确保护的对象，同时在公法上又常常被行政机关依职权拆除，而在返还土地判决生效后的违章建筑已经失去基于土地使用权的正当权原，故在实体法上其被依法拆除（行政执法抑或民事司法）的盖然性极高。第二，在程序法上，执行法院进行此项执行内容的审查，其仅仅是一种执行审查，此时不发生既判力，允许当事人就此事项另行起诉；同时，执行法院也应通知债务人说明情况，保障其在执行程序中的听审请求权。另外，债务人对此有异议者可以提出书面异议，被驳回者可以继续申请复议（民事诉讼法第232条）。故而，虽然我国大陆地区并未有债务人异议之诉的制度，① 但本文认为上述程序保障已然达到最基础的保障要求。若要进一步提升执行中程序保障之标准，则未来需要进行债务人异议之诉的立法，以此增强防御性的司法保护。② 第三，在执行法上，此时的扩张效有利于提升执行名义的利用效率，在无碍于宪法、实体法和程序法的规定与价值下，实现一道程序解决纷争，有利于实现债权人与执行法院的程序利益与诉讼经济的理念。因此，该情况下执行力扩张效之发生，有利于实现执行法上纷争解决的一次性与正当程序保障之平衡。

综上所述，拆屋与还地本身具有物理结构上紧密的联系，而在执行法语境下，执行力的客观范围的理论与实务也在此种拆屋还地案件中得到发展。拆屋还地判决中执行力的客观范围较既判力的客观范围产生相对效，即存在一致、限缩、扩张三种可能。其中，房屋在判决基准时点后新建或房屋属性非法时，兼顾实体法、程序法、执行法等价值平衡，为了使得还地判决发挥实际效用，提升执行效率，可以对执行力的客观范围进行扩张。但在其他情形下，执行力的客观范围需要以既判力为限，不得随意超过其界限。并且，在涉及债务人生存权时，基于法益位阶的不同，需要对执行力的客观范围进行限缩。随着未来审执分离改革的推进，执行力独立于既判力的特征将会愈加明显，执行法官也应当对执行力的客观范围进行独立审查，而非固守恒等说的窠臼，这也是执行程序中相对审判程序独立的必然要求。

结　语

执行力客观范围与既判力客观范围两者的关系已经由绝对化变为相对化。在本

---

① 庄诗岳：《论被执行人实体权利救济的路径选择》，《河北法学》2018年第10期。
② 金印：《论债务人异议之诉的必要性——以防御性司法保护的特别功能为中心》，《法学》2019年第7期。

文所列举的拆屋还地案例 1 与案例 2 中，我国台湾地区与我国大陆地区的民事执行实践已经证明这一观点，执行力的客观范围较之既判力的客观范围在某些情况下有扩张或限缩的现象。当然，在严格意义上，本文中两岸背后的制度与理论并非一个层面的问题，是客观上形成的两种不同的现象，比较二者的意义或许主要在于开阔视野。亦即在执行与审判日渐分离的当下，作为执行与审判核心概念的执行力与既判力之间的界限也将愈加分明，在两者愈发相对独立的趋势下，执行力的客观范围也将未必与既判力的客观范围恒等。其实，恒等说抑或非恒等说，更多是理念或者学术上争论的焦点，前者有利于明确执行力的客观范围，后者有利于实现个案中执行程序的公正与效率，应当辩证视之。事实上，无论采何种学说，在审执分离的框架下，都必须承认执行机构具有一定的实体决定权（或解释权）。赋予执行机构实体决定权的正当性理由，则在于执行标的本身之特殊属性，正如本文土地与房屋关系之特殊性在于民法中不动产添附理论的实体法因素。

在民事执行实务中，更重要的或许是发挥执行程序独立性的价值与机能，由执行法官依据法律进行执行力客观范围之审查与判断。其中，本文所主张的非恒等说或相对效，也只是立足于执行独立的前提下，强调基于不同执行个案中实体法、程序法、执行法上的综合利益考量，作出符合公正与效率两者要求的执行力客观范围之判断。在拆屋还地案件中，土地与房屋存在事实与法律上的紧密联系，执行拆屋事项甚至关涉债务人的生存权。因此，在此类个案的执行审查中，需要结合案件的具体情况，如债务人的生活水平、房屋建造时间及其属性进行综合考量，作出一致、限缩或扩张的不同判断。可以预见，未来随着审执分离改革的深入，执行工作也将和审判工作一样，强调兼顾质量与效率，因此执行力的客观范围较既判力客观范围呈现相对化的现象也将增多。亦即，在个案中基于公正的考量，将有限缩效的发生；基于效率的考量，为提升执行名义解决纷争的作用，则将有扩张效的发生；同时，这些现象的发生也将对执行法官自身的法律素养提出更高的要求。

诚然，前文所述仅为法解释论视角下的理论证成。上述理念要真正落实到执行实务中，仍需要进一步推进民事执行立法工作及完善司法解释规定，构建兼顾实体利益、程序利益与执行法本身价值的执行法律规范体系。承认执行庭实体解释权后，在执行庭与审判庭的实体决定权之间的界限、执行庭实体解释权之监督和复审机制方面，仍有许多尚待厘清的重要问题。就此而言，我国大陆地区的民事执行改革依旧任重道远。本文也仅仅以两则拆屋还地案例为导引，在理论上予以进路倡导，希望对学界探讨执行力理论能起到微末的抛砖引玉之功。且非恒等说的操作本就复杂，尤其是扩张效的操作更加考验法律技术与法官素养，未来亦有待实务进一步探索与发展。

Ratio Juris 2022

Legal Philosophy, Legal Methodology and Artificial Intelligence

Vol. 12   December, 2022

Featured Article: Achievements of Projects Funded by Advanced Grant Excellent Science of European Research Council

The "Common Core" of Administrative Laws in Europe
A Framework for Analysis

Author: Mauro Bussani, Giacinto della Cananea

Translator: Wang Weiwei

Proofreader: Tao Xu

Abstract: This essay presents the framework for new comparative research in the field of administrative law, with a focus on the European legal area. It is divided into two parts. In Part I, we argue that some difficulties that beset the traditional uses of the comparative method are even more evident when considering the field of administrative law. Accordingly, a methodological shift is needed in more than one sense. First, instead of focusing on either similarities or differences between national legal systems, both analogies and differences must be considered. Second, legal comparison, properly intended, differs from a mere juxtaposition of national administrative laws. Third, the overemphasis on legislation is even less justified in the field of administrative law, which calls for careful attention to judicial and institutional practices. In this perspective, we briefly illustrate the methodology grounded in a factual approach that has been developed in the field of comparative private law in the last few decades and the way we are going to apply it into our research on administrative law, viewed through a procedural lens. In Part II we discuss the main pillars that characterize our research concerning administrative law: first, its goal, which is the advancement of knowledge; second, the choice to focus on administrative procedure, instead of judicial review of administrative action; third, the methodology, which combines a synchronic comparison, concerning modern legal systems, with a diachronic comparison, that is to say a retrospective on some aspects of the history of legal institutions that look particularly relevant; and fourth, the choice of the legal systems selected for comparison, including a variety of states and a non-state, the European Union.

Keywords: common core; comparative law; administrative law; European law; EU law; constitutional tradition

Symposium 1: The Challenge of Modern High Technology to Legal Doctrine

How Does Juristiche Dogmatic Deal with the Challenge of Emerging Science and Technology

Take Autonomous Vehicles as an Example

Zheng Yushuang

Abstract: The emerging forms of science and technology such as intelligent technology have brought great legal challenges. There is a lack of theoretical supply of juristiche dogmatic in dealing with this challenge. Taking autonomous vehicles as an example, juristiche dogmatic needs to face the trolley dilemma and imputation dilemma caused by autonomous driving. By distinguishing the differences between the ethical decision and the trolley problem of autonomous driving, it can be seen that the challenge of autonomous vehicles to juristiche dogmatic is reflected in the moral decision-making and imputation problem of autonomous driving algorithm. Deontology and utilitarianism cannot deal with these difficulties. The introduction of the maximum minimization algorithm and the fusion of the algorithm justice perspective can solve this problem, and fully release the potential of juristiche dogmatic in dealing with scientific and technological challenges.

Keywords: juristiche dogmatic; automatic driving; trolley problem; maximizing minimum algorithm

The Change of Times, the Revolution of Science and Technology and the Situation of Juristiche Dogmatic

Song Xuguang

Abstract: The new scientific and technological revolution represented by artificial intelligence, blockchain and biotechnology has brought great impact to the traditional legal paradigm. The conservative juristiche dogmatic is also facing a new crisis: the authority of law, the legal concept system and concept view, the position and normative thinking, the traditional legal research paradigm and the autonomy of law have all been 'deconstructed' to different degrees. Some people welcome the arrival of new jurisprudence, others express their worries about it, and others try to deal with these challenges. Strictly speaking, the future is unpredictable. But within the foreseeable days, if the law continues to exist as an authority, then the juristiche dogmatic will still exist; Only in response to the challenge of the new scientific and technological revolution, this kind of juristiche dogmatic will be more open to the knowledge of other disciplines, and the interdisciplinary jurisprudence will become more important.

Keywords: juristiche dogmatic; artificial intelligence and law; big data and law; technology and law; interdisciplinary jurisprudence

Symposium 2: Conceptual Analysis and the Methodology of Legal Philosophy

Concept analysis, Reductionism and the Practice of Legal Philosophy

Fan Libo

Abstract: The debate between reductionism and interpretivism is too closely combined with the substantive view of law to make independent and profound reflection on methodological issues. This paper provides an inferential explanation for conceptual analysis and a detached methodology for legal philosophy. Inferencealism holds that concepts are governed by norms. Conceptual analysis with the characteristics of inference, standardization and integrity. It is a normative work in the network of holistic inference. Conceptual analysis does not presuppose any substantive standpoint, but provides a clear theoretical orientation and goal guidance for how to practice philosophy.

Taking normative clarification as the goal not only distinguishes legal philosophy from empirical science, but also indicates the direction of legal philosophy which is disturbed by legal facts. Devoting to normative clarification will not lead to the philosophy of law becoming a normative theory, but it provides an aloof but effective tool for in-depth understanding and reflection on substantive viewpoints such as reductionism and interpretivism. Philosophy of law should be actively involved in the overall thinking of the practice of human norms and become an important part of human self-understanding.

Keywords: reductionism; concept analysis; philosophy of law; legal metaphysics; Hart

Featured Column: Artificial Intelligence and Computational Jurisprudence

Identification of Criminal Responsibility of Autonomous Vehicle with Strong Artificial Intelligence

Ethical Principles, Theoretical Possibilities and Interpretation Schemes

Da Chaoyu

Abstract: In recent years, the criminal responsibility of AI machine infringement has become a hot topic in academic circles. However, based on the asymmetry of discourse power in the debate between the parties, the discussion on the causes of criminal responsibility has not been consistent. Ethics takes precedence over law. In the era of strong artificial intelligence, ethical principles need to be innovated, and responsibility cannot be simply attributed to natural persons. The problem of autonomous driving with strong artificial intelligence should be examined by criminal law. Strong artificial intelligence has the theoretical possibility of becoming the subject of criminal responsibility. The science and technology innovation industry needs 'room for trial and error' which should allow the occurrence of general risks and should not be identified as negligence. In the process of human-computer interaction, if it is a major technology of programming errors or hardware quality, should be identified as negligence of producers and manufacturers, and be investigated criminal responsibility. If it is proved afterwards that the damage is caused by the act of the autonomous vehicle itself and the driver or manufacturer has no gross negligence or intention, it shall be considered as the intentional act of the autonomous vehicle itself and shall be investigated for criminal responsibility.

Keywords: strong artificial intelligence; self-driving car; criminal subject qualification; criminal responsibility; risk prevention and control

Practice Dilemma and System Improvement of Artificial Intelligence Participation in Judicial Appraisal

Tao Yijun, Du Zhichun

Abstract: The participation of artificial intelligence technology has brought profound changes to the field of judicial expertise. In view of the current situation of artificial intelligence technology in judicial expertise, it promotes the intelligent transformation in the field of judicial expertise. The participation of artificial intelligence in judicial expertise improves the efficiency, improves the quality, reduces the corruption, and promotes the scientific and technological progress of judicial expertise. However, artificial intelligence technology is also faced with practical difficulties such as unclear legal status of judicial expertise subjects, unstable legal system of judicial expertise, and legal data security threats. Therefore, it is necessary to actively construct the legal system of artificial intelligence participation in judicial appraisal in order to deal with the challenges faced by judicial appraisal in the era of artificial intelligence. Specifically, it is necessary to establish a legal-oriented artificial intelligence judicial expertise system, clarify the imputation subject of artificial intelligence judicial expertise, construct artificial intelligence information security management mechanism, construct artificial intelligence judicial expertise database, and improve the system of artificial intelligence participating in judicial expertise through various measures.

Keywords: artificial intelligence; judicial expertise; appraiser; liability subject

Essays

On the Concept of Union Power

Yang Haizhou

Abstract: In a strict sense, 'union power' is an independent political power. It unites and shapes peoples or regions of cultural or national relevance into a real political community, with the aim of preserving the independence and autonomy of the community and with a unified law as an authoritative expression of its will. In terms of characteristics, union power is a representative power, and its practitioners are usually individuals or small groups. Furthermore, the constituent elements of union power are symbolism, continuity and absoluteness, while the core power contained in union power is diplomatic power, which is exercised by the Head of State. It also determines the application of governing in a certain sense, so it plays a fundamental role in the whole dominion and finally makes the rule complete and formed.

Keywords: union power; political power; semantic analysis; structural attributes; exercise of power and relations

The Concept of Jurisprudence

Author: Robert Alexy, Ralf Dreier

Translator: Weng Zhuangzhuang

Proofreader: Tao Pengyuan

Abstract: The first part of this article contains (i) considerations as to the relationship between jurisprudence and legal dogmatics, legal philosophy, and sociology of law; (ii) considerations about the status of jurisprudence both as a meta- and an object-theory. These lead to the suggestion that jurisprudence should be defined as a general juristic theory of law and legal science. In the second part, the character and elements of this definition are explained systematically. The article's main thesis is that jurisprudence is not distinguished from legal philosophy and sociology of law by its subject or its method, but by the specifically juristic research aspect or perspective it is based upon.

Keywords: jurisprudence; analytical dimension; empirical dimension; normative dimension; integrative discipline

Understanding Judicial Discretion

Author: Barry Hoffmaster

Translator: Sun Jiaqi

Abstract: The main aim of this paper is to clarify the dispute over judicial discretion by distinguishing the different senses in which claims about judicial discretion can be understood and by examining the arguments for these various interpretations. Three different levels of dispute need to be recognized. The first concerns whether judges actually do exercise discretion, the second involves whether judges are entitled to exercise discretion, and the third is about the proper institutional role of judges. In this context, the views of Dworkin, Raz, Perry, Greenawalt, and Sartorius are examined. Finally, it is suggested that a resolution of the judicial discretion controversy requires a satisfactory theory of the justification of judicial decisions.

Keywords: judicial discretion; justice certification; judicial duty; institutional role; judge-made law

Book Reviews: To Commemorate Graeber

The Road to Capital of Slavery

Comment on David Graeber's Debt: The First 5000 Years

Ge Jiawei

Abstract: Today's expanding market morality and its trading logic gradually simplify people's justice concepts and moral standards. It can be traced back to the myth of the origin of market Utopia and its barter trade created by early liberal thinkers such as Smith, and to the moral concept of debt in the capitalist era, which reshapes it as a human relationship linked to rational computing and slavery violence. With the help of the alternating cycle of human credit economy and monetary economy, David Graeber restores the important position of 'debt' in the history of human social thought: it relates to the credit form of human society, the mode of state rule and the shaping of market ethics. His book Debt: The First 5000 Years describes the transformation process from humanity economy to commercial economy, makes a fundamental reflection on the dual relationship between the state and the market in the modern enlightenment narrative, and points out that the debt under the transaction logic is closely linked to the non-free state of human beings under slavery. This is because modern debt not only shapes the legitimacy of the unequal ruling relationship with human beings, but also excludes the imagination of human beings to choose their free state.

Keywords: concept of debt; history of currency; slavery; enlightenment; market deal

The Myth of Civilization, Rationality and Evolution

Comment on The Dawn of Everything

Chen Huan

Abstract: Since the Age of Enlightenment, the story of social evolution is always being told. It is a fatalistic story of civilization, rationality and progress, which suggests that there is no alternative to capitalism and statism. It implies if we want to live in a free and egalitarian society, we will have to live in small-scale groups somewhere in the woods and be good prepare for the war of all against all. But if we do want to enjoy the perks of modern civilisation, we muss live with hierarchy, bureaucracy and inequality. All we can do is to try and ensure some form of liberal democracy in order to impose restrictions on the Leviathan and to embrace neoliberalism, believing in the free market as the ultimate solution for most our problems -if not all. David Graeber and David Wengrow say that this simply is not true. Having analysed latest finding in archaeology and anthropology, they proved in their new book, the Dawn of Everything, that the story upon bases on false premises about the history of humankind and frames the discussion of future society in a wrong way. They show that human history is more complex, rather creative and full of playful possibilities. So should be the future.

Keywords: sociocultural evolution; enlightenment; civilization; rationality

Case Reviews

On the Normative Model of Investor's Repurchase Decision Right in Equity Repurchase

Starting From Two Different Cases

Yao Yichun

Abstract: A core feature of equity repurchase-based VAM transaction is that the investor has the decision-making right to require the financier to repurchase equity under specific circumstances. Judicial practice with different views on the nature and application norms of this right. Some people believe that it is a right of claim and applies system of lawsuit time and efficiency, and some people believe that it is the right of formation and applies the exclusion period system. The differences are essentially caused by the lack of normative models at the abstraction dimension. In view of this, this paper attempts to propose four normative models for practitioners to apply: first, 'option right model' —the establishment and exercise of option based on equity repurchase; second, 'irrevocable offer model' —based on irrevocable share repurchase offer and commitment, the structure can be transformed to 'conditional offer model'; third, 'will conditional mode' —will condition attached to one party based on equity repurchase agreement; fourth, 'the right of rescission mode' —the establishment and exercise of the right of rescission based on the agreement. In the case, it should be combined with the facts of the case, through the interpretation of the meaning expression, the arrangement of equity repurchase gambling transactions should be classified into a certain normative model, and the corresponding rights exercise norms should be applied.

Keywords: equity repurchase; VAM transactions; repurchase decision right

On the Relationship Between Determining the Execution of Judgment and Res Judicata in the Objective Scope

Based on the Comparison of House Demolition and Land Return Cases in China Mainland and Taiwan Province

Lin Wei

Abstract: The res judicata and execution are closely related to determine the substantive effect of judgment. To determine the execution of the judgment and res judicata in the objective scope of the relationship between academic and practical mainly include 'identity' and 'non-identity' two views. Under the background of non-identity theory, Taiwan province and the mainland of China have developed two different relative effects of shrinkage and expansion in civil execution practice for the same cases of house demolition and land return. Although this difference stems from the different time and space background of the development of their respective judicial systems and doctrines, it is based on the comprehensive interests of different substantive law, procedural law and execution law in their respective jurisdictions. With the advancement of the reform of the separation of judicial power and executive power in China mainland, it will be more obvious to determine that the relationship between the executive power of judgment and the res judicata is relative in the objective scope. The executive judges need to independently review the objective scope of the execution force, and then based on the concepts of justice and efficiency, make a review judgment on whether the relationship between the two is consistent, limited or expanded in specific cases. Specifically, in the case of house demolition and land return, what kind of relative effect will happen in the execution of house demolition in China mainland, it is necessary to carry out independent review and judgment in the execution law according to the relevant execution legal norms, in the concept of fairness and efficiency, combined with the debtor's right to existence, the nature of the house, the time point of house construction and other specific reasons.

Keywords: civil enforcement; the objective scope of res judicata; the objective scope of execution; separation of trial and execution

稿约

中国政法大学法学方法论研究中心始终以"追踪国际法理学研究前沿"为己任，于2012年创办《法学方法论论丛》。如今我们拓宽视野、砥砺前行，为更加契合学界的知识诉求、对接读者的阅读需要，我中心特联合北京市天同律师事务所，将《法学方法论论丛》改版为一个新的刊物——《法理：法哲学、法学方法论与人工智能》。

本刊定位为公开出版的、聚焦于法理学和法哲学理论研究的专业学术刊物，重点关注法学方法论、人工智能等议题的最新研究进展，设有"专题研讨""特色栏目·人工智能与计算法学""论文""书评""案评"五个版块。投稿请登录本刊知网云协同采编系统注册账户，按照操作提示顺序完成。本刊目前授予"中国知网"等数据库以电子版权，并可能通过"法理杂志"微信公众号、"法学学术前沿"微信公众号等媒体进行对外传播。凡向本刊投稿的作者，均视为同意上述传播。如有异议，请在来稿时注明。

来稿规范说明

1. 来稿论文应包括题目、内容提要（200字左右）、关键词（3—5个）、作者简介、正文等。

2. 引用文献、对正文的注释性文字说明，一律用脚注。外文文献不译成中文。

3. 参考文献的书写格式分完全格式和简略格式两种。

4. 参考文献第一次出现时，应用完全格式。完全格式的构成：

4.1 著作：作者、著作名、出版者、出版年、页码

① 朱光潜：《变态心理学派别》，商务印书馆2015年版，第35页。

② J. Lacan, *Écrits*, Éditions du Seuil, 1966, p. 53.

③ Ronald Dworkin, *Taking Rights Seriously*, Harvard University Press, 1977, pp. 6−7.

④ Ronald L. Cohen (ed.), *Justice: Views from the Social Sciences*, Plenum Press, 1986, p. 31.

4.2 译作：作者、著作名、译者、出版者、出版年、页码

① 古斯塔夫·拉德布鲁赫：《法律智慧警句集》，舒国滢译，中国法制出版社2001年版，第47页。

② 孟德斯鸠：《论法的精神》上册，张雁深译，商务印书馆1961年版，第91页。

③ S. Freud, *Two Case Histories ("Littles Hans" and The "Rat Man")*, Trans. by Anna Freud, Assisted Alix Strachey and Alan Tyson, The Hogarth Press, 1955, p. 100.

4.3 文章

4.3.1 期刊/报纸中的文章：作者、文章名、报刊名、年代、期数

① 张千帆：《从管制到自由》，载《北大法律评论》第6卷第2辑，北京大学出版社2005年版。

② 贺卫方：《"契约"与"合同"的辨析》，《法学研究》1992年第2期。

③ 贾林男：《银商与中国银联商号之争》，《中华工商时报》2007年5月23日。

④ Heath B. Chamberlain, "On the Search for Civil Society in China", *Modern China*, vol. 19, no. 2 (April 1993), pp. 199−215.

4.3.2 编辑作品中的文章：作者、文章名、主编人、编辑作品名、出版社出版年、页码

① 陈弘毅：《从福柯的〈规训与惩罚〉看后现代思潮》，载朱景文主编：《当代西方后现代法学》，法律出版社2002年版，第223页。

② H. L. A. Hart, "Positivism and the Separation of Law and Morals", in H. L. A. Hart (ed.), *Essays in Jurisprudence and Philosophy*, Clarendon Press, 1983, pp. 57−58.

4.4 网络资源：作者、文献名、访问日期、网址

① 杨德明：《西双版纳的傣家斗鸡》，2015年11月2日，http//xschina.org/show.php?id=10672。

② The Council of Australia Governments, *Water Reform Framework*, http:// www. disr. gov. au/science/pmsec/14meet/inwater/app3form.html, last visited 21/07/2003.

5. 参考文献在文中第 2 次及其后出现时，可采用如下 2 种简略格式：

①只写作者、书（文）名、页码（文章无此项），这几项的写法同完全格式，如：

朱光潜：《变态心理学派别》，第 35 页。

J. Lacan, *Écrits*, p. 53.

Robert J. Steinfeld, "Property and Suffrage in the Early American Republic".

②紧接同一条文献，中文只写"同上。"字样，西文只写"Ibid."字样。

6. 翻译作品注释规范保留原文体例。

著作权使用声明

  本刊已许可中国知网等网络知识服务平台以数字化方式复制、汇编、发行、信息网络传播本刊全文。所有署名作者向本刊提交文章发表之行为视为同意上述声明。如有异议，请在投稿时说明，本刊将按作者说明处理。